Editorial

Liebe Leserinnen und Leser,

allzu häufig ist der Blick auf *die* Jugend sehr eingeschränkt, nicht selten liegt der Fokus ausschließlich auf delinquentem Verhalten und (vermeintlichen) Defiziten von Jugendlichen und Heranwachsenden. Mit dem vorliegenden Heft verbindet sich das Anliegen, diesen Blick zu erweitern, in dem die Gruppe der jungen Menschen aus ganz unterschiedlichen Perspektiven beleuchtet wird. Wie leben Jugendliche und Heranwachsende, vor welchen Herausforderungen stehen sie, wie bewältigen sie diese? Was bewegt Jugend, was ist ihr wichtig, wie *„tickt"* sie? Mit diesen und weiteren zentralen Fragen befassen sich die Beiträge dieses Heftes.

Den Auftakt macht Wolfgang Schröer, der sich mit den gewandelten Diskursen und gesellschaftlichen Konstruktionen mit Blick auf die Lebensphase Jugend auseinandersetzt und die Vergesellschaftungsgeschichte der Jugend als eigenständiger Lebensphase nachzeichnet. Wilfried Ferchhoff befasst sich mit der Entwicklung neuer Vergemeinschaftungsformen von Jugendlichen im Kontext von Gleichaltrigengruppen und Jugendkulturen und Michael Günter widmet sich der Frage, welche Bedeutung Verhaltensauffälligkeiten, Gewaltaffinität, Medienkonsum und Delinquenz in der Adoleszenz haben. Dabei weist er auf grundlegende Befunde der Entwicklungspsychologie hin, die für das Verständnis für die Lebensphase Jugend und Verhaltensauffälligkeiten im Jugendalter von besonderer Bedeutung sind, unter anderem auf die Relevanz von Risikoeinschätzungen, Impulsivität und Selbstkontrolle. Auch der Beitrag von Thomas Ziehe trägt dazu bei, den Blick darauf zu schärfen, was Jugend bewegt, warum sie so ist, wie sie ist, indem zeittypische Sinn- und Handlungskrisen von Jugendlichen beschrieben werden.

Mathias Albert, Klaus Hurrelmann, Gudrun Quenzel und Ulrich Schneekloth referieren die wesentlichen Befunde der 16. Shell Jugendstudie. Sie skizzieren das Bild einer Generation, die durch zuversichtlichen und optimistischen Pragmatismus geprägt und deren Handlungsorientierung durch ein hohes Maß an Ehrgeiz gekennzeichnet ist, die sich durch eine hohe Familienorientierung auszeichnet und politisch eher weniger interessiert ist.

Hans-peter Heekerens befasst sich in seinem Beitrag mit der Lebensqualität von Kindern und Jugendlichen und stellt das Konzept von UNICEF vor. Jörg Fischer und Christiane Meiner setzen sich mit dem Blick des Gesetzgebers auf die Generation Jugend im Kontext der ALG II-Regelsätze bzw. der Hartz IV-Gesetzgebung auseinander und plädieren in ihrem Beitrag für eine lebenslagenorientierte Perspektive. Timo Rabe befasst sich mit der Frage, welche Rolle Jugendkulturen in der Sozialisation spielen (können), Stefanie Rhein stellt Befunde zur Nutzung neuer Medien durch Jugendliche und die entsprechenden Risikopotenziale vor und Lotte Rose setzt sich mit jugendlichen Geschlechterinszenierungen auseinander.

Die Beiträge abseits des Schwerpunkts befassen sich in diesem Heft mit psychoanalytischen Aspekten der Gewalt bei Jugendlichen mit Migrationshintergrund (Evelyn Heinemann), mit dem so genannten Neuköllner Modell (Helmut Frenzel), mit Sozialdatenschutz (auch) im Kontext des Hauses des Jugendrechts (Klaus Riekenbrauk) und mit dem Entwurf eines Bundeskinderschutzgesetzes (Thomas Trenczek).

Aus der Redaktion der ZJJ ist nach dem Weggang von Olaf Emig ein weiterer Abschied zu vermelden, der uns betrübt: Nach vielen Jahren der engagierten Mitarbeit in der Redaktion verlässt uns mit der vorliegenden Ausgabe Prof. Dr. Heribert Ostendorf. An dieser Stelle sei ihm im Namen der Redaktion der ZJJ und des Vorstands der DVJJ herzlich für sein großes Engagement und für die Art gedankt, wie er die Zeitschrift über lange Zeit mit geprägt hat. Wir werden Dich vermissen, lieber Heribert.

Zugleich darf ich an dieser Stelle darauf aufmerksam machen, dass die Redaktion zwei neue Gesichter in ihren Reihen begrüßt hat: Wir freuen uns sehr, dass Prof. Dr. Bernd-dieter Meier, Hochschullehrer für Strafrecht, Strafprozessrecht und Kriminologie an der Universität Hannover, und Henry Stöss, Sozialpädagoge im Amt für Jugend und Familie der Stadt Chemnitz, unser Team verstärken.

In diesem Sinne wünsche ich Ihnen im Namen der neu zusammengesetzten Redaktion eine anregende Lektüre dieses Hefts.

Nadine Bals

vormals DVJJ-Journal
Herausgegeben von der Deutschen Vereinigung für
Jugendgerichte und Jugendgerichtshilfen e.V.

Inhalt

ENTSCHEIDUNGEN ZUM JUGENDRECHT

TAGUNGSBERICHTE

REZENSIONEN

DOKUMENTATION

FACHBEITRÄGE

Schwerpunkt JUGEND

Zur Entgrenzung von Jugend – keine „Jugend"politik in Sicht

Wolfgang Schröer

Jugendpolitische Diskussionen im 20. Jahrhundert sahen die Jugend als eine gesellschaftliche Figur. Das Jugendmoratorium, den Bildungsaufschub und -raum, den die Gesellschaft der Jugend gewährte, war gleichzeitig ihr – der Gesellschaft – Spiegel. An der Jugend vergewisserte sich die Gesellschaft des 20. Jahrhunderts und die Entwicklung der Kinder- und Jugendhilfe sowie der Pädagogik ist ohne diesen Diskurs um die Jugend gar nicht zu begreifen. Gegenwärtig fällt auf, dass zwar weiterhin viel über die Jugendlichen gesprochen wird. Eine jugendpolitische Auseinandersetzung um die Lebenslage Jugend ist aber nicht in Sicht. Dabei erscheint die Jugend einerseits ausgedehnt und umfasst eine Lebensspanne von nahezu 15 Jahren, andererseits lässt sich kaum von der Jugend sprechen. So ist Jugend zu einem entgrenzten Phänomen geworden und dabei grundlegend durch soziale Segmentierungen geprägt.

Einleitung

Wer sich gegenwärtig mit *„der"* Jugend beschäftigt, steht einem entgrenzten sozialen Phänomen gegenüber. Die Lebensphase Jugend reicht heute vom Kids- oder Schüleralter bis hin zum jungen Erwachsenenalter. Sie umfasst fast 15 Jahre des Lebenslaufs zwischen dem 12. und 27. Lebensjahr. Der pubertierende vierzehnjährige Junge kann längst nicht mehr als Prototyp dieser Lebensphase angesehen werden. Gleichzeitig – und dies scheint gravierender – ist die Jugendphase nicht nur zeitlich ausgedehnt, sondern sie wird zunehmend auch aus der Jugendkonstruktion freigesetzt, die im zwanzigsten Jahrhundert ihre pädagogische und politische Vergesellschaftungsgeschichte prägte.

Vor diesem Hintergrund zeigt der Blick in die aktuelle pädagogische und sozialwissenschaftliche Jugendforschung ein doppeltes Bild: Einerseits haben Betrachtungen zum Thema Jugend im Übergang zum 21. Jahrhundert nicht selten melancholischen Charakter. Man nimmt Abschied von der Jugend des 20. Jahrhunderts: *„Nie zuvor wurde Jugend so intensiv diskutiert, thematisiert und erforscht wie im 20. Jahrhundert; und nie zuvor konnte sich aus der Alterspanne Jugend (die außerhalb des klassischen Erwachsenenalters liegt!) eine so universale Idealfigur für fast alle Erwachsenen entwickeln."*[1] Jugend war im 20. Jahrhundert eine gesellschaftliche Figur und wurde als ein zentrales *„principium medium"* (KARL MANNHEIM) der gesellschaftlichen Entwicklung angesehen. Diese gesellschaftliche Konstruktionsformel von Jugend scheint zumindest – nicht nur aufgrund der demographischen Entwicklungen – relativiert zu werden.

Gleichzeitig lässt sich aber auch die bereits angesprochene Ausdehnung der Jugendphase beobachten, dabei charakterisieren ganz unterschiedliche Jugendkonstellationen die alltägliche Lebensbewältigung der jungen Menschen. Die Lebenslage des 23-jährigen Studierenden in Tübingen ist eine fundamental andere als die der 13-jährigen Sekundarschülerin in Magdeburg. Doch sie alle gehören zur Jugend, sie sind allerdings kaum mehr in das Modell von Jugend zu integrieren, das sich in der Industriegesellschaft des vergangenen Jahrhunderts durchgesetzt hat. So findet sich die Jugend am Ende der industriekapitalistischen Moderne in einem entgrenzenden Vergesellschaftungskontext wieder und wird dadurch selbst auch in ihrem Vergesellschaftungstypus entgrenzt.

Ein Blick zurück: Zur historischen Entwicklung des Jugendmoratoriums im 20. Jahrhundert

Die soziale Gestalt Jugend, wie wir sie bisher kennen, ist in erster Linie ein Kind des 20. Jahrhunderts. Folgt man der entsprechenden Metapher der historischen Bildungsforschung, so wurde *„die Jugend"* zwar zur *„selben Zeit erfunden wie die Dampfmaschine"*.[2] Die Vergesellschaftungsgeschichte der Jugend als eigenständiger Lebensphase beginnt aber mit der endgültigen sozialstrukturellen und soziokulturellen Durchsetzung der industriekapitalistischen Moderne am Ende des 19. Jahrhunderts:[3] *„Jugendhistorische Untersuchungen versuchen begriffsgeschichtlich Entstehung und Wandel von Jugendbildern nachzuweisen. Sie zeigen, dass das gesellschaftlich erzeugte und alltagsgeschichtlich akzeptierte Jugendbild des 19. Jahrhunderts das des männlichen christlichen Jünglings war, das vorwiegend den Sohn aus bürgerlichen Schichten, nämlich den Gymnasiasten, repräsentierte. Nach 1871 ist das Bild in*

1 SANDER & VOLLBRECHT, 2000, S. 7.
2 Vgl. HERRMANN, 1991, S. 203.
3 Vgl. PEUKERT, 1986; DUDEK, 1990.

zwei Varianten ausdifferenziert worden, nämlich dem 'Jüngling' im Gymnasium und den sogenannten 'Jünglingen aus dem Volk', eine zeitgenössische Beschreibung der aus der Volksschule entlassenen männlichen Jugendlichen. Der uns vertraute Begriff des 'Jugendlichen' tauchte dagegen erst Ende des 19. Jahrhunderts zunächst in der Semantik der Juristen auf, und er identifizierte dort die potentiell kriminellen und verwahrlosten jungen Menschen. Mit Beginn der aktiven staatlichen Jugendpolitik zwischen 1911 und 1914 vollzog sich dann eine Image-Korrektur und Umwertung des Bildes vom 'Jugendlichen' in eine 'ins Positive' gewendete Konzeption vom jungen Menschen, den es für Staat und Gesellschaft zu gewinnen gilt."[4]

Entsprechend wurde im 20. Jahrhundert Jugend zu einer strategischen Sozialgruppe des industriegesellschaftlich orientierten Sozialstaats, die durch öffentliche Bildungsgarantie und Generationenvertrag mit der erwachsenen Bevölkerung verbunden wurde. In das sozialpolitische und pädagogische Menschenbild dieser Zeit wurde darum immer auch eine entsprechende Sozialisation durch (Aus-)Bildung eingelassen: Integration durch Separation von sozialökonomischen Verpflichtungen lautete die entsprechende Vergesellschaftungsformel der Bildungs- und Wohlfahrtspolitik, durch die der Jugend ein Aufschub, eine Experimentier- und Bildungszeit, gewährt werden sollte. Diese Idee eines Aufschubs, eines Jugendmoratoriums[5] war der Erkenntnis geschuldet, dass der Sozialisations- und der industrielle Produktionsprozess einer grundsätzlich sich widersprechenden Logik unterliegen.[6]

Es wäre aber falsch, in der Jugendpolitik, Jugendhilfe oder Jugendforschung vor diesem Hintergrund mit Melancholie auf das 20. Jahrhundert zu blicken. ROBERT CASTEL hat in seinem Buch *„Die Metamorphosen der sozialen Frage"* explizit davor gewarnt, das Neue gegen das Alte auszuspielen und darüber das Leid der Menschen im 20. Jahrhundert zu vergessen. Der Übergang zum 21. Jahrhundert kann nicht in einem Zwei-Felder-Schema des Neuen und des Alten charakterisiert und die entgrenzte Jugend der Gegenwart als Zerrbild der Jugend des 20. Jahrhundert betrachtet werden. Aus diesem Blickwinkel würde das Jugendmodell des vergangenen Jahrhunderts idealisiert und die Jugend in der Gegenwart nicht in ihrer eigenen sozialen und generativen Gestalt und Dynamik begriffen. Es würde zudem übersehen, dass auch im 20. Jahrhundert die meisten Jugendlichen nicht ein Jugendmoratorium oder eine *„gestreckte"* Pubertät[7] erfahren haben,[8] sondern eine *„verkürzte"* Pubertät[9] nicht selten in *„unwürdigsten und elendsten Lebensstellungen"* erleben mussten.[10]

Mit anderen Worten: Das Jugendmoratorium war im 20. Jahrhundert für die Mehrheit der Jugendlichen nicht eine Experimentierzeit, sondern eine Zeit der Arbeit und eingebunden in die hierarchische Struktur von Betrieben, Bildungs- und Wohlfahrtsorganisationen. Es geht also weniger darum, die Jugend heute als nicht mehr sozialpädagogisch geschützte und darum gefährdete Lebensphase darzustellen und sie damit als eine neue Problemgruppe zu stigmatisieren. Vielmehr sollten die sozialen Entgrenzungsprozesse betrachtet werden, die die Jugend im Übergang zum 21. Jahrhundert von der Zone der sozialpolitischen Integration in die einer neuen Form der *„Verwundbarkeit"* hinüberwechseln lassen. Es gilt somit weniger, die Jugendlichen als neue Problemgruppe in gefährdeten 'Zonen' zu verorten, als vielmehr die sozialen Prozesse aufzuklären, die ihren *„Übergang"* von der einen in die andere Zone *„bewirken"*.[11]

Von der Entstrukturierung zur Entgrenzung von Jugend

Bereits in den 1980er Jahren verwies die These von der Entstrukturierung der Jugendphase[12] auf Pluralisierungs- und Differenzierungseffekte in der Jugendphase. Die Bildungs- und Wohlfahrtsorganisationen wurden hinterfragt, inwieweit sie der Pluralisierung im Jugendalter nicht gerecht wurden und Selbstbildungsprozesse im Alltag überdeckten, den Jugendlichen keine Räume zur Selbstthematisierung als Gestaltungsmoment des Biographischen ließen. Diese Überlegungen hielten an der etablierten Vergesellschaftungsform Jugend fest. Das Modell des Jugendmoratoriums sollte reflexiv an die sozialräumlichen Aneignungsformen im Jugendalter rückgebunden werden und insbesondere in seiner sozialen Zeit- und Raumstruktur aufgefächert werden.

Die größere Bedeutung der Lebenszeit und der Biographieverläufe wurde entsprechend betont: *„Wenn-dann"*-Konstellationen wurden in der pädagogischen Reflektion tendenziell von biographisierten *„um zu"* Formen abgelöst.[13] Zudem wurde darauf verwiesen, *„dass Jugendliche heute veränderte Ansprüche an Beruf und Arbeit herantragen (intrinsische Arbeitsmotivation): Jugendliche fragen verstärkt anspruchsvolle Arbeit nach, von der sie erwarten, dass sie das, was sie lernen sollen und gelernt haben, auch anwenden können."*[14]

Insgesamt blieb der Mechanismus der Separation der Jugend von arbeitsgesellschaftlichen Ansprüchen aber unangetastet, er wurde mitunter jugendkulturell verstärkt. So beziehen sich auch die Mehrzahl der Untersuchungen, die in diesem Kontext durchgeführt wurden, auf jugendkulturelle Phänomene oder das biographische Risiko- und Bewältigungsverhalten von Jugendlichen. Entsprechend wurde nicht thematisiert, dass nicht nur die moderne Vergesellschaftungsform Jugend ihre eigenen jugendkulturellen Folgeprobleme mit sich brachte, sondern dass sich die äußeren strukturellen Rahmenbedingungen der Lebensphase Jugend veränderten.

Aktuelle Untersuchungen zeigen, dass der Diskurs um den Strukturwandel der Arbeitsgesellschaft hin zu einer wissensbasierten digitalisierten Dienstleistungsgesellschaft in die Lebensphase Jugend hinein diffundiert: Es ist *„von einer neuen Form des Übergangs* (ins Erwachsenenleben, Anm. d. Verf.) *auszugehen, deren bestimmende Merkmale ihre Offenheit und Ungewissheit sind"*.[15] Dies ist insbesondere für die Phase des jungen Erwachsenenalters gezeigt worden, die nicht mehr dem Jugendalter, aber auch noch nicht dem Erwachsenenalter zurechenbar ist, wenn man den Status der ökonomischen Selbständigkeit als Maßstab heranzieht. In dieser Phase wird der arbeitsgesellschaftliche Erreichbarkeitsdruck besonders gespürt, gleichzeitig wird Bildung und Arbeit neu biographisch eingebunden, trotzdem sind weiterhin jugendkulturelle Identifikationen und Zuschreibungen mit beherrschend.[16]

4 DUDEK, 1997, S. 48-49.
5 Vgl. zum Begriff ANDRESEN, 2005.
6 Vgl. BÖHNISCH, 1982.
7 Vgl. BERNFELD, 1991 ff.
8 Vgl. GRUNERT & KRÜGER, 2000.
9 Vgl. LAZARSFELD, 1931.
10 CASTEL, 2000, S. 11
11 CASTEL, 2000, S. 14.
12 Vgl. OLK, 1985.
13 Vgl. SCHEFOLD, 2002.
14 ARNOLD, 2002, S. 217.
15 WALTHER, 2000, S. 59.
16 STAUBER & WALTHER, 2002.

An diesem Punkt setzt die These von der Entgrenzung von Jugend an. Über diese werden vor allem die neuen Vergesellschaftungsformen von Arbeit in die Diskussionen getragen.[17] *„Arbeit"* durchzieht demnach Lebensbereiche, die im Bild der Separation von der Jugend getrennt vergesellschaftet sein sollten. Schülerfirmen, die Rede von *„work loads"* in den Universitäten, der verschärfte Kampf um Bildungszertifikate,[18] die Intensivierung von Lernen in der Schule, die immer wieder kehrende Forderung der Stärkung der Beschäftigungsfähigkeit (employability) im Jugendalter, die vielfältigen Projekte zum Übergang in Arbeit usw. sind nur Ausdrucksformen einer Diskussion, in der um die Verhältnisbestimmung von Jugend, Bildung und Arbeit gegenwärtig gestritten wird und in der Grenzen zwischen Bildung, Arbeit und Freizeit im Jugendalter neu bestimmt werden.

Das Jugendbild der industriekapitalistischen Moderne, nach dem Jugend als Lebensphase aus der Arbeitsgesellschaft herausgenommen und in einem Jugendmoratorium sich entwickeln und qualifizieren kann, um dann mit einem so gewonnenen Status in die Gesellschaft eingegliedert zu werden (Integration durch Separation), steht entsprechend auf dem Prüfstand: *„Die entgrenzte Arbeitswelt, das entgrenzte Lernen und die sich entgrenzenden privaten Lebensführungen greifen als Entwicklungsaufgaben ineinander. Die Übergänge ins Erwachsenenalter werden für viele nicht nur länger, unstrukturierter und unsicherer, sondern werden auch individuell folgenreicher. Der bisher zeitlich eng begrenzte soziale Freiraum, in dem man sich austoben konnte, bevor man in den Arbeitsalltag eintrat, löst sich auf."*[19] Die Theorie zur Identitätsbildung hat bereits diese Entwicklung aufgenommen. Das Jugendalter nimmt von da aus gesehen nicht mehr die eher traditionell zugeschobene Schlüsselstellung in der Identitätsbildung im Lebenslauf ein.[20] Hier steht vor allem die Erwerbsarbeit im Erwachsenenalter im Mittelpunkt, deren Krisen, darauf wird allerdings hingewiesen, in das Jugendalter hineinreichen.

Für die Jugendforschung kann festgestellt werden, dass diese weiterhin einen Nachholbedarf hat, die neuen Mischungen von Freizeit, Lernen und Arbeit im *„Skript des modernen Jugendlebens"* zu lesen, *„um die neuen und tiefe Widersprüche generierenden Entwicklungslinien im Verhältnis der gesellschaftlichen Teilsysteme Erziehung, Kultur und Ökonomie in ihrem Einfluss auf den Jugendalltag und die hier eingebettete 'Agency', also ihrer Handlungsbefähigung* (GRUNDMANN), *beschreiben und analysieren zu können."*[21]

Heute – keine „Jugend"politik in Sicht

Jugendpolitische Perspektiven beziehen sich gegenwärtig vor allem auf den Übergang von jungen Menschen in den Arbeitsmarkt und das institutionalisierte Bildungssystem. In der Bildungs- und Arbeitsmarktpolitik wird der junge Mensch vor allem als Selbstverwerter seines Humankapitals gesehen. Offensichtlich ist, dass die jungen Menschen in einer neuen Form biographisch gefordert sind, sich selbst zu verorten und existentiell – ökonomisch, sozial und kulturell – abzusichern. Im Hintergrund dieser Politik sind Lebenslagen Jugendlicher entstanden, die durch tiefgreifende soziale Ungleichheiten gekennzeichnet sind. Die sozialen Handlungsspielräume von jungen Menschen unterscheiden sich erheblich, es bilden sich – wie nicht nur die Jugendarmut zeigt – soziale Segmentierungsprozesse[22] in der Jugendphase ab. Der Armuts- und Reichtumsbericht der Bundesregierung zeigt z.B. in unterschiedlichen Parametern[23], dass die Jugendarmut als ein eigenes soziales Phänomen erkannt und nicht allein als späte Phase der Kinderarmut betrachtet werden sollte. So fasst Münder aktuelle Daten zusammen und stellt heraus, dass das Armutsrisiko bei 0-6-Jährigen 14,4%, bei 6-15-Jährigen 16,4% und bei 15-18-Jährigen 23,1% betrage.[24]

Für die Jugendpolitik wäre es darum grundlegend, sich aus der Fixierung an den institutionalisierten Bildungsverläufen und dem Arbeitsmarkt zu lösen und die alltägliche Lebensbewältigung von Jugendlichen in ihren unterschiedlichen Lebenslagen wahrzunehmen. Dabei gilt es nicht nur, die informellen Lernprozesse im Jugendalter bildungspolitisch neu zu gewichten, sondern die alltäglichen Bewältigungsprozesse in den Lebenslagen Jugendlicher angesichts eines durchgängigen positionalen Wettbewerbs zu analysieren. So erleben junge Menschen gleichzeitig Formen des Verlusts und der Verlängerung von Jugend sowie eine Intensivierung von Bildung und eine Ausdehnung von Bildungszeiten. Es entstehen Paradoxien, die quer durch die institutionellen Deutungskreise laufen und einer neuen jugendpolitischen Reflexivität bedürfen. So können wir ein Bildungsparadox beobachten, da viele junge Menschen längere Ausbildungswege durchlaufen werden, die Einzelnen dennoch jederzeit auf den Punkt als fertige Bildungs- und Arbeitskraft zur Verfügung stehen müssen. Jungen Menschen wird z.B. abverlangt, dass sie früh und zielgerichtet (*„auf den Punkt"*) ihre Ausbildung abschließen und Bildungszertifikate erlangen, ob sie damit aber auch mittel- und langfristig biographisch abgesichert sind, können sie kaum erfahren. Instrumentelle Qualifikation und biographische Lebensperspektive können deshalb viele jungen Menschen erst lange nach der Jugendzeit in ihrer eigenen sozialen und biografischen Bilanz einigermaßen zusammenbringen: *„Empirische Befunde über die Art und Weise, in der sich Heranwachsende an bestehenden kulturellen Praktiken orientieren, sich diesen anschließen und sich entlang der vorgefunden 'Verhältnisse' sozial verorten"*, resümiert MATTHIAS GRUNDMANN, *„lassen sich sozialisationstheoretisch als Bewältigung solcher Widerspruchserfahrungen deuten."*[25]

Es werden gegenwärtig neue Zumutungen, Anforderungen und abstrakte Erwartungen aus dem Bildungs- und Erwerbssystem an die Jugendphase herangetragen. Zudem sagt angesichts der zeitlichen Entgrenzung von Jugend und der unterschiedlichen Lebenslagen von Jugendlichen, das Bild vom Jugendmoratorium nur noch wenig über die Lebenslagen und biographischen Möglichkeiten und alltäglichen Herausforderungen der Jugendlichen aus. Ein Bild von Jugend, das die zukünftigen Mischungen von Bildung, Arbeit und Freizeit im Jugendleben aufnimmt und über das die Lebenslagen sozialpolitisch reguliert sowie geöffnet werden können, ist nicht in Sicht. Die jugendpolitischen Diskussionen sollten sich entsprechend auf die alltägliche Lebensbewältigung von jungen Menschen zwischen Zumutungen, Erwartungen und Erreichbarkeiten beziehen. Denn gegenwärtig werden die Jugendlichen in ein Bewältigungsszenario freigesetzt, in dem *„sozialisatorisch gesehen"* – *„die biografische Bewältigung mehr am Projekt der Selbsterfüllung und nicht so sehr an der Erreichung gesellschaftlich vorgegebener und über die Lebensalter vermittelten Entwicklungsaufgaben orientiert"* ist.[26]

17 Vgl. JURCZYK & VOSS, 1995.
18 BROWN, 2004.
19 KIRCHHÖFER, 2003 S. 17.
20 Vgl. KEUPP U.A., 2002.
21 LANGE, 2003, S. 113.
22 Vgl. BÖHNISCH, ARNOLD & SCHRÖER, 1999.
23 Vgl. DEUTSCHER BUNDESTAG, 2008.
24 MÜNDER, 2009, S. 16.
25 GRUNDMANN, 2004, S. 29.
26 BÖHNISCH, 1999, S. 72.

Prof. Dr. WOLFGANG SCHRÖER
ist Professor für Sozialpädagogik am Institut für Sozial- und Organisationspädagogik der Universität Hildesheim
schroeer@uni-hildesheim.de

LITERATURVERZEICHNIS

Andresen, S. (2002). Kindheit. In W. Schröer, N. Struck & M. Wolff (Hrsg.), *Handbuch Kinder- und Jugendhilfe* (S. 15-37). Weinheim & München: Juventa.

Andresen, S. (2005). *Einführung in die Jugendforschung*. Darmstadt: WBG.

Arnold, H. (2002). Ausbildung, Arbeit und Beschäftigung. In W. Schröer, N. Struck & M. Wolff (Hrsg.), *Handbuch Kinder- und Jugendhilfe* (S. 211-241). Weinheim & München: Juventa.

Bernfeld, S. (1991). *Sämtliche Werke*. (Hrsg. von U. Herrmann). Weinheim & Basel: Beltz.

Böhnisch, L. (1982). *Der Sozialstaat und seine Pädagogik*. Neuwied & Darmstadt: Luchterhand.

Böhnisch, L. (1999). *Abweichendes Verhalten*. Weinheim & München: Juventa.

Böhnisch, L., Arnold, H. & Schröer, W. (1999). *Sozialpolitik*. Weinheim & München: Juventa.

Brown, P. (2004). Gibt es eine Globalisierung positionalen Wettbewerbs. In J. Mackert (Hrsg.), *Die Theorie sozialer Schließung* (S. 233-256). Wiesbaden: Verlag für Sozialwissenschaften.

Castel, R. (2000). *Metamorphosen der sozialen Frage. Eine Chronik der Lohnarbeit*. Konstanz: UVK-Verl-Ges..

Deutscher Bundestag (2008). *3. Armuts- und Reichtumsbericht*. Berlin.

Dudek, P. (1990). *Jugend als Objekt der Wissenschaften*. Opladen.

Dudek, P. (1997). Jugend und Jugendbilder in der pädagogischen Reflexion seit dem späten 18. Jahrhundert. In C. Niemeyer, W. Schröer & L. Böhnisch (Hrg.), *Grundlinien Historischer Sozialpädagogik*. Weinheim & München: Juventa.

Grundmann, M. (2004). Sozialisationstheorien vor dem Hintergrund von Modernisierung, Individualisierung und Postmodernisierung. In D. Hoffmann & H. Merkens (Hrsg.), *Jugendsoziologische Sozialisationstheorien* (S. 17-34). Weinheim & München: Juventa.

Grundmann, M. (2006). *Sozialisation*. Konstanz: UVK-Verl-Ges.

Grunert, C. & Krüger, H.-H. (2000). Zum Wandel von Jugendbiographien im 20. Jahrhundert. In U. Sander & R. Vollbrecht (Hrsg.), *Jugend im 20. Jahrhundert* (S. 192-210). Neuwied, Kriftel & Berlin: Luchterhand.

Jurczyk, K. & Voss, G. (1995). Zur gesellschaftsdiagnostischen Relevanz der Untersuchung von alltäglicher Lebensführung. In Projektgruppe „Alltägliche Lebensführung“ (Hrsg.), *Alltägliche Lebensführung. Arrangements zwischen Traditionalität und Modernisierung* (S. 371-407). Opladen: Leske & Budrich.

Keupp, H. u.a. (2002). *Identitätskonstruktionen. Das Patchwork der Identitäten in der Spätmoderne*. (2. Auflage). Reinbek b. Hamburg: Rowohlt.

Kirchhöfer, D. (2003). Jugendphase in der Veränderung. In D. Kirchhöfer & H. Merkens (Hrsg.), *Das Prinzip Hoffnung. Jugend in Polen und Deutschland* (S. 25-44). Hohengehren: Schneider.

Lange, A. (2003). Theorieentwicklung in der Jugendforschung durch Konzeptimport. Heuristische Perspektiven des Ansatzes „Alltägliche Lebensführung“. In J. Mansel, H.M. Griese & A. Scherr (Hrsg.), *Theoriedefizite der Jugendforschung* (S. 102-118). Weinheim & München: Juventa.

Lazarsfeld, P.F. (1931). *Jugend und Beruf*. Jena: Fischer.

Lenz, K. (1998) Zur Biografisierung der Jugend. In L. Böhnisch, M. Rudolph & B. Wolf (Hrsg.), *Jugendarbeit als Lebensort* (S. 51-74). Weinheim & München: Juventa.

Mannheim, K. (1926/1965). Das Problem der Generationen. In L.v. Friedeburg (Hrsg.), *Jugend in der modernen Gesellschaft* (S. 23-48). Köln & Berlin: Kiepenheuer & Witsch.

Münder, J. (2009). Das Kinderförderungsgesetz – Änderungen, Fragen, Probleme. *neue praxis, 39* (1), 3-16.

Olk, T. (1985). Jugend und gesellschaftliche Differenzierung – Zur Entstrukturierung der Jugendphase. *Zeitschrift für Pädagogik*, 19. Beiheft, (S. 290-301). Weinheim & Basel: Beltz.

Peukert, D.J.K. (1987). *Die Weimarer Republik*. Frankfurt a.M.: Suhrkamp.

Sander, U. & Vollbrecht, R. (2000). Jugend im 20. Jahrhundert. In U. Sander & R. Vollbrecht (Hrsg.), *Jugend im 20. Jahrhundert* (S. 7-31). Neuwied, Kriftel & Berlin: Luchterhand.

Schefold, W. (2002) Hilfeprozesse und Hilfeverfahren. In W. Schröer, N. Struck & M. Wolff (Hrsg.), *Handbuch Kinder- und Jugendhilfe* (S. 159-237). Weinheim & München: Juventa.

Schröer, W. (2004) Befreiung aus dem Moratorium. Zur Entgrenzung von Jugend. In K. Lenz, W. Schröer & W. Schefold (Hrsg.), *Entgrenzte Lebensbewältigung* (S. 19-73). Weinheim & München: Juventa.

Walther, A. (2000). *Spielräume im Übergang in die Arbeit. Junge Erwachsene an den Grenzen der Arbeitsgesellschaft in Großbritannien, Italien und Deutschland*. Weinheim & München: Juventa.

Walther, A. & Stauber, B. (2002). Junge Erwachsene. In W. Schröer, N. Struck & M. Wolff (Hrsg.), *Handbuch Kinder- und Jugendhilfe* (S. 113-143). Weinheim & München: Juventa.

Schwerpunkt JUGEND

Neue Vergemeinschaftungsformen von Jugendlichen in Gleichaltrigengruppen und Jugendkulturen

Wilfried Ferchhoff

In diesem Beitrag geht es darum, holzschnittartig die Genese und im historischen Verlauf den sozialen und kulturellen Wandel zu rekonstruieren, den jugendliche Gesellungs-, Erlebnis- und Vergemeinschaftungsformen in Gleichaltrigengruppen in Europa erfahren haben.

Einleitung

Vor dem Hintergrund rapider ökonomisch-technologischer, medialer und gesellschaftlicher Entwicklungen sowie im Medium von Globalisierungsprozessen wird im Folgenden analytisch herausgearbeitet, dass das historisch vorherrschende jugendkulturelle Territorialprinzip, der hohe Grad an Ritualisierung und der Konformitätsdruck in nahezu allen Lebensbereichen und die tendenziell engen jugendlichen Bindungs-, Erfahrungs- und Lebensräume im Laufe historisch gesellschaftlicher Wandlungsprozesse immer mehr aufgeweicht wurden. Stattdessen rückten vor allem auch delokalisierende Tendenzen und informelle Elemente von Erlebnissen, Gesellungen, Gleichaltrigengruppen sowie posttraditionale, eventorientierte Jugendkulturen, -gemeinschaften und -szenen ins Blickfeld, wie wohl lokale Jugendkulturen[1] nach wie vor real nicht zuletzt in städtischen Arealen Orte, Plätze, Straßenräume etc. einnehmen, besetzen und gegenüber anderen Jugendgruppen verteidigen.[2] Die delokalisierenden Tendenzen jugendkultureller Gemeinschaften reichen historisch in Zeiten hinein, in denen – zunächst zögerlich massenwirksame – translokale kulturelle Events sich durchsetzten und die so genannten Neuen Medien und insbesondere die Online-Medien, paradigmatisch das Internet noch gar nicht vorhanden waren und demnach noch keine Rolle spielen konnten.[3]

Historische Entwicklungen von Gleichaltrigengruppen

Die europäischen Stadtgesellschaften des späten Mittelalters und auch noch die der Renaissance neigten strukturell dazu, direkte interaktive Gruppenbildung vornehmlich unter männlichen Gleichaltrigen zu fördern.[4] Und im Rahmen des Besuchs nicht lokaler, auswärtiger Schulen bildeten wandernde Scholaren wie die wandernden Studenten und Handwerksgesellen Beispiele jugendlicher Gruppierungen.[5] Altersheterogenität war vorherrschend sowohl in den zumeist sich gegen die vorherrschenden Werte und Normen der bestehenden Ordnung auflehnenden mittelalterlichen Jugendbanden, die in der Regel aus Lehrlingen und Gesellen desselben Handwerks oder verwandter Berufe stammten (aber auch Raufereien mit Gesellen anderer Handwerkszweige oder mit anderen Jugendgruppen waren an der Tagesordnung), als auch bei den fahrenden Klerikerscholaren und den oftmals gefürchteten studentischen Wanderscholaren, die mit allerlei Initiationsriten, bestimmten Varianten des Rügebrauchtums in Gestalt landsmannschaftlich geprägter Verbindungen und Gemeinschaften vor allem durch ausgedehnte Zechgelage, Zechprellerei, *„wilde Wirtshausschlägereien"* sowie durch *„üble Belästigungen"* und *„sexuelle Übergriffe auf alleinstehende Frauen"* auffielen.[6] In den studentischen, exklusiven männerspezifischen Gemeinschaften gab es – analog zu den Verbänden der Handwerksgesellen – im Innenleben der Gemeinschaft viele ausgeprägte Rituale, Aufnahme- und Initiationsriten. Es fehlte allerdings das so genannte ritualisierte Werbebrauchtum. Die Beziehungen zu Mädchen *„blieben in der Studentenschaft durch Jahrhunderte ein besonders prekärer Problembereich"*.[7] Dagegen besaß in den ländlichen Gemeinden West-, Mittel- und Nordeuropas das lokale, burschenschaftlich organisierte ritualisierte Werbebrauchtum vor allem auf Kirchweihfesten und bei Tanzveranstaltungen (etwa im Fasching, zu Ostern, zum Maianfang, zu Pfingsten etc.) sowie im vielfältigen, oftmals theatralisch inszenierten Rügebrauchtum der männlichen ländlichen Burschenschaften (als eine Art Persiflage und burlesker Gegengerichtsbarkeit nach Werten und Normen der lokalen Ordnungstraditionen) eine gesellschaftliche Funktion, namentlich die Geschlechterbeziehungen in der Jugendphase zu regeln.[8]

In den ländlich-dörflichen Strukturen lebten im europäischen Mittelalter 85-90% der gesamten Bevölkerung. Von zentraler Bedeutung für das mittelalterliche Jugendleben auf dem Lande waren bis in die industrialisierte Neuzeit hinein speziell die männlich geprägten Junggesellenverbände oder Burschenschaften für das jugendliche Gemeinschaftsleben, die sowohl *„militärisch-politische, gesellschaftlich-kulturelle, sittliche und religiöse und kultaffine Funktionen"*[9] besaßen und im territorialen und lokalen Rahmen bei der Ausrichtung von Festzyklen und Brauchtümern im Jahreskreis, von Dorf- und Familienfesten wie *„Neujahrs- und Maifeiern, der Fastnacht, dem Johannisfest, der Dorfkirmes und dem Erntedankfest"* im *„Spannungsfeld der Geschlechter – etwa was das ritualisierte Werbebrauchtum der Geschlechterbeziehungen und die Sexualität anging – „regulierend und normalisierend"*[10] mitwirkten. Obgleich bei den Festen, Spielen und beim Tanzen alle Einwohner des Dorfes beteiligt waren, konnte im Rahmen dieser Brauchtümer und Feste spezifisches Jugendleben, mit Rangordnungen, mit Hierarchien und mit spezifischen Aufnahmeritualen (Körperkraft, sportliche Leistungen, Gewandtheit, Scharfsinn, Virtuosität, Anziehungskraft und Erfolg bei Mädchen etc.) – freilich getrennt nach Geschlechterrollen – inszeniert werden. Markante gesellige Treffpunkte der unverheirateten Jugendlichen auf dem Lande waren neben den erwähnten Festivitäten insbesondere der zum Tanze und zur Brautwerbung einladende Dorfanger und vor allem im Winter die sich zumindest tendenziell der strengen Kontrolle mindestens der männlichen Erwachsenen entziehende und gleichsam Brautwerbung betreibende Spinnstube – ein hausgemeinschaftlicher Arbeits-, Geselligkeits- und Sozialraum insbesondere für Mädchen und Frauen.[11] Die Jugendgeselligkeit der Spinnstuben, in denen zuweilen auch Burschen ausgeschlossen wurden, kann, gleichwohl sie nicht als autonome jugendliche Veranstaltung angesehen werden konnte, dennoch als alte Vorstufe der weiblichen Gemeinschaftsform der informellen Jugendgruppe charakterisiert werden.[12]

Ein weiterer Typus traditionaler städtischer Jugendgruppen waren im 19. und 20. Jahrhundert territorial bezogene Gemeinschaftsformen von Jugendlichen der städtischen Unterschichten, während die Jugendlichen der Oberschicht *„mehr an der Stadtgemeinde als Ganzer orientiert"* waren.[13] Solche räumlich-quartiersbezogenen Jugendgruppen waren in der Regel kurzlebiger und nicht so stark wie die ländlichen Burschenschaften in die festgefügten Organisationsformen der Erwachsenenwelt integriert. Sie waren über den räumlichen Bezug (Rummelplätze, Parks, Plätze, Straßenzüge, Quartiere), über Symbole, Zeichen, Körperkraft, Mut, Geschicklichkeit und Rangordnung identitätsstiftend. Deren männlichkeitsspezifische Lebensformen und Lebensstile wurden aus der Perspektive des Bürgertums zumeist in Terminologien gefasst, die deren kultur- und normabweichenden, zuweilen auch devianten und Gefährlichkeit anzeigenden, als Subkulturen, als Cliquen oder noch drastischer: als gangs, als Straßenbanden usw. mit zuweilen martialischen

1 Der historische Wandel von den sozialmilieuspezifisch grundierten lokalen Jugendsubkulturen zu den offenen, kontingenten individualitätsbezogenen Jugendkulturen wird systematisch begründet und nachgezeichnet vor allem bei Baacke & Ferchhoff, 1995; Baacke, 2004; Ferchhoff, 2007.
2 Vorüberlegungen hierzu: Ferchhoff, 2009, S. 192 ff.; 2011, S. 1024 ff.; Ferchhoff & Hugger, 2010, S. 89 ff.
3 Vgl. dazu auch den Beitrag von Stefanie Rhein in diesem Heft.
4 Vgl. Rossiaud, 1994, S. 29.
5 Hermsen, 1998, S. 133.
6 Lundt, 1996, S. 111.
7 Mitterauer, 1986, S. 203.
8 Vgl. Mitterauer, 1986, S. 171 ff.
9 Feilzer, 1971, S. 152
10 Hermsen, 1998, S. 129
11 Hermsen, 1998, S. 128.
12 Vgl. Mitterauer, 1986, S. 192.
13 Mitterauer, 1986, S. 194.

Selbstbezeichnungen und Identifikationssymbolen[14] in die Zone der Kriminalität gerückt wurden, lassen sich historisch bis weit ins Mittelalter zurückverfolgen.

In bestimmten Restvarianten haben sich diese älteren Territorialstrukturen vornehmlich in den informellen Jugendgruppen und in den Jugend(sub-)kulturen bis in die Gegenwart erhalten, obwohl für den formalen, quasi natürlichen gemeinschaftlichen Gruppenbezug das Territorialprinzip spätestens seit der Mitte des 20. Jahrhunderts erheblich aufgeweicht worden ist: Die zunehmende regionale Mobilisierung und Motorisierung, der Verlust der Straße, die Angleichungstendenzen von männlichen und weiblichen Jugendlichen, die Veränderung der Kommunikationsstrukturen, die Internationalisierung/Globalisierung, die Medialisierung und Digitalisierung der kleinen Lebenswelten und die virtuellen Gemeinschaften haben unter anderem dazu geführt, dass ein Bedeutungsrückgang, teilweise auch -verlust betont territorial bezogener Sozialformen und damit auch ein Bedeutungsrückgang von umfassenden multifunktionalen Jugendgemeinschaften mit hochgradig formalisiertem und ritualisiertem Gruppenleben stattgefunden hat, der nahezu alle Lebensbereiche, also die gesamte Lebenswelt der Jugendlichen durchdrang.[15]

Bis weit in die Neuzeit hinein war es in vielen – und nicht nur in schulischen – Lebensbereichen[16] ganz selbstverständlich, dass oftmals das Prinzip der Altersheterogenität im Rahmen von Jugendgruppen vorherrschte. Gleichaltrigkeit war seinerzeit allenfalls in engen Grenzen ein *„Prinzip der Gesellung“*.[17]

Für die Entstehung der Gleichaltrigengruppen im engeren Sinne des Wortes war sicherlich die Entwicklung und Ausbildung der modernen Jahrgangsklassen in Europa in den neuzeitlichen Schulen besonders bedeutsam. Die Struktur der Jahrgangsklasse beeinflusste in der Folgezeit nicht nur die innerschulischen Sozialbeziehungen, sondern vor allem auch die außerschulischen Gruppenbildungsprozesse.

Aber erst mit der Ausweitung des Schulbesuchs und der sich immer weiter ausdehnenden Verschulung der Jugendphase *„schließen immer mehr Jugendliche ihre Kontakte auf dieser Ebene der Altersgleichen“*.[18] Seit dem 19. Jahrhundert führten Schule und Hochschule angesichts altershomogener Zusammensetzungen in der Tendenz zur Herausbildung von Schüler- und Jugend(sub-)kulturen. Und spätestens seit Mitte des 20. Jahrhunderts lebt und lernt man allemal mindestens außerhalb der partikularen, eher affektiv-emotionalen familienorientierten Sozialbeziehungen und jenseits der eher universalen, weithin versachlichten Arbeitsbeziehungen (gleichwohl auch die schulischen Erziehungswerte analog zur Arbeitswelt eher universal, an Leistungen orientiert sind) in der Regel mit anderen Jugendlichen, eben mit Seinesgleichen. Insofern kann man auch davon sprechen, dass Jugend zu ihrer eigenen Bezugsgruppe geworden ist. Große Gruppen Jugendlicher verbleiben heute im Zuge der Ausweitung des Schul- und Hochschulbesuchs einen längeren Zeitraum in einer Gesellschaft der Altersgleichen und erleben (abgesehen von der insgesamt verkleinerten Familienstruktur) die Integration in altersheterogene Gruppen, etwa in der Arbeitswelt lebensaltersspezifisch gesehen zu einem immer späteren Zeitpunkt.[19] Jungsein vollzieht sich so gesehen, wenn man einmal vom gewollten oder aber auch erzwungenen Alleinsein absieht, meistens im Anschluss an innerschulische und ausbildungsbezogene Sozialbeziehungen in informellen Freundschaften, Gleichaltrigengruppen, Jugendkulturen, Cliquen oder Szenen.

Gleichaltrigengruppen/Peers eröffnen mittlerweile ohne formelle Organisationsformen und Verwaltungsstrukturen (ohne Antragsformulare, Monatsbeiträge, Mitgliedsbücher etc.), bei zunehmender individualisierter Wahlfreiheit, zuweilen immer noch, wie in den historischen Vorläufergestalten, mit – strengen – Aufnahmeritualen,[20] vielen Jugendlichen in sozialkultureller Hinsicht kompetente Teilnahme- und Selbstverwirklichungschancen. Im Kontext eines generellen Trends zu einem Ausgleich der Geschlechterrollen erobern sich immer mehr Mädchen jenseits nach wie vor in einigen Jugend(sub-)kulturen vorhandener jungenspezifischer Dominanz über informelle Jugendgruppen jugendspezifische, selbstgewählte, selbstaktive und selbstsozialisatorische Freiräume (schon ansatzweise in den alternativen Hippie-Kulturen der 60er und 70er, bei den Punks in den 70er und 80er, in der Gothic-Szene in den 90er, in den Techno-Gemeinschaften ebenfalls der 90er und neuerdings vornehmlich in den Emo-Szenen der nuller Jahre). Diese waren ihnen zuvor weder beim – meistens unter weiblicher Kontrolle stehenden – innerhäuslichen Treffen vom historischen, eine tendenziell eigene weibliche Gattung repräsen-

14 Beispiele hierfür sind allgemeine Bezeichnungen: Meuten, Rudel. Rotten und Namen wie Tatarenblut, Redskins, Sing Sing, Apachenblut-Blutiger Knochen, *„Santa Fee“* etc., die seit den 1920er-Jahren an bestimmte mediale Traumwelten wie etwa diejenigen der sogenannten Schmutz- und Schundliteratur, der Abenteuerromane und bestimmter Filme anschlossen. Ihre Höhepunkte lagen zweifellos in den verstädterten Industrierevieren, Arbeiterbezirken und -quartieren des kapitalistischen Industriezeitalters. Identitätsrelevante zentrale territoriale Bezugspunkte waren bspw. Rummel- bzw. Kirmesplätze, bestimmte Straßenzüge, Plätze und Parks. Verbindende Gruppenwerte waren etwa Männlichkeitsmythen, Härte, Unerschrockenheit, Aggressivität, Freiheitsliebe und Unabhängigkeit - auch gegenüber dem eigenen proletarischen Herkunfts-, Arbeits- und Parteien- und Jugendverbandsmilieu. Vornehmlich die Körperkraft bestimmte die innere Rangordnung der Gruppe und Sportarten wie Boxen und Ringen wurden vor dem Hintergrund des Kräftemessens bevorzugt. Eigenständige Gruppennormen, Gruppensymbole, Embleme wie beispielsweise das getragene Edelweiß oder auch Ohrringe und bestimmte Tätowierungen als Freiheitszeichen, Treueversprechen, subtile Ehrenkodexe galten als starke äußere Zeichen der solidarischen Gemeinschaftsverpflichtung in der Gruppe. Die Ungebundenheit anzeigende Gestaltung des Gruppenlebens war in den städtischen Territorialgruppen weitgehend autonom. Mädchen nahmen zuweilen an den Gruppenaktivitäten teil, standen allerdings in einem eindeutigen geschlechtsspezifischen Abhängigkeitsverhältnis. Diskriminierende Bezeichnungen wie Cliquenkühe und historisch später auch wie Sozius-Miezen deuteten darauf hin, dass Mädchen vornehmlich in der Rolle als Anhängsel und Sexualobjekt betrachtet wurden.

15 Vgl. Mitterauer, 1986, S. 211 f.

16 In den Latein-, Dom- und Klosterschulen des Mittelalters gab es noch keine Jahrgangsklassen. Die Zusammensetzung der Schüler war dort keineswegs altershomogen.

17 Mitterauer, 1986, S. 154.

18 Mitterauer, 1986, S. 154 f.

19 Das Prinzip der Altershomogenität gilt freilich auch in den verschiedenen Jugendverbänden und Jugendvereinen, die ihrerseits allerdings in den letzten Jahren erhebliche Einbußen an Mitgliedern und Bindekräften zu verzeichnen hatten.

20 Gegenwärtige Jugendkulturen und Jugendszenen sind nur in dem Sinne entritualisiert, dass sie meistens ohne Fahnen, Wimpel, Wappen und Trachten auskommen, obgleich andere jugendkulturell sichtbare und (für Fremde, nicht Eingeweihte und Kenner) weniger sichtbare Embleme, Symbole, Elemente oder Stile (Mode, Kleidung, Medien, Musik, Frisur, Accessoires, Habitus usw.) außerordentlich wichtig sein können. Dennoch besitzen sie nicht selten auch ohne gesatzte Normierungen für die komplexe Persönlichkeits- respektive patchworkorientierte Identitätsentwicklung von Jugendlichen eine starke sozialisatorische Prägekraft. Dieser patchworkaffine Identitätsprozess ist zweifelsohne noch bedeutsamer in den heutigen internetbasierten kommunikativen Möglichkeitsräumen der multiplen und zugleich kohärenten Identitätskonstruktionen in digitalen Welten (Körperlosigkeit, Anonymität und Textbasiertheit von Chats, private Homepages mit authentischen und nicht-authentischen Präsentationen; Online-Rollenspiele, in denen Spieler in verschiedene Rollen und in verschiedene Parallelwelten – auch als Atavare in virtuellen 3D-Simulationen im Web 2.0/Second Life – schlüpfen können).

tierenden Typus der Spinnstuben als Arbeits- und Geselligkeitsorte (das gegenseitige Kennenlernen umfasste sehr viele Varianten: arbeiten, singen, essen, trinken, spielen und tanzen) im 17., 18. und 19. Jahrhundert noch in den außerhäuslichen, eindeutig machistisch – und zumindest in den historisch älteren Varianten eindeutig territorial – geprägten städtischen Jugend- und Cliquenkulturen (Wandervogelgruppen, bündische Jugendkulturen, Arbeiterjugendkulturen, Wilde Cliquen, Halbstarke, Teds, Rocker, Mods, Heavy-, Satan-, Death-, Black-Metals, Skinheads, Hip-Hopper usw.) des 20. Jahrhunderts in diesem Ausmaß gewährt worden. Diese Optionen und Freiräume standen ihnen auch im Kontext obligatorischer (Zwangs-)Mitgliedschaften in der Staatsjugend (BDM oder FDJ) oder in den verschiedenen, eher auf Freiwilligkeit setzenden, teilweise mit universellen, lebensumfassenden Ansprüchen aufwartenden Organisationen der Verbandsjugend (wie etwa die Jugendverbände der Arbeiter- und Gewerkschaftsbewegung, der politischen Parteien, die konfessionellen Jugendverbände) sowie in der teilweise nur mit partikularen bzw. partiellen Zwecken ausgestatteten Vereinsjugend (wie beispielsweise die Sportjugend, DLRG-Jugend, Feuerwehrjugend usw.) nicht zur Verfügung.

Immerhin hat sich im historischen Verlauf die Bedeutung auch von Vereinen und Verbänden im Zusammenhang des jugendlichen Gruppen- und Gemeinschaftsleben gewandelt. Die Tendenz ging von einer stark bindenden, konformen und lebensumspannenden, multifunktionalen Lebenssinngemeinschaft mit wenig Spielraum für individuelles Handeln zu einem eher lockeren Gefüge von flexiblen, teilweise ästhetisierenden Netzwerken, zu einer partiellen, partikularen, begrenzten, eher lebensstil- und erlebnisorientierten, eher labilen, nicht immer sach- und zweckgebundenen Bindung auf Zeit mit wenig formalisierten Verbindlichkeiten, Gewissheiten und Kontakten.

Selbst im heutigen, die subjektbezogenen Handlungsspielräume erweiternden Rahmen der Familie, Schule, Erwerbsarbeit, Vereinsstruktur und Jugendverband sind die autonomen, selbstsozialisatorischen Räume begrenzter als in den informellen, posttraditionalen Jugend- und Gleichaltrigengruppen.

Weibliche Gleichaltrigengruppen erobern seit einigen Jahrzehnten zunehmend auch ohne männliche Begleitung öffentliche Räume, die ehemals nur Jungengruppen vorbehalten waren. Mädchen, beste Freundinnen und gleichaltrige Mädchengruppen können heute oftmals im Anschluss an innerhäusliche Treffpunkte in eigenen Kinder- und Jugendzimmern, wo sie sich nicht selten wechselseitig schminkend, anziehend und gemeinsam Kultfilme, -serien und -videos sehend auf die außerhäuslichen Freizeit-, Shopping-, Event- und Partykulturen einstimmen und vorbereiten, einander in Lokalen, Boutiquen, Kinos, Spielhallen, Discotheken, Clubs etc. oder im Rahmen von Massenevents treffen.

Neben den Erfahrungen und Erlebnissen der Geborgenheit, Wärme, Sicherheit, Zusammengehörigkeit und Solidarität mit Gleichaltrigen (in reinen Mädchengruppen sind diese Wärmestuben meistens stärker ausgeprägt als in den gemischten Gruppen und reinen Jungengruppen) dürfen aber auch die möglichen Abhängigkeiten von bestimmten einflussreichen Mitgliedern (es gibt aber in der Regel keine festen Anführer mehr), die jeweiligen Rivalitäten (bei Mädchen vor allem Zickenkriege) zwischen einzelnen Mitgliedern und schließlich die mögliche *„Tyrannei der Peers"* (etwa bei permanenter Abweisung, Aussperrung und Ausgrenzung) nicht unerwähnt bleiben. Immerhin: In Gleichaltrigengruppen werden die Positions- und Hierarchieprobleme der Über- und Unterordnung häufig nach anderen Kriterien, Voraussetzungen und Ritualen geregelt, manchmal auch ausgehandelt als in formellen Gruppenbeziehungen, die weniger frei gewählt werden können. Diverse Mutproben ganz unterschiedlicher Couleur haben oftmals einen zentralen Stellenwert.

Kennzeichen von Gleichaltrigengruppen

Folgende Merkmale zeichnen Gleichaltrigengruppen aus:[21]

- sie sind trotz zunehmender Wahlfreiheit und einem hohen Grad an persönlichem und sachlichem Handlungsspielraum (immer noch) relativ schicht- und milieukonform – oder mindestens stilhomogen. Das heißt, dass Peers in aller Regel die gesellschaftlichen und sozialen Zuordnungen widerspiegeln;
- sie sind trotz eines tendenziellen Ausgleichs zwischen den Geschlechterrollen (immer noch) relativ geschlechtshomogen. Es gibt freilich mehr Jungen- als Mädchengruppen, obgleich gemischtgeschlechtliche Gruppen einen Bedeutungszuwachs erfahren haben;
- sie haben in der Regel keine ausgeprägt organisierte und festgefügte formale Struktur, obwohl häufig den informellen Strukturen eine nicht zu unterschätzende Bedeutung zukommt;
- sie sind freilich nur in dem Sinne entritualisiert, dass sie meistens ohne Fahnen, Wimpel, Wappen und Trachten auskommen, obgleich andere jugendkulturell sichtbare und (für Fremde und nicht Eingeweihte) weniger sichtbare Embleme, Symbole, Elemente oder Stile (Mode, Kleidung, Musik, Frisur, Accessoires usw.) außerordentlich wichtig sein können. Dennoch besitzen sie nicht selten auch ohne gesatzte Normierungen für die Persönlichkeits- respektive Identitätsentwicklung von Jugendlichen eine starke Prägekraft;
- sie grenzen sich nach außen gegenüber Erwachsenen (vor allem auch gegenüber anderen Gleichaltrigengruppen) durch gruppenspezifische Codes, Symbole und Stilelemente ab und entwickeln in ihren alltäglichen Lebensbereichen relativ eigenständige Wert- und Normstrukturen sowie eigene Normalitätsstandards, die gelegentlich auch die Möglichkeit abweichenden Verhaltens einschließen können;
- sie sind in der Regel auf freiwilliger und eigenständiger Basis entstanden und weisen im Hinblick auf Dauer und auch Konsistenz einen vergleichsweise geringen Grad an Stabilität auf, obgleich massive Abgrenzungstendenzen nach außen sowie Einigelungen nach innen oftmals zu einer Art unauflöslichen, rigiden Schicksalsgemeinschaft führen können – vornehmlich bei Fan-Orientierungen im Sport und im Musikbereich und auch bei manchen religiösen Gemeinschaften;
- in ihnen herrscht dennoch in binnenperspektivischer Hinsicht häufig eine starke Solidarität bezogen auf gemeinsame und für sie lebensbedeutsame Interessen, Ansichten, Wert- und Normvorstellungen, Aktionen und Taten. Der Grad an emotionalen Tiefenbindungen und Beziehungen trotz Zuneigung und Bewunderung (insbesondere in jungenspezifischen Peers) scheint dagegen meistens relativ gering zu sein;

21 Vorüberlegungen hierzu: Ferchhoff, 2000; 2007; 2009, S. 196 ff.; 2011.

- die Dauer der Zugehörigkeit zu den Peers ist in den letzten Jahrzehnten insbesondere vor dem Hintergrund der Strukturveränderungen im Bildungssystem (Stichwort: Verschulung des Jugendalters) vergrößert worden. Die einschneidendste Zäsur, also der Abschied von den jugendlichen Gleichaltrigengruppen scheint immer noch die Heirat (eventuell auch eine feste Beziehung) und vor allem die Geburt des ersten Kindes (bei Mädchen und Frauen noch einschneidender) zu sein. Aufnahme in und Ausscheiden aus eine(r) Gleichaltrigengruppe sind nicht oder immer weniger an ein bestimmtes ritualisiertes *„Zeremoniell“*[22] gebunden;
- sie entstehen meist parasitär im Anschluss an die ohnehin nach Altersgruppen organisierte Schule, wirken auch dort, haben allerdings ihr Haupttätigkeitsfeld in außerschulischen Kontexten, in der Freizeit; auch ausbildungsplatz-, arbeitsplatz-, wohn-, revier- und andere infrastrukturbezogene Dimensionen können für die Entstehung und den Zusammenhalt der Gleichaltrigengruppen eine bedeutsame Rolle spielen;
- diejenigen Gleichaltrigengruppen, die eine ausdrucksstarke, nicht selten spektakulär inszenierende und provozierende Abgrenzung wählen, wirken in der Öffentlichkeit oft bedrohlich, beziehen aber gerade aus den ablehnenden Reaktionen ihrer Umwelten ihren Zusammenhalt und so gesehen auch einen Teil ihrer Gruppen-Identität.

Allerdings sind Gleichaltrigengruppen, die extraordinäre, normabweichende, deviante und gesellschaftlich bedrohliche Verhaltensmuster an den Tag legen, trotz Medienhypes die Ausnahmen. Sie verstellen auch leicht den Blick dafür, dass Peers funktionslogisch gesehen notwendige gesamtgesellschaftliche und für die persönliche Entwicklung im Jugendalter zentrale und unentbehrliche Funktionen übernehmen. Sie übernehmen solche etwa im Rahmen der Bewältigung so genannter allgemeiner Entwicklungsaufgaben und -probleme im Jugendalter:

- sie sind wichtige Stützen des einzelnen bei der – und fördern die – Ablösung vom Elternhaus und bieten gleichzeitig Stabilisierung und Sicherheit auf dem Weg zur eigenen, stabilen und selbstbewussten Persönlichkeit;
- sie können für Teilbereiche des Alltags Verhaltens- und Statussicherheit gewähren gegenüber dem eher unsicheren Status, den in der Regel Erwachsene Jugendlichen zugestehen. Sie können zur Stabilisierung jugendlicher Entwicklungsprozesse beitragen, indem sie etwa Erfahrungen ähnlicher Lebenslagen und die Anerkennung von bestimmten Gruppenregeln ermöglichen;
- sie können neue Formen der Autoritäts- und Hierarchieebenen mit – von der Erwachsenenwelt – abweichenden Kriterien einüben;
- sie können Erfahrungs- und Erlebnisräume bereitstellen sowie Chancen und Übungsfelder für das Experimentieren mit neuem Rollenverhalten und für die Übernahme von Geschlechtsrollen bieten;
- sie können auch dort emotionale Anerkennung finden, so gesehen auch entlastend wirken, wo andere Erziehungs- und Sozialisationsfelder Anerkennung versagen oder diese ausschließlich nach Kriterien bzw. Logiken der Erwachsenenwelt gewähren;
- sie können Lernchancen in dem Sinne ermöglichen, dass Jugendliche den Übergang von der tendenziell intimisierten, emotional aufgeladenen und partikularistischen Familiensphäre in verschiedene größere universale und zugleich auch diffusere gesellschaftliche Bezugssysteme schaffen;
- sie können latente Bildungsprogramme in dem Sinne ermöglichen, dass bestimmte Formen und Varianten des Wissens spielerisch und leidenschaftlich zugleich eingeübt werden insbesondere jenseits bewusster und systematisierter, institutionalisierter Lernzielprogramme;
- sie können schließlich wichtige kompensatorische Funktionen übernehmen, in andere (Lebens-)Welten eintauchen und Selbstbestimmungen ermöglichen und inszenieren, indem sie sich in Teilbereichen der häufig übermächtigen sozialen Kontrolle durch Institutionen und Pädagogisierungen (Elternhaus, Schule) verschiedenster Art, also gegenüber den manchmal unzumutbaren Lebenszwängen des Alltags entziehen, obwohl zumeist eine emotionale Tiefenbindung an das Elternhaus bestehen bleibt.

Jugendliche Gemeinschaften – Gleichaltrigengruppen – Jugend(sub)kulturen und Jugendszenen

In der einschlägigen sozialwissenschaftlichen Forschung werden diese de-lokalisierenden gesellschaftlichen Veränderungen der traditionellen jugendlichen Gesellungsformen als eher informelle, posttraditionale, interaktive Teilzeitgesellungen und Gesinnungsgemeinschaften, die in Erweiterung und Ergänzung zum konventionellen strukturfunktionalistisch geprägten soziologischen Verständnis der Peer-Groups[23] ebenso wie zu den heutigen gesellschaftlichen Prozessen der Individualisierung nicht mehr nur auf gemeinsame Lebenslagen beruhen müssen. Szenen liegen quer zu den traditionellen Gesellungsformen wie auch zu den großen gesellschaftlichen Institutionen und Organisationen. Szenen schließen sich immer weniger im nachbarschaftlichen Rahmen zusammen und haben häufig keinen Bezug zu Jugendverbänden, Sportvereinen oder Kirchengemeinden. Sie sind vor allem, so etwa die Dortmunder Jugendszeneforscher.[24] Gesinnungsgemeinschaften, thematisch fokussierte Gruppennetzwerke und labile Gebilde. Sie sind dynamisch, ständig in Bewegung, haben offene Ränder. Sie sind interaktive und partikulare Teilzeit-Gesellungsformen mit unterschiedlichen Reichweiten und vororganisierten Erfahrungsräumen. Sie sind relativ unstrukturiert.

Dennoch orientieren sich Szenegänger durchaus an bestimmten Organisationseliten und Szenepromotoren, dem sogenannten Szenekern, der szenetypische Erlebnisse und Events bereitstellt. Szenetypische posttraditionale Eigenschaften und Gesellungsformen findet man inzwischen auch vermehrt in herkömmlichen Gemeinschaften und Freundschaften. Szenen sind so gesehen situative Wärmespender, auch altersspezifisch nicht nur homogen, wiewohl hier jugendliche Gesellungsformen von Peer-Groups vorhanden sind und ein jugendliches Verständnis oder adäquater: ein jugendlicher Habitus bzw. eine juvenile Gesinnung[25] auch bei Nicht-Mehr-Jugendlichen und jungen Erwachsenen vorliegt. Dennoch: Die Altershomogenität der Gleichaltrigengruppen wird im Medium dieses Szene-Verständnisses aufgeweicht. Szeneorientierte Gleichaltrigengruppen bzw. Jugendkulturen sind in der Regel auf freiwilliger und

22 Hermsen, 1998, S. 128.
23 Vgl. w.o. die verschiedenen Merkmale der Gleichaltrigengruppen.
24 Beispielsweise Hitzler, Bucher & Niederbacher, 2000; 2001, Hitzler & Pfadenhauer, 2001; Hitzler, 2008, S. 55 ff.
25 Hitzler, 2008, S. 67.

eigenständiger Basis entstanden. Ihre Struktureigenschaften sind nicht lokal begrenzt, sie sind netzwerkorientiert, tendenziell weltumspannend und ohne intensive Internetnutzung der Beteiligten kaum noch vorstellbar. Sie weisen einen vergleichsweise geringen Grad an Stabilität auf, was Dauer, Konsistenz und Zugehörigkeit angeht, obgleich massive Abgrenzungstendenzen/Exklusion nach außen sowie Einigelungen/Zugehörigkeiten/Inklusion nach innen in bestimmten, den gesellschaftlichen (post-)modernen Entwicklungsprozessen der Szenen zuwiderlaufenden traditionalen Gemeinschaften und Gruppierungen manchmal zu einer Art verschwörerischen oder sehr engen episodalen Schicksalsgemeinschaft[26] führen kann. Dies trifft – freilich jenseits szeneaffiner posttraditionaler Vergemeinschaftungen – vornehmlich auf rigide Fan-Orientierungen in Sport- und Musikbereichen (Hooligans, Ultras usw., alle Varianten der Metaller), auf (neo-)religiöse Gemeinschaften im Christentum und im Islam, auf manche Skinhead-Orientierungen und auf alle rechtsradikalen Milieus zu.

Heutige Freundschaften und vor allem noch dezidierter: heutige informelle Gleichaltrigengruppen in posttraditionalen Gemeinschaften/Szenen, die durch persönliche Optionen aufgrund des Prinzips zunehmender Wahlfreiheit gebildet und auch wieder abgewählt werden können und deren Mitglieder sich der tendenziell fluiden kollektiven Existenz stets vergewissern müssen, entscheiden unter anderem etwa in den heutigen komplexen, vielfältigen jugendlichen Medienwelten vornehmlich darüber, welcher Musikstil, welches Musikgenre, welche Print-Medien, welche Audiomedien, welche audiovisuellen Medien, welche Fernsehformate, welche Filme, welche Videos, welche Handynutzung (telefonieren, Photos schießen, SMS mit verschiedenen, Stimmungen anzeigenden, Smileys schreiben etc.), welche Spiele (Konsolen, Internet), welche Internetportale wie präferiert und genutzt werden.

Globalisierung, Gleichaltrigengruppe und neue digitale Welten

Hinzu kommt, dass in historischer Perspektive die verschiedenen ländlichen und städtischen Jugendgruppen neben ihrer Einbettung in die beschriebenen institutionalisierten und ritualisierten Vergesellschaftungsmodi vornehmlich in engen regionalen, territorialen Horizonten agierten. Veränderte Lebens- und Kommunikationsbedingungen haben die Lebenshorizonte von vielen Jugendlichen erweitert und zu überregionalen und vornehmlich auch zu internationalen globalen Gemeinsamkeiten von Lebens-, Konsum-, Medien-, Musikstilen und Jugendgruppen geführt. Im historischen Verlauf haben Entregionalisierungsprozesse nicht zuletzt durch viele Erweiterungen neuer direkter und indirekter Kommunikationsmöglichkeiten stattgefunden: *„Für die Überwindung der auf die eigene Gemeinde zentrierten Identität traditionaler ländlicher Jugendgruppen waren sicher schon die Eisenbahn und das Fahrrad von Bedeutung. Im Vergleich dazu hat aber die Entregionalisierung in den letzten Jahrzehnten vollkommen andere Dimensionen erreicht."*[27] In den mehr als 20 Jahren, seitdem diese Diagnosen gestellt wurden, hat sich das Tempo dieser Entwicklung noch deutlich beschleunigt. Vor dem Hintergrund ausgeweiteter Freizeit, größerer Mobilität qua Motorisierung, erhöhten Lebensstandards und vor allem auch vor dem Hintergrund der ausgeweiteten und ausdifferenzierten indirekten, medialen Jugendkommunikation sind Jugendtourismus, Jugendreisen und Jugendtreffs zum Teil geschlechts-, zum Teil auch milieuübergreifend zu einem individualisierten Massenphänomen geworden. Direkte Teilnahme und Teilhabe an den eventorientierten Ereignissen an den Wallfahrtsorten und Kultstätten der Jugendgruppenkulturen (nationale und internationale Open-Air-Konzerte, Medien-, Musik-, Sport- und Modefestivals, Weltkirchentage, politische und kulturelle Protestfestivals etc.) sind im Lichte vieler Globalisierungsprozesse, die sowohl homogene als auch heterogene Züge aufweisen können,[28] leicht erreichbar geworden. Die Ausbildung überregionaler, teilweise auch entterritorialisierter Gruppenkulturen wäre freilich ohne die alltägliche Verdichtung der Raum- und Zeitstrukturen, ohne Veränderung und Ausdifferenzierung der verkehrs- und kommunikationstechnologischen Entwicklungen – nicht zuletzt auch in den Bereichen Waren, Kulturen, Zeichen, Symbole, Bilder und Massenmedien – nicht denkbar.[29] Die Wirkungen von speziellen Printmedien, wie etwa das ausdifferenzierte Genre der Jugendzeitschriften, aber auch die Wirkungen durch Kino, Radio und Schallplatte in der ersten Hälfte des 20. Jahrhunderts scheinen im Vergleich zu der Intensität des Einflusses der Medien auf die Jugend von den 50er Jahren bis ins 21. Jahrhundert noch relativ bescheiden.

In den letzten fünfzig Jahren ist es in der medien- und jugendkulturellen Arena zu einer Ausdifferenzierung von nicht nur medienfokussierten Jugendgemeinschaften gekommen, beispielsweise im Medium bestimmter technologischer, massen- und musikkultureller Innovationen, bestimmter Freizeit-, Tanz- und Musikorte wie Diskotheken, bestimmter Musikstile, bestimmter Kino- und Videofilme, Konsolen- und Videospiele, Comics, Fernsehserien – in der jüngeren Vergangenheit auch im Medium der verschiedenen Verwendungsmöglichkeiten von MP3-Player, (internetbasiertem) Handy, Computer und Internet. Beispielsweise ist der PC im Jahre 2010 das meistbenutzte Gerät, wenn Jugendliche Musik hören, gefolgt vom MP3-Player, während Radio, CDs, Musik-TV zu diesem Zweck in den Hintergrund treten. Ein Leben ohne Handy, iPod und ohne Internet scheint für heutige Jugendliche nicht möglich – dagegen müssen sogar offline-Freundschaften zurücktreten.

Zu erwähnen sind in diesem Zusammenhang einer so genannten *„webciety"*, ein Kunstwort aus web und society, neue partizipatorische, trendsetzende, netzbasierte Kommunikations-, Austausch-, Beziehungs- und Vergemeinschaftungsformen in Blogs, Wikis, Chats und Foren, bei YouTube, in Online-Netzwerken, die nicht nur im Medium eines – sicherlich auch nicht gänzlich zu leugnenden und wenig reflexiv werdenden – virtuellen Exhibitionismus entstanden sind. So gesehen entstanden – analog zur so genannten realen Welt – eine Vielzahl und Pluralisierung von virtuellen Räumen in mittelbaren-unmittelbaren Internetgemeinschaften, die durchaus – in Kombination mit traditionellen, bekannte Personen einschließenden unmittelbaren *„Face-to-face-Beziehungen"*, Freundschaften, Gemeinschaften und posttraditionalen Szenen – als Anknüpfungspunkte für wiederum neue Gemeinschaftsformen verstanden werden können.

Kinder und Jugendliche wachsen inzwischen in und mit den digitalen Medienwelten wie selbstverständlich auf. Für diese jugendlichen Nutzer ist konsequenterweise der Begriff *„digital natives"* geprägt worden, der darauf hindeuten soll, dass in den heutigen jüngeren Alterskohorten mit dem frühen und selbstverständlichen Aufwachsen in den digitalen Medienwelten auch – gegenüber anderen Alterskohorten – quasi-natürliche, einverleibte Zugangs-, Umgangs- und

26 Bohnsack et al., 1995, S. 27.
27 Mitterauer, 1986, S. 250.
28 Vgl. zu den vielen mögliche Facetten Ferchhoff, 2007; 2007a; 2008; 2011.
29 Mitterauer, 1986, S. 250.

Ausdrucksformen zu diesen scheinbar unendlichen virtuellen Parallelwelten vorhanden sind.

Die Jugendkulturen und Jugendszenen der digital natives können dabei wichtige bindungskompensatorische Funktionen übernehmen, ihnen das Eintauchen in andere, auch virtuelle (Lebens-)Welten und soziale Netzwerke der Geselligkeit und Freundschaften sowie Selbstbestimmungen ermöglichen und diese inszenieren, indem sie sich in Teilbereichen der häufig übermächtigen direkten sozialen Kontrolle durch Institutionen und Pädagogisierungen verschiedenster Art (z.B. Elternhaus, Schule), also den – manchmal als unzumutbar erlebten – Lebenszwängen des Alltags entziehen, obwohl zumeist eine emotionale Tiefenbindung an das Elternhaus bestehen bleibt. Immerhin hat sich in den letzten Jahren die Besiedlung der Freundeszentralen durch das Internet – etwa qua Facebook, Myspace, schülerVZ, studiVZ, meinVZ, StayFriends und wer-kennt-wen – enorm beschleunigt. In diesen neuartigen Freundesnetzen können sich die jugendlichen Mitglieder permanent online treffen – vielfach mit denjenigen Gruppen und Freunden, die sie auch schon aus der Offline-Welt kennen, um sich noch enger und dauerpräsent zusammenzuschließen.[30] Dadurch ist eine autonome Jugendkultur entstanden in dem Sinne, dass die eigenen Jugendgemeinschaften den ratlosen Eltern und Pädagogen entzogen werden – eine garantiert erwachsenenfreie Zone.

Virtuelle Gruppenwelten und die sozialwissenschaftliche und pädagogische Gemeinschaftsmetapher

Gruppenphänomene im Internet werden seit Anfang der 1990er Jahre mit der Entstehung von Online-Communities bzw. virtuellen Gemeinschaften in Zusammenhang gebracht und empirisch wie theoretisch untersucht,[31] wenngleich sich dieser Diskurs bisher kaum mit digitalen jugendkulturellen Gesellungsformen auseinandergesetzt hat. Online-Communities sind soziale Gefüge, die die Suche nach Geselligkeit und Informationen sowie ein Gefühl der Zugehörigkeit und Identität neben der Offline- nun auch in der Online-Welt ermöglichen. Dieses Verständnis grenzt sich von solchen Vorstellungen ab, die in den Communities ein ausschließlich durch gegenseitige Hilfe und soziale Nähe gekennzeichnetes soziales Miteinander vorherrschen sehen, dass in der modernen Gesellschaft schon längst verloren geglaubt wurde. In diesem Sinne muss noch Howard Rheingold[32] verstanden werden, der als einer der ersten und entschiedensten Verfechter für die Entstehung einer neuen Form von Gemeinschaft im Netz gilt. Virtuelle Gemeinschaften sind für ihn die Folge eines wachsenden Bedürfnisses nach Gemeinschaft, das die Menschen weltweit entwickeln, weil in der *„wirklichen Welt"* die Räume für ungezwungenes soziales Miteinander immer mehr verschwinden. Die Online Communities sieht er als Brücke zu fremden Kulturen an, die jetzt nicht mehr unbedingt von Angesicht zu Angesicht besucht werden müssen, damit man sie kennen lernt. Auch eine virtuelle Begegnung könne dies jetzt ermöglichen, wenngleich face-to-face-Kommunikationen und Treffen dadurch nicht ersetzt würden.

Folgt man diesem Gedanken im Hinblick auf die Frage nach jugendkultureller Gesellung im Internet weiter, würde dies bedeuten, dass durch die virtuell geknüpften Bekanntschaften sowie Freundschaften und die spezifische Art und Weise, in der sich die Jugendlichen über computervermittelte Kommunikation (CvK) gegenwärtig miteinander austauschen, völlig neue Erfahrungshorizonte erschlossen werden könnten, die sich von früheren Formen der Wirklichkeitserfahrung – medial vor allem durch Fernsehen und Telefon beeinflusst - unterscheiden. Rheingold[33] definiert virtuelle Gemeinschaften als elektronische Netzwerke interaktiver Kommunikation, die von einem gemeinsam geteilten Interesse oder einem gemeinsamen Zweck bestimmt werden. Dabei kann auch die virtuelle (und auch die direkte interaktive) Kommunikation selbst zum Ziel werden. Deutlich wird aber auch, dass zahlreiche Thesen zur Entstehung von Online-Communities – Rheingolds eingeschlossen – ein auch sonst häufig anzutreffendes allzu idealisiertes und idyllisches Bild von Gemeinschaft, wenn nicht ausdrücklich von posttraditionalen Szene-Gemeinschaften die Rede ist,[34] als dichter, abgegrenzter und dorfähnlicher Form des sozialen Miteinanders vertreten, geprägt durch Nähe, Unterstützung und Zugehörigkeit. Die Existenz solcher sozialer Formationen ist aber wohl selbst für Agrargesellschaften, zumindest aber für entwickelte Industrie- und Dienstleistungsgesellschaften zu bezweifeln. Nicht zuletzt spiegelt sich auf diese Weise noch das klassische traditionelle Verständnis des sozialen Miteinanders als Gemeinschaft oder als Vergemeinschaftung – affektuelles bzw. traditionelles Handeln – (in Abgrenzung zu Gesellschaft bzw. Vergesellschaftung als wertrationales oder zweckrationales Handeln) wider, wie es vor allem im soziologischen Theorieansätzen von Ferdinand Tönnies[35] und Max Weber deutlich wurden.

Tönnies' und Webers Vorstellungen von Gemeinschaft und Gesellschaft waren sozial-evolutionär angelegt. Die historische Entwicklung ging demnach von der Gemeinschaft zur Gesellschaft. In diesem Sinne wurde Gemeinschaft tendenziell zum Krisenbegriff – von der historischen Gesellungsform Gemeinschaft, die das Gewachsene, Organische und Tradierte betonte, – etwa der naturwüchsigen Familiengemeinschaft – über die Freisetzung des Individuums (im Lichte eines strukturellen Individualismus) zur mechanisierten (mechanischen) Gesellschaft. Für Tönnies und Weber wird Gesellschaft in Verbindung zur Entwicklung der modernen Gesellschaft gebracht, die Max Weber vor allem als Rationalisierung, Entzauberung und Bürokratisierung gekennzeichnet hat.[36] So gesehen schien es entwicklungsgemäß, kein Zurück zu naturwüchsigen traditionalen Gemeinschaften zu geben. Wenn überhaupt schien nur eine neue Gemeinschaftsform möglich zu sein[37] – entweder Restauration oder Neuentwurf. Alle Gemeinschaftsbegriffe, ob restaurative oder progressive, waren aber reaktiv angelegt. Sie reagierten auf die Aufweichung von Traditionalität und somit auf Integrationsprobleme der modernen Welt.[38]

30 Vgl. Boyd, 2009; MPFS, 2008.
31 Vgl. etwa Döring, 2003; Jones, 1997; 1998; Smith & Kollock, 2000; Thiedeke, 2000; 2007.
32 Howard Rheingold, 1993.
33 Howard Rheingold, 1993.
34 Vgl. weiter unten die Anmerkung 35.
35 Ferdinand Tönnies, 1887.
36 Vgl. Knoblauch, 2009, S. 76.
37 Reyer & Henseler, 2000, S. 5.
38 Auch die heute vieldiskutierten posttraditionalen Gemeinschaften in allen ihren verschiedenen Erscheinungsformen besitzen durchaus – analog zu den traditionellen Funktionen eingelebter Milieus – sozialintegrative Wirkungen für die Beteiligten. Auch sie sind in gewisser Weise Antworten auf gesellschaftliche Wandlungsprozesse – nunmehr der modernen Gesellschaft. So unterschiedliche Etikettierungen und Metaphern wie reflexive Moderne, flüchtige Moderne, zweite Moderne, Nachmoderne, Spätmoderne, Postmoderne, eventorientierte Erlebnisgesellschaft und Multioptionsgesellschaft beziehen sich auf diesen gesellschaftsdiagnostischen Hintergrund. Immerhin deuten die posttraditionalen Gemeinschaften darauf hin, dass sich Gesellungsformen und -modalitäten der Vergemeinschaftung und Vergesellschaftung im Sinne einer Aufweichung klassischer traditionaler Gesellungen und Hinwendung zu einer Verszenung der Gesellschaft geändert haben.

Die von Tönnies historisch charakterisierte naturwüchsige Gesellungsform Gemeinschaft, die in der Moderne nicht mehr so ohne weiteres zu haben war, wurde beispielsweise von Eduard Spranger zur Kulturgemeinschaft, zu einer Lebensform erhoben.[39] Und diese Lebensform sah Spranger in der organische Gemeinschaften hervorbringenden Jugendbewegung Anfang des 20. Jahrhunderts. In dieser Jugendbewegung entfalteten sich, so Spranger, Gemeinschaftserlebnis und Gemeinschaftskultur,[40] die die Rechte des Individuums einem *„übergeordneten Ganzen"* unterstellten, während Gemeinschaft, die aufgrund von aufklärerischen Ideen, namentlich von Vertrag, Liberalismus und Rationalismus zustande kam und mündige Subjekte voraussetzte, bloß mechanisch sei.

Das organische Ineinanderwachsen im Gemeinschaftserlebnis verlangte nach Spranger *„nicht Gleichheit der Glieder, sondern nur die Berührung im Tiefsten: im Willen zur Reinheit, Wahrheit, Echtheit des Innern, und in der Bejahung des Willens zum echten Wert"*.[41] Bei Spranger deutete sich schon etwas an, was historisch ein wenig später beispielsweise bei Herman Nohl – in einem Drei-Stufen-Modell im Kontext der *„wahren Bestimmung der Jugendbewegung"* eines vorfaschistischen Gedankenguts der Volksgemeinschaft – weitergeführt wurde: Von der individuellen Persönlichkeit in der ersten Phase über die Gemeinschaft als lebendige Beziehung von Mensch zu Mensch[42] bis hin zum Dienst als Hingabe an etwas objektiv Übergeordnetes, namentlich die Volksgemeinschaft, die Nation. An die Stelle des unmittelbaren interaktiven pädagogischen Bezugs trat der Kreis junger Menschen um den Fahnenmast, und mit dem begleitenden Liedgut und dem Hissen der Fahne spürte man die metaphysische Wirklichkeit von Fahnenmast und Volksgemeinschaft.

Es bleibt festzuhalten: Die zuweilen naive Verwendung des traditionellen Gemeinschaftsbegriffs für soziale Prozesse bzw. Gesellungsformen (nicht nur) von Jugendlichen im Netz ist kritisch zu hinterfragen, weil er neben historisch mythenbildende Konnotationen auch noch ortsgebundene bzw. nationalstaatliche bzw. kulturell fest abgesteckte Räume betont, wogegen sich Räume aufgrund von Globalisierungsprozessen heute immer mehr entgrenzt darstellen.[43] Demgegenüber lassen sich jugendkulturelle Gemeinschaften in der Online-Welt – ebenso wie in der Offline-Welt – kaum mehr als traditionale, hierarchisch strukturierte, relativ homogene und dicht verbundene Gruppen charakterisieren, sondern adäquater als eher informelle, soziale Netzwerke interpersoneller Beziehungen.[44] Aus dieser Perspektive stellen sie sich als weit offene strukturierte dar, weil der Blick sowohl auf die heterogene Teilnehmerstruktur in internetbasierten Diskussionsgruppen als auch auf die spezifischen sozialen Verbindungen in ihnen genauer erfasst werden kann.

Prof. Dr. WILFRIED FERCHHOFF ist Hochschullehrer an der Evangelischen Fachhochschule Rheinland-Westfalen-Lippe, FB Soziale Arbeit, und an der Universität Bielefeld, Fakultät für Erziehungswissenschaft
ferchhoff@efh-bochum.de

LITERATURVERZEICHNIS

Bohnsack, R., Loos, P., Schäffer, B., Städtler, K. & Wild, B. (1995). *Die Suche nach Gemeinsamkeit und die Gewalt der Gruppe. Hooligans, Musikgruppen und andere Jugendcliquen.* Opladen: Leske + Budrich.

Boyd, D. (2009). *Friendship. In I. Mizuko et.al. (Eds.), Hanging Out, Messing Around, Geeking Out: Living and Learning with New Media.* Cambridge: MIT Press.

Döring, N. (2003). *Sozialpsychologie des Internet.* (2. Auflage). Göttingen u.a.: Hogrefe.

Feilzer, H. (1971). *Jugend in der mittelalterlichen Ständegesellschaft.* Wien: Herder.

Ferchhoff, W. (2001). *Jugendkulturen 2000.* Berlin: Fata Morgana.

Ferchhoff, W. (2007). *Jugend und Jugendkulturen im 21. Jahrhundert.* Wiesbaden: VS Verlag für Sozialwissenschaften.

Ferchhoff, W. (2007a). Geschichte globaler Jugend und Jugendkulturen. In D. Villanyi, M.D. Witte & U. Sander (Hrsg.), *Globale Jugend und Jugendkulturen. Aufwachsen im Zeitalter der Globalisierung* (S. 25-54). Weinheim & München: Juventa.

Ferchhoff, W. (2008). Neue Trends in der Jugendforschung. Jugendkulturen zwischen Globalisierung und Individualisierung. *Kindheit, Jugend, Sozialisation. Freiburger Geschlechter Studien, Band 22* (S. 127-154). Freiburg i.Br.: jos-fritz-Verlag.

Ferchhoff, W. (2009). Mediensozialisation in Gleichaltrigengruppen. In R. Vollbrecht & C. Wegener (Hrsg.), *Handbuch Mediensozialisation* (S. 192-200). Wiesbaden: VS Verlag für Sozialwissenschaften.

Ferchhoff, W. (2011). *Jugend und Jugendkulturen im 21. Jahrhundert* (2. ergänzte und veränderte Auflage). Wiesbaden: Springer Verlag.

Ferchhoff, W. & Hugger, K.-U. (2010). Zur Genese und zum Bedeutungswandel von Gleichaltrigengruppen- Lokale, de-lokalisierende und virtuelle Tendenzen. In K.-U. Hugger (Hrsg.), *Digitale Jugendkulturen* (S. 89-101). Wiesbaden: VS Verlag für Sozialwissenschaften.

Gebhardt, W., Hitzler, R. & Pfadenhauer, M. (Hrsg.) (2000). *Events. Soziologie des Außergewöhnlichen.* Opladen: Leske + Budrich.

Hermsen, E. (1998). Jugendleben im Hoch- und Spätmittelalter. In K.-P. Horn, J. Christes & M. Parmentier (Hrsg.), *Jugend in der Vormoderne. Annäherungen an ein bildungshistorisches Thema* (S. 111-140). Köln-Weimar-Berlin: Böhlau.

Hitzler, R. (2009). Brutstätten posttraditionaler Vergemeinschaftung. Über Jugendszenen. In R. Hitzler, A. Honer & M. Pfadenhauer (Hrsg.), *Posttraditionale Gemeinschaften. Theoretische und ethnografische Erkundungen* (S. 55-72). Wiesbaden: VS Verlag für Sozialwissenschaften.

Hitzler, R., Bucher, T. & Niederbacher, A. (2000). *Jugendszenen in NRW- Über juvenile Kultur(en) unter den Bedingungen der Spätmoderne.* (Expertise zum 7. Kinder- und Jugendbericht der Landesregierung Nordrhein/Westfalen). Düsseldorf.

39 Spranger, 1924, S. 171 ff.

40 Spranger, 1928, S. 146

41 Spranger, 1928, S. 163.

42 Nohl, 1963.

43 Mit Virtualisierung wird zumeist ein Phänomen im World Wide Web beschrieben, das einen eigenen Typus von virtueller Gemeinschaft hervorbringen, gleichzeitig aber auch bestehende Gemeinschaften erfassen und verändern soll. Das medienvermittelte Erleben und der medienvermittelte Erfahrungsbezug (Mediatisierung von Welt und Lebenswelt) sollen neben Merkmalen der Deterritorialität und Translokalität gesellschaftliche Prozesse der Individualisierung, Globalisierung und Ökonomisierung charakteristisch für das Entstehen posttraditionaler Gemeinschaften sein. Ein weiteres relevantes Merkmal für das Attribut Posttraditionalität wird darin gesehen, dass die Zugehörigkeit nicht aus Tradition resultiert, sondern auf einer tendenziell freiwilligen Entscheidung beruht. Diskurse zu diesen komplexen gesellschaftlichen Wandlungsprozessen und Lebensverhältnissen (traditionale Gemeinschaften im Rahmen traditioneller Gesellschaften, posttraditionale Gemeinschaften im Medium von Deterritorialität und Virtualität im Kontext (post-)moderner Gesellschaften) werden vor allem geführt: Hitzler & Pfadenhauer, 2001; Gebhardt, Hitzler & Pfadenhauer, 2000; Hitzler, Honer & Pfadenhauer, 2009.

44 Vgl. etwa Wellman & Gulia, 1999.

HITZLER, R., BUCHER, T. & NIEDERBACHER, A. (2001). *Leben in Szenen. Formen jugendlicher Vergemeinschaftung heute.* Opladen: Leske + Budrich.

HITZLER, R., HONER, A. & PFADENHAUER, M. (Hrsg.) (2009). *Posttraditionale Gemeinschaften. Theoretische und ethnographische Erkundungen.* Wiesbaden: VS Verlag für Sozialwissenschaften.

HITZLER. R. & PFADENHAUER, M. (Hrsg.). (2001). *Techno-Soziologie. Erkundungen einer Jugendkultur.* Opladen: Leske + Budrich.

JONES, S.G. (Hrsg.) (1997) . *Virtual Culture. Identity and Communication in Cybersociety.* London u.a.: Sage.

JONES, S.G. (Hrsg.) (1998) . *Cybersociety 2.0. Revisiting Computer-Mediated Communication and Community.* London u.a.: Sage.

KNOBLAUCH, H. (2009). Kommunikationsgemeinschaften. Überlegungen zur kommunikativen Konstruktion einer Sozialform. In R. HITZLER, A. HONER & M. PFADENHAUER (Hrsg.), *Posttraditionale Gemeinschaften. Theoretische und ethnografische Erkundungen* (S. 73-88). Wiesbaden: VS Verlag für Sozialwissenschaften.

LUNDT, B. (1996). Zur Entstehung der Universität als Männerwelt. In E. KLEINAU & C. OPITZ (Hrsg.), *Geschichte der Mädchen- und Frauenbildung, Band 1: Vom Mittelalter bis zur Aufklärung* (S. 103-118). Frankfurt a.M. & New York: Campus.

MEDIENPÄDAGOGISCHER FORSCHUNGSVERBUND SÜDWEST (Hrsg.) (2008). *JIM Jugend, Information, (Multi-)Media. Basisstudie zum Medienumgang 12- bis 19-Jähriger in Deutschland.* Stuttgart: Medienpädagogischer Forschungsverbund Südwest.

MITTERAUER, M. (1986). *Sozialgeschichte der Jugend.* Frankfurt a.M.: Suhrkamp.

NOHL, H. (1963). *Die pädagogische Bewegung in Deutschland und ihre Theorie.* (6. Auflage). Frankfurt a.M.: Verlag G. Schulte-Bulmke.

REYER, J. & HENSELER, J. (Hrsg.). (2000). *Zur Einleitung: Die Wiederentdeckung von „Gemeinschaft" für die Historiographie der Sozialpädagogik.* In J. REYER & J. HENSELER (Hrsg.), *Sozialpädagogik und Gemeinschaft* (S. 1-21). Baltmannsweiler: Schneider Verlag Hohengehren.

RHEINGOLD, H. (1993). *The Virtual Community. Homesteading on the Electronic Frontier.* Reading, Massachusetts: Addison-Wesley.

ROSSIAUD, J. (1994). *Dame Venus: Prostitution im Mittelalter.* München: Beck.

SMITH, M. A. & KOLLOCK, P. (2000). *Communities in Cyberspace.* London & New York: Routledge.

SPRANGER, E. (1924). *Lebensformen. Geisteswissenschaftliche Psychologie und Ethik der Persönlichkeit.* (4. Auflage). Halle a.d.S.

SPRANGER, E. (1928). Die drei Motive der Schulreform (1921). In E. SPRANGER, *Kultur und Erziehung. Gesammelte pädagogische Aufsätze* (4. Auflage; S. 142-164). Leipzig.

THIEDEKE, U. (2000). *Virtuelle Gruppen. Charakteristika und Problemdimensionen.* Wiesbaden: Westdeutscher Verlag.

THIEDEKE, U. (2007). *Trust, but test! Das Vertrauen in virtuellen Gemeinschaften.* Konstanz: UVK.

TÖNNIES, F. (1887). *Gemeinschaft und Gesellschaft. Grundbegriff der reinen Soziologie.* Leipzig. (Reprint) Darmstadt: Wissenschaftliche Buchgesellschaft.

WELLMAN, B. & GULIA, M. (1999). Virtual Communities as Communities. Net surfers don't ride alone. In M.A. SMITH & P. KOLLOCK (Eds.), *Communities in Cyberspace* (S. 167-194). London & New York: Routledge.

Schwerpunkt JUGEND

Anlehnung und Autonomie, Kontrollbedürfnis und Risikobereitschaft, Sexualität und Gewalt. Zur Normalität und Pathologie adoleszenter Entwicklungsprozesse

Michael Günter

Die Entwicklung in der Adoleszenz ist ein komplexer Prozess, der voll von Widersprüchen scheint. Die Beschäftigung Jugendlicher mit Sexualität und Gewalt ist nicht erst in der heutigen Mediengesellschaft allgegenwärtig. In diesem entwicklungspsychologischen Kontext ist zu fragen: Wie „normal" sind expansive Verhaltensauffälligkeiten, Gewaltneigung, Medienkonsum, Delinquenz? Welche Funktion haben sie für eine „normale" Entwicklung? Welche Entwicklungsmöglichkeiten eröffnen sich dadurch und wie kommt es zu pathologischen Fixierungen? Entwicklungspsychologische Befunde wiesen in der Jugendphase eine andere Haltung gegenüber Risikoverhalten und der Wahrnehmung von Risiken, eine eingeschränktere zeitliche Perspektive mit geringerem Planungshorizont und eine geringere Fähigkeit, sich selbst zu kontrollieren nach. Impulsivität und das Bedürfnis nach Reizstimulation sind im Jugendalter erheblich erhöht. In diesem Beitrag erörtere ich weiter die Frage des Zusammenhangs von Konsum medialer Gewalt und Entwicklung aggressiver Handlungsdispositionen und beleuchte auf dem Hintergrund der genannten Entwicklungsfunktionen die Gewaltneigung von Jugendlichen aus klinischer Perspektive. Weiter erläutere ich die Spannung zwischen einer Identifizierung mit oft subkulturellen Normen der Gleichaltrigengruppe und dem Ringen um Autonomie in Abgrenzung von den Erwachsenen als wichtigen Einflussfaktor. Adoleszente reagieren stärker sowohl auf direkte Einflüsse wie auch im Rahmen der Suche nach Anerkennung und Angst vor Zurückweisung auf indirekte Einflüsse der Gleichaltrigengruppe auch und gerade in Richtung gewalttätigen Verhaltens. Schließlich werde ich in einem letzten Abschnitt noch kurz das Spannungsfeld sexueller Entwicklungsprozesse zwischen der Entwicklung einer eigenen sexuellen Identität und pathologischen Fixierungen streifen.

Einleitung

Die Medien sind voll von Gewalttaten Jugendlicher. Kaum ein Tag vergeht, an dem nicht über Gewalt berichtet wird, die von Jugendlichen ausgeübt wurde. Jugendliche konsumieren

Gewaltfilme und sitzen tage- und wochenlang über Stunden hinweg an gewalttätigen Computerspielen. Ego-Shooter oder Killerspiele, über deren Gefährlichkeit eine heftige Diskussion entbrannt ist, werden überwiegend von Jugendlichen und jungen Erwachsenen gespielt. So genannte Amokläufe, die tatsächlich korrekter als geplante Serienmorde zu bezeichnen sind, werden meist von Jugendlichen oder jungen Erwachsenen begangen. Ebenso sind Selbstmordattentäter überwiegend Anfang bis Mitte 20. Diese Affinität einer Gruppe von Jugendlichen zur Gewalt ist gewiss kein neues Phänomen. Sie ist aber neu zu reflektieren in einer Gesellschaft, die sich in den letzten 50 Jahren grundlegend verändert hat. Ich greife vor allem zwei Entwicklungen heraus:

1. Die Mediengesellschaft bietet für uns alle neuartige Zugänge zur Gewalt. Gewaltphantasien werden nicht mehr hauptsächlich durch die Sprache vermittelt, sondern durch Bildmedien, deren Rezeption unter den Bedingungen einer zunehmend größer bemessenen Freizeit oft viele Stunden am Tag einnimmt. Bilder, zumal professionell auf größtmögliche Wirkung hin inszenierte bewegte Bilder, hinterlassen starke emotionale Eindrücke. Früher vermittelten sich Gewaltinhalte durch die Lektüre eines literarischen Werkes der Hochkultur – denken Sie nur an Homers Ilias, die Bibel, Shakespeare, Goethe oder Schiller –, durch die Erzählung eines Schauermärchens oder durch die Lektüre der Tageszeitung. Heutzutage sehen wir uns einer ganz anderen Dichte von Gewaltdarstellungen ausgesetzt, die durch das Medium des Bildes wesentlich eindringlicher emotional wirksam werden. Man denke hier nicht nur an Fernsehkrimis und fiktionale Gewalt jedweder Art, sondern vor allem auch an äußerst gewalthaltige Nachrichtensendungen im Fernsehen.
2. Es kam in den letzten 50 Jahren zu einer Auflösung normativer Verbindlichkeiten, die unhinterfragt mehr oder weniger von allen geteilt wurden. Die mit diesen normativen Verbindlichkeiten einhergehende soziale Kontrolle und die mit ihnen ebenfalls einhergehende strukturell repressive Gewalttätigkeit in der Gesellschaft, sollen keineswegs verharmlost werden. Sie taugen nicht für nostalgische Verklärungen, etwa im Sinne eines *„Lobes der Disziplin"* (Bueb), auch und gerade angesichts ihres Potenzials, neue Gewalt zu erzeugen. Derart rückwärtsgewandte Gesellschaftsentwürfe und Erziehungsideologien bieten keine Lösung für die heutigen Probleme. Es ist aber eine offene Frage, wie Normalität in der Adoleszenzentwicklung heute ohne diese normative Definition der Normalität zu bestimmen ist. Mit dieser Frage haben sich alle, wir Erwachsenen, wie auch die Jugendlichen heutzutage auseinanderzusetzen.

Ähnliches gilt im Bereich der Sexualität. Moralische Normen, die zwar in früherer Zeit immer auch unterlaufen wurden, dennoch aber als verbindlich galten und notfalls repressiv durchgesetzt wurden, haben diese Verbindlichkeit in weiten Bereichen verloren. Gleichzeitig werden über die Medien neue Normen sexueller Attraktivität und Aktivität angepriesen und subtil durchgesetzt. Adoleszente beschäftigen sich stark mit derartigen sexuellen Normierungen. Diese kommen zwar im Gegensatz zu früher im Gewand der Freizügigkeit und ohne offen moralischen Unterton daher, sind aber trotz ihrer vordergründig fehlenden moralischen Verbindlichkeit oft ebenso wenig hinterfragbar wie die expliziten moralischen Normen früherer Zeiten.

In diesem Kontext ist zu fragen: Wie gehen Jugendliche mit diesen Herausforderungen um? Welche positiven Entwicklungskräfte resultieren aus der Auseinandersetzung mit einer medial durchdrungenen Wirklichkeit, mit Gewalt und Sexualität im medialen Raum? Wie *„normal"* sind expansive Verhaltensauffälligkeiten, Gewaltneigung, Medienkonsum, Delinquenz und Sexualisierung? Welche Funktion haben sie für eine *„normale"* Entwicklung? Wie eröffnet diese meist in der Gleichaltrigen-Gruppe sich entfaltende Beschäftigung mit Gewalt und Sexualität Entwicklungsmöglichkeiten? Was sind im Gegensatz dazu Bedingungen für pathologische Fixierungen? Wie entstehen derartige pathologische Entwicklungen?

Ich werde im Folgenden einige Aspekte skizzieren, die für die Frage nach Normalität und Pathologie adoleszenter Entwicklungsprozesse im Zusammenhang mit Straffälligkeit von Jugendlichen, im Besonderen im Zusammenhang mit Gewaltstraftaten von Jugendlichen, von Bedeutung sind. Dabei werde ich sowohl auf Ergebnisse der empirischen entwicklungspsychologischen Forschung zurückgreifen als auch klinische Befunde heranziehen, die in der Arbeit mit gewalttätigen Jugendlichen von Bedeutung sind. Ich werde im Folgenden also im Wesentlichen eine psychologisch-psychiatrische Perspektive eröffnen und die kriminologische und soziologische Forschung im engeren Sinne nur streifen.

Ein brauchbare Modellvorstellung für denkbare Zusammenhänge zwischen Entwicklungsprozessen und jugendlicher Delinquenz ist die 1993 von Terry Moffitt[1] publizierte duale Taxonomie in ein *„Adolescence-limited-antisocial-behavior"* einerseits und ein *„Life-course-persistant-antisocial-behavior"* andererseits. Moffitt wies in Übereinstimmung mit der kriminologischen und psychologischen Literatur darauf hin, dass es zu einem steilen Anstieg antisozialen und delinquenten Verhaltens in der Adoleszenz kommt. Diese starke Zunahme wird dann aber, etwa ab dem Alter von 20 Jahren, von einem ebenso starken Rückgang delinquenten Verhaltens gefolgt. Moffitt erklärte das Adolescence-limited-antisocial-behavior idealtypisch mit einer zeitweisen Reifungslücke und beschrieb es als normativ und adaptiv in Bezug auf die soziale Integration in die Gleichaltrigengruppe. Beide Faktoren – der rasche Anstieg und schnelle Rückgang einerseits und die Betonung der adaptiven Funktion andererseits – legen nahe, dass sich ein derartiges kriminelles Verhalten auch ohne jede Form von Sanktion wieder zurückbilde. Dem stellte Moffitt ebenfalls idealtypisch das bereits erwähnte Life-course-persistant-antisocial-behavior gegenüber, das sie in Verbindung mit einer pathologischen Persönlichkeitsstruktur sah. Diese entsteht in der Regel aus einer in jedem Einzelfall unterschiedlich zu gewichtenden Kombination aus neuropsychologischen Einschränkungen und Temperamentsfaktoren einerseits, die andererseits mit den bekannten kriminogenen Umweltfaktoren interagieren. Diese duale Idealtypenbildung Moffitts hat, nicht zuletzt auf Grund ihrer Griffigkeit, breite Aufnahme gefunden, allerdings in der neueren Literatur eine erhebliche Differenzierung durch die Hinzufügung weiterer Typen (z.B. *„Late starters"*) erfahren.[2] Für den hier diskutierten Zusammenhang sind Moffitts Überlegungen jedoch insofern interessant, als sie mit ihrer dualen Taxonomie genau die Frage aufwirft, wann problematische Entwicklungen als Bestandteil eines normalen Entwicklungsprozesses und wann sie als pathologisch zu betrachten sind. Sie schlägt also ein Modell vor, in dem sozial adaptive oder noch pointierter gesprochen, entwicklungsfördernde, wenngleich möglicherweise mit gewissen Risiken behaftete, Kriminalität von kriminellen Entwicklun-

1 Moffitt, 1993.
2 Roth & Bartsch, 2004.

gen unterschieden wird, die in einer Sackgasse münden und damit entwicklungshemmend sind. Dass diese Probleme selbstverständlich bei näherer Betrachtung komplexer sind als derartige vereinfachende Modellvorstellungen, wissen wir alle aus unserer Praxis.

Ich werde im Folgenden zunächst in einem ersten Abschnitt einige empirische entwicklungspsychologische Befunde zur normalen Entwicklung von Risikoverhalten und Kontrollfunktionen und in einem zweiten Abschnitt zur Frage des Zusammenhangs von Konsum medialer Gewalt und Entwicklung aggressiver Handlungsdispositionen erörtern. In einem dritten Teil werde ich das Thema Gewalt aus klinischer Perspektive im Hinblick auf die genannten Entwicklungsfunktionen beleuchten. In den Zusammenhang gehört viertens auch der bedeutsame Aspekt der Funktion der Gruppe, sowohl der unmittelbaren Peer-Group, als auch soziokultureller Einflüsse auf die Gewaltdisposition Jugendlicher und Heranwachsender. Schließlich werde ich in einem letzten Abschnitt noch kurz das Spannungsfeld sexueller Entwicklungsprozesse zwischen der Entwicklung einer eigenen sexuellen Identität und pathologischen Fixierungen streifen.

Entwicklung von Risikoverhalten und Kontrollfunktionen

Entwicklung, dies gilt in besonderem Maße für die Entwicklung sozialer Funktionen, besteht nicht einfach in einem Ablauf von Stufen oder Phasen im Sinne eines geradlinigen Fortschreitens. Sie ist als komplexer Prozess zu verstehen, in dem eine große Zahl von Faktoren, unter anderem die genetische Ausstattung, das Temperament, das natürliche und soziale Umfeld, Kontextbedingungen und soziale Entwicklungsaufgaben, innere Verarbeitungsprozesse und sogar Zufälle[3] miteinander interagieren. Zwischen verschiedenen Jugendlichen gibt es, zumal in heutiger Zeit, erhebliche Varianzen. Belastete Jugendliche weisen häufig Asynchronien und Disharmonien in der Entwicklung auf. Der betreffende Jugendliche oder Heranwachsende kann in einzelnen Bereichen, die speziell für Straftaten relevant sind, retardiert sein, während er in anderen Bereichen altersentsprechend entwickelt ist.[4] Dies erschwert die Beurteilung im Einzelfall, zumal wir kaum über verlässliche Kriterien, geschweige denn Instrumente verfügen, mit denen ein Entwicklungsprozess etwa im Hinblick auf die Persönlichkeitsreife beurteilt werden kann.[5] Daher ist die Beurteilung derartiger Entwicklungsprozesse nach wie vor das Resultat einer erfahrungsbasierten klinischen Gesamteinschätzung. Dies gilt umso mehr, wenn es darum geht, im breiten Grenzbereich zwischen normaler und pathologischer Entwicklung Aussagen zu machen.

Dennoch gibt es eine Reihe von empirischen Befunden über normale Reifungsprozesse speziell in Bereichen, die im Hinblick auf Straftaten Jugendlicher und Heranwachsender relevant sind.[6] Jugendliche sind diesen Untersuchungen zufolge zwar in der mittleren Adoleszenz kognitiv in Bezug auf das Verstehen von Situationen und das Abwägen bei Entscheidungen in etwa Erwachsenen gleichzustellen. Dennoch ist zweifelhaft, ob dies auch für belastete und unstrukturierte Situationen gilt, wie sie für Straftaten charakteristisch sind. Ward und Overton[7] konnten zeigen, dass die Fähigkeit, komplexe Situationen zu beurteilen, davon abhängt, wie vertraut der Betreffende mit derartigen Konstellationen ist. Noch bedeutsamer ist die Tatsache, dass die psychosoziale Entwicklung als komplexes Geschehen sich regelmäßig langsamer als die kognitive Entwicklung ausdifferenziert, was faktisch die Urteilsfähigkeit bei Jugendlichen im Vergleich zu Erwachsenen beeinträchtigt. Insbesondere die Orientierung an der Gleichaltrigen-Gruppe, eine andere Haltung gegenüber Risikoverhalten und der Wahrnehmung von Risiken, eine eingeschränktere zeitliche Perspektive mit geringerem Planungshorizont und die geringere Fähigkeit, sich selbst zu kontrollieren, beeinträchtigen Vernunft gesteuerte Entscheidungsprozesse.[8] Die Beeinflussbarkeit durch Gleichaltrige hat ihren Höhepunkt im Alter von etwa 14 Jahren. Sie nimmt im weiteren Verlauf der Adoleszenz wieder ab. Adoleszente reagieren stärker unmittelbar auf direkte Einflüsse der Gleichaltrigen-Gruppe. Sie reagieren aber auch auf allgemeine Stimmungen und Haltungen im Sinne eines indirekten Einflusses, da sie sich aus der Gruppe Anerkennung erhoffen und umgekehrt häufig stark mit Angst vor Zurückweisung befasst sind.

Die Fähigkeit, sich an möglichen Langzeitfolgen der eigenen Handlungen zu orientieren, entwickelt sich entlang einer stärkeren Zukunftsorientierung und der Zunahme an Lebenserfahrung über das zweite Lebensjahrzehnt hinweg,[9] Adoleszente bewerten daher in ihrer Entscheidungsfindung Kurzzeitfolgen von Handlungen vergleichsweise stärker. Es dürfte unmittelbar einleuchten, dass derartige Entwicklungsprozesse ein Faktor sind, der dazu beiträgt, dass Jugendliche mehr Straftaten begehen als Erwachsene. Pragmatisch betrachtet unterstreichen solche Befunde auch die Forderungen nach raschen Reaktionen im Kontext des Jugendstrafrechts. Weiter sind Adoleszente und junge Erwachsene generell risikobereiter. Sie zeigen wesentlich mehr Risikoverhalten wie etwa ungeschützten Sex, Fahren unter Alkohol und kriminelles Verhalten.[10] Die bereits erwähnte Orientierung an der Gleichaltrigen-Gruppe und die höhere Risikobereitschaft wirken in die gleiche Richtung, denn unabhängig vom Alter ist in Gruppen generell eine höhere Tendenz festzustellen, riskantere Entscheidungen zu treffen.[11] Schließlich konnten Steinberg und Cauffman[12] zeigen, dass die Impulsivität wie auch das so genannte *„Sensation seeking"* zwischen mittlerer Adoleszenz und frühem Erwachsenenalter ansteigt und erst danach wieder ein Abfall zu verzeichnen ist. Sensation seeking, das heißt das Bedürfnis nach Reizstimulation, führt in Kombination mit dem bei Jugendlichen stärker ausgeprägten Egozentrismus, der ebenfalls rationale Entscheidungsprozesse im Sinne einer Abschätzung von Risiken beeinträchtigt, vermehrt zu riskantem Verhalten.[13] Ein weiterer Faktor kommt hinzu: Jugendliche haben im Vergleich zu Erwachsenen eine geringere Fähigkeit zur Modulation von Stimmungen. Ergebnisse von Gehirnuntersuchungen mit bildgebenden Verfahren sprechen dafür, dass diesen psychosozialen Reifungsprozessen bis weit ins dritte Lebensjahrzehnt hinein auch biologische Veränderungen in Form einer weiteren Hirnreifung bis ins frühe Erwachsenenalter korrespondieren.[14]

3 Montada, 2002, S. 53.
4 Vgl. Hommers, 2003; Hommers & Lewand, 2001; Lösel & Bliesener, 1997.
5 Karle, 2003; Günter & Karle, 2010.
6 Übersichten hierzu finden sich bei Scott & Steinberg, 2003; Steinberg & Scott, 2003, und Günter & Karle, 2010.
7 Ward & Overton, 1990.
8 Scott, Reppucci & Woolard, 1995; Steinberg & Cauffman, 1996.
9 Nurmi, 1991.
10 Furby & Beyth-Marom, 1992.
11 Scott & Steinberg, 2003.
12 Steinberg & Cauffman, 1996.
13 Arnett, 1992.
14 Spear, 2000.

Aus der kriminologischen Forschung ist bekannt, dass Jugendliche besonders leicht durch ein kriminogenes Milieu beeinflusst werden können, da sie sich schlecht gegenüber Gruppennormen abgrenzen können.[15] In heutiger Zeit wird dieses Risiko noch durch eine geringere Einbindung Jugendlicher und junger Erwachsener in traditionelle, identitätsstiftende Gruppen bzw. Milieus und durch ein Auseinandertreten von Konsumangeboten und Konsummöglichkeiten verstärkt. Diese Prozesse wurden als sozioökonomische und soziale Desintegration beschrieben.[16] Sie tragen deutlich zu einer Verlängerung jugendtypischer Verhaltensweisen bis weit ins dritte Lebensjahrzehnt hinein bei. Die Anfälligkeit für delinquente Verhaltensweisen ist dadurch auch ohne eine unmittelbare Entwicklungsbeeinträchtigung oder gar Pathologie der psychischen Entwicklung erhöht.

Zusammenfassend kann man sagen, dass Pluralisierung und Individualisierung der Lebensverhältnisse zu großen Varianzen in der Entwicklung führen, die für sich genommen nicht notwendigerweise auf eine pathologische Entwicklung verweisen müssen. Die erwähnten Einflüsse von Gruppenzugehörigkeiten, die im Übrigen heute oft ihrerseits einem starken Wechsel unterworfen sind, beeinflussen die Affinität zu delinquentem Verhalten erheblich. Vor allem sind es normale entwicklungsbedingte Reifungsprozesse, die zu dieser Affinität führen. Pathologische Entwicklungen im engeren Sinne sind in diesem Argumentationszusammenhang als ursächliche Faktoren – etwa in Form von partiellen Entwicklungsretardierungen der Steuerungsfunktionen – von geringerer Bedeutung. Solche pathologischen Entwicklungen gewinnen in dem hier diskutierten Reifungskontext vor allem dann Einfluss, wenn Jugendliche in ihrer Autonomieentwicklung nicht genügend voranschreiten. Sie bleiben aufgrund dessen auf die Anerkennung der delinquenten Peer-Group angewiesen, haben wenig soziale Beziehungen und Handlungsalternativen und entwickeln daher auch nur eingeschränkte soziale Kompetenzen. Eine Ausnahme bildet die insgesamt eher kleine Zahl von Jugendlichen mit ausgeprägten Persönlichkeitsentwicklungsstörungen oder Persönlichkeitsstörungen, vor allem emotional-instabiler Art (Borderline Persönlichkeitsstörung, impulsiver Typ der emotional instabilen Persönlichkeitsstörung). Bei dieser Gruppe von Jugendlichen und Heranwachsenden ist die Reifung der Steuerungsfunktionen durch schwer pathologische Entwicklungen, die meist durch langjährige traumatische Vorgeschichten erzeugt wurden, unter Umständen deutlich beeinträchtigt. Es ist mir aber wichtig, darauf hinzuweisen, dass auch bei diesen Jugendlichen die geschilderten *„normalen"* Entwicklungsprozesse eine erhebliche Rolle für die Delinquenzentwicklung spielen.

Konsum medialer Gewalt und Entwicklung aggressiver Handlungsdispositionen

Die Grenzen zwischen Normalität und Pathologie in der Entwicklung Jugendlicher werden im Bereich des Konsums neuer Medien derzeit heftig diskutiert: Die Nutzung neuer Medien durch Jugendliche wirft einerseits das Problem der Suchtentwicklung auf, andererseits stellt sich die Frage, wie weit durch ausgeprägten Konsum medialer Gewalt Gewalthandeln stimuliert werden kann.[17]

Exzessives Computerspielen kann in eine so genannte Verhaltenssucht münden, bei der sich Verhaltensmuster einengen und andere Interessen vernachlässigt werden. Es kommt zu unwiderstehlichem Verlangen, Toleranzentwicklung, Entzugserscheinungen, verminderter Kontrollfähigkeit in Bezug auf das Computerspielen, Rückfall nach Zeiten der Abstinenz und schädlichen Folgen hinsichtlich der sozialen Integration und psychosozialen Entwicklung. Etwa 5 bis 10% aller Jugendlichen spielen mehrere Stunden am Tag Computerspiele. Eine groß angelegte Erhebung des Kriminologischen Forschungsinstituts Niedersachsen[18] kam zu dem Ergebnis, dass etwa 4% der Mädchen und 15% der Jungen mehr als 4,5 Stunden täglich spielen. 3% der Jungen und 0,3% der Mädchen werden als abhängig angesehen. Das höchste Suchtpotenzial hat nach dieser Untersuchung World of Warcraft (WoW). Der hohe Suchtcharakter kommt dadurch zustande, dass es bei entsprechender aktiver Beteiligung kontinuierlich zu einem sozialen Aufstieg in der virtuellen Gemeinschaft kommt, dass intensive Interaktionen in der Gruppe stattfinden und bei zu geringer Spielpraxis ein erheblicher Gruppendruck entsteht. Außerdem vermittelt sich eine hohe Attraktivität dadurch, dass mittels derartiger Spiele reale Aufgaben und die Beschäftigung mit realen Gefühlen(!) vermieden werden können und man in eine Fantasiewelt eintauchen kann, in der man mit Macht ausgestattet ist und andere für eigene Zwecke manipulieren kann.[19]

Ein zweites Problem wird darin gesehen, dass speziell Jugendliche insbesondere bei exzessivem Computerspiel mit Ego-Shootern gefährdet seien, die dadurch eingeübten aggressiven Handlungsdispositionen in die Realität umzusetzen. Es wird darauf hingewiesen, dass viele gewalttätige Jugendliche, fast durchgängig auch Jugendliche, die so genannte Amokläufe begehen, zuvor exzessiv Ego-Shooter spielten. Dem wird allerdings entgegen gehalten, dass eine Mehrheit männlicher Jugendlicher zum Teil ausgedehnte Erfahrungen mit Counter-Strike und ähnlichen Spielen hätten, ohne dass sie in irgendeiner Weise vermehrt Aggressivität im realen Leben entwickelten. Man muss bei noch unzureichender Forschungslage heute davon ausgehen, dass es einen zwar geringen, aber doch messbaren statistischen Zusammenhang zwischen dem Konsum von gewalttätigen Video- und Computerspielen auf der einen Seite und realer Gewaltanwendung auf der anderen Seite gibt.[20] Neuere Studien und Metaanalysen legen nahe, dass der Konsum gewalthaltiger Videospiele einen kausalen Risikofaktor für eine Zunahme aggressiven Verhaltens, aggressiver Kognitionen und aggressiver Affekte und für eine Abnahme von Empathie und prosozialen Verhaltensweisen darstellt.[21]

Andererseits wäre es verfehlt, die Jugendlichen, die ausgiebig Computerspiele spielen, generell als auffällig anzusehen. Ebenso verfehlt wäre es, derartigen Spielpraktiken die zentrale Rolle für eine gewalttätig destruktive Entwicklung zuschreiben zu wollen. Ursächliche Faktoren sind auch hier wieder in ausgeprägten psychosozialen Belastungen zu sehen. Häufig spielen bei plötzlich aufbrechenden Gewalttaten zuvor in strafrechtlicher Hinsicht meist unauffälliger Jugendlicher subjektiv empfundene Demütigungen innerhalb der Familie und aus dem sozialen Umfeld – etwa in der Schule – und die dadurch bedingte Erschütterung der narzisstischen Stabilität eine wesentliche Rolle. Aus klinischer Sicht ist man vor allem dann alarmiert, wenn mehrere Ri-

15 Fagan, 1999; Wilkinson & Fagan, 1986.
16 Heitmeyer, Collmann, Conrads, Matuschek, Kraul, Kühnel, Möller & Ulrich-Hermann, 1996.
17 Grüsser, Thalemann & Griffiths, 2007; Barth et al., 2009; Günter, 2010.
18 Rehbein, Kleinmann & Mössle, 2009.
19 Yee, 2006.
20 Gentile, Lynch, Linder & Walsh, 2004.
21 Anderson, Sakamoto, Gentile, Ihori, Shibuya, Shintaro, Naito & Kobayashi, 2008; Anderson, Shibuya, Ihori, Swing, Bushman, Sakamoto, Rothstein & Saleem, 2010; Barlett, Anderson & Swing, 2010.

sikofaktoren für aggressives Verhalten zusammentreffen,[22] insbesondere, wenn bereits vorher aggressive Handlungsdispositionen bestanden, narzisstische Kränkungen eine erhebliche Rolle spielen und ein sozialer Rückzug auch aus Peer-Group Kontakten erfolgte. Wenn im subjektiven Erleben des Betreffenden außerdem die destruktiven Fantasien einer Überhöhung des eigenen Selbst und zur Kompensation narzisstischer Krisen dienen, ist tatsächlich die Gefahr einer pathologischen Entwicklung, die in destruktive Gewalttätigkeit münden kann, groß.[23]

Gewalt und Entwicklung aus klinischer Perspektive

Gewalt und Destruktivität bestimmen das menschliche Zusammenleben ebenso sehr wie die Versuche, diesen faszinierenden und ebenso ängstigenden Strebungen den Entwurf einer geordneten Welt frei von Gewalt entgegenzustellen. Fantasien über Gewalt sind der Stoff, aus dem sowohl die sogenannte Hochkultur als auch die moderne Medienkultur schöpfen, worauf eingangs bereits hingewiesen wurde. Die Adoleszenz ist andererseits der Entwicklungsabschnitt, in dem die Integration destruktiver Fantasien und ihre Organisation im Rahmen der Persönlichkeit stattfinden. Durch den pubertären Triebschub und die damit einhergehenden körperlichen Veränderungen werden archaische Ängste und die damit verknüpften Erlebnisweisen reaktiviert. Entwicklungspsychologisch frühe Mechanismen der Auseinandersetzung mit Liebe und Hass, Lust an der Zerstörung und die Fähigkeit zur Wiedergutmachung, die Auseinandersetzung mit Wünschen nach einer allumfassenden Beziehung, die Angst, ausgeschlossen zu sein und allein gelassen zu werden und die Angst, vereinnahmt und aufgefressen zu werden, um nur einige zu nennen, leben nun in der Adoleszenz mit ihren Verselbstständigungswünschen und -ängsten wieder auf und müssen einer vernünftigen Lösung zugeführt werden.

Daher rührt auch die Faszination, die Gewalt- und Horrorfilme auf Jugendliche ausüben. Sie finden darin Formulierungen ihrer eigenen inneren Zustände. Auf diese Weise können sie sich aus einer gewissen Distanz heraus mit ihrem Innenleben und den sie bedrohenden Ängsten beschäftigen. Sie können auch ihre intensive psychische Beschäftigung mit diesen archaischen Welten in der Peer-Group teilen und diese Befindlichkeiten und die damit einhergehenden Ängste sozial organisieren und entschärfen. Die Beschäftigung mit derartigen Angeboten in der Peer-Group, das gemeinsame Anschauen solcher Filme und die Diskussion der Inhalte hat somit eine wichtige Funktion für die psychosoziale Entwicklung Jugendlicher.

Die adoleszente Entwicklung entscheidet darüber, auf welche Weise die Auseinandersetzung mit Gewalt und ihre Integration in die Persönlichkeit stattfindet, wie destruktive Phantasien und die mit ihnen zusammenhängenden Ängste reguliert werden können. Wenn diese Integrationsleistung gelingt, muss auch unter Angstbelastung und Belastung der narzisstischen Stabilität nicht auf primitive Abwehrmechanismen zurückgegriffen werden, so dass die Flexibilität der Reaktionsmöglichkeiten erhalten bleibt. In den Fällen, in denen diese psychische Organisation gut gelingt, werden die abgemilderten destruktiven Identifikationen sogar nutzbar für persönliche Veränderungen. Sie fließen in sublimierter Form in den Kulturprozess ein und verhindern, wie MARIO ERDHEIM[24] beschrieben hat, das Erstarren der Gesellschaft im Althergebrachten. Die Jugendlichen können diese Kräfte dann fruchtbar nutzen für eine Veränderung der Verhältnisse, die sie vorfinden.

Die Rolle von Gewaltfantasien in der adoleszenten Entwicklung

Gewaltfantasien sind nicht nur in unserer gesamten Kultur allgegenwärtig, sondern sie sind, wenn sie ein gewisses Ausmaß nicht überschreiten und die sonstigen Lebensvollzüge nicht beeinträchtigen, bei Jugendlichen als normaler Bestandteil der Entwicklung anzusehen. Dies gilt insbesondere, wenn sie in eine Gruppenkultur integriert sind. Bei vielen Jugendkulturen ist ein gewisses Maß an ritualisierter Beschäftigung mit Gewalt in der Fantasie oder in konkreten Handlungen wesentlicher Bestandteil der betreffenden Jugendkultur. Damit setzen sich Jugendliche von der Erwachsenenwelt und von anderen Jugendkulturen ab. Geteilte Gewaltfantasien und sogar die gemeinsame Ausübung von Gewalt können dazu beitragen, ein Gefühl der Gruppenidentität zu schaffen, was in diesem Alter wesentlich ist für die Bildung einer eigenen Identität in Abgrenzung von den Eltern. Zugleich befriedigt die Gewaltkomponente vieler Jugendkulturen ein Bedürfnis nach narzisstischer Stabilisierung durch Größenfantasien. Dies dient der Abwehr von Ohnmachts- und Unterlegenheitsgefühlen, die den Jugendlichen all seiner Entwicklungskräfte zu berauben und ihn auf Grund der Schamgefühle von der Peer-Group zu isolieren drohen. Umgekehrt bestätigen Fantasien einer unumschränkten Macht die Selbstwirksamkeitswünsche von Jugendlichen. Sie beinhalten ein Stück archaischen magischen Denkens, wie es im Jugendalter noch einmal zum Tragen kommt. Die mit solchen in der Fantasie und teilweise im Gruppenleben entfalteten Herrschaftssystemen verknüpften Ordnungsstrukturen sind oft immens wichtig bei der Abwehr gefürchteter sexueller Triebbedürfnisse, mit denen der Jugendliche zunächst noch nicht angemessen umgehen kann.[25]

Entwicklungsfixierungen

Sehr offensichtlich sind gewalttätige Identifikationen beispielsweise bei Jugendlichen, die sich (rechten) Skinhead-Gruppen anschließen und entsprechend martialisch gebärden. Aber selbst bei solchen eher extremen Erscheinungsformen ist nach dem Verhältnis von sozialisierenden Faktoren der Einbindung und Gefahren der Fixierungen und der Eskalation destruktiver Identifikationen zu fragen.

Fallvignette: Ein 16-jähriger Jugendlicher, den ich begutachtete, hatte gemeinsam mit seinem Freund in einem entfernten Stadtviertel das Wohnhaus einer schwarzafrikanischen Familie angezündet. In diffuser Weise hatten sie ausländerfeindliche Motive geltend gemacht. Sie wollten damit ein Fanal setzen. Die Ausländer-Jugendlichen, von denen sie öfters angepöbelt würden, sollten mehr Respekt vor ihnen bekommen. Der Polizei gegenüber hatten sie sofort eingeräumt, dass sie *„billigend in Kauf genommen"* hätten, Menschen zu Schaden zu bringen, weswegen eine Anklage wegen Mordversuchs erfolgte.

Jonas, so möchte ich den Jungen nennen, schilderte in der Begutachtung auf Nachfrage ausführlich, wie er sich seit seiner Kindheit für Militärisches interessiere. Ihn habe das Auftreten der Wehrmacht, der Stechschritt fasziniert. Auch die Ausstrahlung von HITLER und dessen Körpersprache habe ihm gefallen. Militär fasziniere ihn, vor allem die Panzer. Wenn die sich so drehen würden und man sehe, wie die

22 SLATER, HENRY, SWAIM & ANDERSON, 2003.
23 DU BOIS, 2010.
24 ERDHEIM, 1982.
25 Vgl. GÜNTER, 1999.

Ketten sich in die Erde wühlten, das sei schon toll. Ihn fasziniere die Überlegenheit der deutschen Wehrtechnik und die Schlagkraft der deutschen Armee im Zweiten Weltkrieg. Er habe daher angefangen, Nazisachen zu bestellen und zu kaufen, höre entsprechende Musik und sei zeitweise auch als Skinhead herumgelaufen. Er hatte deswegen auch Schwierigkeiten in der Schule bekommen.

Der Hintergrund, der diese Entwicklungsgeschichte individuell verständlich machte, war folgender: Als der Junge 7 Jahre alt war, nahm sich sein Vater auf schreckliche Weise das Leben, was ihm weder direkt mitgeteilt wurde, noch jemals danach wieder zur Sprache kam. Etwa drei Monate später beging auch sein Großvater väterlicherseits Suizid. Zwei weitere männliche Verwandte nahmen sich ebenfalls das Leben. Die Mutter sah in ihm immer denjenigen, der in diese Linie gehörte. Tatsächlich habe er sich kurz nach dem Tod des Vaters am Esstisch auf dessen Platz gesetzt. In der Folge habe er einerseits sehr angepasste, fassadenhafte Züge entwickelt, andererseits sei es immer wieder wegen aggressiver Ausbrüche zu Problemen gekommen, nie jedoch zu Straftaten. Die von Panzern ausgehende Faszination, die Bewunderung für Hitler, dessen Stärke und Ausstrahlung, müssen psychodynamisch als Versuche gesehen werden, sich ein ideales unverletzbares väterliches Objekt zu rekonstruieren und sich mit diesem Objekt zu identifizieren, um selber dem fantasierten Schicksal des Untergangs aus Schwäche entrinnen zu können. Zu vermuten war vor diesem Hintergrund ein äußerlich banaler Auslöser des Tatgeschehens: Ein Mädchen, das ihm verschiedentlich Avancen gemacht hatte und das er selbst attraktiv fand, hatte sich an jenem Abend erneut um ihn bemüht, was ihn offenbar in seiner Selbstunsicherheit und männlichen Identitätsproblematik erheblich irritierte. Sich Respekt zu verschaffen, das angegebene Motiv der Tat, wäre aus einer derartigen Perspektive auch auf diese Verunsicherung in Bezug auf seine sexuellen Wünsche, seine Attraktivität und die Annäherung des begehrten Mädchens zu beziehen. Die Brandstiftung war für ihn – psychisch verständlich – ein Beweis seiner Männlichkeit und die Attacke auf die Ausländer ein missglückter Versuch, sich dessen zu vergewissern. Seine Ängste, seine Unsicherheit und die fantasierte Minderwertigkeit projizierte er auf die Opfer, wie er auch seine unbewältigte Aggression projektiv den Ausländern zuschrieb. Trotz dieser psychisch nachvollziehbaren Zusammenhänge und einer durchaus als pathologisch zu bezeichnenden Entwicklung war Jonas als für die Tat verantwortlich anzusehen und wurde dafür zu einer mehrjährigen Jugendstrafe verurteilt.

Flexible Identifikation mit Gewalt

Derartigen Entwicklungsfixierungen, die tatsächlich in eine pathologische Entwicklung münden, möchte ich mehr oder weniger flexible, sozusagen spielerisch bleibende Identifikationen mit Gewalt und Destruktivität in der einigermaßen gelingenden Adoleszenzentwicklung gegenüberstellen.[26] So mag der teilweise ausgeprägte Gewaltkonsum Jugendlicher in Form von Horror-, Gewalt-, Katastrophen- und Kriegsvideos uns Erwachsene erschrecken. Er führt aber bei der großen Mehrzahl der Jugendlichen offensichtlich nicht zu pathologischen Entwicklungen. Im Vordergrund stehen wohl – ganz ähnlich wie früher bei den Märchen – die entlastenden Funktionen dieser passageren Identifikationen: Eigene destruktive Anteile können in die Filme projiziert werden und bekommen auf diese Weise ein Gesicht. Namenlose Ängste werden organisiert und sozial kommunikabel, zumal der Konsum häufig in der Gruppe stattfindet. Eine besondere Rolle kommt hierbei vermutlich auch der Angstlust zu: Man begibt sich virtuell – in Identifikation mit den Protagonisten – in Gefahr mit der Zuversicht, dass alles gut ausgehen werde. Dieser Thrill, wie Michael Balint ihn beschrieb,[27] ist ein wesentlicher Teil des Lustgewinns, der zum anderen Teil aus dem schlussendlichen Sieg über das magische Denken und aus dem sublimierten Ausleben triebhafter Momente besteht.

Auf die schwierigen Seiten einer exzessiven Beschäftigung mit Gewaltmedien, insbesondere dann, wenn diese zu einer sozialen Isolation beiträgt, ist bereits weiter oben hingewiesen worden. Wenn die Betreffenden sich immer weiter in diese Form der Nebenrealität, der virtuellen Realität, einspinnen und reale soziale Bezüge mehr und mehr vernachlässigen bzw. sich davon ausgeschlossen fühlen, besteht die Gefahr, dass sich derartige Identifikationen verfestigen. Wenn in einem weiteren Schritt daraus Handlungsszenarien entwickelt und immer wieder durchgespielt werden, dürfte dies tatsächlich ein Risikofaktor für eine pathologische Entwicklung und für Gewalthandlungen sein. So lange aber die Flexibilität und soziale Eingebundenheit der Gewaltidentifikationen erhalten bleibt, sind diese als notwendiger Bestandteil einer normalen Entwicklung anzusehen. Dies gilt im Übrigen nicht nur für männliche Adoleszente, bei denen in der Regel derartige sozial integrierte Gewaltidentifikationen wesentlich offensichtlicher zu Tage treten, sondern auch für Mädchen. Bei weiblichen Jugendlichen spielen allerdings komplexer organisierte indirekte Identifikationen mit Gewalt eine viel größere Rolle: die insgeheime Partizipation an Gewaltfantasien, die von den Jungen ausgelebt bzw. auf die Jungen projiziert werden (identifikatorische Projektion) und die insgeheime Faszination an und Identifikation mit Gewaltaspekten bei gleichzeitiger bewusster Ablehnung der Gewalt.[28]

Die Bedeutung von Gruppenprozessen

Es ist allerdings zur Vorsicht zu mahnen, Gewaltentwicklungen allzu schnell unter psychopathologischen Vorzeichen zu sehen. Soziale Prozesse im größeren Rahmen und Gruppenprozesse im engeren Sinne, auf die Jugendliche in besonderer Weise reagieren, haben erheblichen Einfluss. Erst jüngst wies Zimbardo,[29] der Leiter des Stanford Prison Experiments in den 1970er Jahren, noch einmal zusammenfassend auf die entscheidende Bedeutung bösartig entgleisender Gruppenprozesse für die Entstehung von Gewaltverhalten hin. Ich kann mich hier mit dieser Problematik nicht eingehend beschäftigen, möchte aber doch kurz das Beispiel Lynndie Englands, der in den Medien zum Monster stilisierten Militärpolizistin in Abu Ghraib, anreißen:

Lynndie England war eine 17-jährige Militärpolizistin. Sie wurde zum Inbegriff derjenigen amerikanischen Soldaten im Irak, die Gefangene brutal misshandelten, obwohl sie selbst keine führende Rolle innehatte. Ihre negative Berühmtheit hing vor allem damit zusammen, dass sie eine Frau war und die Tatsache ihrer Beteiligung an den sadistischen Misshandlungen der gefangenen Iraker mit einer besonderen Mischung aus Entsetzen und Sensationsgier in den Medien ausführlich dargestellt wurde. Einer der Haupttäter war Spezialist Charles Graner, ihr 35-jähriger Freund und spätere Vater ihres Kindes, der ebenfalls Militärpolizist in Abu Ghraib war. Sie selbst kam aus einer Unterschichtsfamilie, hatte eine Lernbehinderung und war schon in der

26 Vgl. Laufer, 1995.
27 Balint, 1960.
28 Ausführlicher zu diesen Fragen vgl. Günter, 2006.
29 Zimbardo, 2008.

Schule ein typischer Mitläufertyp. Ihr Vater misshandelte mindestens eines der Kinder in ihrer Familie.

Der Interviewer des Films über sie, *„Big Storm"* aus dem Jahre 2005, fragte Lynndie England, ob sie jemals gedacht habe, dass das, was sie da machte, schlecht sei und etwas sei, was sie nicht tun sollte. Sie antwortete ihm: *„Es war irgendwie so..., wissen Sie, wenn alle anderen das tun, machst Du das... Wissen Sie, Du machst es so... Wenn die dächten, dass das falsch ist, würden sie das stoppen. Daher,... es war nicht richtig, aber offenbar war es nicht genügend unüblich, um es zu stoppen."* Sie äußerte, sie sei geschockt gewesen, als sie verhaftet wurde, da sie aus ihrer Sicht nur ihren Job gemacht habe.

Es gibt Belege dafür, dass der militärische Geheimdienst die Folterungen der Gefangenen anordnete, zumindest aktiv unterstützte, und die Anordnung zur Folterung der Gefangenen vermutlich vom ranghöchsten General der US Armee im Irak, General SANCHEZ, kam. Präsident BUSH und Verteidigungsminister RUMSFELD waren monatelang über diese Dinge informiert und unternahmen nichts. Nachdem der Skandal aufgedeckt wurde, gaben sie sich öffentlich erschüttert.

Dies zeigt beispielhaft, dass wir in der Regel die Erklärung für derart sadistisches Verhalten nicht in einer monströsen und perversen Persönlichkeit zu suchen haben. Es reichen Gewalt- und Herrschaftsstrukturen, die in einer paranoiden Abwehr gegen äußere Bedrohungen errichtet werden und dezidiert moralische Standards außer Kraft setzen, zumal wenn eine Bedrohungsideologie hinzutritt und wenig gefestigte und instabile Jugendliche dies dann umsetzen sollen. In der Situation in Abu Ghraib diente die Erniedrigung der feindlichen Gefangenen psychologisch dazu, eigene Ängste, die naturgemäß in solchen Situationen vorhanden sind und eigene Gefühle von Minderwertigkeit und Ungenügen abzuwehren. Indem diese Gefangenen eingeschüchtert und terrorisiert werden, wird die Minderwertigkeit projektiv an ihnen demonstriert.

Wir müssen realistischerweise auf Grund vielfältiger Befunde feststellen, dass unter dem Einfluss entsprechender Rahmenbedingungen völlig normale Menschen zu entsetzlichen Brutalitäten fähig sein können. Dies gilt sowohl für größere institutionelle, in der Regel ideologisch unterlegte, also gesellschaftliche Zusammenhänge, als auch für Gruppenprozesse im engeren Sinne. Viele Gewalttaten Jugendlicher entstehen aus solchen Gruppenprozessen heraus. In der entsetzten öffentlichen Diskussion werden diese Gruppenprozesse in aller Regel nicht wahrgenommen. Stattdessen wird die Monstrosität der jeweiligen Tat einer unterstellten Monstrosität der Täter oder des Haupttäters zugeschrieben.

Warum aber sind Jugendliche besonders eingebunden in Gruppendynamiken und daher auch anfällig für aggressiv destruktiv entgleisende Gruppenprozesse? Jugendliche lösen sich im Zuge der Pubertätsentwicklung zunehmend aus den kindlichen Bindungen an die Eltern. Autonomiebestrebungen führen dazu, dass die von den Eltern übernommenen Normen und Werte in Frage gestellt und eigene Werte entwickelt werden. Ab der mittleren Adoleszenz, also im Alter von 15, 16 Jahren, organisieren sich Jugendliche in informellen Gruppen, die für die Entwicklung eigener Wertvorstellung und sozialer Kompetenzen außerhalb der Familie zunehmend an Bedeutung gewinnen. Die Peer-Group vermittelt ein Gefühl von Gemeinsamkeit in Abgrenzung zu anderen, vor allem in Abgrenzung zu Erwachsenen. Dies gilt zunächst einmal unabhängig von der Art der Aktivitäten in der jeweiligen Peer-Group, vor allem auch unabhängig davon, ob diese Aktivitäten als sozial erwünscht angesehen werden. Sportlicher Betätigung im Verein, Computerspielen und Medienkonsum oder aber dem informellen Zusammenschluss in Gruppen zur gemeinsamen Freizeitgestaltung, die gegebenenfalls auch Delinquenz mit einschließt, kommt in dieser Hinsicht die gleiche Funktion zu. Die Peer-Group vermittelt ein Gefühl von Gemeinsamkeit in Abgrenzung zu anderen, vor allem in Abgrenzung zu Erwachsenen. Dies wird oft nach außen hin durch Kleidung, Körperstyling und bestimmte Verhaltenscodices deutlich gemacht, führt in der Regel auch zu Rivalitäten zwischen verschiedenen Gruppen, wobei Jugendliche durchaus in der Lage sind, die Gruppenzugehörigkeit von Zeit zu Zeit zu wechseln.

Insbesondere bei deprivierten Jugendlichen oder Jugendlichen mit Gewalterfahrung in der Familie wird so die Gruppe zu einer besseren Familie, zu einer Heimat, die es zu Hause nie gab. Der emotionale Raum der Gruppe und die erlebte Gemeinsamkeit dienen dann der Abwehr negativer Gefühle, bekämpfen Gefühle von Minderwertigkeit, Ohnmacht und depressive Zustände. Bei Delinquenz geneigten Gruppen ist häufig zu beobachten, dass man sich etwa durch Konsum von Alkohol, martialische Sprüche und entsprechendes Gebaren und die Suche nach Möglichkeiten zur Auseinandersetzung mit anderen hochputscht. Dies stärkt das Gruppengefühl und verschafft den Gruppenmitgliedern zumindest für den Moment ein narzisstisches Hochgefühl. Dagegen werden Gefühle von Minderwertigkeit, Unzulänglichkeit und Ausgeschlossensein auf Außenstehende projiziert, die so Opfer gewalttätiger Angriffe werden können. Besonders dramatisch ist dies beispielsweise bei Attacken von rechten Skinhead-Jugendlichen gegen Ausländer oder Behinderte zu sehen. Derartige narzisstische Abwehrmechanismen mit einer Idealisierung der Gruppe spielen häufig bei gewalttätiger Gruppendelinquenz eine große Rolle.

Auch in diesen Dynamiken aus der Jugendlichengruppe heraus stellt sich nur in zweiter Linie die Frage nach der individuellen Pathologie der beteiligten Täter und deren Behandlung, sondern sehr viel drängender die Frage danach, wie derartige, an sich notwendige Entwicklungsprozesse in Bahnen gelenkt werden können, die sozial verträglich sind: sozial verträglich, so dass sie nicht in einer immer stärkeren Fixierung der Täter auf gewaltsames Handeln nach außen und einem Entwicklungsstillstand nach innen enden. Die Erfolge beispielsweise nachgehender Sozialarbeit im Sinne von Streetwork machen deutlich, dass es möglich ist, Alternativen zu entwickeln.

Allerdings muss man im Auge behalten, dass auch in diesen Fällen sowohl psychische Dispositionen als auch soziale Realitäten von Bedeutung sind. Bei extremen Verläufen gewalttätig destruktiven Ausagierens erscheint ein Zusammentreffen beider Komponenten geradezu notwendig. Die Forschung von LOEBER[30] und seiner Arbeitsgruppe in Pittsburgh wies nach, dass ein Anstieg des Gewaltpotenzials jugendlicher Banden jeweils mit einer Latenz von mehreren Jahren Wellen von Massenentlassungen in der dortigen Stahlindustrie folgte. Diese Forschungsergebnisse machten deutlich, dass es sich dabei nicht um einfache und unmittelbare Reaktionen auf soziale Marginalisierung handelte, sondern dass komplexe individuelle und gruppengebundene Verarbeitungsprozesse stattfanden, in Folge derer sich solche Bandenstrukturen ausbildeten. Ähnliches ist in Zusammenhängen zu beobachten, in denen die Jugendarbeitslosigkeit, wie beispielsweise in manchen Gegenden Ostdeutschlands oder in den französischen Banlieus, ein beträchtliches Problem darstellt. Die damit verknüpfte sozi-

30 LOEBER, FARRINGTON & STOUTHAMER-LOEBER, 2001.

ale Marginalisierung nicht nur der Jugendlichen selbst, sondern häufig auch ihres familiären und weiteren Umfeldes, schafft den Nährboden dafür, dass gewaltgeneigte Gruppenstrukturen entstehen und subjektiv zur Kompensation des beeinträchtigten Selbstwertgefühls geradezu unverzichtbar werden. Häufig geraten die Jugendlichen dadurch in einen Teufelskreis aus sozialer Marginalisierung, Delinquenz und daraus resultierender verstärkter Identifikation mit den Normen und Werten der delinquenten Peer-Group.

Sexuelle Entwicklungsprozesse zwischen Normalität und Pathologie

Sexualstraftäter werden in der öffentlichen Diskussion zunehmend in der Weise wahrgenommen, als ob sie durchgängig unter einer fixierten Perversion litten. Dabei werden die Komplexität der vorausgegangenen Entwicklungsprozesse und die Vielfalt der Tatmotive, Täterpersönlichkeiten und Tathandlungen kaum berücksichtigt. Zwar ist davon auszugehen, dass ca. 50% der erwachsenen Sexualstraftäter bereits in ihrer Jugend durch Sexualstraftaten auffällig wurden, umgekehrt aber wird nur ein sehr viel geringerer Prozentsatz von jugendlichen Sexualstraftätern erneut einschlägig rückfällig. In unserem Kollektiv in der Tübinger Adoleszenz-Rückfallstudie Delinquenz (TARD) begutachteter jugendlicher und heranwachsender Sexualstraftäter waren dies etwa 20%, allerdings damit doppelt so viele wie bei den Erwachsenen in unserem Vergleichskollektiv, die nur etwa zu 10% einschlägig rückfällig wurden.[31]

Eine klinische Typologie der Sexualstraftaten von Jugendlichen und Heranwachsenden ließ erkennen, dass Entwicklungsprozesse eine ganz zentrale Rolle für das Auftreten derartiger Straftaten spielten. Zum anderen machte sie deutlich, dass das stilisierte Bild des Sexualstraftäters als eines fixierten Perversen, das die öffentliche Diskussion beherrscht, zumindest stark relativiert werden muss.

In unserem Kollektiv der Tübinger Adoleszenz Rückfallstudie Delinquenz (TARD) ließen sich drei Typen identifizieren:

1. Die zahlenmäßig mit Abstand größte Gruppe waren kognitiv und/oder emotional retardierte und kontaktgestörte Jugendliche und Heranwachsende, die kleinere Kinder sexuell missbrauchten. Sie umfasste etwa 60 bis 70% unseres Kollektivs. In der Mehrzahl der Fälle waren diese Jugendlichen sexuell in der üblichen Verteilung in der Bevölkerung heterosexuell oder homosexuell auf Gleichaltrige ausgerichtet, vermochten aber auf Grund ihrer Kontaktstörung und mangelnden sozialen Kompetenz nicht, altersgerechte Sexualkontakte anzuknüpfen. Sie hatten im Gegenteil, in der Regel nicht ganz zu Unrecht, Angst davor, von einem gleichaltrigen Mädchen oder Jungen zurückgewiesen und ausgelacht zu werden und griffen stattdessen auf sexuelle Übergriffe gegen Kinder zurück. Dieses Verhalten hatte den subjektiven Vorteil, dass der betreffende Täter sich überlegen fühlen konnte und vom Kind keine Zurückweisung oder Beschämung befürchten musste. Außerdem flossen häufig latent aggressive Tendenzen in die Taten gegenüber den Kindern ein.

Unter der Voraussetzung einer guten sexualpädagogischen Arbeit, wie sie leider immer noch nicht flächendeckend, insbesondere auch in Institutionen der Behindertenförderung, für retardierte Kinder und Jugendliche zur Verfügung steht, ist die Prognose dieser Gruppe bezüglich einschlägiger Rückfälle insgesamt als günstig anzusehen. Gegebenenfalls muss bei sexuellem Missbrauch innerhalb der Familie oder bei entsprechenden psychosozialen Belastungsfaktoren, die nicht selten sind, auch eine Herausnahme und Unterbringung in einer stationären Jugendhilfemaßnahme erfolgen. Jedenfalls sind aber bei adäquater pädagogisch-therapeutischer Arbeit das Rückfallrisiko und die Gefahr einer sich verfestigenden pädophilen Fixierung als gering anzusehen.

2. Eine wesentlich kleinere Gruppe von etwa 10 bis 20% umfasste Jugendliche und Heranwachsende, die im Zuge einer aggressiven Gewaltdelinquenz auch sexuelle Gewaltstraftaten, etwa Vergewaltigungen, begingen. Sie waren durch eine allgemein schwierige Persönlichkeitsentwicklung, häufig auch durch eine gewisse Rücksichtslosigkeit, gekennzeichnet. In der Vorgeschichte fanden sich regelhaft eigene Gewalttraumatisierungen. Meist bestand ein verfestigtes delinquentes Verhaltensmuster. Bei diesen Jugendlichen war eine generelle Rezidivgefahr in Bezug auf Gewaltdelinquenz zu befürchten. Dementsprechend müssen Sanktionen, therapeutische und pädagogische Ansätze dieser übergreifenden Persönlichkeitsproblematik entgegensteuern. Maßnahmen müssen umfassend auf eine sozialen Integration und eine Veränderung der Gewaltfixierung ausgerichtet werden.

3. Nur eine kleine Gruppe von weit unter 10% unserer Probanden zeigte fixierte Perversionen oder die deutliche Gefahr der Fixierung aberranter Fantasien und damit verbunden eine eingeschränkte Impulskontrolle. Diese Gruppe entsprach am ehesten dem in der Öffentlichkeit verbreiteten Bild des perversen Sexualstraftäters. Selbst in dieser Gruppe waren aber Entwicklungsprozesse von Bedeutung. Die Probanden dieser Gruppe hatten zwar perverse sexuelle Fantasien, häufig konnten diese zu diesem Zeitpunkt der Entwicklung jedoch noch nicht als endgültig fixiert angesehen werden. Meist führte die Scham über die perversen Fantasien und die damit verknüpfte Erregung dazu, dass Jugendliche sich als abartig empfanden und aus sozialen Kontakten zurückzogen. In der Folge konnte es dadurch zu einer Verstärkung und Verfestigung dieser aberranten Fantasien kommen, da *„normale"* sexuelle Beziehungen nicht zustande kamen. Auf diese Weise wurde ein immer stärkerer Rückzug auf perverse Fantasien auch über entsprechende Masturbationspraktiken gebahnt. Das Endergebnis konnte durchaus eine fixierte Perversion sein, wie sie dann im Erwachsenenalter häufig als kaum mehr korrigierbar angesehen wird.

Spezifische Entwicklungsprobleme bei delinquenten Mädchen

Grundsätzlich gelten die gleichen Risikofaktoren wie bei Jungen auch für die Entwicklung von Gewaltdelinquenz bei Mädchen.[32] Allerdings gibt es Hinweise darauf, dass gewaltdelinquente Mädchen durch höhere Raten an Missbrauchserfahrungen und psychischen Störungen belastet waren.[33] In unserer eigenen Untersuchung, bei der wir eine Gruppe delinquenter begutachteter Mädchen mit einer nach Alter und Delikt gematchten Gruppe von Jungen verglichen (36% Tötungsdelikte, 7% Brandstiftung, 20% Körperverletzung, 18% Raub/Diebstahl, 14% Btm-Delikte, 7% andere,[34], zeigte sich ebenfalls eine deutlich höhere Belastung der Mädchen durch psychische Erkrankungen, meist in Form von emotional instabilen Persönlichkeitsstörungen vom Borderline-Typ. Besonders interessant im Hinblick auf die Frage nach adoleszenten Entwicklungsprozessen war die signifikant andere

31 Günter, 2005; Günter, Leutz & Vees, 2010.
32 Lederman, Dakof, Larrea & Li, 2004; Espelage, Cauffman, Broidy, Piquero, Mazerolle & Steiner, 2003.
33 Roe-Sepowitz, 2008.
34 Vgl. Miller & Günter, 2009.

Tabelle 1: Tatrelevante Beziehungsdynamik im Geschlechtervergleich (Mädchen N = 44, Jungen N = 44)

	Jungen	Mädchen
Opfer ist Ersatz für eine enge Bezugsperson (Mutter, Vater etc.)	1	7
Tatgeschehen nur verstehbar auf dem Hintergrund der Beziehungsdynamik	6	18*
Beziehungsdynamik hat wesentlichen Einfluss auf die Tat	9	8
„Normale" Delinquenz, Beziehungsdynamik ohne unmittelbaren Einfluss	28	13**

* bedeutet einen signifikanten Unterschied (p</= .05, Chi Square) und
** bedeutet einen hochsignifikanten Unterschied (p</= .01, Chi Square) zwischen Mädchen und Jungen.

Rolle der Beziehungsdynamik bei schweren Straftaten weiblicher Jugendlicher im Vergleich zu männlichen Delinquenten: Bei den weiblichen Straftätern unseres Gutachtenkollektivs spielten emotionale und Beziehungskonflikte innerhalb der Tatdynamik eine zentrale Rolle (*Tabelle 1*).[35] Im Einklang damit war bei Mädchen das Tatopfer häufiger eine nahe, vertraute Person, bei den Jungen dagegen häufiger ein Fremder. Mädchen hatten öfter eine enge emotionale Beziehung zum Opfer, die häufig durch starke Konflikte und lange zurückgehaltene Aggression geprägt war. Bei den Jungen dagegen spielte der Beziehungsaspekt eine sehr viel geringere Rolle bei der Erklärung der Tatumstände. Es gibt also trotz einer deutlichen Tendenz zu einer Angleichung der Kriminalitätsraten bei Jungen und Mädchen – wobei nach wie vor die Mädchen im Bereich der schwereren Delikte unter 20% der Täter stellen – neben entwicklungsspezifischen auch eine Reihe bedeutsamer geschlechtsgebundener Besonderheiten. Das Zusammenspiel beider kann an dieser Stelle leider nicht weiter erörtert werden.

Zusammenfassung

Ich habe in diesem Beitrag unterschiedliche Facetten des Spannungsfeldes zwischen Normalität und Pathologie adoleszenter Entwicklungsprozesse aufgegriffen. Es war mein Anliegen, damit deutlich zu machen, wie sehr gerade bei delinquenten und mit Gewalt verknüpften Entwicklungen Jugendlicher und Heranwachsender Entwicklungsaspekte zu berücksichtigen sind. Dabei ist von einem Kontinuum zwischen normaler Entwicklung und pathologischen Prozessen auszugehen. In der Adoleszenz besteht die Chance, die drohende pathologische Verfestigung noch abzuwenden, wenn verstanden werden kann, welche Dynamiken den Prozess beeinflussen und wenn angemessene Reaktionen erfolgen. Eine angemessene Reaktion beinhaltet meinem Verständnis nach bei delinquentem Verhalten immer Beides: Die juristische Sanktion und die Überlegung, wie pädagogisch therapeutisch reagiert werden kann. Im Jugendgerichtsgesetz ist dies als Grundprinzip verankert. In der Praxis bedeutet dieses Grundprinzip des JGG jedoch eine ständige Herausforderung, zumal in einer Zeit, in der diese doppelte Ausrichtung der strafrechtlichen Sanktionen immer wieder heftig attackiert wird. Die therapeutisch pädagogischen Interventionsformen müssen beständig weiterentwickelt werden; so haben wir beispielsweise zu wenige Gruppenangebote für jugendliche und heranwachsende Sexualstraftäter. Auf der anderen Seite sind die Jugendgefängnisse heutzutage hinsichtlich ihrer pädagogisch therapeutischen personellen Ausstattung in einem desolaten Zustand, der eine Berücksichtigung von Entwicklungsprozessen und sinnvolle, das heißt Rückfälle verhindernde Interventionen nahezu unmöglich macht.

Prof. Dr. MICHAEL GÜNTER ist Ärztlicher Direktor (komm.) der Abteilung Psychiatrie und Psychotherapie im Kindes- und Jugendalter der Universität Tübingen
michael.guenter@med.uni-tuebingen.de

FACHBEITRÄGE

LITERATURVERZEICHNIS

ANDERSON, C.A., SAKAMOTO, A., GENTILE, D.A., IHORI, N., SHIBUYA, A., SHINTARO, Y. NAITO, M. & KOBAYASHI, K. (2008). Longitudinal Effects of Violent Video Games on Aggression in Japan and the United States. *Pediatrics, 122,* 1067-1072.

ANDERSON, C.A., SHIBUYA, A., IHORI, N., SWING, E., BUSHMAN, B.J., SAKAMOTO, A., ROTHSTEIN, H.R. & SALEEM, M. (2010). Violent Video Game Effects on Aggression, Empathy, and Prosocial Behavior in Eastern and Western Countries: A Meta-Analytic Review. *Psychological Bulletin, 136,* 151-173.

ARNETT, J. (1992) Reckless behavior in Adolescence: A developmental Perspektive. *Developmental Review, 12,* 339-373.

BALINT, M. (1960). *Angstlust und Regression. Beitrag zur psychologischen Typenlehre.* Stuttgart: Klett.

BARLETT, C.P., ANDERSON, C.A. & SWING, E.L. (2010). Video Gamme Effects – Confirmed, Suspected, and Speculative. A Review of the Evidence. *Simulation and Gaming, 40,* 377-403.

BARTH, G.M., SIESLACK, S., PEUKERT, P., EL KASMI, J., SCHLIPF, S., TRAVERS-PODMANICZKY, G., WILDGRUBER, D. & BATRA, A. (2009). Internet und Computerspielsucht bei Jugendlichen. Ein vielgestaltiges Problem. *Psychiatrie, 2,* 35-43.

DU BOIS, R. (2010). Wie gefährlich sind Jugendliche, die Massenmord in ihren Schulen androhen? Ein Risikoprofil aus jugendpsychiatrischer Sicht. *Nervenheilkunde, 29,* 431-435.

ERDHEIM, M. (1982). *Die gesellschaftliche Produktion von Unbewusstheit. Eine Einführung in den ethnopsychoanalytischen Prozess.* Frankfurt/M.: Suhrkamp.

ESPELAGE, DL., CAUFFMAN, E., BROIDY, L., PIQUERO, AR., MAZEROLLE, P. & STEINER, H. (2003). A Cluster-analytic investigation of MMPI profiles of serious male and female juvenile offenders. *Journal of the American Academy of Child and Adolescent Psychiatry, 42,* 770-777.

FAGAN, J. (1999). Context and Culpability in Adolescent Crime, Virginia. *Journal of Social Policy and the Law* 507, 6, 535-38.

FURBY, L. & BEYTH-MAROM, R. (1992). Risk Taking in Adolescence: A Decision-Making Perspective. *Developmental Review, 12,* 1-44.

GENTILE, D.A., LYNCH, P.J., LINDER, J.R. & WALSH, D.A. (2004).The effect of violent video game habits on adolescent hostility, aggressive behaviours, and school performance. *Journal of Adolescence, 27* (1), 5-22.

GRÜSSER, S.M., THALEMANN, R. & GRIFFITHS, M.D. (2007). Excessive Computer Game Playing: Evidence for Addiction and Aggression? *Cyberpsychology & Behaviour, 10,* 290-292.

GÜNTER, M. (1999). Pentheus, Dionysos und der Terminator – Von der Schwierigkeit der Identitätsbildung angesichts libidinöser uns aggressiver Strebungen in der Adoleszenz. *Kinderanalyse, 7,* 104-125.

GÜNTER, M. (2005). Jugendliche und erwachsene Sexualstraftäter im Vergleich: Psychiatrische Charakteristika und späteres Rückfallrisiko. In M. CLAUSS, M. KARLE, M. GÜNTER & G.M. BARTH (Hrsg), *Sexuelle Gewalt – Sexuelle Entwicklung. Grundlagen forensischer Begutachtung von Kindern und Jugendlichen* (S. 62-79). Lengerich: Pabst.

35 Siehe MILLER & GÜNTER, 2009.

GÜNTER, M. (2006). Un - Heimliche Gewalt. Angstlust, Inszenierung und identifikatorische Projektion destruktiver Fantasien. *Psyche – Zeitschrift für Psychoanalyse, 60*, 215-236.

GÜNTER, M. (2010; in Druck). Durch die virtuelle Realität zum Lustprinzip und wieder zurück. *Psychosozial.*

GÜNTER, M. & KARLE, M. (2010). 4 Das Gutachten zu Strafmündigkeit und Entwicklungsstand. In H.L. KRÖBER, D. DÖLLING, N. LEYGRAF & H. SASS (Hrsg.), *Handbuch der forensischen Psychiatrie. Band 2: Psychopathologische Grundlagen und Praxis der forensischen Psychiatrie im Strafrecht* (S. 561-599). Darmstadt: Steinkopff.

GÜNTER, M., LEUTZ, S. & VEES, S. (2010). Jugendliche und erwachsene Sexualstraftäter im Vergleich. Die Tübinger Adoleszenz-Rückfallstudie Delinquenz (TARD). In P. BRIKEN, A. SPEHR, G. ROMER & W. BERNER (Hrsg.), *Sexuell grenzverletzende Kinder und Jugendliche* (S. 342-348). Lengerich: Pabst.

HOMMERS, W. (2003). *Zur Entwicklung der Verantwortlichkeit aus rechtspsychologischer Sicht.* (Vortrag auf der 10. Arbeitstagung der Fachgruppe Rechtspsychologie der Deutschen Gesellschaft für Psychologie e.V. in Berlin vom 25.-27. September 2003).

HOMMERS, W. & LEWAND, M. (2001). Zur Entwicklung einer Voraussetzung der strafrechtlichen Verantwortlichkeit. *Monatsschrift für Kriminologie und Strafrechtsreform, 84* (6), 425-438.

KARLE, M. (2003). Entwicklungspsychologische Aspekte bei der Begutachtung von Jugendlichen und Heranwachsenden. *Praxis der Rechtspsychologie, 13*, 274-308.

LAUFER, M. (Hrsg.) (1995). *The suicidal adolescent.* London: Karnac.

LEDERMAN, C.S., DAKOF, G.A., LARREA, M.A. & LI, H. (2004) Characteristics of adolescent females in juvenile detention. International *Journal of Law and Psychiatry, 27*, 321-337.

LOEBER, R., FARRINGTON, D.P. & STOUTHAMER-LOEBER, M. (2001). The development of male offending: Key findings from the first decade of the Pittsburgh Youth Study. In R. BULL (Ed.), *Children and the law: The essential readings* (pp. 336-378). Malden, MA: Blackwell Publishers.

LÖSEL, F. & BLIESENER, T. (1997). Zur Altersgrenze strafrechtlicher Verantwortlichkeit von Jugendlichen aus psychologischer Sicht. *DVJJ-Journal, 8* (4), 387-395.

MILLER, A. & GÜNTER, M. (2009). Begutachtete jugendliche und heranwachsende Straftäterinnen: Unterschiede in Tatdynamik und psychiatrischer Auffälligkeit gegenüber Jungen mit gleichen Straftaten. *Recht & Psychiatrie, 27*, 34-43.

MOFFITT, T.E. (1993). Adolescence limited and life-course persistent antisocial behavior: A developmental taxonomy. *Psychological Review, 100* (4), 674-701.

MONTADA, L. (2002). Fragen, Konzepte, Perspektiven. In R. OERTER & L. MONTADA (Hrsg), *Entwicklungspsychologie* (5. Auflage; S. 3-53). Weinheim: Beltz PVU.

NURMI, J.E. (1991). How Do Adolescents See Their Future? A Review of the Development of Future Orientation and Planning. *Developmental Review, 11*, 1-59.

REHBEIN, F., KLEIMANN, M. & MÖSSLE, T. (2009). *Computerspielabhängigkeit im Kindes- und Jugendalter. Empirische Befunde zu Ursachen, Diagnostik und Komorbiditäten unter besonderer Berücksichtigung spielimmanenter Abhängigkeitsmerkmale.* (KFN Forschungsbericht Nr. 108). Hannover: Kriminologisches Forschungsinstitut Niedersachsen.

ROE-SEPOWITZ, D.E. (2008). Comparing Male and Female Juveniles Charged With Homicide: Child Maltreatment, Substance Abuse, and Crime Details. *Journal of Interpersonal Violence, 52* (2), 158-174. (Published online before print May 16, 2008).

ROTH, M. & BARTSCH, B. (2004). Die Entwicklungstaxonomie von Moffitt im Spiegel neuerer Befunde – einige Bemerkungen zur „jugendgebundenen" Delinquenz. (Moffitt's developmental taxonomy as seen by new results – Some remarks on the »adolescence-limited« delinquency). *Praxis der Kinderpsychologie und Kinderpsychiatrie, 53*, 722-737.

SCOTT, E.S. & STEINBERG, L. (2003). Blaming Youth. *Texas Law Review, 81*, 799-840.

SCOTT, S.E., REPPUCCI, N.D. & WOOLARD, J.L. (1995). Evaluating Adolescent Decision-Making in Legal Contexts. *Law & Human Behavior, 19*, 221-244.

SLATER, M.D., HENRY, K,L., SWAIM, R.C. & ANDERSON, L.L. (2003). Violent media content and aggressiveness in adolescents: A downward spiral model. *Communication Research, 30* (6), 713-736.

SPEAR, P. (2000) The Adolescent Brain and Age-Related Behavioral Manifestations. *Neuroscience & Biobehavioral Reviews, 24*, 417-463.

STEINBERG, L. & CAUFFMAN, E. (1996). Maturity of Judgment in Adolescence: Psychosocial Factors in Adolescent Decision Making. *Law & Human Behavior, 20* (3) 249-272.

STEINBERG, L. & SCOTT, E.S. (2003). Less Guilty by Reason of Adolescence: Developmental Immaturity, Diminished Responsibility, and the Juvenile Death Penalty. *American Psychologist, 58* (12), 1009-1018.

WARD, S.C. & OVERTON, W.F. (1990). Semantic Familiarity, Relevance, and the Development of Deductive Reasoning. *Developmental Psychology 26*, 488-493.

WILKINSON, D. & FAGAN, J. (1996). Understanding the Role of Firearms in Violence „Scripts": The Dynamics of Gun Events Among Adolescent Males. *Law & Contemporary Problems, 59*, 55-89.

YEE, N. (2006). Motivations for Play in Online Games. *Cyber Psychology and Behavior, 9* (6), 772-775.

ZIMBARDO, P. (2008). *Der Luzifer-Effekt. Die Macht der Umstände und die Psychologie des Bösen.* Heidelberg: Spektrum.

Schwerpunkt JUGEND

Zeittypische Sinn- und Handlungskrisen bei Jugendlichen

Thomas Ziehe

Einerseits profitiert die heutige Jugendgeneration von erhöhten Wahl- und Entscheidungsspielräumen, die ein liberalisiertes Alltagsleben mit sich bringt. Im Vergleich mit den früher hochrestringierten Einbindungen haben sich erhebliche Öffnungsprozesse im Alltagsleben durchgesetzt. Andererseits bedeutet diese Liberalisierung eine Fülle von lebensweltlichen Entstrukturierungen, die sich für einen Teil der Jugendlichen in riskanten Sinn- und Handlungskrisen niederschlägt. Und in diesem Fall begegnen die betroffenen Jugendlichen den alltagskulturellen Öffnungen gerade mit motivationalen Schließungen.

I. Erfahrungswandel in der spätmodernen Gesellschaft

(1) Kontingenz-Steigerung und lebensweltliche Entstrukturierungen

Es gibt einen tief greifenden atmosphärischen Wandel in unserem Alltagleben, den man als Steigerung von Kontingenz beschreiben kann. Damit ist ein Wirklichkeitszustand gemeint, in dem das meiste unserer Erfahrungswelt nicht mehr unbedingt so sein muss, wie es ist. In modernen Gesellschaften ist nichts mehr ganz gewiss und fest. Fast immer könnte man alles *„auch anders sehen"*. Die Individuen sind entlassen worden aus einer fast zwingenden Einbindung in vorgegebene biographische Fahrpläne. Es sind lebensweltliche Offenheiten entstanden, aber auch

Undurchsichtigkeiten; vermehrte Wahlmöglichkeiten, aber auch soziale Entbettungen.

Für die jetzige junge Generation bedeutet dies, von Anfang an in einer weniger fest strukturierten Alltagsumgebung aufzuwachsen. Die heutigen jungen Leute sind sozusagen Kinder kultureller Entstrukturierungen. Das ist ein deutlich anderer Sozialisationskontext als für die Jugendgeneration der siebziger und achtziger Jahre. Die damalige junge Generation reagierte in ihren Lebensstilen auf eine kulturelle Überstrukturierung. Sie war noch in verbindliche Pflicht- und Einordnungswerte eingebunden, gegen die sie dann im Großen wie im Kleinen aufbegehrte und sich davon ablöste. Heute hingegen geht es in den Lebensformen der jungen Leute vermehrt darum, mit den vielfältigen Entstrukturierungen umgehen zu lernen und sie zu kompensieren. Auf die Entstrukturierungen wird mit eigenen Gegenbedürfnissen reagiert – mit Bedürfnissen nach lebensweltlicher Stabilität, Gewissheit und Zugehörigkeit. Die Individuen schaffen sich Regelsysteme und Strukturen, die sie von Kontigenz entlasten und Übersichtlichkeit sichern sollen.

Ein kleines Beispiel hierfür: Ich war kürzlich in einer dänischen Internatsschule, die ausschließlich von 15- bis 16-Jährigen besucht wird, die dort gewissermaßen eine Zwischenzeit einlegen, um erst danach zu entscheiden, welche Schul- und Bildungswege sie danach einschlagen wollen. In der Mensa wurde mir ein großes Anschlagbrett gezeigt, an dem sich die Passfotos aller Schüler befanden. Unter jedem der Fotos klebten wahlweise ein, zwei oder drei rote Punkte, die jede(r) Schüler(in) dort selbst angebracht hat. Ein roter Punkt bedeutet *„ohne feste Beziehung“*, zwei Punkte stehen für *„feste Beziehung am Heimatort“* und drei Punkte für *„feste Beziehung hier im Internat“*. Das ist sehr übersichtlich! Und auf diese Weise lässt sich überflüssiger Aufwand bei einer Beziehungsanbahnung auf praktische Weise vermeiden. Das meine ich mit Gegenbedürfnissen nach Stabilität und Übersichtlichkeit. Ich nehme nicht an, dass solch ein quasiöffentliches Aushangverfahren in den 70er- und 80er-Jahren auf Gegenliebe gestoßen wäre.

(2) Individualisierung

„Individualisierung“ meint nicht Alleinsein oder eine Single-Existenz zu führen. Vielmehr bezeichnet Individualisierung ein verändertes Verhältnis von Individuum und Gesellschaft. Dahinter steht ein kultureller Wandlungsprozess, und zwar von einem normenregulierten Alltagsleben hin zu einem präferenzorientierten Alltagsleben. Das ist nicht in einem luxuriösen Sinne gemeint, etwa so, dass man sich alles im Leben aussuchen könnte und dann auch bekäme. Präferenzorientierung meint hier lediglich, sich an eigenen Vorlieben auszurichten, aber ebenso auch an eigenen Aversionen. Es geht darum, in möglichst vielen Alltagssituationen entweder eigenen Wünschen oder eigenen Vermeidungen folgen zu können. Der Alltag hält dann Situationen bereit, in denen beständig ein- und aussortiert wird, in denen der eigene Bedürfniskompass auf Wunsch oder Vermeidung gepolt ist. Individualisierung kann man sich also als einen innerpersonalen Filter vorstellen, der darüber *„entscheidet“*, was an sozialen Erwartungen und Geboten eine Person an sich heranlässt oder eben nicht. Wobei hinzuzufügen wäre, dass man in der Adoleszenzphase häufiger auf defensive Vermeidungen hin gepolt ist als auf positive Wünsche.

Die Orientierung entlang eigener Präferenzen erlaubt es dem Jugendlichen, hieraus seine mentale Eigenwelt aufzubauen. Solche Eigenwelten sind nicht als ein Ort zu verstehen, sondern als eine mentale Konstruktion, die all das umfasst, was dem Jugendlichen vertraut, plausibel und ichnah erscheint – sozusagen, was *„sein Ding“* ist. Die Eigenwelt stellt also einen Relevanzkorridor dar, eine Vorsortierung alles dessen, was als subjektiv wünschenswert und attraktiv erscheint. Was mental außerhalb dieses Korridors angesiedelt ist, erscheint umgekehrt als fremd, unzugänglich, sinnlos.

Natürlich hat es für frühere Jugendgenerationen auch solche mentalen Eigenwelten gegeben. Aber dies waren eher kleine Nischen, die beständig gegen die Zumutungen der Erwachsenenwelt gesichert werden mussten. Die Eigenwelten waren früher kleine Inseln, und die Erwachsenenwelt stellte den dominanten Kontinent dar. Heute ist – aus subjektiver Perspektive des Jugendlichen – die Eigenwelt der Kontinent, und die anderen lebensweltlichen Bereiche sind eher ferne Inseln. Es ist für die heutigen Jugendlichen durchaus ein Liberalisierungsgewinn, sich in so hohem Maße an der jeweiligen Eigenwelt orientieren zu können. Aber dieser subjektive Zugewinn hat auch seinen Preis: Alles, was nicht mit der Eigenwelt kompatibel ist, erscheint nun als außerordentlich fremd und als bezweifelbar. Das symbolische Terrain außerhalb der Eigenwelt wird als recht ich-fern erlebt. In der Sprache von Wetterberichten könnte man sagen: Die *„gefühlte Fremdheit“* (außerhalb es eigenen Relevanzkorridors) nimmt zu.

In einer Fernseh-Quizshow bekommt der Kandidat, ein junger Mann um die Zwanzig, die Frage: In welchem Jahr wurde die D-Mark eingeführt? Er brütet vor den Antwortmöglichkeiten und rät falsch. Und sagt dann: *„Das kann ich ja gar nicht wissen, das war ja vor meiner Zeit.“* Und er sagt diesen Satz mit großer Selbstverständlichkeit. Im Laufe der Sendung stellt sich dann heraus, dass noch einiges *„vor seiner Zeit“* war.

Im Kontext von präferenzorientiertem Alltag und subjektiver Dominanz der Eigenwelt werden die Lebensformen zu einer eigenen, privaten Angelegenheit der Individuen (solange sie sich an die Gesetze halten). Das ist ein gravierender Wandel, wenn man sich klarmacht, um welche Lebensform-Facetten es früher bitterste Auseinandersetzungen mit den Eltern gab (etwa um Frisur und Kleidung). Heute gibt es größere Wahl- und Entscheidungsspielräume, aber auch ein höheres Risiko, mit diesem Selbstfindungsprozess nicht zurechtzukommen. Die Welt der Gleichaltrigen, die Peergroup, fungiert wie ein Assessment-Center. Hier werden die in der Alltagsstufe *„angesagten“* Entwicklungsfortschritte abgeschätzt und symbolische Prämien verliehen oder aberkannt. Der Erfolg in den Augen der anderen wird zur wichtigsten Währung für das Selbstwertgefühl. Es gibt brennende Sorge über die eigene Entwicklung und die Anerkennung durch die Gruppe. Das steigert den lebensweltlichen Beratungsbedarf, man möchte um alles in der Welt nicht bei Peinlichkeiten und Verhaltensfehlern erwischt werden.

Das Jugendmagazin *„Bravo“* bedient diesen Bedarf mit Hilfe der bekannten Rubrik mit Leserbriefen. Hier ist im Prinzip fast alles thematisierbar. Und im Zentrum der Brieffragen steht eindeutig die Entwicklungssorge. So möchte der Briefschreiber Tommy, 15, von der Redaktion folgenden Rat bekommen: *„Ich habe demnächst mein erstes Date. Jetzt wollte ich von Euch wissen, was ich da alles machen muss, damit es klappt. Was kann ich mit ihr reden oder was sollten wir unternehmen?“* Das Schwestermagazin *„Bravo Girl“* hat für die jungen Leserinnen ein *„Flirtspruch-Heftchen“* in Kleinformat beigeheftet, das man bequem bei sich tragen kann. Motto der Redaktion: *„Mit unseren 100 super Sätzen [!] klappt der erste Flirtkontakt garantiert!“*

Der Wunsch, der hier bedient wird, richtet sich auf eine Art von lebensweltlichem *„Navi“*-Wissen, welches verspricht, konkreteste *„Lebensnützlichkeit“* zu liefern. Es geht um eine

Vorsorge für Verhaltenssicherheit – vor den Augen der anderen.

(3) Ich-Ausgesetztheit

Individualisierung und Eigenweltzentrierung lassen im Krisenfall das Selbst ziemlich *„nackt"* dastehen. Es ist schonungslos dem eigenen Blick ausgesetzt wie auch dem Blick der anderen. Im Falle stark belasteter Biographieverläufe bildet sich ein Teufelskreis von frühen Beziehungsstörungen, Kompensationsversuchen, die scheitern, und unablässigen Reinszenierungen der *„alten"* pathogenen Konstellation in der Jetztzeit. Die psychische Vergangenheit dominiert das Erleben der Gegenwart: Das Selbstwertgefühl ist daueralarmiert; Selbsthass wird auf Objekte der Außenwelt projiziert und, in extremen Fällen, als Revanchelust und Vernichtungswut ausagiert. Das Individuum ist unablässig und ungefiltert der eigenen drängenden psychischen Realität ausgesetzt und außerstande, sich sozial realitätsgerecht zu verhalten. Es herrscht eine *„Wut auf alles Unbeschädigte"*.[1]

Der eben skizzierte Erfahrungswandel sollte aber nicht ausschließlich eine Verlustdiagnose ergeben. (Die Erfahrungskontexte der Sozial- und Therapiearbeit verführen manchmal dazu, Fallgeschichten aus dem eigenen Praxisbereich vorschnell zu einer negativen Kulturdiagnose im Ganzen auszuweiten.) Steigende Kontingenz und Individualisierung gehören zum kulturellen Ausdifferenzierungsniveau spätmoderner Gesellschaften. Die Individuen sind aus einer engmaschigen Vollkontrolle ihrer Lebensführung entlassen. Ohne Kontingenz und ohne Individualisierung gibt es keine Freiheit, und Kontingenz und Individualisierung sollten deshalb nicht gleichgesetzt werden mit sozialer Desintegration.

Allerdings wächst das Desintegrationsrisiko dort, wo die psychischen und mentalen Ressourcen einer Person zu knapp sind, um es mit freisetzenden Modernitätserfahrungen aufnehmen zu können. Meine weiteren Ausführungen sehen von potentiellen Modernitätsgewinnen ab, die in Kontingenz und Individualisierung eingebaut sind, da ich nun den Fokus nur auf krisenbezogene, riskante Kontexte richten möchte.

II. Riskante Dispositionen

(1) Alltäglich mitlaufende Selbstbeobachtung

Moderne Individuen verfügen über die Möglichkeit, ihre *„Innenbeleuchtung eingeschaltet zu lassen"*.[2] Wir sind nicht nur Teilhaber einer umfassenden Bebilderung der äußeren Welt, sondern auch einer Bebilderung und Thematisierung unserer psychischen Innenwelt. Das verstärkt Prozesse der Selbstwahrnehmung und der Selbstproblematisierung. Das Psychische ist nicht mehr ein Arkanbereich für professionelle Spezialisten, sondern es ist längst Thema und Aufmerksamkeitsfokus in der ganz normalen Alltagswelt. Heutige Kinder und Jugendliche wachsen in eine lebensweltliche Allgegenwart der Selbstthematisierung hinein und nehmen diese ganz unvermeidlich mit auf. Diese eigentümlich trivialisierte Introspektion dient der Sicherung des Selbstbilds, kann aber auch eine Gefangenheit in Bildern des Selbst bewirken. Ein belastetes zwölfjähriges Mädchen sagt am Ende des Erstgespräches, quasi fall-zusammenfassend, zu ihrem Therapeuten: *„Da sehen Sie's – keine Erziehung!"*

(2) Schamanfälligkeit und Selbstwertbedarf

Von der brennenden Identitätssorge war bereits die Rede. Zur Sicherung eines einigermaßen tragbaren Normalitätsbildes von sich selbst gehören in der heutigen Alltagswelt höhere Erwartungsniveaus als bei früheren Jugendgenerationen. Es reicht nicht mehr aus, hinreichende Konventionalität und Einordnungsfähigkeit unter Beweis zu stellen, sondern heute muss man schon mehr *„zu bieten haben"*. Viele Individuen bauen hochfliegende unreife Größenbilder von sich auf und haben gleichzeitig ein verletztes, fragiles Selbstwertgefühl. In diesen Fällen dominiert innerpsychisch eine Affektlage der Unzulänglichkeit und des *„inneren Unglücks"*.[3] Die Gewöhnung an alltäglich mitlaufende Selbstbeobachtung geht nämlich nicht unbedingt einher mit gesteigerter Selbststeuerung. Sie macht zudem die Betreffenden anfällig für Gefühle der Scham (in Unterscheidung zum *„alten"* Schuldgefühl). Nicht der schuldbezogene Konflikt mit dem kulturellen *„Gesetz"* von Gut und Böse, Gebot und Sünde, steht dann im Zentrum des Leidens, sondern die hochempfindliche Angst vor Erlebnissen der Peinlichkeit und des Fiaskos. Ein 15-Jähriger, von seinem Onkel gefragt, ob er einen Schirm dabeihabe, antwortet entsetzt: *„Regenschirm? – Bin ich etwa schwul?!"*

(3) Generalisierte Suchtstruktur

Die Ich-Ausgesetztheit und semi-depressive Disposition zu innerem Unglück erzeugt affektive Zustände der inneren Leere und ein frei flottierendes Begehren nach *„Immer-Mehr"*. Ein unstillbarer Zufuhrbedarf nötigt zum unablässigen In-sich-hinein-Füllen, sei es von Süßigkeiten, Höllenlärm, Pillen oder Action-Bildern auf DVD. Der *„User"* will seinen eigenen Selbstzustand instrumentell stimulieren, und bald stellt sich die Notwendigkeit der Dosisverstärkung ein.

(4) Wollensprobleme und Handlungshemmung

Wenn der Lebensalltag nur wenig verlässliche, stützende äußere Strukturen aufweist, ist es subjektiv schwieriger, eigene innere Strukturen aufzubauen. Der Ich-Haushalt weist dann Züge von Unterstrukturiertheit auf. Die inneren Regulationsmechanismen sind unentwickelt, und es entsteht ein Problem des Wollens (im Unterschied zum bloßen Wünschen). Hier sind Unentschiedenheit, Sich-nicht-Festlegen, Aufschieben und Abbrüche die Folge. Das Selbstkonzept ist dann illusionär: *„Wenn ich richtig wollte, dann könnte ich es, aber ich will ja noch gar nicht richtig."* In der Wirklichkeit aber wird die Aussicht auf Selbststeuerung immer schwächer. Ein chronischer Schulschwänzer, 14, sagt zur Sozialarbeiterin: *„Ich kann mich eben bei mir nicht durchsetzen."*

Gemeinsamer Kern dieser riskanten Dispositionen ist eine nur schwache Ich-Abgrenzung (also eine geringe Eigenständigkeit) und eine Angewiesenheit auf eher symbiotische Objektbeziehungen. Unreife Form der Ich-Abgrenzung und symbiotische Wünsche nach psychischen Fusionen stehen dichotomisch nebeneinander: Verweigern oder Verschmelzen, Klammern oder Abblocken.

III. Riskante Eigenwelten

(1) Das Netz und andere Medien

Sich ins Netz zu begeben hat einen extrem hohen Grad an Attraktivität gewonnen. Der eigentümlichen Künstlichkeit der digitalen Welt wird eine Faszination angesonnen, vor der die reale Welt der Face-to-Face-Kommunikation als zu begrenzt, ereignisarm und enttäuschend empfunden wird. Einzutauchen in die Unendlichkeiten der digitalen Räume kann wirken wie eine rauschhafte Ich-Ausweitung (obwohl man doch real die ganze Zeit im Basement verbringt). Das

1 Enzensberger, 1993, S. 52.
2 Luhmann, 1987, S. 128.
3 Ehrenberg, 2004, S. 151.

Netz ermöglicht über Handy, iPod oder Laptop eine Mitnahme der Eigenwelt und des ganzen Beziehungsnetzes.

Die Privatkanäle des Fernsehens bieten über Krawall-Shows und Entblößungsformate eine pausenlose Bebilderung von Beziehungs- und Lebenslaufdramen. Die Weltwahrnehmung wird thematisch und sozial radikal privatisiert. Einige Pop-Sektoren (wie z.B. HipHop oder Casting Shows) locken mit phantasmatischen Größen-Storys: vom dürftigen Alltag zum Star-Glamour. Die Ambivalenz von baldigem Ruhm und medialer Demütigung und Scheitern bietet viel symbolisches Material für Omnipotenzansprüche und Racheprojektionen.

In vielen Kindergärten war vor einiger Zeit das beliebteste Spiel der Kinder das *„Bohlen-Spiel"*. Ein Kind ist auf der *„Bühne"* und führt den anderen etwas vor, und zwar absichtlich in besonders schlechter Qualität. Und danach wird es von den anderen leidenschaftlich *„fertiggemacht"*.

Das Netz und die Mainstream-Popkultur verschmelzen miteinander. Sie werden zu einem tagesbegleitenden Environment und – im vollen Sinne des Wortes – zur *„kulturellen Heimat"* (der Begriff *„Freizeitbeschäftigung"* ist hierfür sicherlich nicht mehr zureichend). Die *„richtige"* soziale Welt wird zurückgestuft zu (nur) einer Welt unter anderen. Im Extremfall wird die Wirklichkeit geradezu entrückt.

(2) Gruppe und Beziehung

Gruppenzusammenhänge fungieren als ein Spiegel für die eigene Selbsteinschätzung. Die alte Identitätsfrage lautete *„Wer bin ich?"*, die neue Identitätsfrage heißt *„Zu wem gehöre ich?"* Die Gruppe wird zu einer Reputationsbörse, die für jeden die Kursverläufe seiner Anerkennung und Beliebtheit anzeigt. Das Für-sich-Sein als Alltagserfahrung wird eher selten.

In ihrer Zweierbeziehung fordern die Partner eine extrem hohe Regeldichte ein. Untreue-Angst und rasch bohrende Eifersucht werden mit alltäglichen Bewachungsmechanismen in Schach gehalten, wobei dem Handy eine durchschlagende Kontrollfunktion zukommt. Der Binnendruck in solchen fusionistischen Zweierbeziehungen ist erheblich, und es kommt zu Überforderungseffekten, Zerwürfnissen und schmerzhaften Trennungen.

Die riskanten Dispositionen (Selbstbeobachtung, Scham, Suchtstruktur, Wollensprobleme) fügen sich ineinander mit den riskanten Eigenwelten (Netz/Medien und Gruppe/Beziehung). Sie bilden zusammen einen Kreislauf aus Fusionsbedürfnissen und Verschmelzungsangeboten. Es bedürfte erheblicher Gegen-Identifikationen und Ich-Stärke, um hierzu (zumindest ab und zu) auf Distanz gehen zu können.

IV. Erfahrungs- und Lernschritte

Ich möchte nun noch kurz auf sozialisatorische Entwicklungsziele der Adoleszenz zu sprechen kommen. Ich tue dies durchaus zögerlich. Denn die Kluft zwischen den hehren *„Zielen"* der Jugendarbeit und ihrer häufigen Erfolglosigkeit ist beklemmend. Das verbietet es, den Mund zu voll zu nehmen. SIGMUND FREUD hat dazu einmal gesagt, dies sei so aufbauend, wie in einem Hungergebiet Speisekarten zu verteilen.

(1) Innere Autonomisierung

Konzeptionell halte ich es für wichtig, am begrifflichen Unterschied zwischen primärer und sekundärer Sozialisation festzuhalten. Normativ gesehen beinhaltet sekundäre Sozialisation (auch) die Entwicklungsaufgabe, den Egozentrismus der Kindheit stufenweise abzubauen und allmählich Abstand zur Gegebenheit der äußeren wie der inneren Realität zu gewinnen. JÜRGEN HABERMAS nennt dies ein *„Sich-Herausversetzen"*[4] und meint damit eine Autonomie gegenüber der äußeren wie auch der inneren Realität. Der Gesichtspunkt einer Autonomie nach innen wird heute gelegentlich vom Ziel einer unbedingten Selbststabilisierung verdeckt. Die Ich-Entwicklung in der sekundären Sozialisationsphase dient auch der Selbststabilisierung – aber nicht nur dieser.

Es geht um Ich-Identifikation, Ich-Abgrenzung und Ich-Distanz. Ich-Identifikation meint ein reiferes Wohlwollen sich selbst gegenüber (die Briten haben hierfür den schönen Ausdruck *„to be nice to yourself"*). Ich-Abgrenzung meint, die Subjekt-/Objekt-Unterscheidung auszubauen und (nichtfusionistische) Eigenständigkeit auszuhalten. Ich-Distanz schließlich heißt, den eigenen Stimmungen und Aversionen nicht mehr bloß ausgesetzt zu sein, sondern zu den eigenen Präferenzen Stellung nehmen zu können. Im Sinne einer Triangularisierung geht es um einen Perspektivwechsel auf sich selbst; und um einen Bezug auf ein *„Drittes"* jenseits dyadischer Fusionen (z.B. als Leidenschaft für einen Gegenstand, für einen Inhalt).

(2) Differenzerfahrung

Sozialpädagogische und sozialtherapeutische Einrichtungen/Arbeitsfelder sollten unter anderem zwei Eigenschaften bieten: Sie sollten als ein gut strukturierter und haltender Interaktionsrahmen fungieren. Und sie sollten mittels einer erfahrbaren Differenz zur privaten Lebensroutine der Jugendlichen arbeiten, um diesen Jugendlichen auch dosierte Krisen zumuten zu können. Beides hängt natürlich zusammen: Denn sich auf eine Krisenzumutung einlassen zu können bedarf gleichzeitig eines haltenden Rahmens.

Die Differenz zum Alltag fördert im gelingenden Falle ich-stärkende und ich-distanzierende Erfahrungen:

- ein stabiles Setting;
- fürsorgliche Kontrolle und annehmende Autorität;
- ein Eindeichen-Können eigener Negativerfahrungen;
- eine hinreichende innere Selbstwirksamkeit und Eigenregulation;
- schließlich eine Erweiterung der Identifikationen über den Kreis der Peers hinaus.

Für Letzteres gibt es ein kluges Motto aus der Antike: *„Ich möchte etwas von dir lernen, ohne so werden zu müssen wie du."*

Prof. Dr. Dr. h.c.
THOMAS ZIEHE lehrt Erziehungswissenschaft an der Leibniz Universität Hannover
thomas.ziehe@iew.phil.uni-hannover.de

LITERATURVERZEICHNIS

EHRENBERG, A. (2004). *Das erschöpfte Selbst. Depression und Gesellschaft in der Gegenwart.* Frankfurt & New York: Campus.

ENZENSBERGER, H.M. (1993). Aussichten auf den Bürgerkrieg. Frankfurt a.M.: Suhrkamp.

4 HABERMAS, 1988, S. 224.

HABERMAS, J. (1988). Individuierung durch Vergesellschaftung. In J. HABERMAS, *Nachmetaphysisches Denken: Philosophische Aufsätze*. Frankfurt a.M.: Suhrkamp.

LUHMANN, N. (1987). Die gesellschaftliche Differenzierung und das Individuum. In T. OLK & H.-U. OTTO (Hrsg.), *Soziale Dienste im Wandel. Band 1*. Neuwied & Darmstadt: Luchterhand.

Schwerpunkt JUGEND

Lebenslagen, Einstellungen und Perspektiven der Jugendlichen in Deutschland: Ergebnisse der 16. Shell Jugendstudie

Mathias Albert, Klaus Hurrelmann, Gudrun Quenzel, Ulrich Schneekloth

Die 16. Shell Jugendstudie zeichnet das Bild einer zuversichtlichen jungen Generation in Deutschland. Diese Generation lässt sich weder durch die Wirtschaftskrise noch durch die unsicher gewordenen Berufsverläufe und Perspektiven von ihrer optimistischen Grundhaltung abbringen. Mit den Herausforderungen in Alltag, Beruf und Gesellschaft gehen Jugendliche auch weiterhin pragmatisch um. Prägend für diese Generation sind insbesondere eine starke Leistungsorientierung und ein ausgeprägter Sinn für soziale Beziehungen. Daneben lassen sich erste Anzeichen einer Repolitisierung erkennen.

Einleitung

Die Shell Jugendstudie erschien 2010 in ihrer sechzehnten Ausgabe.[1] Seit ihrem ersten Erscheinen im Jahre 1953 hat sie sich als eine feste Größe in der Jugendberichterstattung in Deutschland etabliert und zieht regelmäßig eine hohe öffentliche Aufmerksamkeit auf sich.[2] Ihr – auch im internationalen Vergleich – einzigartiges Profil gewinnt sie dabei nicht nur durch die Langfristigkeit ihrer Berichterstattung über die Situation der jeweiligen Jugendgeneration in Deutschland. Ein besonderes Merkmal besteht darüber hinaus darin, dass sie regelmäßig eine repräsentative Befragung von Jugendlichen mit einem qualitativen Untersuchungsteil kombiniert, bei dem in Bezug auf eine bestimmte Fragestellung intensive Gespräche mit einer Reihe von Jugendlichen geführt werden. Für die Shell Jugendstudie 2010 wurden in der repräsentativen Erhebung 2.604 junge Menschen im Alter von 12 bis 25 Jahren befragt.[3]

Wenn im Rahmen der Shell Jugendstudie umfassend lebensweltlicher Kontext, Freizeitverhalten, Wert- und politische Einstellungen erfasst werden, dann fällt hiermit auch zwangsläufig der Blick auf die Problembereiche etwa in den Bereichen Jugendgewalt oder Drogenkonsum, die einen erheblichen Einfluss auf die medial geprägte öffentliche Wahrnehmung der heutigen jungen Generation ausüben. Während die Shell Jugendstudie auch diese Themen in vielfältiger Form anspricht, so geht es ihr doch vor allem darum, zunächst ein Portrait der gesamten jungen Generation in Deutschland zu zeichnen. Erst eine umfassende Vermessung der Referenzgruppe aller Jugendlichen in Deutschland gibt eine verlässliche Größe an die Hand, um auch den Umfang der angesprochenen Problembereiche einschätzen und beurteilen zu können.

Wir geben im Folgenden einen Überblick über wesentliche Ergebnisse der 16. Shell Jugendstudie. Abschließend erfolgen einige Überlegungen zu möglichen jugendpolitischen Implikationen.

Optimismus – aber auch Verstärkung sozialer Unterschiede

Die Jugendlichen in Deutschland bleiben eine *„pragmatische Generation“*, deren Handlungsorientierung durch ein hohes Maß an Ehrgeiz und Zähigkeit im Verfolgen eigener Ziele gekennzeichnet ist. Nicht zuletzt angesichts der weltweiten Wirtschafts- und Finanzkrise überrascht es dabei, dass sich der Anteil der Jugendlichen, die optimistisch in die eigene Zukunft blicken, in den letzten vier Jahren deutlich erhöht hat: nach 50% in 2006 sind es in 2010 59% der Jugendlichen, die zuversichtlich in die Zukunft schauen (35% sehen die eigene Zukunft gemischt mal so, mal so und nur 7% sehen sie düster). Gegenläufig zu dieser Gesamttendenz ist dabei jedoch die Entwicklung der persönlichen Zuversicht bei den Jugendlichen aus der Unterschicht: hier äußern sich 2010 nur noch 33% optimistisch (2006: 35%). Diese schichtspezifische Differenz zeigt sich auch bei der Frage nach der Zufriedenheit mit dem Leben: während sich insgesamt 74% der Jugendlichen als zufrieden mit dem eigenen Leben zeigen, sind es bei Jugendlichen aus der sozial schwächsten Schicht nur 40%.[4]

Nicht zuletzt speist sich dieser Umstand auch aus der hinlänglich bekannten Situation im Bildungsbereich, in welchem soziale Differenzen seit längerer Zeit nahezu fest zementiert zu sein scheinen. Auch hier ergibt sich eine ähnliche Situation wie bei der allgemeinen Zuversicht sowie bei der Lebenszufriedenheit: Während von der unteren Mittelschicht bis zur Oberschicht in allen sozialen Schichten die Zuversicht gewachsen ist, die eigenen beruflichen Wünsche erfüllen zu können, ging diese Zuversicht bei Jugendlichen aus der Unterschicht deutlich zurück: nach 56% in 2002 und 49% in 2006 sind sich in 2010 nur noch 41% der Jugendlichen aus dieser Schicht sicher oder sehr sicher, sich ihre eigenen beruflichen Wünsche erfüllen zu können.

Hohe Familienorientierung

Bereits in den letzten beiden Shell Jugendstudien wurde der hohe Stellenwert festgestellt, den Familie heute für Jugendliche besitzt. Diese starke Familienorientierung prägt sich sogar noch weiter aus: mehr als drei Viertel (76%) der Jugendlichen geben an, dass man eine Familie braucht, um glücklich

1 SHELL, 2010. Der vorliegende Text fasst wesentliche Ergebnisse der 16. Shell Jugendstudie zusammen. Auf detaillierte Verweise zu einzelnen Stellen der Studie wird dabei aus Gründen der besseren Lesbarkeit verzichtet.

2 SHELL, 2002.

3 Nähere Hinweise zur Methodik sowie zur Stichprobe finden sich in Kapitel 8 der Studie: SHELL, 2010.

4 In der Shell Jugendstudie wird die soziale Schicht nicht – wie an anderer Stelle manchmal gebräuchlich – über das Haushaltsnettoeinkommen bestimmt, sondern anhand eines Index, der aus den Variablen *„Höchster Bildungsabschluss des Vaters“*, *„Zufriedenheit mit der finanziellen Situation“*, *„Wohnsituation“*, *„Anzahl der Bücher im Elternhaus“* gebildet wird.

leben zu können (2006: 72%). Dabei ist zu berücksichtigen, dass sich diese hohe Wertschätzung von Familie nicht auf eine bestimmte Familienform, sondern auf die in der Gesellschaft vorfindbare Vielfalt der Familienformen – von der klassischen Kleinfamilie und der Patchwork-Familie über die Familie mit einem alleinerziehenden Elternteil bis hin zur Großfamilie – erstreckt. Nicht die Familienform ist für die Jugendlichen hier entscheidend, sondern die Anerkennung und Sicherheit, die sie in der Familie erfahren, ein möglichst *„demokratischer"*, wenig autoritärer Erziehungsstil, sowie die Bereitstellung einer angemessenen materiellen Basis.

Vor diesem Hintergrund überrascht es wenig, dass mehr als 90% der Jugendlichen ein gutes Verhältnis zu den eigenen Eltern haben (35% kommen bestens mit ihnen aus; 56% kommen klar, auch wenn es gelegentlich Meinungsverschiedenheiten gibt). Insgesamt spiegelt sich diese Wertschätzung von Familie auch in dem wieder gestiegenen Kinderwunsch der Jugendlichen wider. Nach einem Rückgang von 67% in 2002 auf 62% in 2006 ist der Wunsch nach eigenen Kindern in 2010 auf 69% gestiegen. Traditionell ist dieser Wunsch bei jungen Frauen weiter verbreitet als bei jungen Männern (73% bzw. 65%). Zunächst erstaunlich erscheint in diesem Zusammenhang, dass trotz des gestiegenen Kinderwunsches nicht weniger Jugendliche als noch vor einigen Jahren angeben, dass man ohne Kinder genauso glücklich leben kann wie mit Kindern. Es steht zu vermuten, dass dies auch Ausdruck dessen ist, dass Jugendliche zunehmend realisieren, welche Hürden zwischen dem Kinderwunsch und der Realisierung desselben aufgebaut sind: Ausbildung, berufliche Integration und Partnerschaft mit Familiengründung müssen in einem relativ kurzen Zeitfenster – der so genannten *„rush hour des Lebens"* – bewältigt werden. Es bleibt insofern eine herausragende gesellschaftliche Aufgabe, den Jugendlichen entsprechende Rahmenbedingungen zu bieten, die sie nicht von der Realisierung des gehegten Kinderwunsches abbringen.

Freizeit- und Medienverhalten

Freizeit spielt für Jugendliche eine außerordentlich wichtige Rolle. Sie gibt ihnen die Möglichkeiten, häufig im Zusammenspiel mit Gleichaltrigen, eigene Interessen zu entwickeln und neue Verhaltensformen auszuprobieren. Freizeit bedeutet für Jugendliche heute ein hohes Maß an Freiheit. Gleichzeitig stehen sie jedoch einer Freizeitindustrie gegenüber, mit der sie als Zielgruppe kompetent umgehen müssen, was nicht allen Jugendlichen gleichermaßen gut gelingt. Schaut man sich die Freizeitbeschäftigungen an, denen Jugendliche im Laufe einer Woche am häufigsten nachgehen, dann wird deutlich, wie stark das Freizeitverhalten von Jugendlichen inzwischen von den elektronischen Medien geprägt ist. Zu den vier am häufigsten genannten Aktivitäten gehören im Internet surfen, sich mit Leuten treffen, Musikhören und Fernsehen. Ein Vergleich mit dem Freizeitverhalten von Jugendlichen im Jahr 2002 verdeutlicht die enorme Bedeutung, die das Internet inzwischen in der Freizeitgestaltung gewonnen hat. 2002 gehörte im Internet zu surfen nur für ein Viertel der Jugendlichen zur häufigsten Freizeitbeschäftigung im Laufe einer Woche, 2010 ist es (neben dem sich mit Leuten zu treffen) für 59% der Jugendlichen zur häufigsten Freizeitaktivität geworden.

Das Freizeitverhalten differiert stark nach Alter, sozialer Herkunft und Geschlecht. Anhand der unterschiedlichen Freizeitinteressen lassen sich vier in etwa gleich große Gruppen bilden: die *„kreative Freizeitelite"*, *„engagierte Jugendliche"*, *„gesellige Jugendliche"* und *„Medienfixierte"*.

- Zur *„kreativen Freizeitelite"* gehören Jugendliche, die gerne Bücher lesen, viel mit der Familie unternehmen und gerne etwas Kreatives oder Künstlerisches in ihrer Freizeit machen. Dagegen geht diese Gruppe selten Shoppen und auch *„Rumhängen"* und in Kneipen gehen gehören zu den Dingen, die sie nur selten tut. Diesem Freizeittyp gehören mehrheitlich weibliche Jugendliche, Jugendliche aus den höheren sozialen Schichten und eher jüngere Jugendliche an.
- *„Engagierte Jugendliche"* sind häufig im Vereinssport aktiv und/oder machen Freizeitsport, engagieren sich in Projekten oder spielen am Computer. Auf der anderen Seite sind Musik hören, Leute treffen oder Rumhängen Beschäftigungen, denen diese Jugendlichen verhältnismäßig selten nachgehen. In dieser Gruppe finden sich eher jüngere Jugendliche, auch gehören junge Männer dieser Gruppe deutlich häufiger an als junge Frauen. Die mittleren und oberen Schichten sind in diesem Freizeittyp etwas häufiger vertreten.
- *„Gesellige Jugendliche"* verbringen mehr als die anderen ihre Zeit mit anderen Jugendlichen. Sie treffen sich gerne mit Leuten, gehen in die Disko, zum Shoppen oder in die Kneipe. Mit Fernsehen, Computerspielen oder DVD-Schauen verbringen sie dagegen nur vergleichsweise wenig Zeit und bilden damit die Kontrastgruppe zu den *„medienfixierten Jugendlichen"*. Den *„geselligen Jugendlichen"* gehören häufiger junge Frauen und ältere Jugendliche an. Die verschiedenen sozialen Schichten sind relativ gleichmäßig vertreten, mit Ausnahme der Jugendlichen aus der Unterschicht, die dieser Gruppe etwas seltener angehören.
- Bei den *„Medienfixierten"* sind Fernsehen, Internet, Musik hören, DVD-Schauen und Rumhängen die hauptsächlichen Freizeitbeschäftigungen. Sport, sei es im Verein oder in der Freizeit, Bücher und Kreatives, sowie Unternehmungen mit der Familie sprechen die Medienfixierten dagegen fast überhaupt nicht an. In dieser Gruppe sind die jungen Männer überproportional häufig vertreten, insbesondere die 15- bis 17-Jährigen tendieren zu diesem Freizeittyp. Auch die soziale Herkunft ist bei den *„Medienfixierten"* prägend: Fast die Hälfte kommt aus der Unterschicht.

Der Trend, dass das Freizeitverhalten zunehmend von den elektronischen Unterhaltungsmedien geprägt ist, birgt insbesondere für junge Männer aus bildungsfernen Schichten das Risiko, sich negativ auf die schulische Motivation und den schulischen Erfolg auszuwirken. Dagegen ist das kreativere Freizeitverhalten vieler junger Frauen aus den mittleren und oberen Schichten ihrem schulischen Erfolg eher dienlich.

Politisches Interesse und politische Einstellungen

Der Anteil der Jugendlichen, die sich als politisch interessiert bezeichnen, ist von 30% im Jahr 2002 auf 35% im Jahr 2006 und 37% im Jahr 2010 inzwischen wieder leicht angestiegen (Altersgruppe 12 bis 25 Jahre). Alles in allem liegt das politische Interesse damit aber noch immer weit unter den Ergebnissen, die in früheren Shell Jugendstudien insbesondere in den 1970er und 1980er Jahren festgestellt wurden. Neben dem Alter und dem Geschlecht – ältere sowie männliche Jugendliche sind interessierter – sind vor allem die Bildung und die Herkunftsschicht der Jugendlichen sowie ein vorhandenes politische Interesse der Eltern die zentralen Einflussgrößen.

Interessant ist, dass sich der leichte Anstieg im politischen Interesse vor allem bei den Jüngeren findet. Bei den 12- bis 14-Jährigen ist das Interesse von 11% im Jahr 2002 auf 15% im Jahr 2006 und auf 21% im Jahr 2010 gestiegen. Bei den 15- bis 17-Jährigen entwickelte es sich von 20% im Jahr 2002 auf 26% im Jahr 2006 und 33% im Jahr 2010. Bei den 18- bis 21-Jährigen schwankt das politische Interesse hingegen und stagniert bei 38% in 2002, 42% in 2006 und dann wieder 38% im Jahr 2010. Vergleichbar, wenn auch mit etwas weniger Stagnation und auf einem höheren Anteilsniveau, ist die Entwicklung bei den 22- bis 25-Jährigen: 44% politisch Interessierte im Jahr 2002, 48% im Jahr 2006 und 47% im Jahr 2010. Diese Querschnittsbefunde hängen sicherlich mit dem etwas höheren Gewicht zusammen, das die Förderung von Bildung in den letzten Jahren bekommen hat. Die Ergebnisse der letzten Shell Jugendstudien zeigen deutlich, dass eine bessere schulische Bildung bei Jugendlichen ganz grundsätzlich mit einem etwas stärkeren Interesse an Politik verbunden ist. Hinzu kommt eine vorhandene Affinität zum sozialen Engagement, die ebenfalls einem Interesse an Politik förderlich ist. Es wird interessant sein zu sehen, inwieweit dieser leichte Zuwachs beim politischen Interesse bei den jüngeren Altersgruppen in Zukunft anhalten wird.

Wir hatten in der letzten Shell Jugendstudie festgestellt, dass sowohl die vorherrschende Politik- und Parteienverdrossenheit als auch das Gefühl, in Parteien und politische Gruppen nicht hineinzupassen und sich dort nicht heimisch zu fühlen, Jugendliche davon abhält, sich politisch zu organisieren. Hinzu kommt die Einschätzung mangelnder Erfolgsaussichten. Aktuell haben wir danach gefragt, wie es um die grundsätzliche Bereitschaft von Jugendlichen bestellt ist, sich an politischen Aktivitäten zu beteiligen.

Nach den vorliegenden Ergebnissen käme für die große Mehrheit der Jugendlichen dann, *„wenn sie bei einer Sache, die ihnen persönlich wichtig ist, ihre Meinung kundtun oder wenn sie politisch Einfluss nehmen wollen"*, eine Beteiligung an politischen Aktionen durchaus in Frage. 77% aller Jugendlichen würden nach eigener Auskunft bei einer Unterschriftenaktion mitmachen und weitere 54% könnten sich vorstellen, aus politischen, ethischen oder Umweltgründen den Kauf einer Ware zu boykottieren. An einer Protestversammlung (Demonstration) würden sich 44% beteiligen. Eine Bürgerinitiative käme für 39% in Frage. Sich im Internet oder über Twitter über Aktionen kurzfristig informieren und dann dort mitzumachen wäre für 31% eine Möglichkeit. Hingegen können sich nicht mehr als 17% vorstellen, in einer Partei oder politischen Gruppe mitzuarbeiten.

Fasst man die Aktivitätsbereitschaft zusammen, so weisen 8% der Jugendlichen keine und nicht mehr als 15% eine nur geringe Bereitschaft auf, sich an politischen Aktionen zu beteiligen. Bei 37% ist hingegen eine grundsätzliche Bereitschaft vorhanden, 22% haben eine eher höhere und 18% sogar eine hohe Bereitschaft, politisch aktiv zu werden. Auffällig in diesem Zusammenhang ist, dass sich weibliche Jugendliche trotz ihres im Vergleich zu männlichen Jugendlichen sogar noch weniger häufig geäußerten politischen Interesses trotzdem etwas häufiger als aktivitätsbereit charakterisieren. Sich explizit als politisch interessiert zu bezeichnen fällt männlichen Jugendlichen offenbar nach wie vor etwas leichter. Dass jedoch weibliche Jugendliche trotzdem eher bereit sind, sich an politischen Aktionen zu beteiligen, zeigt die Barrieren auf, die es für Mädchen im Bezug auf die noch immer eher männlich dominierte Politik nach wie gibt.

Toleranz gegenüber anderen, Gewalt bleibt aber trotzdem ein Thema

Jugendliche artikulieren gegenüber einzelnen Gruppen durchaus Vorbehalte, allerdings kann von einer generellen Intoleranz nach wie vor keine Rede sein. Mit 27% und fast gleichauf mit 26% werden am häufigsten Vorbehalte gegenüber einer türkischen Familie oder einer russischen Aussiedlerfamilie geäußert. Nimmt man die Negativnennungen gegenüber den Gruppen, die wir seit 2002 abfragen, zusammen, so äußern 48% der Jugendlichen gar keine Vorbehalte, 25% stören sich an einer Gruppe, 15% an zwei Gruppen und 12% haben Vorbehalte gegenüber drei und mehr Gruppen. Im Zeitverlauf hat sich der Trend eher wieder in Richtung Toleranz entwickelt. Keinerlei Vorbehalte äußerten im Jahr 2002 zusammen genommen 51% der Jugendlichen, während es im Jahr 2006 nur noch 46% waren. Mit 48% im Jahr 2010 hat sich dies jetzt aber wieder leicht umgekehrt. Auch beim Thema Gewalt haben sich im Vergleich zur letzten Shell Jugendstudie von 2006 eher wenige Änderungen ergeben. Zusammen genommen berichten 23% der Jugendlichen im Vergleich zu 22% im Jahr 2006, in den letzten 12 Monaten in gewaltsame Auseinandersetzungen verwickelt gewesen zu sein.

In der letzten Shell Jugendstudie hatten wir neben einer geringeren Bildung und eher materialistischen Wertorientierungen vor allem häufige Erfahrungen einer eigenen Diskriminierung im Alltag (insbesondere bei Migranten), häufigen Alkoholkonsum und einen eher autokratischen Erziehungsstil der Eltern, der mit häufigem Streit verbunden ist, als Prädiktoren für eine Verwicklung in Schlägereien im Alltag identifizieren können. Auch in der neuen Studie sind die Faktoren signifikant. Daneben sind männliche Jugendliche mit 32% nach wie vor weitaus häufiger als weibliche Jugendliche mit 15% in Schlägereien (sei es als Täter oder auch als Opfer) verwickelt gewesen. Angestiegen ist allerdings der Anteil der berichteten Schlägereien bei Hauptschülern (2006: 37%, 2010: 43%). Bei Realschülern (28%) und bei Gymnasiasten (19%) wie auch insgesamt bei den älteren Jugendlichen (18- bis 21-Jährige: 23%, 22- bis 25-Jährige: 16%) ist der Anteil im Zeitverlauf hingegen so gut wie konstant geblieben. Gewalt ist für mehr als ein Fünftel der Jugendlichen eine in den letzten 12 Monaten real erlebte Erfahrung. Das Ausmaß ist sicherlich unterschiedlich, aber der enge Zusammenhang zu Bildung und Lebenslage bringt an dieser Stelle den sozialen Druck, der auf den Jugendlichen lastet, als Rahmenbedingung und als latenten Auslöseprozess deutlich ins Blickfeld. Gewaltprävention bleibt von daher auch weiterhin ein zentrales Thema.

Pragmatisch, aber nicht angepasst

Mit Wertorientierungen und Lebenseinstellungen erfasste auch die 16. Shell Jugendstudie wieder übergreifende Lebensmuster der Jugendlichen. Die Ergebnisse zeigen an, dass sie weiterhin dem Typ einer pragmatischen Generation entsprechen. Im Zentrum steht der persönliche Erfolg in einer Leistungs- und Konsumgesellschaft. Diese Perspektive ist mit großem Optimismus unterlegt und die gegenwärtige Lebenssituation der Jugendlichen mit ausgeprägter Zufriedenheit. Das gute Lebensgefühl der großen Mehrheit der Jugendlichen erfüllt jedoch nicht nur die pragmatische und selbstmotivierende Funktion des positiven Denkens in einem weiterhin als schwierig wahrgenommenen gesellschaftlichen Umfeld. Es hat zuallererst damit zu tun, dass sich die Jugendlichen ein Netzwerk befriedigender Beziehungen in der Familie und im Freundes- und Bekanntenkreis gesichert haben und weiter an der Verbesserung dieser Beziehungen arbeiten.

Die Jugendlichen sind leistungsorientiert und motiviert, schießen dabei jedoch nicht übers Ziel hinaus. Zwar sind sich 64% voll bewusst, dass man heutzutage wissen müsse, was man will, um erfolgreich zu sein (insgesamt 88% voll oder eher bewusst). Aber nur 22% wollen im Interesse eines bedingungslosen Erfolgsstrebens alles der Karriere opfern (44% eher). Leistung und Karriere ja, aber darunter darf der Spaß am Leben nicht leiden. Für 60% der Jugendlichen ist es besonders wichtig, fleißig und ehrgeizig zu sein, aber auch 57% wollen mit gleicher Intensität ihr Leben genießen. Dieser nur leichte Vorrang der Bewertung von Leistung gegenüber dem Genuss ist im Vergleich zur Bevölkerung eine ungewöhnliche Konstellation, bei der Leistung den deutlichen Vorrang erhält. Die Masse der Jugendlichen ist weit von einer resignierenden Anpassung ihrer Wünsche an eine wenig chancenreiche Umwelt entfernt.

Abgesehen von der *„widersprüchlichen"* Konstellation aus Leistung und Genuss, die allerdings mehr den Versuch eines Ausgleichs anzeigt, bestätigt auch die aktuelle Shell Jugendstudie, wie sich die Jugend der 2000er Jahre wieder in den Konsens des Wertesystems der Bevölkerung einfügt. Das hat vor allem damit zu tun, dass sie seit den 1990er Jahren das gesellschaftliche Regelgerüst wieder eindeutig bejaht. 60% sind voll und ganz der Meinung (insgesamt 81% voll und ganz oder eher), dass es heute für alle Menschen verbindliche moralische Regeln geben muss, damit die Gesellschaft funktionieren kann. Dennoch kann von einer Neigung zu bedingungsloser Anpassung und zum Konformismus keine Rede sei. Nur 4%, meinen, es wäre im Leben am vernünftigsten, einfach im Strom der anderen mitzuschwimmen (11% eher). Dagegen ist es für 62% besonders wichtig, unabhängig zu sein (insgesamt 83% besonders oder eher wichtig) und für 70% ist es besonders wichtig, eigenverantwortlich zu leben und zu handeln (insgesamt 90% besonders oder eher wichtig).

Religion spielt im Leben der meisten Jugendlichen auch weiterhin nur eine mäßige Rolle. Allerdings besagt hier der Durchschnitt wenig, da es in Deutschland drei ganz verschiedene religiöse Kulturen gibt, die neuen Bundesländer, die Migrantenkulturen und den westdeutschen Mainstream, der allerdings wegen seiner Größe für den Durchschnitt der Jugend besonders typisch ist. Bei Jugendlichen aus den neuen Bundesländern spielt Religion weiterhin kaum eine Rolle, im westdeutschen Mainstream eine mäßige und weiter abnehmende. Religiöse Vitalität ist dagegen bei den Migrantenkulturen zu beobachten, die sich mit ihrer Zuwendung zur Religion immer weiter von der einheimischen Kultur wegbewegen. Das betrifft vor allem die religiösen Bekenntnisse und Gemeinschaften neben den beiden einheimischen christlichen Kirchen.

Wie konflikt- und belastungsfest ist die demonstrativ vorgetragene Zufriedenheit der pragmatischen Jugendgeneration? Handelt es sich dabei nur um eine oberflächliche Selbstdarstellung als leistungsfähig und fit oder gar um ein Ausweichen vor wichtigen Lebensanforderungen? Oder drückt das Lebensgefühl der Jugendlichen tatsächlich eine belastungsfeste Zufriedenheitsfähigkeit aus? Zentral ist hierbei, dass die Mehrheit der Jugendlichen in schwierigen und belastenden Situation auf die Unterstützung ihrer Freunde und Eltern zurückgreift. Destruktive Verhaltensweisen wie Aggression und Drogenmissbrauch werden eher selten gewählt, kommen in bestimmten Teilgruppen aber durchaus vor. Auch Resignation spielt keine wesentliche Rolle, so wie es auch in den Lebenseinstellungen der Jugendlichen deutlich wird.

Die Jugendlichen neigen allerdings auch nicht dazu, zur Lösung von Problemen mit der Brechstange anzusetzen oder mit dem Kopf durch die Wand zu gehen. Eher wenige lassen alles stehen und liegen, bis sie ein Problem gelöst haben. Mit zunehmendem Lebensalter entwickeln sie die Fähigkeit, mit kühlem Kopf und planvoll an die Bewältigung von Schwierigkeiten heranzugehen. Erst 32% der 12- bis 14-Jährigen machen sich in ernsthaften Problemsituationen (oft) einen Plan, den sie Schritt für Schritt abarbeiten, aber bereits 58% der 22- bis 25-Jährigen. Mit dem Lebensalter nimmt allerdings auch die Neigung zu, zur *„Problembewältigung"* auf Alkohol und Zigaretten zurückzugreifen, ganz besonders bei jungen Männern. Immerhin 13% der 22- bis 25-jährigen Männer tun das öfter, der Schwerpunkt verbleibt allerdings auch hier mit 32% bei *„manchmal"*.

Eine andere, wenig Erfolg versprechende Problemlösung besteht darin, sich von den unangenehmen Dingen des Lebens mit Fernsehen oder Computerspielen abzulenken. Immerhin 23% der Jugendlichen tun das öfter, 40% manchmal. Dieser Verhaltenstyp nimmt allerdings mit dem Älterwerden deutlich ab. Problemlösung oder wenigstens die Schaffung eines gewissen Abstands von den Problemen durch Spaß ist eine Methode, die Jugendliche oft anwenden (55% oft, 34% manchmal). Etwas tun, was einem Spaß macht, damit die Welt danach wieder etwas anders aussieht, ist allerdings weiter gedacht als die Ablenkung durch Partys oder durch elektronische Medien. Das erste erbringt durchaus einen Beitrag zur Zufriedenheit, das zweite schon nicht mehr und das dritte geht bei den Jugendlichen sogar mit deutlich geringerer Zufriedenheit einher. Positives Denken und *„gut drauf sein"* fördert die Fähigkeit, Druck zu bewältigen und sich zu behaupten. Der überwiegenden Mehrheit der Jugendlichen gelingt dies, so dass deren Optimismus weder aufgesetzt noch kontrafaktisch zur Wirklichkeit ist. Für einen kleineren Teil der Jugendlichen ist der Grad allerdings schmal und das Risiko nach wie vor präsent, aufgrund von schlechten sozialen Rahmenbedingungen oder Ausgrenzung aus der Spur zu geraten.

Jugendpolitische Implikationen

Jugendliche in Deutschland erweisen sich im Jahre 2010, so zeigt unsere Analyse, als krisenfest. Angesichts hoher Arbeitslosenzahlen, schwacher wirtschaftlicher Wachstumsraten, erheblicher beruflicher Einmündungsprobleme und der Aussicht auf allenfalls zeitlich befristete und oft auch in ihrem Stundenumfang eingeschränkte Arbeitsverträge ist das auffällig und überraschend. Vieles deutet darauf hin, dass dem Elternhaus dabei eine wichtige unterstützende Rolle zukommt. Die Beziehungen zu den Eltern sind sehr eng und fast schon freundschaftlich, die jungen Leute können sich auf die finanzielle und mentale Solidarität ihrer Mütter und Väter verlassen. Das gibt der Mehrheit die Zuversicht, trotz ungünstiger Entwicklungen in Beruf und Wirtschaft darauf vertrauen zu können, genügend persönliche Spielräume und individuelle Entfaltungspotentiale zu haben, um sich irgendwie durch unsichere Zonen hindurch zu manövrieren und dem Ziel einer gesicherten Existenz näher kommen zu können. Eine Minderheit, die diese Unterstützung der Herkunftsfamilie nicht in diesem Maße erfährt, steht deutlich verunsicherter da.

Der zuversichtliche und durchaus optimistische Pragmatismus gelingt den jungen Leuten am besten, die aus den beiden obersten sozialen Schichten kommen. Diese Jugendlichen haben sehr gute Chancen, erfolgreich anspruchsvolle schulische und berufliche Ausbildungsgänge zu durchlaufen oder haben diese bereits hinter sich gebracht. Sie spüren unterschwellig, wie sich ihre Position am Arbeitsmarkt in den letzten Jahren trotz der wirtschaftlichen Krise verbessert hat. Sie haben die innere Gewissheit, mit ihren Fähigkeiten und Potentialen in der Erwachsenengesellschaft erwünscht und im Berufsleben benötigt zu werden. Entsprechend groß sind ihre Zuversicht, ihr persönlicher Optimismus und ihre Zufriedenheit mit dem eigenen Leben und dem bisher Erreichten.

Als skeptischer und weniger selbstsicher erweisen sich im Vergleich die Jugendlichen im Mittelfeld der sozialen Positionierung. Bei ihnen sind zwar die Werte für die persönliche Zufriedenheit mit dem bisher Erreichten im positiven Bereich, es mischen sich aber einige zurückhaltende und skeptische Töne in ihre Selbsteinschätzung. Diese jungen Leute können nicht ausschließen, doch irgendwann in eine prekäre wirtschaftliche und berufliche Lage zu geraten. Wirklich beeinträchtigen lassen möchten sie sich in ihrem Wohlbefinden nicht, und deshalb reagieren sie mit Pragmatismus und Zuversicht auf die vor ihnen stehenden Herausforderungen.

Ganz anders die Situation bei den jungen Menschen in Deutschland, die hinsichtlich ihrer sozialen Herkunft weniger privilegiert sind. Sie stammen aus wirtschaftlich relativ armen Elternhäusern, in denen Vater und Mutter eine geringe oder gar keine Berufsausbildung haben, immer wieder von Arbeitslosigkeit bedroht oder manchmal schon seit Jahren aus dem Erwerbsleben ausgegliedert sind. Diese Jugendlichen haben Eltern, die ihnen wenig materielle Sicherheit versprechen können. In dieser Gruppe begegnet uns der höchste Grad von Pessimismus im Blick auf die gesellschaftlichen Zukunftsperspektiven und die größte Skepsis bei der Einschätzung der persönlichen Chancen. Diesen jungen Leuten ist der für ihre Altergenossen typische pragmatische Optimismus häufig abhanden gekommen. Ihre persönliche Zukunftssicht ist zwar ebenso wie bei den übrigen Jugendlichen positiver als ihre gesellschaftliche, aber dieses alles spielt sich auf einem deutlich niedrigeren Niveau ab als in den beiden etablierten Gruppen von Jugendlichen.

Die sozial an den Rand gedrängten jungen Menschen spüren deutlich, in einer prekären Lebenslage zu stecken. Sie haben die stille Hoffnung, den Berufseinstieg trotz der *„Inflation“* von Bildungstiteln und den Umstrukturierungen auf dem Arbeitsmarkt zu schaffen, sind jedoch unsicher, ob sich ihre – ohnehin eher moderaten – beruflichen Wünsche verwirklichen lassen. In dieser Gruppe steigen deswegen die Werte für Angst und Unsicherheit, die trotz allem vorhandene Zuversicht wird durch Komponenten von Ohnmacht und Frustration durchlöchert. Man ahnt, zu den in der Gesellschaft Abgehängten zu gehören. Dass ihr Risiko einer dauerhaften *„Exklusion“* vom Arbeitsmarkt verhältnismäßig hoch ist, ist diesen Jugendlichen zumindest unterschwellig bewusst. Das kann zu Enttäuschungen und Belastungen des Selbstwertgefühls führen, und hieraus können sich wiederum Wut und Ärger, Aggression, Schlägereien und Übergriffe, Alkohol- und Drogenexzesse, Rechtsextremismus und Fremdenfeindlichkeit entwickeln – Problemverhaltensweisen, die dann in der breiten Öffentlichkeit und den sensationsgierigen Medien eine riesige Aufmerksamkeit finden und zu großer Irritation über *„die Jugend“* sowie zu Zweifeln an ihrer gesellschaftlichen Integration führen.

Was sich hier abzeichnet, ist eine Spaltung zwischen drei unterschiedlichen Jugendwelten in Deutschland. Die Anforderungen an die Gestaltung des eigenen Lebens haben sich von Jahr zu Jahr weiter erhöht, und es hängt heute sehr viel stärker als jemals zuvor von der persönlichen Kompetenz und souveränen Umsetzung ab, aber auch von den materiellen und sozialen Ressourcen des Elternhauses, ob ein junger Mensch mit den offen und vielfältig gewordenen, aber zugleich auch unberechenbarer und unstrukturierter erscheinenden Herausforderungen der Berufs- und Lebensgestaltung zurechtkommt. Nicht jeder junge Mann und nicht jede junge Frau sind hierfür gleich gut vorbereitet.

Hier liegt die zentrale Herausforderung für eine umfassende Jugendpolitik. Sie hat die Aufgabe, sich gezielt auf die benachteiligten Jugendlichen auszurichten, also vor allem die Gruppe der *„Abgehängten“* zu beachten. Aber sie darf hier nicht stehen bleiben und ihre Interventionsansätze auf diese Gruppe fixieren, sondern sie muss auch die große Mehrheit der jungen Leute beachten. Sonst macht sie den gleichen Fehler wie die mediale öffentliche Darstellung, und dann rücken die Themen Gewalt und Kriminalität ebenso in den Vordergrund wie Schulversagen und Schulschwänzen, Verwahrlosung und Mobbing in den Schulen, Gewaltausbrüche und Amokläufe, extensive Mediennutzung, Alkoholexzesse und Drogenkonsum. Die Verhaltensprobleme einer kleinen Minderheit von Jugendlichen dominieren dann „die“ Jugendpolitik. Jugendpolitik wird reduziert auf Jugendhilfepolitik.

Die Ergebnisse der Shell Jugendstudie machen deutlich, wie hoch heute im historischen Vergleich die Anforderungen an die selbstständige und souveräne Gestaltung des eigenen Lebens und die Bewältigung der Entwicklungsaufgaben sind. Der Druck auf alle Angehörigen der jungen Generation ist gewachsen, pragmatische Strategien zur Gestaltung des eigenen Lebensweges zu verfolgen. Die große Mehrheit der jungen Leute schafft das, aber eine (zu große) Minderheit nicht. Eine umfassende Jugendpolitik steht vor der Herausforderung, hierauf angemessen zu reagieren und das Potential der gesamten jungen Generation zu stärken.

Im Zentrum einer umfassenden Politik für Jugendliche muss nach den Ergebnissen der Shell Jugendstudie das Bemühen stehen, die sehr lang und ungewiss gewordene Lebensphase Jugend in einer sinnvollen und klar strukturierten Weise und vor allem mit der Aussicht auf Übergang in den nachfolgenden Status eines vollberechtigten Erwachsenen gestalten zu können. Langfristig bieten sich hierfür zwei sich gegenseitig ergänzende Strategien an, die einmal auf die finanzielle und einmal auf die soziale Kalkulierbarkeit der Lebensgestaltung zielen. Zum einen wäre über die Möglichkeit einer finanziellen Grundsicherung für alle Angehörigen der jungen Generation nachzudenken, die spätestens mit der Volljährigkeit ab 18 Jahren einsetzen sollte. Zum anderen wären Optionen verbesserter beruflicher Einstiegshilfen zu prüfen.

Unabhängig davon sollte aber für junge Menschen aller Altersgruppen zwischen 12 und 25 Jahren das politische Beteiligungsangebot erweitert werden. Sicherlich finden junge Leute auch heute schon Mittel und Wege, um ihre Interessen zu artikulieren. Sie haben sich moderne Medien und insbesondere das Internet erobert und eigene Kanäle für den Transport politischer Vorstellungen ausgebaut. Es kann aber nicht schaden, diese Artikulation durch gezielte Maßnahmen finanziell und ideell weiter zu unterstützen. Das Ziel sollte es jedenfalls sein, die Stimme der jungen Generation bei allen relevanten politischen Themen hervorzulocken, um ihre Einschätzung und ihr Engagement für die weitere Gestaltung der gesamten Gesellschaft zu gewinnen

Prof. Dr. MATHIAS ALBERT
ist Politikwissenschaftler an der Universität Bielefeld
mathias.albert@uni-bielefeld.de

Prof. Dr. KLAUS HURRELMANN ist Sozialwissenschaftler an der Hertie School of Governance in Berlin
hurrelmann@hertie-school.org

Dr. GUDRUN QUENZEL ist Sozialwissenschaftlerin an der Universität Bielefeld
gudrun.quenzel@uni-bielefeld.de

Ulrich SCHNEEKLOTH ist Sozialwissenschaftler und Forschungsbereichsleiter bei TNS Infratest Sozialforschung
Ulrich.Schneekloth@tns-infratest.com

LITERATURVERZEICHNIS

SHELL DEUTSCHLAND HOLDING (Hrsg.) (2002). *50 Jahre Shell Jugendstudien.* Berlin: Ullstein Taschenbuch Verlag.

SHELL DEUTSCHLAND HOLDING (Hrsg.) (2010). *Jugend 2010. Eine pragmatische Generation behauptet sich. 15. Shell Jugendstudie.* Frankfurt am Main: Fischer Taschenbuch Verlag.

Schwerpunkt JUGEND

Lebensqualität von Kindern und Jugendlichen – das Konzept von UNICEF

Hans-Peter Heekerens

Das auf der Kinderrechtskonvention basierende, seit einigen Jahren von UNICEF propagierte und in einigen international vergleichenden Studien umgesetzte (Mess-)Konzept des Child Well-Being, das faktisch die Lebensqualität von Kindern und Jugendlichen zu erfassen beansprucht, wird dargestellt und seine Stärken wie Schwächen werden beispielhaft beleuchtet.

1 Einleitung

In Erweiterung herkömmlicher (Mess-)Konzepte von Armut bei Kindern und Jugendlichen und in Überwindung der mit diesen einher gehenden theoretischen wie praktischen Begrenzungen propagiert UNICEF seit einem halben Jahrzehnt unter dem Begriff Child Well-Being ein (Mess-)Konzept, das faktisch keinen geringeren Anspruch erhebt als den, das optimale Instrument zur international vergleichenden Erfassung der Lebensqualität von Kindern und Jugendlichen zu sein. Das Konzept versteht sich unter Verweis auf die Kinderrechtskonvention von 1989 als wertebasiert und wurde nicht zuletzt deshalb schon zu Mitte des Jahrzehnts von UNICEF propagiert[1] und in der UNICEF-Kinderarmutsstudie von 2007[2] erstmals umgesetzt. Dieses multidimensionale Konzept umfasste damals folgende sechs (Grund-)Dimensionen:

1. materielles Wohlbefinden,
2. Gesundheit und Sicherheit,
3. (Aus-) Bildung,
4. Beziehungen zu Familie und Gleichaltrigen,
5. Verhaltensrisiken (Risikoverhalten) sowie
6. subjektives Wohlbefinden der Kinder und Jugendlichen.

2 Das (Mess-)Konzept im Gesamtüberblick

Die Bradshaw-Gruppe, die dieses Konzept entwickelt hatte,[3] erweiterte es anschließend noch[4] in der Weise, wie sie in *Tabelle 1* zu finden ist. In den Indikatoren reflektiert sich die damalige Forschungslage. Die Zusammenfassung einzelner Indikatoren zu verschiedenen Bereichen sowie die Zuordnung einzelner Bereiche zu unterschiedlichen Gruppen geschieht lediglich nach Augenscheinvalidität. Den Zusammenfassungen nach Bereichen sowie Gruppen liegt keine empirische Analyse (etwa Cluster- oder Faktorenanalyse) zu Grunde.

3 Viele offene Fragen

Die Diskussion um methodische Fragen dieses (Mess-)Konzepts als auch hinsichtlich seiner Bedeutung für etwa die Armuts- und Kriminalitätsforschung oder die Soziale Arbeit hat erst vor kurzem begonnen[5] und bedarf noch der Ausweitung und Vertiefung. Das oben dargestellte Konzept lag der Analyse der Situation in den Mitgliedsländern der EU 25 zugrunde. Von den 54 Indikator-Variablen, die aus theoretischen Gründen für relevant angesehen wurden, konnten aber nur 51 einbezogen werden, da für die drei Indikator-Variablen absolute Kindereinkommensarmut, Dauerhaftigkeit von Kinderarmut und Armut im Erleben der Kinder (in *Tabelle 1* in Klammern gesetzt) keine Daten vorlagen.

In welcher Breite und Tiefe das (Mess-)Konzept im konkreten Fall zur Anwendung kommt, hängt immer von der jeweiligen Datenlage ab; umgekehrt aber fordert das Konzept Politik dazu auf, bestimmte relevante – vor allem bislang fehlende – Daten zu erheben. Welche Daten relevant sind, hat Wissenschaft zu definieren; die aber ist sich noch längst nicht einig darüber, was für das wissenschaftliche Konstrukt *„Lebensqualität von Kindern und Jugendlichen"* relevant ist. Die einzelnen wissenschaftlichen Disziplinen (wie etwa Medizin, Ökonomie, Psychologie und Soziologie), die dazu Beiträge liefern, haben zwar faktisch so etwas wie einen gemeinsamen Kernbestand geschaffen, aber es zeigen sich doch sowohl innerhalb der einzelnen Disziplinen als auch zwischen ihnen viele und große Unterschiede. Schließlich gibt es eine dritte Größe, die darauf einwirkt, wie das Konzept der *„Lebensqualität von Kindern und Jugendlichen"* in einem konkreten (Untersuchungs-)Fall gefasst ist: die mit der Analyse verbundene Absicht. So wurden im OECD-Kinderbericht 2009[6] gezielt nur solche Indikatoren verwendet, die politischer Einflussnahme mehr oder minder direkt zugänglich sind.

4 Erste Stärke des Konzepts: Multidimensionalität

Schon jetzt aber sind gewisse Stärken des Konzepts unverkennbar. Eine erste Stärke liegt in seiner Multidimensionalität. In der Armutsforschung gab es natürlich schon (Mess-)Konzepte, die nicht nur auf den Indikator *„relative Einkommensarmut"* oder *„Sozialhilfebezug"* beschränkt waren; beispielsweise das (Mess-)Konzept, das in den AWO-ISS-Studien zur Anwendung kam.[7] Und faktisch liegt etwa dem Herausgeberwerk *„Wege aus der Kinderarmut. Gesellschaftspolitische Rahmenbedingungen und sozialpädagogische Handlungsansätze"*[8] ein Konzept von *„Armut"* zu Grunde, das heran reicht an das breite und komplexe UNICEF-(Mess)Konzept. Für die Praxis der Sozialen Arbeit etwa hat dies zur Folge, dass sehr viel mehr konkrete Ansatzpunkte für die Soziale Arbeit markiert werden als dies beim Konzept der relativen Einkommensarmut oder jenem von Sozialhilfebezug der Fall ist.[9] Für die Forschung führt das Konzept gegenüber früheren auf dem Feld der Armutsforschung etwa zu einer gewissen Vereinheitlichung. Die früheren Konzepte der Armutsmessung kann man auf vier Ansätze verdichten: das Einkommens-, das Sozialhilfe-, das Unterversorgungs-

1 Ohling & Heekerens, 2005.
2 UNICEF, 2007.
3 Bradshaw, Hoelscher & Richardson, 2006.
4 Bradshaw, Hoelscher & Richardson, 2007.
5 Heekerens, 2010a, 2010b; Heekerens & Ohling, 2007, 2009; Ohling & Heekerens, 2007.
6 OECD, 2009.
7 Holz, 2008.
8 Lutz & Hammer, 2010.
9 Für zahlreiche Beispiele vgl. neben Lutz & Hammer, 2010, auch Heekerens, 2010a, 2010b; Heekerens & Ohling, 2007, 2009; Ohling & Heekerens, 2007.

Tabelle 1: Lebensqualität von Kindern und Jugendlichen nach Gruppen, Bereichen und Indikatoren

Gruppen (insg. 8)	Bereiche (insg. 23)	Indikatoren (insg. 51 bzw. 54)
Materielle Situation	* Relative Einkommensarmut der Kinder	– Relative Kindereinkommensarmut – Relatives Poverty Gap (– Absolute Kindereinkommensarmut) (– Indikator für die Dauerhaftigkeit von Kinderarmut) (– Maß dafür, wie Kinder ihre Armut erleben)
	* Deprivation der Kinder	– geringer Familienwohlstand nach Kindbericht – weniger als 6 Lernmittel (etwa Taschenrechner) verfügbar – weniger als 10 Bücher zuhause vorhanden
	* Arbeitslosigkeit der Eltern	– kein Erwachsener im Haushalt mit Arbeit
(Aus-) Bildung	* Schulisches Leistungsniveau	– Textverständnis (nach OECD/PISA) – Mathematische Fähigkeit (nach OECD/PISA)
	* Teilhabe am Bildungssystem	– Naturwissenschaftliche Kompetenz (nach OECD/PISA)
	* Arbeitsmarktsituation von Berufsanfängern	– bis 2-Jährige in Krippenbetreuung – 15-19-Jährige in (schulischer/beruflicher) Ausbildung
		– 15-19-Jährige weder in Ausbildung noch im Beruf – 15-jährige Schüler, die un-/angelernte Arbeit anstreben
Wohnqualität	* Belegungsdichte	– Personen pro Raum (Overcrowding)
	* Qualität des Wohnquartiers	– Wohnquartier gilt nach Einschätzung der Haushalte mit Kindern für Nachtspaziergänge als (sehr) unsicher
	* Wohnungsschäden	– Wohnquartier hat nach Einschätzung der Haushalte mit unter 15-Jährigen verstärkt Umweltprobleme (z.B. Feinstaubbildung)
		– Wohnung hat nach Angabe der Haushalte mit unter 15-Jährigen mindestens 2 gravierende Schäden (z.B. Schimmelbildung)
Gesundheit	* Gesundheit bei Geburt	– Säuglingssterblichkeit(srate) – (zu) geringes Geburtsgewicht
	* Schutzimpfungen	– gegen Masern – gegen Diphtherie / Keuchhusten / Tetanus – gegen Polio
	* Gesundheitsverhalten	– Zähneputzen mehr als 1 X pro Tag – jeden Tag Obst essen – Frühstück an jedem Schultag – mehr als 1 Std. Sport pro Woche – (Über-)Gewicht (nach BMI)
Sozialbeziehungen	* Familienstruktur	– Einelternfamilie – Stieffamilie
	* Beziehung zu/mit den Eltern	– regelmäßig gemeinsames Essen – regelmäßig mit Eltern reden
	* Beziehung zu/mit Peers	– Peers werden als nett und hilfreich bezeichnet
Staatsbürgerliche Teilhabe	* Bürgerschaftliches Engagement	– mind. 2 Aktivitäten (z.B. Jugendgruppe)
	* Politisches Interesse	– zeigt sich deutlich politisch interessiert
Erlebtes Wohlergehen	* Selbst-definierte Gesundheit	– Selbsteinschätzung 11-15-Jähriger
	* Persönliches Wohlbefinden	– hohe Lebenszufriedenheit – Außenseiter-Empfinden – Verlegenheitsgefühle – Einsamkeitsgefühle
	* Wohlergehen in/mit der Schule	– fühlen sich durch Schulaufgaben belastet – haben Schule gern
Risiko / Sicherheit	* Kindersterblichkeit	– Mortalitätsrate der unter 19-Jährigen
	* Risikoverhalten	– Zigarettenrauchen (40 x und mehr) – Trunkenheit (20 x und mehr) – Rauschmittelkonsum – Teenagerschwangerschaft – Geschlechtsverkehr (GV) 15-Jähriger – Kondombenutzung beim letzten GV
	* Gewalterfahrungen	– Verwicklung in Handgreiflichkeiten – Erfahrung von Schikane

(nach Angaben von Bradshaw, Hoelscher & Richardson, 2007)

/Lebenslage- und das Deprivationskonzept.[10] Jedes dieser Konzepte hat verschiedene Eigenheiten und bei der empirischen Feststellung von Armut können diese vier Konzepte zu sehr unterschiedlichen, ja widersprüchlichen Resultaten führen. KLOCKE hat bei der Erhebung der Daten für den Familien- und Sozialbericht der Stadt Gütersloh 1997 die vier Konzepte bei der selben Stichprobe zur Anwendung gebracht und die Ergebnisse anschließend miteinander verglichen.[11] Von den Resultaten interessieren im vorliegenden Zusammenhang folgende: Zum einen stellte sich heraus, dass die Armutsquote nach dem Unterversorgungs- und Einkommenskonzept mit 14,3 beziehungsweise 13,1 Prozent deutlich höher ausfällt als nach dem Deprivations- und Sozialhilfekonzept (9,5 beziehungsweise 8,8 Prozent). Zum zweiten zeigte sich, dass nur 2,9 Prozent aller Personen nach allen vier Ansätzen übereinstimmend als arm anzusehen sind, während andererseits nach zumindest einem einzigen Konzept 22,2 Prozent als arm beurteilt werden.

5 Zweite Stärke: Internationale Vergleiche auf breiter Basis

Eine zweite Stärke des Konzepts des *„Kindlichen Wohlergehens"* liegt darin, dass es internationale Vergleiche auf breiter Basis ermöglicht. Keiner der in Berichten nach dem UNICEF-Konzept zu findenden Einzelvergleiche ist originär; die entsprechenden Berichte fußen durchweg auf bereits zuvor von anderer Seite erhobenen Daten. Originell aber ist, viele dieser Einzelvergleiche zusammenzufassen und zu verdichten. So entstehen recht prägnante Bilder – beispielsweise jenes aus dem OECD-Bericht 2009 gewonnene, das *Tabelle 2* zu entnehmen ist.

Die Werte Deutschlands bewegen sich sowohl im OECD- wie im EU-Vergleich für alle Dimensionen im Mittelbereich. Das gilt es in zweierlei Hinsicht zu präzisieren. Zum einen: Deutschland befindet sich hinsichtlich keiner einzigen Dimension unter den ersten bzw. letzten drei Staaten. Und zum anderen: Deutschland bewegt sich hinsichtlich fünf von sechs Dimensionen im (grau unterlegten) mittleren Drittel der Rangskala; nur bei einer Dimension, bei *„Wohnung/Wohnumgebung"* bricht es aus diesem engen Band nach unten aus; dies aber scheint Folge eines methodischen Artefakts zu sein.[12] Deutschland ist hinsichtlich der Lebensqualität von Kindern und Jugendlichen demnach mittelmäßig und hält das mittlere Maß. Dies und eine geringe Schwankungsbreite über einzelne Dimensionen wie im OECD-Kinderbericht 2009 fanden sich auch schon im OECD-Bericht von 2007[13] und im EU-Report von 2007[14] gleichermaßen und finden sich auch im jüngsten internationalen Vergleich *„Zur Lage der Kinder in Deutschland 2010"*.[15] Deutschland neigt beim Wohlergehen von Kindern und Jugendlichen nicht zu Extremen. Das gilt auch für Ausschläge zur negativen Seite hin. Das ist als positiv zu werden. Aber das genügt nicht, um Deutschland in Sachen Lebensqualität von Kindern und Jugendlichen ein Zeugnis jenseits von *„befriedigend"* auszustellen. Nur Mittelmaß zu zeigen, ist unter

10 KLOCKE, 2000.
11 KLOCKE, 2000.
12 HEEKERENS, 2010a.
13 UNICEF, 2007.
14 BRADSHAW, HOELSCHER & RICHARDSON, 2007.
15 BERTRAM & KOHL, 2010.

Tabelle 2: Nach einzelnen Dimensionen differenzierendes Ranking hinsichtlich „Lebensqualität von Kindern und Jugendlichen" von 22 OECD-Staaten (darunter 19 EU-Staaten) mit vollständigen Daten in allen sechs relevanten Dimensionen (Ausschnitt)

Rang	Materielles Wohlergehen	Wohnung/ Wohnumgebung	(Aus-) Bildung	Gesundheit/ Sicherheit	Risiko-verhalten	Schulisches Umfeld
1	Norwegen	Norwegen	Finnland	Slowakische Republik	Schweden	Island
2	Dänemark	Schweden	Niederlande	Island	Norwegen	Norwegen
3	Luxemburg	Luxemburg	Island	Schweden	Portugal	Niederlande
4-8						
9			**Deutschland**	**Deutschland**		**Deutschland**
10						
11						
12	**Deutschland**					
13					**Deutschland**	
14						
15						
16						
17		**Deutschland**				
18-19						
20	Griechenland	Italien	Portugal	Irland	Finnland	Luxemburg
21	Slowakische Republik	Tschechische Republik	Griechenland	Belgien	Österreich	Griechenland
22	Polen	Slowakische Republik	Italien	Österreich	Vereinigtes Königreich	Slovakische Republik

(nach Angaben von OECD, 2009, S. 23, Tab. 2.1; eigene Berechnungen der Ränge, vgl. HEEKERENS, 2010a; Nicht-EU-Staaten kursiv gesetzt)

den Möglichkeiten eines Landes, das gemessen an seinen gesellschaftlichen Ressourcen sowohl in der OECD als auch in der EU im oberen Drittel liegt. Deutschland tut für seine Kinder und Jugendlichen weniger als nötig wäre und als es leisten könnte.[16] Ein Teil der Minderleistung resultiert nach Auskunft des OECD-Kinderberichts 2009 aus einer Fehlverteilung von Mitteln für Kinder und Jugendliche: zu viel im letzten Drittel des Großwerdens, zu wenig im ersten.

6 Dritte Stärke: Kinder und Jugendliche kommen selbst zu Wort

Im OECD-Kinderbericht 2009 waren Selbsteinschätzungen der Jugendlichen nicht berücksichtigt worden. Es kann also vorkommen, dass konkrete Realisierungen des UNICEF-Konzepts ohne Selbstdarstellungen der Betroffenen auskommen. Und es ist andererseits so, dass solche Selbstdarstellungen kein Alleinstellungsmerkmal des UNICEF-Konzeptes sind. In ihm aber ist es, weil sich das Konzept auf die Kinderrechtskonvention beruft, wertemäßig so fest verankert, dass ein Fehlen eigens legitimiert werden muss.

Zu welchen Erkenntnissen die Berücksichtigung der Selbstdarstellung der Betroffenen führen kann, sei illustriert anhand der 2010 vom Deutschen Komitee für UNICEF vorgestellten jüngsten internationalen Vergleichsstudie zum Wohlergehen von Kindern und Jugendlichen.[17] Und dabei werden im internationalen Vergleich – und nur ein solcher ermöglicht das – Anzeichen einer Grundstimmung deutscher Kinder und Jugendlicher sichtbar, die man als *„pessimistisch"* bezeichnen kann,[18] dazu nachfolgend drei Beispiele.[19]

So wird eine Diskrepanz sichtbar, wenn man, wie dies in *Tabelle 3* geschieht, die Erwartungen an die berufliche Zukunft kontrastiert mit zwei weiteren – ebenfalls als Indikatoren der Dimension *„Bildung und Ausbildung"* fungierenden – Realwerten: der Qualität der schulischen Bildung (beurteilt nach PISA-Ergebnissen) und dem Anteil der Jugendlichen in Voll-/Teilzeitausbildung. Dies geschieht in *Tabelle 3*, in der Deutschland mit den drei Ländern verglichen wird, die bei der beruflichen Zukunftserwartung von Jugendlichen am besten abschnitten. Das zentrale Ergebnis lässt sich folgendermaßen in Worte fassen: Die deutschen Jugendlichen sind hinsichtlich ihrer beruflichen Zukunftsmöglichkeiten weitaus pessimistischer als die aus den USA, Portugal und Griechenland, obwohl reale Indikatoren wie Qualität der schulischen Bildung und Quantität der Einbindung in (Aus-) Bildung das glatte Gegenteil erwarten ließen.

Tabelle 3: Länder mit dem pessimistischsten und den drei optimistischsten Erwartungen an die berufliche Zukunft nach Rängen mit ihren jeweiligen Rangplätzen bei PISA-Ergebnissen und Anteil der Jugendlichen in Ausbildung, 21 OECD-Staaten, 2006

	PISA-Ergebnisse (Lesen/ Mathematik/ Naturw.), 15-jährige Schüler	Anteil der Jugendlichen (bis 19) in Voll-/ Teilzeitausbildung	15-jährige Schüler, die Arbeit mit niedriger Qualifikation erwarten
Deutschland	6	2	21
USA	17	13	1
Portugal	19	19	2
Griechenland	21	11	3

(nach Angaben von Bertram & Kohl, 2010, S. 18, Abb. 5, S. 21, Abb. 7, S. 90, Abb. 3.3b)

Wie wenig realitätsgebunden sich die 2006 geäußerten Befürchtungen der deutschen Jugendlichen hinsichtlich ihrer beruflichen Zukunft sind, zeigt das (vorläufige) Ergebnis des Stressjahres 2009: Die Weltfinanzkrise hat dem Arbeitsmarkt in Deutschland weniger zugesetzt als dem in den USA, und deutlich weniger als dem in Portugal und Griechenland.

Ein zweites Beispiel: In *Tabelle 4* sind neben Deutschland, das bei der Lebenszufriedenheit unter 21 OECD-Staaten den 18. Rang einnimmt (darunter – in absteigender Reihenfolge – nur noch: Polen, Tschechien und Ungarn), die drei Länder aufgeführt, die bei der Lebenszufriedenheit die drei besten Ränge belegen. Zusätzlich sind für diese vier Länder die in der UNICEF-Studie 2010 zu findenden Indikatoren für die Beziehung der Jugendlichen zu Eltern, Peers und Schule aufgeführt. Damit sind die *„Kontexte"* oder *„Systeme"* angesprochen, denen nach Auskunft der entwicklungspsychologischen Forschung im *„Normalfall"* höchste Bedeutung zukommt. Danach gibt es allen Grund zur Vermutung, dass die Lebenszufriedenheit von Jugendlichen umso höher ausfällt, je besser ihre Beziehung zu Eltern, Peers und Schule, gemeinsam betrachtet, ist. Angesichts dessen kann das schlechte Abschneiden der deutschen Kinder und Jugendlichen bei der Lebenszufriedenheit nur verwundern.

Tabelle 4: Deutschland und die drei bestplatzierten Länder bei Lebenszufriedenheit nach Rängen mit ihren jeweiligen Rangplätzen bei Beziehung zu Eltern, Peers und Schule; 21 OECD-Staaten, 2005/2006, 11-, 13- und 15-Jährige (Schüler oder alle)

	Finden es leicht, mit ihren Eltern zu reden (Schüler)	Finden ihre Gleichaltrigen „freundlich und hilfsbereit" (alle)	Mögen „Schule sehr gerne" (Schüler)	Werte über Mitte der Lebenszufriedenheitsskala (alle)
Deutschland	10	7	5	18
Niederlande	1	5	2	1
Finnland	5	11	19	2
Spanien	9	14	15	3

(nach Angaben von Bertram & Kohl, 2010, S. 96, Abb. 4.2b, S: 97, Abb. 4.3; S: 116, Abb. 6.2, S. 117, Abb. 6.3a)

Nun könnte man das Ergebnis zur Lebenszufriedenheit von deutschen Jugendlichen als singulär abtun und/oder seine Bedeutung angesichts des absoluten Werts als wenig gewichtig einschätzen, gäbe es nicht andere Untersuchungsergebnisse, die als weitere Indikatoren für eine doch eher gedrückte Stimmung deutscher Jugendlicher zu bewerten sind. Solche sind zu finden in der PISA-Studie 2003 für 15-jährige Schüler (3. Beispiel). Dort waren im Fragenblock 27 einige Statements aufgeführt, denen zugestimmt bzw. die abgelehnt werden konnten. Nachfolgend sind für Deutschland die jeweiligen Prozentsätze und die damit verbundenen Rangplätze unter 21 OECD-Staaten hinsichtlich der drei hier interessierenden Statements wiedergegeben.[20]

16 Vgl. Heekerens & Ohling, 2005.

17 Bertram & Kohl, 2010.

18 Ein Abgleich dieser Resultate mit vergleichbaren der neusten Shell Jugendstudie (Deutsche Shell Holding GmbH, 2010) ist ein Forschungsdesiderat.

19 Weitere Heekerens, 2010b.

20 Nach Angaben von Bertram & Kohl, 2010, S. 118, Abb. 6.3b, S. 119, Abb. 6.3c, S. 120, Abb. 6.3d.

FACHBEITRÄGE

- *„Ich fühle mich wie ein Außenseiter und von bestimmten Dingen ausgeschlossen“*: Zustimmung 6%, Rang 10.
- *„Ich fühle mich unbehaglich und fehl am Platz“*: Zustimmung 11%, Rang 15.
- *„Ich fühle mich alleine“*: Zustimmung 35%, Rang 16.

Tabelle 5: Indikatoren von ökonomischem, sozialem und kulturellem Kapital von Kindern und Jugendlichen in Deutschland und Finnland; Rangplatz unter 16 (bei Arbeitslosigkeit) bzw. 21 (alle übrigen Indikatoren) OECD-Staaten (verschiedene Altersgruppen)

	Einkommensarmut (50%-Linie) (0-17 Jahre)	Arbeitslosigkeit der Eltern (0-17 Jahre)	Mit Eltern reden fällt leicht (11 - 15 Jahre)	Gleichaltrige sind freundlich und hilfsbereit (11 - 15 Jahre)	Weniger als 7 Bildungsgüter (z.B. PC) (15 Jahre)	Familiärer Buchbesitz kleiner 10 (15 Jahre)
Deutschland	17	11	10	7	2	11
Finnland	3	3	5	11	9	3

(nach Angaben von Bertram & Kohl, 2010, S. 74 f., Abb. 1.1 und 1.2, S. 77 f., Abb. 1.3b und 1.3c, S. 96 f., Abb. 4.2b und 4.3)

7 Stärke oder Schwäche? Die fehlende theoretische Einbindung

Das UNICEF-Konzept basiert nicht auf beliebig ausgewählten Indikatoren, die dann willkürlich (zu Bereichen, Gruppen oder Dimensionen) zusammengefasst werden. Dennoch stellen sich hinsichtlich der – von Vergleichsstudie zu Vergleichsstudie verschieden ausfallenden – Zusammenfassungen viele methodische Fragen, und hinsichtlich der Indikatorenauswahl ist zu sagen, dass sie zwar wertebasiert (Kinderrechtskonvention) ist, nicht aber theoriegeleitet. Das letzte mag man als Mangel ansehen. Es sollte allerdings Zweierlei nicht übersehen werden. Zum einen hat eine theoriegeleitete Indikatorenauswahl faktisch immer die Tendenz, potentiell relevante Indikatoren auszuschließen, weil sie nicht zur Theorie (in einem bestimmten Entwicklungsstadium) passen; die Theorie bestimmt die Beobachtung, was die Gefahr der Gesichtsfeldverengung mit sich bringt.

Zum anderen ist es ja nicht so, dass die durch das UNICEF-Konzept erfassten Indikatoren der Lebensqualität von Kindern und Jugendlichen wenig fruchtbar, wenn nicht gar irrelevant wären für einschlägige theoretische Konzeptualisierungen. So wäre es beispielsweise eine große Herausforderung, die durch das UNICEF-Konzept in bisherigen Studien erfassten Indikatoren im Lichte des Capability Approach von Amartya Sen[21] zu betrachten. Dies würde den vorliegenden Rahmen sprengen. Möglich aber ist, die in der jüngsten UNICEF-Studie[22] gefundene Indikatoren ins Auge zu fassen unter dem Gesichtspunkt der für bildungsrelevanten Ressourcen von Pierre Bourdieu[23] getroffenen Unterscheidung in ökonomisches, kulturelles und soziales Kapital, wie das in *Tabelle* 5 geschieht. Die dort zu findenden Angaben basieren auf Untersuchungen, die in den Jahren 2005/2006, also nahe dem PISA 2006-Untersuchungszeitpunkt, durchgeführt wurden. PISA 2006 hatte zum wiederholten Male gezeigt, um wie viel besser in Sachen Bildung Finnland vor Deutschland steht.[24]

Die in *Tabelle* 5 dargestellten Ergebnisse sind nur in einem Punkte eindeutig: Beim ökonomischen Kapital (Ergebnisspalten 1-2) stehen deutsche Kinder und Jugendliche schlechter – und zwar ungleich schlechter – da als finnische. Beim sozialen (Ergebnisspalten 3-4) und kulturellen (Ergebnisspalten 5-6) Kapital hingegen ist das Bild jeweils gemischt. Bei der Interpretation des Gesamtergebnisses tauchen viele Fragen auf. Etwa die grundsätzliche, welche verschiedenen Variablen des familiären Hintergrunds denn – in welchem Land, zu welcher Zeit – diejenigen sind, die man als tatsächlich *„bildungsrelevante Ressourcen“* anzusehen hat; hier herrscht Forschungsbedarf. Offen sind ferner viele Einzelfragen; etwa die, ob 20 zusätzliche Bücher bildungsrelevanter sind als ein PC oder ob sich die Beziehung zu den Eltern – in welchem Entwicklungsabschnitt – stärker positiv auf Bildung auswirkt als die Beziehung zu Peers.

In einem Punkte aber sind die Ergebnisse in *Tabelle* 5 klar: Im Vergleich zu Finnland erleben Kinder und Jugendliche in Deutschland eher, dass die Familie von Sozialtransfers lebt, und seltener, dass zumindest ein Elternteil in Arbeit ist. Das hat zum einen Auswirkungen auf die Höhe der finanziellen Möglichkeiten einer Familie, die beispielsweise Nachhilfestunden ermöglichen oder aber nicht. Zum anderen darf man Auswirkungen via Modelllernen vermuten. Wer als Kind dauerhaft erlebt, dass sich von Sozialtransfers einigermaßen erträglich leben lässt, in dessen Kopf entsteht eher die Idee, *„hartzen“* (deutsches Jugendwort 2009) sei eine mögliche Option fürs eigene spätere Leben. Und umgekehrt: Wer als Kind anhaltend erlebt, dass man von erarbeitetem Geld menschenwürdig leben kann, wird eher bereit sein, Anstrengungen in der schulischen Laufbahn einzugehen, die zu einem berufsqualifizierenden Abschluss führen.

8 Beschränkungen des Konzepts

Das Konzept ist auf internationalen Vergleich ausgelegt, also auf den Vergleich zwischen Ländern bzw. Staaten. Wie fruchtbar ein solch internationales Vergleichen ist, hat nicht zuletzt PISA gezeigt. Aber die PISA-Forschung lehrt auch, dass dem internationalen Vergleich ein Binnenvergleich zur Seite zu treten hat. So finden sich etwa nach Ergebnissen der PISA-Forschung hinsichtlich der Dimension *„Bildung“* gravierende Unterschiede zwischen den einzelnen Bundesländern: Sowohl hinsichtlich der PISA-Gesamtleistung als auch beim Anteil der Schüler mit unter 400 PISA-Punkten (Schwellenwert für Nichtqualifikation) und nicht zuletzt im diese beiden Größen beeinflussenden familiären Hintergrund sowie der Stärke dieses Einflusses.[25] Diese Unterschiede erreichen in manchem Fall eine Größenordnung, die an jene zwischen Deutschland insgesamt und Finnland heran reicht. Binnendifferenzierung nach Regionen ist das Eine, um das man das UNICEF-Konzept fallweise erweitern muss.

Eine zweite ergänzende Binnendifferenzierung muss nach der Dimension *„Sozialschicht“* vorgenommen werden. Die Notwendigkeit dafür könnte man ebenfalls am Beispiel der Dimension *„Bildung“* demonstrieren; sie soll hier aber am Beispiel der Dimension *„Risikoverhalten“* illustriert werden; und zwar anhand der Ergebnisse des Kinder- und Jugendgesundheitssurveys des Robert Koch-Instituts.[26] Von den Auswertungen der Daten, die 2003 bis 2006 erhoben

21 Sen, 2010.
22 Bertram & Kohl, 2010.
23 Bourdieu, 1983.
24 OECD, 2007.
25 Ausführlich Heekerens, 2011 im Druck.
26 Ausführlich Heekerens & Ohling, 2009.

wurden, seien hier beispielhaft die referiert, die für kriminologische Fragestellungen von unmittelbarem Interesse sind. So fielen Kinder und Jugendliche aus der unteren Sozialschicht im Vergleich mit denen aus den mittleren und oberen Sozialschichten dadurch auf, dass sie häufiger sowohl Täter als auch Opfer bei Gewalthandlungen (11- bis 17-Jährige) waren und im Vergleich mit solchen aus der oberen Sozialschicht sowohl häufiger Verhaltensprobleme (Hinweise auf dissoziales und deviantes Verhalten) zeigten als auch häufiger als Täter bei Gewalthandlungen in Erscheinung traten.

9 Schwächen und Risiken

Bislang realisierte Umsetzungen des Konzepts weisen Schwächen auf, die nicht sein müssen, aber sich, wie sich zeigt, ergeben können. Solche Schwächen können vielerlei Art sein.[27] Zwei Schwächen sollen anhand der Berichte über die Lebensqualität von Kindern und Jugendlichen in der OECD[28] bzw. der EU[29] am Beispiel des Drogenkonsums illustriert werden. Der OECD-Bericht basiert dabei auf Daten aus dem WHO-Survey 2001/2002 Health Behaviour in School-aged Children,[30] der EU-Report hingegen auf Daten des damals jüngsten und dritten Durchgang des European School Survey Project on Alcohol and Other Drugs[31] von 2003. Damals beteiligte sich die Bundesrepublik erstmals an dieser Erhebung; freilich nicht alle Länder, sondern nur Bayern, Berlin, Brandenburg, Hessen, Mecklenburg-Vorpommern und Thüringen. Ob die Daten für Deutschland insgesamt repräsentativ sind, ist eine offene Frage. Das ist die eine Schwäche des EU-Reports.

Die andere: Im EU-Report wurden Ergebnisse aus dem ESPAD-Bericht zur Drogenthematik (Alkohol, Cannabis, Rauchen, Inhalation psychoaktiver Stoffe) mit drei anderen Aspekten – Teenagerschwangerschaft (World Development Indicators der Weltbank), Sexualkontakte (HBSC-Survey) und Kondombenutzung (HBSC-Survey) – zu einem einzigen Indikator von *„Risikoverhalten"* zusammengefasst. Das ist mit so viel Informationsverlust verbunden, dass es sachlich schwerlich zu rechtfertigen ist. Wie groß der Informationsverlust ist, zeigt sich im Vergleich mit dem OECD-Bericht, wo sich Einzelrankings zu Alkohol-, Cannabis- und Tabakkonsum finden. Diese Ergebnisse führen vor Augen, dass in Deutschland vor allem der Konsum der *„legalen"* Drogen Alkohol und Nikotin Anlass zur Besorgnis gibt.

Um mit dem Zweiten zu beginnen: Mindestens einmal pro Woche raucht in Deutschland von den 15-Jährigen (vergleichbares Resultat wie bei Cannabiskonsum) rund jeder Sechste – oder vielleicht besser: rund jede Sechste; nach Ergebnissen des HBSC-Survey von 2001 rauchen in der Mehrzahl der OECD-Länder nämlich eher die Mädchen als die Jungen. In puncto Rauchen von Jugendlichen nimmt Deutschland, beurteilt nach dem oben genannten Kriterium, unter 21 OECD-Staaten den letzten, also schlechtesten, Rang ein. Beim Alkoholkonsum Jugendlicher liegt Deutschland nach den in der OECD-Studie berichteten Angaben auf dem 17. von 21 Rängen; noch schlechter stehen nur Kanada, Dänemark und Finnland da. Der Indikator spiegelt wieder, ob ein 15-Jähriger schon mindestens zwei Mal betrunken gewesen ist; das ist in Deutschland bei bald jedem sechsten der Befragten der Fall (vergleichbares Resultat wie bei Cannabis- und Nikotinkonsum).

Als zentrales Risiko ist anzusehen, dass man bei einem bestimmten Ergebnis, wie es das Konzept auf einer bestimmten Abstraktionsebene präsentiert, stehen bleibt, wo es nötig wäre, weiter zu gehen und tiefer zu fragen. Was damit gemeint ist, soll anhand des OECD-Kinder- und Jugendlichen-Reports von 2009[32] am Beispiel der Dimension *„Risikoverhalten"* illustriert werden. Deutschland liegt hinsichtlich dieser Dimension im Mittelfeld. Wer angesichts dessen dem Risikoverhalten keine weitere Aufmerksamkeit widmet, da dieses Ergebnis ja *„beruhigend"* wirkt, geht das Risiko ein, ganz bestimmte riskante Verhaltensweisen von Kindern und Jugendlichen zu ignorieren. Jene Mittelfeldlage Deutschlands rührt vor allem daher, dass es bei Teenagergeburten und Alkoholkonsum im Mittelbereich liegt; beim Rauchen 15-Jähriger aber liegt es unter dem Durchschnitt. Und wenn man nach Geschlechtern differenziert, zeigt sich: Gemessen am Indikator *„Rauchen (mind. 1 x/Woche)"* liegt Deutschland bei den Mädchen mit einem Prozentsatz von 22 an drittletzter Stelle unter den 24 betrachteten OECD-Staaten; nur in der Tschechischen Republik (23 Prozent) und in Österreich (30 Prozent) rauchen mehr 15-jährige Mädchen. Für praktische Zwecke, beispielsweise solche der Sozialpädagogik, reicht aber selbst der Blick mit dieser Tiefenschärfe nicht hin. Will man den Punkt noch schärfer unter die Lupe nehmen, muss man die Datenbasis des OECD-Reports 2009 verlassen und solche suchen, die einen vertieften Einblick erlauben.

Die einschlägige DAK-Studie von 2007,[33] basierend auf Angaben von 1.738 Schülerinnen und Schülern der Klassenstufen 7 bis 13 (mittleres Alter: 15,4 Jahre) aus zwölf Schulen Schleswig-Holsteins stellt eine solche Datenbasis dar. Sie benennt einen bislang nicht genannten, großen und für Interventionsfragen bedeutsamen geschlechtsspezifischer Unterschied: Mädchen berichten fast doppelt so häufig wie Jungen, zu rauchen, um nicht zuzunehmen. Die Hälfte der Mädchen (51 Prozent) macht sich immer/oft Sorgen um ihr eigenes Gewicht (Jungen: 13 Prozent), und 60 Prozent hätten gerne eine andere Figur (Jungen: 35 Prozent). Auf Grundlage ihres Body-Mass-Index können allerdings 92 Prozent der Mädchen und 88 Prozent der Jungen als normalgewichtig eingestuft werden. Die insbesondere bei Mädchen zu findende häufige Verquickung von Rauchen und Körperselbstbild muss bei Interventionen zur Reduktion des Rauchens eigens berücksichtigt werden und erfordert eine entsprechende fachliche Qualifikation.

10 Schlussbemerkungen

Das (Mess-)Konzept Child Well-Being ist für ganz unterschiedliche Professionen und Disziplinen sowohl in theoretischer wie in praktischer Hinsicht reich an Anregungen; in Deutschland wurde dies bislang hauptsächlich für die Soziale Arbeit gezeigt. Das Konzept bedarf der Weiterentwicklung, und alle Disziplinen und Professionen, die mit der (Erfassung und Verbesserung der) Lebensqualität von Kindern und Jugendlichen befasst sind, können dazu beitragen, indem sie neben Stärken und Chancen auf Schwächen und Risiken hinweisen. Dazu gehört auch das Markieren bestimmter Lücken. So fehlt in den bislang realisierten Umsetzungen des Konzepts die Dokumentation sowohl von psychischen und Verhaltensstörungen als auch von delinquenten bzw. kriminellen Handlungen. Das erste dürfte, da internationale

27 Für Beispiele vgl. Heekerens, 2009; Heekerens & Ohling, 2007; Ohling & Heekerens, 2007.

28 UNICEF, 2007.

29 Bradshaw, Hoelscher & Richardson, 2007.

30 HBSC; Daten verfügbar unter [http://www.hbsc.org]; letzter Aufruf 24.10.2010.

31 ESPAD; Gesamtbericht einsehbar unter [http://www.espad.org]; letzter Aufruf 24.10.2010.

32 OECD, 2009.

33 Morgenstern, Wiborg & Hanewinkel, 2007.

Klassifikationssysteme (ICD-10 und DSM-IV) etabliert sind, nicht allzu schwer fallen, während sich das zweite angesichts des Fehlens eines internationalen einheitlichen *„Klassifikationssystems“* schwierig gestalten dürfte. Aller Schwierigkeiten eingedenk, erscheint aber gerade unter kriminologischen Gesichtspunkten die Erfassung von dissozialem Verhalten – und dies bereits im Kindesalter – eine dringende Notwendigkeit, wie zwei neuere deutschsprachige Übersichtsarbeiten[34] eindrücklich gezeigt haben.

Prof. em. Dr. Dr. HANS-PETER HEEKERENS war bis Sommersemester 2010 Hochschullehrer an der Hochschule München, Fakultät für angewandte Sozialwissenschaften
Hans-Peter.Heekerens@t-online.de

LITERATURVERZEICHNIS

Beelmann, A. & Raabe, T. (2007). *Dissoziales Verhalten von Kindern und Jugendlichen.* Göttingen: Hogrefe.

Bertram, H. & Kohl, S. (2010). *Zur Lage der Kinder in Deutschland 2010: Kinder stärken für eine ungewisse Zukunft.* Köln: Deutsches Komitee für UNICEF.

Bourdieu, P. (1983). Ökonomisches Kapital, kulturelles Kapital, soziales Kapital. In R. Kreckel (Hrsg.), *Soziale Ungleichheiten* (S. 183-198). Göttingen: Schwartz.

Bradshaw, J., Hoelscher, P. & Richardson, D. (2006). *Comparing child well-being in OECD countries: Concepts and methods.* (Innocenti Working Paper No. 2006-03). Florenz: UNICEF Innocenti Research Centre.

Bradshaw, J., Hoelscher, P. & Richardson, D. (2007). An index of child well-being in the European Union. *Social Indicators Research, 80,* 133-177.

Deutsche Shell Holding GmbH (Hrsg.) (2010). *Jugend 2010 (16. Shell Jugendstudie).* Frankfurt a.M.: Fischer Taschenbuch.

Heekerens, H.-P. (2010a). Deutschland ist Mittelmaß – Wohlergehen von Kindern und Jugendlichen im Spiegel des OECD-Kinderberichts 2009. *Unsere Jugend, 62,* 216-225.

Heekerens, H.-P. (2010b). Angst essen Seele auf. Anmerkungen zu einigen Ergebnissen der UNICEF-Studie 2010 zum Wohlergehen von Kindern und Jugendlichen. *Sozialmagazin, 35* (4), 46-56.

Heekerens, H.-P. (2011, im Druck). Familiärer Hintergrund und schulischer Erfolg. *Neue Praxis.*

Heekerens, H.-P. & Ohling, M. (2005). Kinder, Armut und Sozialstaat. *Unsere Jugend, 57,* 365-376.

Heekerens, H.-P. & Ohling, M. (2007). Fragwürdige Indikatoren bei der Beurteilung des Wohlergehens von Kindern und Jugendlichen. *Unsere Jugend, 59,* 331-337.

Heekerens, H.-P. & Ohling, M. (2009). Kindliches Wohlergehen - ein erweiterter Armutsbegriff. *Unsere Jugend, 61,* 329-338.

Holz, G. (2008). Kinderarmut und familienbezogene Dienstleistungen. In E.-U. Huster, J. Boeckh & H. Mogge-Grotjahn (Hrsg.), *Handbuch Armut und Soziale Ausgrenzung* (S. 483-500). Wiesbaden: VS Verlag für Sozialwissenschaften.

Klocke, A. (2000). Methoden der Armutsmessung. Einkommens-, Unterversorgungs-, Deprivations- und Sozialhilfekonzept im Vergleich. *Zeitschrift für Soziologie, 29,* 313 – 329.

Lutz, R. & Hammer, V. (Hrsg.) (2010). *Wege aus der Kinderarmut. Gesellschaftspolitische Rahmenbedingungen und sozialpädagogische Handlungsansätze.* Weinheim: Juventa.

Morgenstern, M., Wiborg, G. & Hanewinkel, R. (2007). *Rauchen im Jugendalter: Geschlechtsunterschiede, Rolle des sozialen Umfelds, Zusammenhänge mit anderen Risikoverhaltensweisen und Motivation zum Rauchstopp. Ergebnisse einer Schülerbefragung.* [http://www.dak.de/content/files/Studie_DAK_JBSF.pdf]. (23.09.2010).

OECD (2007). *PISA 2006.* Volume 2: Data / Données. [http://www.oecd.org/dataoecd/30/18/39703566.pdf]. (01.10.2010).

OECD (2009). *Doing better for children.* Paris: OECD Press.

Ohling, M. & Heekerens, H.-P. (2005). Die Kinderarmut in Deutschland wächst. Sozialmagazin, 30 (9), 35-42.

Ohling, M. & Heekerens, H.-P. (2007). Wohlergehen von Kindern und Jugendlichen im Spiegel internationaler Berichte. *Sozialmagazin, 32* (5), 50-55.

Remschmidt, H. & Walter, R. (2009). *Kinderdelinquenz.* Berlin u.a.: Springer.

Sen, A. (2010). *Die Idee der Gerechtigkeit.* München: Beck.

UNICEF (2007). *Child poverty in perspective: An overview of child well-being in rich countries.* (Report Card 7). Florenz: UNICEF Innocenti Research Centre.

34 Beelmann & Raabe, 2007; Remschmidt & Walter, 2009.

Schwerpunkt JUGEND

Der Blick auf Jugend

Eine Generation zwischen Hartz IV-Regelsatz und realen Bedürfnissen

Jörg Fischer, Christiane Meiner

Der folgende Beitrag widmet sich – ausgehend von der aktuellen Diskussion um die Angemessenheit der ALG II-Regelsätze – der Fragestellung, welchen Blick der Gesetzgeber im SGB II auf die Lebensphase Jugend einnimmt. Ausgehend von der These, wonach Jugend eine eigenständige Lebensphase darstellt und dementsprechend von der Kindheit und dem Erwachsenenalter abzugrenzen ist, wird der staatlichen Logik in der Wahrnehmung von Jugend ein lebenslagenorientierter Blick der Jugendlichen selbst gegenüberstellt. Mit diesem Abgleich kann eine starke Diskrepanz zwischen der Lebenssituation und dem gesetzgeberischen Verständnis von Jugend festgestellt werden. Demzufolge versteht sich der Beitrag als ein Plädoyer für einen lebenslagenorientierten Blick des Gesetzgebers, um den realen Bedürfnissen von Jugendlichen gerecht zu werden.

1 Einleitung

Das Bundesverfassungsgericht monierte Anfang Februar 2010 in seinem Urteil die Verfassungswidrigkeit des Zustandekommens der ALG II-Regelsätze und verpflichtete den Gesetzgeber zu deren Überarbeitung. Seitdem wird in Deutschland auf der medialen, politischen und wissenschaftlichen Ebene kontrovers über die entsprechende Auslegung diskutiert. In der Beantwortung der Frage, welche Interpretation des Urteils zulässig ist, wird das Meinungsbild dominiert von der Sichtweise der Entscheidungsträger. Dieser Analyse von Fremdbedarfen steht die Nichtberücksichtigung der Perspektive von Betroffenen gegenüber, die aus der Eigenwahrnehmung heraus Einfluss auf die gegenwärtige Diskussion nehmen könnten. In der Diskussion um die Angemessenheit des Zustandekommens der Regelsätze reproduziert sich mit dieser Fremdbestimmung und der weiterhin vorhandenen empathischen Distanz somit die richterliche Beurteilung zur Rechtswidrigkeit der Verfahrensweise.

Die Diskussion der Entscheidungsträger in Bezug auf die Ausgestaltung der ALG II-Leistungen für junge Menschen ist geprägt von einer spezifischen Sicht auf die Lebensphase Jugend und die Gruppe der Jugendlichen. Diese werden hierbei nicht als etwas Eigenständiges begriffen, sondern vielmehr ausschließlich als Teil von etwas – als Teil einer Familie, als 80% eines Erwachsenen oder auch nur als Teil eines Konsumkreislaufs.

Jenseits des Ausschließlichkeitsanspruchs, der mit diesen rechtlichen und sozialtechnisch dominierenden Argumenten verbunden ist, liefert die Auslegung im Blick auf Jugend doch wertvolle Anregungen, was im Umgang mit jungen Menschen auf gesellschaftlicher Ebene offensichtlich zu kurz kommt. Es ist eine andere Seite der Medaille, die sich darauf bezieht, was Jugendliche zu einem gelingenden Aufwachsen, zu einer Integration in unsere Gesellschaft wirklich brauchen. Es ist die Perspektive von jungen Menschen zwischen 15 und 24 Jahren, die individuelle Bedürfnisse und Erwartungen, aber auch ganz konkrete, vielfach begründete Befürchtungen haben und Chancenunterschiede erleben.

Insofern versteht sich dieser Beitrag als Ansatz, die Bedürfnisse von Jugend im Sinne einer Auslegung von 14- bis 25-Jährigen aus ihren Lebenslagen heraus und nicht lediglich pauschaliert als kleineren Teil des Bedarfs eines erwachsenen Menschen zu betrachten. Jugendliche sollen nicht als Teil zwischen etwas, sondern aus ihrer Entwicklungsphase heraus, als etwas Eigenständiges mit starken Zusammenhängen zu anderen Lebensphasen und sozialen Bezügen definiert werden. In Abgrenzung dazu erfolgt eine Auseinandersetzung mit dem Blick des Gesetzgebers, der eine berechtigterweise vom Bundesverfassungsgericht (BVerfG) monierte Berechnung von Bedarfssätzen für Kinder vornimmt. Jugendlichen wird aber in diesem Zusammenhang weiterhin die Anerkennung als eigenständige Lebensphase in der menschlichen Entwicklung nicht zugestanden. Stattdessen werden sie wie in den zurückliegenden Jahrhunderten lediglich als kleinere Erwachsene betrachtet.

Die Auseinandersetzung, was Jugend bedeutet und wer eigentlich ein junger Mensch ist, beginnt bei den voneinander abweichenden gesetzlichen Altersbegrenzungen und setzt sich fort in der zunehmenden Abgrenzung einer verstärkten Kinderpolitik und einer aus dem Fokus geratenden Jugendpolitik. Analog zu den erfolgreichen Bestrebungen zur Verankerung einer Perspektive auf die tatsächlichen Bedürfnisse der Kinder in den Regelleistungen, ist es Anliegen des Beitrags, diesen Blick auch auf die Lebenslagen von Jugendlichen zu übertragen. Dazu werden im ersten und zweiten Abschnitt die gegenwärtigen Beschränkungen in der Wahrnehmung auf Jugend analysiert, um im dritten Schritt Ansätze einer Lebenslagenorientierung vorzustellen, die abschließend zusammengeführt werden.

2 Jugend in unserer Gesellschaft

In der wissenschaftlichen und fachpraktischen Auseinandersetzung herrscht ein hohes Maß an Einigkeit, dass Jugend in erster Linie nicht mehr nur der Übergang vom Kind zum Erwachsenen ist, sondern mittlerweile als eigenständiger Lebensabschnitt betrachtet wird.[1] Die Lebensphase Jugend definiert sich somit als eine biografische Zeitspanne, die geprägt ist von spezifischen Aufgaben und zentralen Herausforderungen. Jugendliche stehen in der Bewältigung dieser Aufgaben vor einem doppelten Dilemma: Einerseits müssen sie den Wunsch nach soziokultureller Selbstständigkeit mit dem Wunsch nach familiärer Geborgenheit individuell gestalten. Andererseits gilt es, den Wünschen der soziokulturellen Selbstständigkeit aufgrund des zunehmenden Autonomiebedürfnisses mit den weiterhin vorhandenen Zwängen der sozioökonomischen Abhängigkeit in Einklang zu bringen.[2] Darüber hinaus ist die Jugendphase geprägt von den Umständen der Pubertät, die zu erheblichen Veränderungen der körperlichen, geistigen, emotionalen und sozialen Entwicklung junger Menschen führt. Jenseits der Erfahrungen,

1 Vgl. Krüger & Grunert, 2002.

2 Vgl. Zinnecker & Silbereisen, 1996.

die frühere Generationen in ihrer Jugendphase erworben haben, sind die jetzigen Entwicklungen stark beeinflusst von unsicheren Zukunftsperspektiven in Ausbildung und Arbeit sowie völlig neuen Chancen und Herausforderungen, die sich in den Bereichen Freizeit, Mobilität, Massenmedien und Kommunikationsmöglichkeiten ergeben.[3]

Der Prozess des Aufwachsens kann nicht allein als etwas Naturhaftes beschrieben werden, sondern ist immer im Zusammenhang mit dem Gesellschaftlichen zu sehen. Jugendliche benötigen diesen Rahmen, um Sicherheit und Halt in dieser sensiblen Entwicklungsstufe zu erlangen. Gleichzeitig schränkt es die jugendliche Entwicklung ein, wenn der gesellschaftliche Rahmen derart strikt ist, dass durch ihn Definitionen des Verstehens von Jugend vorgenommen werden, die ohne das Zutun ihrer selbst entstehen. Das Soziale in der jugendlichen Entwicklung beinhaltet somit eine intensive, aber dennoch sensible Verbindung:

„So zeigt sich, dass schon bei scheinbar rein biologischen Phänomenen wie Alter beim Eintritt der Geschlechtsreife, Dauer und Ausmaß des körperlichen Wachstums, Entwicklung der Körperkraft in der Jugendphase oder Auftreten des Stimmbruchs soziale Faktoren eine beträchtliche Rolle spielen. Es ergeben sich bei all diesen Erscheinungen im Vergleich zwischen Epochen, zwischen verschiedenen europäischen Regionen, zwischen Stadt und Land und vor allem zwischen verschiedenen sozialen Schichten oft recht deutliche Unterschiede, die sich aus den Gegebenheiten der natürlichen Umwelt wie etwa dem Klima nicht befriedigend erklären lassen. Die verursachenden Bedingungen müssen vielmehr im Bereich des Gesellschaftlichen gesucht werden.“[4]

Der Vergesellschaftungsschub von Jugend geht einher mit verschiedenen Argumentationslinien, die MÜNCHMEIER und BÖLLERT treffend zusammen fassen.[5] Demnach beinhaltet Jugend als bedeutsame Lebensphase einen für den ganzen Lebenslauf entscheidenden Status, die als Qualifizierungs-, Orientierungs- und Entscheidungsphase institutionalisiert wird. BÖLLERT spitzt diese Bedeutung noch mehr zu, indem sie auf die überdurchschnittlich geringen Zukunftschancen verweist, die durch ein Misslingen des Qualifikationserwerbs in dieser Lebensphase entstehen. Bildung als ein zentraler Wert der Lebensphase Jugend ist hierbei nicht als manifester, sondern eher als ein fluider Prozess einer Verlängerung der Bildungszeiten und der Erhöhung des formalen Qualifikationsniveaus zu begreifen. Um den Bildungsprozess herum erschließt sich allerdings erst dann ein ganzheitliches Verständnis von den Aufgaben und Herausforderungen, die sich Jugendlichen stellen, wenn auch die Dimensionen der Entfaltung der Persönlichkeit und der Verortung des Individuums in der Gesellschaft in den Blick genommen werden. Dazu zählen insbesondere die *„soziokulturelle Verselbstständigung, Autonomisierung hinsichtlich der Entwicklung einer jugendzentrierten Kultur, in Bezug auf Selbstständigkeit, auf Selbstbewusstsein und auf soziale Kompetenzen als Voraussetzung für Flexibilität und Anpassungsbereitschaft“*.[6]

Zusammenfassend kann festgestellt werden, dass die Jugendphase in der Fachpraxis und Wissenschaft als eigenständiger Lebensabschnitt mit klar abgrenzbaren und spezifischen Aufgaben und Herausforderungen für die Jugendlichen wahrgenommen wird. Darüber hinaus kann konstatiert werden, dass die besonderen Umstände, unter denen Jugendliche derzeit aufgrund gesellschaftlicher Entwicklungen in besonderem Maße betroffen sind, thematisiert werden. Noch zu analysieren bleibt, ob dieser Blick auf Jugend von den Akteuren aller gesellschaftlichen Gestaltungsebenen etwa in der Politik nachvollzogen wird und ob die tatsächlichen Lebenslagen von Jugendlichen deckungsgleich sind mit der Wahrnehmung von Jugendlichen und der Lebensphase Jugend.

3 Jugend in der SGB II-Gesetzgebung

Um Hinweise auf die Wahrnehmung von Jugend durch den Gesetzgeber zu erhalten, wird in Anbetracht der aktuellen Diskussion um die Angemessenheit der Regelsätze in der SGB II-Gesetzgebung aufgezeigt, auf welche Weise Bedarfe für Jugendliche ermittelt werden und was als Bedarf in welcher Höhe für den Aufwachsprozess von jungen Menschen gilt.[7] Anhand dieser Bedarfsklärung soll die Frage beantwortet werden, in welcher Weise die benannten entwicklungsspezifischen Besonderheiten in der Jugendphase vom Gesetzgeber berücksichtigt werden.

Innerhalb des Gesetzes wird seit 2009 zwischen vier Altersgruppen unterschieden. Die größte Schnittmenge mit den Jugendlichen weisen die 14- bis 25-Jährigen auf. Für die Ausgestaltung ihrer Lebenslagen stehen dieser Altersgruppe monatlich 287 € zuzüglich der tatsächlichen Kosten für Unterkunft und Heizung zu, jedoch nur sofern diese angemessen sind.[8] Die 287 € kommen durch eine prozentuale Reduzierung des Erwachsenenregelsatzes um 20% zustande. Dies wird mit den Annahmen gerechtfertigt, dass zum einen Einspareffekte in Mehrpersonenhaushalten durch das gemeinschaftliche Wirtschaften auftreten und zum anderen Kinder und Jugendliche einen geringeren Bedarf als Erwachsene aufweisen.[9] Eine genaue Bedarfsanalyse wurde im Rahmen der Regelsatzberechnung jedoch nur für Erwachsene, nicht aber für Kinder und Jugendliche vorgenommen. Diesen wird lediglich – ohne eine fachlich hinreichende Begründung – ein prozentualer Abschlag gewährt. Wurde die unzureichende Bedarfsfeststellung von Kindern im Urteil des BVerfG als verfassungswidrig erklärt und die Bundesregierung beauftragt, diese Missstände bis Ende des Jahres 2010 zu beheben, erfolgte keine Äußerung der Karlsruher Richter zu dieser Problematik für die Jugendlichen.[10] Dementsprechend bleiben diese weiterhin mit ihren spezifischen Bedarfen unbeachtet und werden auch in Zukunft als kleine Erwachsene angesehen. Für die einzelnen Leistungsgruppen des Regelsatzes ergeben sich daraus die in *Tabelle 1* dargestellten Beträge.

Die prozentuale Minderung des Erwachsenenregelsatzes erscheint schon beim ersten Blick auf die *Tabelle 1* insbesondere bei der Gruppe *„Nahrung, Getränke, Tabakwaren“* sowie *„Schuhe, Bekleidung“* nicht nachvollziehbar, da Jugendliche gerade in diesen Bereichen aufgrund ihrer noch andauernden Wachstumsphase einen höheren Bedarf als Erwachsene aufweisen.

Im Weiteren soll nicht die Regelsatzzusammensetzung im Einzelnen diskutiert werden. Vielmehr stehen die Möglichkeiten bzw. Chancen im Mittelpunkt, die Jugendlichen im Rahmen der gesamten SGB II-Gesetzgebung in den Bereichen schulische Bildung, Ausbildung/Arbeit sowie Wohnung/Freizeit eröffnet werden bzw. verschlossen bleiben.

3 MERTEN, 2010, S. 133.
4 MITTERAUER, 1986, S. 11
5 MÜNCHMEIER, 2004, S. 231 f.; BÖLLERT, 2009, S. 100.
6 BÖLLERT, 2009, S. 100.
7 SCHÜRMANN, 2010, S. 441.
8 Für die Angemessenheit der Größe der Wohnung sowie der Höhe der Mietzahlungen wurden seitens des Gesetzgebers detailierte Regelungen getroffen (vgl. dazu KADZA & VOGT, 2007, S. 28 f.).
9 Vgl. STATISTISCHES BUNDESAMT, 2006, S. 11.
10 Vgl. BVerfG, 1 BvL 1/09 vom 09.02.2010, Absatz-Nr. 202.

Tabelle 1: Monats- und Tagessätze der Regelleistungen für Jugendliche

Warenkorb	Anteil am Regelsatz	14- bis 25-Jährige (80% des Regelsatzes)	
		monatlich	täglich
Nahrung, (alkoholische und nicht-alkoholische) Getränke, Tabakwaren	37%	106,19 €	3,54 €
Bekleidung, Schuhe	10%	28,70 €	0,96 €
Wohnung (ohne Mietkosten aber mit Reparatur und Installation), Strom	8%	22,96 €	0,77 €
Möbel, Apparate, Hausgeräte (einschließlich Instandhaltung)	7%	20,09 €	0,67 €
Gesundheitspflege (z.B. Kosten für Medikamente, Hilfsmittel)	4%	11,48 €	0,38 €
Verkehr (ÖPNV und Fahrräder)	4%	11,48 €	0,38 €
Telefon, Fax (teilweise Internet)	9%	25,83 €	0,86 €
Freizeit, Kultur	11%	31,57 €	1,05 €
Beherbergungs- und Gaststättenleistungen	2%	5,74 €	0,19 €
Sonstige Waren und Dienstleistungen (insbes. für Körperpflege und Hygiene, sowie elektrische Geräte, Kontoführungsgebühren u.a.m.)	8%	22,96 €	0,77 €
		287,00 €	9,57 €

Schulische Bildung

Die schulische Bildung spielt nicht nur in der Kindheit, sondern auch noch in der Jugendphase eine nicht zu vernachlässigende Rolle. Jugendliche, die eine Regelschule besuchen, schließen diese gewöhnlich im Alter von 17 Jahren ab. Streben sie das Abitur an, verbleiben die Jugendlichen je nach Bundesland weitere zwei bis drei Jahre an den Gymnasien. Um den Anforderungen dieser Bildungseinrichtungen gerecht zu werden, benötigen die Jugendlichen umfangreiche Materialien für die verschiedenen Schulfächer. Für Exkursionen und Klassenfahrten fallen zusätzliche Kosten an. Zwar besteht in den deutschen Bundesländern eine Lernmittelfreiheit, diese umfasst jedoch fast ausschließlich die Bereitstellung von Lehrbüchern, nicht aber die Ausstattung der Schülerinnen und Schüler mit Übungsheften, Papier, Stiften, Sportkleidung, Zeichenutensilien etc.[11] Derartige Ausgaben finden im Regelsatz keine Beachtung, da sich deren Berechnung auf die Bedürfnisse der Erwachsenen beziehen, die bereits ihre schulische Ausbildung abgeschlossen haben und ihnen als ALG II-Empfänger Kosten für berufliche Weiterqualifizierung über das SGB III finanziert werden.[12] Dementsprechend wurden die Bildungsausgaben – weil nicht regelsatzrelevant – vollumfänglich aus den Leistungen ausgeschlossen. Für die Jugendlichen bedeutet dies allein schon eine Schlechterstellung gegenüber ihren Mitschülerinnen und -schülern. Vor dem Hintergrund, dass Jugendliche aus ALG II-Familien, die häufig aus einem bildungsfernen Elternhaus stammen, mit schlechteren Bildungschancen in ihrer gesamten schulischen Laufbahn ausgestattet sind, kommt eine weitere Beeinträchtigung ihrer Bildungsmöglichkeiten hinzu.[13] Die Richter des BVerfG gingen in ihrem Urteil sogar soweit, dass durch die Nichtbeachtung der Bildungsausgaben Kinder von Lebenschancen ausgeschlossen werden, da sie die Schule nicht erfolgreich besuchen können und daraus folgend im Erwachsenenalter ihren Lebensunterhalt nicht selbst bestreiten können.[14] Dies trifft in gleicher Weise auch auf die Jugendlichen zu. Für sie hat das Urteil jedoch keinerlei Auswirkungen.

Ausbildung/Arbeit

Ein weiterer wesentlicher Bestandteil der Jugendphase besteht in der beruflichen Qualifizierung sowie dem Finden eines Arbeitsplatzes. Jugendliche, die Anspruch auf SGB II-Leistungen besitzen, verfügen weder über einen Ausbildungsplatz noch eine Arbeitsstelle, da sie ansonsten bei Unterschreitung des Existenzminimums Ansprüche aus anderen Gesetzen hätten (z.B. Bundesausbildungsförderung, Wohngeld). Für diese Zielgruppe stellt der Gesetzgeber im Vergleich zu älteren Anspruchsberechtigten nun besondere Regelungen im SGB II auf. Zur Einhaltung der gesetzlichen Logik – dem *„Fördern und Fordern"* (Kap. 1 SGB II) – legt er einerseits im § 3 Abs. 2 SGB II besonderen Wert auf eine unverzügliche Vermittlung der Jugendlichen in eine Arbeit, eine Ausbildung oder eine Arbeitsgelegenheit. Andererseits werden die Jugendlichen bei Verstößen gegen ihre in der Eingliederungsvereinbarung festgelegten Pflichten[15] härter sanktioniert als ältere Hilfeempfänger, insofern dass den Jugendlichen die materiellen Leistungen sofort und in voller Höhe gestrichen werden (vgl. § 31 SGB II). Halten über 25-Jährige Hilfeempfänger ihre Pflichten nicht ein, erfolgen erst Kürzungen ihrer Leistungen, bevor es zu einer vollständigen Streichung kommt.

Die Vermittlung der Jugendlichen in Arbeit oder Ausbildung muss von Gesetzes wegen immer oberstes Ziel sein; erst nachfolgend dürfen sie zur Aufnahme einer Arbeitsgelegenheit (wie die so genannten Ein-Euro-Jobs oder Arbeitsbeschaffungsmaßnahmen) aufgefordert werden. Allerdings sollte auch eine Arbeitsgelegenheit zur beruflichen Weiterqualifizierung der Jugendlichen beitragen (vgl. § 3 Abs. 2 S. 2 SGB II).

Freizeit/Wohnen

Die Freizeitgestaltung ist für Jugendliche das Feld, in dem sie sich ausprobieren und Grenzen testen können, um dabei zu lernen, *„normenkonforme Verhaltensweisen anzueignen und den richtigen Weg zwischen nicht hinterfragter Annahme der Werte der Erwachsenen und der Entwicklung eigener und selbstständiger Sichtweisen zu finden"*.[16] Diese Entwicklungsaufgabe bewältigen sie überwiegend in Gemeinschaft mit Gleichaltrigen.

Entscheidender Faktor für das Freizeitverhalten ist dabei die finanzielle Ausstattung, da viele Formen der heutigen Freizeitgestaltung kostenintensiv sind.[17] Durch das Taschengeld der Eltern und selbstverdientes Geld verfügen die Jugendlichen aber in der Regel über die notwendigen materiellen Ressourcen, um sich an den Freizeitaktivitäten der Gleichaltrigen beteiligen zu können.[18]

Für die Jugendlichen im ALG II-Bezug sind im Regelsatz keine Mittel für Taschengeld enthalten. Ein Bereich für Freizeit/Kultur in Höhe von monatlich rund 31,50 € ist zwar eingeplant, jedoch handelt es sich hierbei wiederum lediglich um die 20-prozentige Minderung des Betrages, der den Erwachsenen zur kulturellen Teilhabe zugestanden wird. Problematisch erscheint dabei insbesondere, dass

11 Vgl. GEW o.J.
12 Vgl. Lenze, 2009, S. 38.
13 Vgl. AktionsRat Bildung, 2007, S. 37 ff.
14 Vgl. BVerfG, 1 BvL 1/09 vom 09.02.2010, Absatz-Nr. 192.
15 In der Regel handelt es sich bei den Verstößen um die Ablehnung oder den Abbruch von zumutbarer Arbeit, Arbeitsgelegenheiten, einer Ausbildung oder qualifizierenden Maßnahmen.
16 Hurrelmann, 2007, S. 137.
17 Vgl. Langness, Leven & Hurrelmann, 2006, S. 77.
18 Vgl. Hurrelmann, 2007, S. 136.

sich die Untersuchungsgruppe zur Regelsatzbemessung vornehmlich auf Rentner bezieht, deren Freizeitverhalten in vielerlei Hinsicht von dem der Jugendlichen abweicht. Bezieht man in den Freizeitbereich auch die Nutzung von Telefon und Internet ein, ergibt sich bei Betrachtung der beiden Gruppen eine deutliche Differenz, da insbesondere Jugendliche die neuen Medien benutzen, nicht jedoch ältere Menschen.[19] Weiterhin besteht zwar für die Jugendlichen auch die Möglichkeit eines Zuverdienstes, jedoch werden sie insofern benachteiligt, als dass die zusätzlichen Mittel auf das Einkommen der gesamten Familie angerechnet werden und ihnen somit keine weiteren finanziellen Ressourcen zur Verfügung stehen.[20] Dadurch wird gerade das in der Jugendphase so bedeutsame Streben nach Autonomie und Individualität bei den ALG II-Empfängern zurückgedrängt.[21] Zum 1. Juni 2010 erfolgt eine Lockerung dieser Bestimmung, so dass jugendliche ALG II-Bezieher zumindest den Lohn aus Ferienjobs anrechnungsfrei einbehalten können (vgl. 3. ALG II-VÄndV VO).

Für den Bereich Wohnen erhalten Jugendliche bzw. deren Eltern die tatsächliche Höhe der Kosten erstattet, sofern diese angemessen sind. Jeder zusätzlichen Person im Haushalt wird ein Zimmer von etwa $10m^2$ zugestanden.[22] Das eigene Zimmer stellt dabei immer einen Ort dar, in dem die Jugendlichen ihre Individualität und vor allem Intimität verwirklichen können. Jedoch bleibt noch zu untersuchen, inwieweit Jugendlichen aus ALG II-Familien Wohnraum zur alleinigen Nutzung zur Verfügung steht, denn Studien belegen, dass gerade die finanziell schlechter gestellten Haushalte über weniger Wohnraum verfügen als andere Familien.[23] Diese beengten Verhältnisse können ein schlechtes Familienklima weiter befördern, zumal die innerfamiliären Beziehungen in benachteiligten Haushalten bereits durch die Vielzahl an zu bewältigenden Problemen beansprucht werden.[24] Um derartigen Spannungen zu entgegnen, können die Jugendlichen mittlerweile jedoch nicht mehr ohne Zustimmung der kommunalen Träger der Grundsicherungsleistung aus dem elterlichen Haushalt ausziehen (vgl. § 22 Abs. 2a S. 3 SGB II). Einem derartigen Antrag wird dabei in der Regel nur statt gegeben, sofern der Jugendliche mit seinem Ehepartner oder seinem Kind in einen Haushalt zieht, eine Eingliederung in den Arbeitsmarkt befördert wird oder besonders schwerwiegende soziale Gründe innerhalb des Eltern-Kind-Verhältnisses vorliegen, die jedoch nur schwer nachweisbar sind. Jugendtypische kulturelle und identitätsbezogene Motive für einen Auszug aus dem Elternhaus wie das Streben nach Unabhängigkeit, Streit mit Eltern, Partnerschaft und Wunsch nach Ortswechsel finden im SGB II keine Beachtung.[25]

Zusammenfassend kann festgestellt werden, dass jugendliche ALG II-Bezieher gegenüber einkommensstärkeren Gleichaltrigen über weitaus geringere Möglichkeiten zur Teilhabe in allen Lebensbereichen verfügen. Dies ist nicht nur auf den rein prozentualen Abschlag des Erwachsenenregelsatzes und die unterlassene Bedarfsprüfung für die Regelleistungsbemessung, sondern auch auf die Dominanz repressiver Festlegungen im SGB II wie etwa härterer Formen der Sanktionierung zurückzuführen.

4 Der lebenslagenorientierte Blick auf Jugend

An der auf statistischen Grundannahmen beruhenden Bedarfsermittlung in der SGB II-Gesetzgebung lässt sich Kritik thesenhaft unter anderem aus dreierlei Perspektive äußern: Zum Einen kann angeführt werden, dass die berechneten Bedarfssätze nicht den tatsächlichen Bedarfen in ihrer Höhe entsprechen.[26] Zweitens lässt sich hinterfragen, ob im Zuge der Bedarfsermittlung bestimmte Bedarfe außen vor gelassen wurden, die beim näheren Blick auf bestimmte Altersgruppen als immanent bedeutsam für die jeweilige Stufe der biografischen Entwicklung betrachtet werden. Drittens lässt sich grundlegend in Abrede stellen, dass die Bedarfsermittlung anhand von statistischen Eckwerten eine individuell ableitbare Aussagekraft besitzt. Denn die errechneten Bedarfe sagen nichts darüber aus, ob und in welcher Qualität die jeweilig Bedürftigen über die Chancen verfügen, mittels der errechneten Bedarfe zu einem individuellen Wohlbefinden gelangen zu können. Das heißt, jenseits der Höhe der finanziellen Mittel stellt sich die Frage, inwieweit die Jugendlichen aufgrund von individuellen und administrativen Beschränkungen etwa im Beantragungsprocedere in ihrer jeweiligen Lebenslage mit diesen finanziellen Mitteln tatsächlich angemessen wirtschaften können.

In den Mittelpunkt der weiteren Überlegungen soll die zweite Frage gestellt werden, inwieweit die staatlicherseits angenommenen Bedarfsbereiche und Berechnungsweisen den tatsächlichen Bedarfen junger Menschen entsprechen. Obwohl davon ausgehend Ableitungen zur eingangs formulierten Frage nach der Höhe der Leistungen und der individuellen Wirksamkeit des monetären Transfers abgeleitet werden können, soll demnach im Fokus die staatliche Logik der Bedarfsermittlung mit dem Selbstverständnis der Betroffenen in Beziehung zueinander gesetzt werden. Als zentraler Ansatz zur Hinterfragung der Übereinstimmung von administrativen Bedarfsannahmen und tatsächlichen Bedarfslagen dient ein Verständnis von Sozialpolitik als Gestaltung von Lebenslagen, wie sie KAUFMANN in seiner Erläuterung der personfunktionalen und systemfunktionalen Erläuterung von Sozialpolitik beschreibt.[27] Ausgehend von diesem Verständnis der Lebenslagenorientierung sollen die im vorherigen Abschnitt von der Politik als mehr oder minder bedeutsam eingeschätzte Bedarfsannahme mit den tatsächlichen Bedarfen in Bezug gesetzt werden.

Der Begriff der Lebenslage stammt aus der Armutsforschung.[28] Jenseits der allein inputorientierten Armutsprävention formulierte erstmals GRELLING 1921 einen strukturellen Zusammenhang zwischen der Gesellschaftsordnung und der jeweiligen Lebenslage.[29] Die tatsächliche Lebenssituation wurde damit nunmehr nicht als zufällig, sondern vielmehr in Relation zu den gesellschaftlichen Zuständen begriffen.[30] Vom Lebenslagenbegriff ausgehend entwickelte WEISSER den Lebenslagenansatz, der das Individuum in den Mittelpunkt stellt und dessen Wohlbefinden in einem multidimensionalen Ansatz beschreibt.[31] Das Wohlbefinden eines Menschen kann – so lautet die Erkenntnis – nicht monokausal durch einen Faktor wie etwa das Einkommen, sondern vielmehr nur in der ganzheitlichen Perspektive auf alle Lebensbereiche erfasst werden. Im Sinne einer Ressourcenperspektive haben HANESCH ET AL. die Dimensionen, Indikatoren und Schwellenwerte für Unterversorgung herausgearbeitet (s. *Tabelle 2*).

19 Vgl. RÖLL, 2010, S. 215.
20 Vgl. BT-Drs. 17/524.
21 Vgl. HURRELMANN, 2007, S. 139.
22 Vgl. BMAS, 2009, S. 75.
23 Vgl. HOLZ & BOCK, 1999, S. 11.
24 Vgl. LANGNESS, LEVEN & HURRELMANN, 2006, S. 60.
25 Vgl. MARBACH, 2001, S. 5.
26 Vgl. MARTENS, 2008
27 Vgl. KAUFMANN, 2002, S. 31 f.
28 Vgl. VOGES ET AL., 2003, S. 25.
29 Vgl. WEISSER, 1972, S. 770.
30 Vgl. NEURATH, 1979, S. 266.
31 Vgl. WEISSER, 1972, S. 773.

Tabelle 2: Erfassungsmöglichkeiten von Unterversorgung

Dimension	Indikator	Unterversorgungsschwelle
Einkommen	gewichtetes verfügbares Haushaltseinkommen	60 % des mittleren gewichteten Nettoäquivalenzeinkommens der Haushalte
Erwerbsarbeit	Art und Umfang der Erwerbstätigkeit	Registrierte Arbeitslosigkeit, geringfügige Beschäftigung
Bildung	schulische und berufliche Ausbildung	Kein oder niedriger Schulabschluss, keinen Beruf erlernt
Wohnen	Wohnungsgröße, -ausstattung und -belegung	Weniger als ein Wohnraum pro Person, kein Bad und/oder WC in der Wohnung
Gesundheit	Erkrankungen und Gesundheitsversorgung	Andauernde Behinderung, psycho-somatische Beschwerden, regelmäßige Einnahme von Medikamenten, regelmäßiger Arztbesuch

Quelle: Hanesch et al., 1994, S. 128; eigene Ergänzungen.

Demnach gilt für das Einkommen das gewichtete verfügbare Haushaltseinkommen als Zentralindikator. Ein Zustand der Unterversorgung tritt ein, wenn das Nettoäquivalenzeinkommen eines Haushaltes weniger als 60% des mittleren Einkommens in der Bevölkerung beträgt. In Deutschland lag die Schwelle im Jahre 2007 für einen Ein-Personen-Haushalt bei 764 €.[32] Als zweite Dimension gilt die Erwerbsarbeit mit ihrer Art und dem Umfang als Indikator. Liegt eine registrierte Arbeitslosigkeit oder eine geringfügige Beschäftigung vor, zählen die Betroffenen als depriviert. Im Bereich Bildung wird von Unterversorgung gesprochen, wenn kein oder nur ein niedriger Schulabschluss vorliegt und/oder kein Beruf erlernt wurde. Als Indikatoren gelten demnach die schulische und die berufliche Ausbildung. Für den Wohnbereich werden die Wohnungsgröße, -ausstattung sowie die -belegung untersucht. Ist weniger als ein Raum pro Person, kein Bad und/oder WC in der Wohnung vorhanden, besteht eine Unterversorgungssituation. Schließlich bildet die Gesundheitssituation die fünfte Dimension zur Erfassung von Lebenslagen. Als Indikatoren gelten Erkrankungen und die Gesundheitsversorgung. Andauernde Behinderung, psycho-somatische Beschwerden, regelmäßige Einnahme von Medikamenten und der regelmäßige Arztbesuch stellen eine Unterversorgung in diesem Bereich dar.

Analog dieser Definition von Unterversorgung kann festgehalten werden, dass Ausgangspunkt in der Betrachtung von individuellen Bedarfen die Einkommenssituation ist. Darüber hinaus sind die Entwicklungsbedingungen für das Aufwachsen junger Menschen abhängig von der materiellen Grundversorgung, dem kulturellen Bereich, dem sozialen Bereich sowie der gesundheitlichen Lage.[33]

Anhand der drei Lebensbereiche Bildung, Ausbildung/Arbeit und Freizeit/Wohnen wird die Sicht des Gesetzgebers nunmehr in Beziehung zu den realen Bedarfen von Jugendlichen gesetzt. Standardwerk für die Langzeit-Berichterstattung über die Lage der jungen Generation in Deutschland ist die Shell Jugendstudie, die 2006 zum fünfzehnten Mal erschien. Der Abgleich mit den Bedarfen, wie sie von Jugendlichen geäußert werden, erfolgt daher vorwiegend auf Grundlage der repräsentativen Umfrage von TNS Infratest Sozialforschung.[34]

Schulische Bildung

Infolge der Bildungsexpansion verbringen Jugendliche deutlich mehr Zeit in Bildungseinrichtungen als die Generation ihrer Eltern. Bildung nimmt innerhalb der Wissensgesellschaft eine enorm gestiegene Bedeutung ein. Diesem Zuwachs stellt sich auch die junge Generation: Jugendliche messen einem möglichst hohen Bildungsabschluss einen zentralen Stellenwert bei.[35] Fast die Hälfte aller Hauptschüler strebt einen Schulabschluss an, der über die aktuell besuchte Schulform hinausgeht. Das heißt, in der eigenen Wahrnehmung sehen die Jugendlichen einen viel höheren Bedarf an Bildungskompetenzen, als diese in der Hauptschule vermittelt werden.

Jugendliche sind sehr gut über die Chancen des Arbeitsmarkteinstiegs mit den verschiedenen Schulabschlüssen informiert. Besonders bemerkenswert ist, dass über 23% aller Jugendlichen im Alter von zwölf bis 21 Jahren, die noch zur Schule gehen, Nachhilfeunterricht nehmen. In der Unterschicht liegt dieser Wert sogar bei über 29%, so dass davon ausgegangen werden kann, das mit steigender Tendenz fast ein Drittel aller Jugendlichen neben ihrem Schulbesuch zusätzliche finanzielle Mittel benötigt, um den Nachhilfeunterricht absichern zu können.[36] Derartige Ausgaben bleiben aber in den Regelleistungen unberücksichtigt und können auch nicht durch Mehraufwendungen ausgeglichen werden.

Gleichzeitig kommt aber auch zum Ausdruck, dass mit absteigender Schichtzugehörigkeit und größerer Bildungsferne die Unsicherheit wächst, die eigenen beruflichen Wünsche verwirklichen zu können.[37] Dies ist auf den Befund zurückzuführen, dass die Schichtzugehörigkeit und Bildungsnähe einen starken Einfluss auf den Bildungsweg hat. Haupt- und Realschulabschlüsse dominieren in der Auswahl der Schulform für Jugendliche aus der Unterschicht, während mehr als zwei Drittel der Jugendlichen aus der Oberschicht das Gymnasium besuchen.[38] Diese Präferenz der Bildungslaufbahn steht also im engen Zusammenhang zur ökonomischen Lage. Individuelle Bildungsbedarfe werden – trotz besseren Wissens um die Zukunftschancen – in einer Kosten-Nutzen-Kalkulation stark unter dem Einfluss der sozialen Lage und der daraus resultierenden Abwägung der künftigen Bildungskosten konstituiert: *„Dies gilt sowohl für die Bildungsaspirationen der Eltern als auch für die Bildungsempfehlungen der Lehrkräfte.“*[39] Ökonomische Einschränkungen und erhöhte Empfindungen von Unsicherheit in Bezug auf die Zukunft reproduzieren somit Bildungsarmut und daraus entstehend und verstärkend Einkommensarmut.

Unter dem Aspekt der Bildung kann festgehalten werden, dass Jugendliche ihre Bedarfe an Bildung deutlich formulieren und über den Stellenwert von Bildung in der persönlichen Entwicklung und Entfaltung informiert sind. Die vorhandenen Bildungsbedarfe werden zunehmend nicht allein durch das staatliche Schulsystem, sondern durch Angebote mit besonderen finanziellen Aufwendungen befriedigt. Je geringer die Ressourcen zur Befriedigung dieser Bedarfe sind, desto höher ist die Unsicherheit, den Schulabschluss zu erlangen, den die Jugendlichen sich wünschen.

Ausbildung/Arbeit

Für die Zeit nach dem Schulabschluss sind die Jugendlichen mit der Herausforderung konfrontiert, den Einstieg in eine Berufsausbildung und anschließende Berufstätigkeit zu fin-

32 Vgl. Meiner, Merten & Huth, 2009, S. 27.
33 Vgl. Holz, 2006, S. 5.
34 Vgl. Shell Deutschland Holding, 2006.
35 Vgl. Langness, Leven & Hurrelmann, 2006, S. 68.
36 Vgl. Langness, Leven & Hurrelmann, 2006, S. 72.
37 Vgl. Langness, Leven & Hurrelmann, 2006, S. 73.
38 Vgl. Langness, Leven & Hurrelmann, 2006, S. 68.
39 Ditton, 2007, S. 245.

den. Der Zeitpunkt für diesen Übergang von Schule in Beruf oder Studium fällt beispielsweise aufgrund von Klassenwiederholungen je nach Schichtzugehörigkeit unterschiedlich aus. Während nur 9% der Jugendlichen aus der Oberschicht eine Klassenstufe wiederholen, betrifft dies 25% der Jugendlichen aus der Unterschicht und sogar 28% der Jugendlichen aus der unteren Mittelschicht. Die Hauptschule ist mit 26% deutlich mehr betroffen als das Gymnasium mit 11%.[40] Das Ende der schulischen Laufbahn und damit auch die Kosten für schulische Bildung fallen schichtspezifisch unterschiedlich aus, ohne dass mit einem längeren Schulbesuch auch ein Zugewinn an Bildungskompetenz durch Erwerb eines höheren Bildungsabschlusses gewährleistet ist. Dementsprechend ist das Gefühl der Sicherheit, mit den erworbenen Bildungskompetenzen auch die eigenen beruflichen Wünsche verwirklichen zu können, nicht gleich verteilt. Jugendliche aus der Unterschicht bzw. Jugendliche mit einem Hauptschulabschluss sind sich gegenüber Jugendlichen mit anderen sozialen und persönlichen Merkmalen deutlich unsicherer in der Erreichung der eigenen Ziele.

Der Einstieg in den Ausbildungs- und Arbeitsmarkt gelingt Jugendlichen differenziert nach ihrer sozialen Herkunft und dem erworbenen Schulabschluss höchst unterschiedlich. So schaffen 83% der Akademikerkinder das Abitur, hingegen aber nur 23 % der Kinder aus Nicht-Akademiker-Haushalten.[41] Das Abitur ermöglicht Jugendlichen nicht nur den Zugang zu Hochschulen. Sie werden auch immer häufiger von Unternehmen für Ausbildungsberufe bevorzugt. Folglich stehen für Jugendliche mit Real- oder geringerem Schulabschluss immer weniger Ausbildungsplätze zur Verfügung.[42] Jugendliche ohne kurzfristige berufliche Perspektive finden sich dann im SGB II-Bezug wieder. Von diesen übten beispielsweise im Sommer 2008 rund 40.000 Jugendliche eine Tätigkeit im Rahmen der Arbeitsgelegenheiten aus. *„Dies waren drei Mal so viele wie jene, die als Jugendliche über Maßnahmen der beruflichen Weiterbildung gefördert wurden."*[43] Die Jugendlichen befinden sich überwiegend in kurzfristigen Arbeitsverhältnissen, die nicht vordergründig auf die Bewältigung des ihnen noch bevorstehenden (Berufs-)Lebens gerichtet sind. Zudem zeigt sich, dass insbesondere diejenigen Jugendlichen über die geringsten Chancen auf dem Ausbildungs- und Arbeitsmarkt verfügen, die keinen oder nur einen niedrigen Schulabschluss besitzen.[44] Gerade diese Gruppe startet jedoch aufgrund der überdurchschnittlich häufigen Bildungsferne des Elternhauses mit niedrigeren Bildungschancen. Die PISA-Ergebnisse bescheinigen zudem, dass es dem deutschen Bildungssystem nicht gelingt, diese Benachteiligung in der Schulzeit aufzulösen. Sie werden im Gegenteil sogar noch weiter verschärft.[45] Und genau diese Jugendlichen werden auch zum geringsten Anteil durch berufsqualifizierende Maßnahmen durch die Bundesagentur für Arbeit gefördert. Denn auch hier gilt: Je besser das Bildungsniveau, umso höher ist die Wahrscheinlichkeit einer Förderung.[46]

Auf diese Fortsetzung von Benachteiligungsstrukturen gilt es aus Sicht von betroffenen Jugendlichen einzugehen: Kinder, die aufgrund ihrer sozialen Herkunft im familiären Aufwachsprozess und der frühkindlichen Bildung überdurchschnittlich stark benachteiligt sind, erfahren während der schulischen Ausbildung nicht nur ein Defizit in der Überwindung von Benachteiligungsstrukturen durch die individuelle Bildungsförderung, sondern im Gegenteil vielmehr eine Verfestigung vorhandener Strukturen durch das Zutun von Professionellen. Mit dem Eintritt in den Ausbildungs- und Arbeitsmarkt gelten gerade diese Schulabsolventen oder Schulabbrecher als besonders schwer vermittelbar. Gleichzeitig hat jedoch diese Zielgruppe die geringste Chance, entsprechend gefördert zu werden, weil vorhandene Förderressourcen aufgrund der höheren Erfolgswahrscheinlichkeit vordergründig für Jugendliche mit geringerem Unterstützungsbedarf verwendet werden. Zusammenfassend sind diese jungen Menschen in Familie, Schule und Beschäftigung von einer dreifachen Benachteiligung betroffen, die im Resultat zu einer Reproduktion von Armut und Benachteiligung führt, die wiederum das Aufwachsen der künftigen nachwachsenden Generation bedroht. Soziale Benachteiligung wird so zu einem gesellschaftlichen Problem, welches sich über Generationen weiter verstärkt. Der Zusammenhang von Armut und Arbeitslosigkeit von Jugendlichen wird in Deutschland eher selten thematisiert. Diese Situation gilt in dieser Lebensphase offensichtlich als vorübergehende Phase.[47]

Freizeit und Wohnen

Im Jugendalter entsteht der ausgeprägte Wunsch nach jugendspezifischen Entfaltungsmöglichkeiten. Die komplexen Bedürfnisse von Jugendlichen im Freizeit- und Konsumbereich sowie die starke Orientierung an Gleichaltrigengruppen sind konstitutive Bestandteile der jugendlichen Entwicklung.[48] Sowohl die Bedürfnisse als auch die Methoden zu deren Befriedigung unterscheiden sich bei Jugendlichen deutlich von denen der Kindheit und der Erwachsenenwelt. Das Freizeitverhalten wie auch der Wunsch nach familiärer Ablösung sind demzufolge als spezifische Charakteristika der Jugendphase einzustufen. Jugendliche haben also bestimmte Bedarfe, die nicht als Fortsetzung oder Vorläufer von Entwicklungen in anderen Lebensphasen, sondern als völlig eigenständige Herausforderung zu begreifen sind.

Dieser Eigenständigkeit wird der Gesetzgeber in seiner Bedarfsermittlung, in der er die Jugendphase lediglich als Teil einer anderen Lebensphase betrachtet, nicht gerecht. Der besondere Charakter von Freizeitaktivitäten ist hierbei nicht als ausschließlich konsumtiver Vorgang, sondern als entwicklungsförderndes und verhaltensstabilisierendes Instrument zu verstehen. Die individuelle Herausforderung zur Selbstfindung und Festigung der eigenen Persönlichkeit benötigt Zeit und die Chance zum Ausprobieren. Jugendliche Bedarfe im Freizeitbereich unterliegen demzufolge in ihrer Zusammensetzung einem permanenten Wandel. Hinzu kommt die aus Sicht der Jugendlichen wachsende Bedeutung von Gleichaltrigen, die einhergeht mit einer schwindenden Bindung an die Eltern. Obwohl fast 73% der 18- bis 21-Jährigen und 34% der 22- bis 25-Jährigen noch bei ihren Eltern leben und der Stellenwert von Familie bei den Jugendlichen ansteigt, ist die Jugendphase durch einen starken Drang zur Ablösung von den Eltern gekennzeichnet.[49] Aufgrund der materiellen und sozial höchst unterschiedlich verteilten Ressourcen verfügen Jugendliche über mehr oder minder ausgeprägte Chancen, ihre spezifischen Bedürfnisse in einem Prozess der wachsenden Eigenverantwortung

40 Vgl. Langness, Leven & Hurrelmann, 2006, S. 71.
41 Vgl. BT-Drs. 16/9915, S. 64.
42 Vgl. BT-Drs. 16/10206, S. 108 f.
43 Adamy, 2009, S. 5.
44 Vgl. Adamy, 2008, S. 419.
45 Vgl. Ehmke & Baumert, 2008, S. 313 ff.
46 Vgl. Antoni et al., 2007, S. 6 f.
47 Vgl. Adamy, 2008, S. 417.
48 Vgl. Hurrelmann, 2007, S. 134.
49 Vgl. Langness, Leven & Hurrelmann, 2006, S. 64.

zu befriedigen. Durch die Nichtberücksichtigung dieser Entwicklungsaufgaben im SGB II-Bereich werden Abhängigkeitsverhältnisse verstärkt und benachteiligten Jugendlichen nur unzureichende Chancen zur Bewältigung ihres Entwicklungsprozesses vermittelt. Als ein Resultat dieser Nichtbeachtung jugendspezifischer Anforderungen kann die erhöhte Konflikthäufigkeit in Elternhäusern der sozialen Unterschicht genannt werden, die wiederum einhergehen mit erhöhten sozialen und psychischen Belastungen für Eltern und Jugendliche.[50] Zusammenfassend kann der Bereich Freizeit und Wohnen als ein Lebensbereich bezeichnet werden, in dem die jugendspezifischen Bedingungen sehr deutlich zum Ausdruck kommen, in dem aber andererseits der Gesetzgeber durch eine Nichtberücksichtigung dieser Anforderungen bestehende Chancenungleichheiten von Jugendlichen reproduziert und verstärkt.

5 Plädoyer für einen lebenslagenorientierten Blick des Gesetzgebers

„Welche Zukunftschancen Jugendliche entwickeln, ist eng mit ihren Sozialisationserfahrungen und aktuellen Lebensumständen in Familie, Schule und Freizeit verbunden. Vielfältige Faktoren wie die politische und wirtschaftliche Situation, Bildungserfolge oder -misserfolge und das soziale Umfeld beeinflussen die Zukunftsperspektiven Jugendlicher."[51]

Die Chancen für ein gelingendes Aufwachsen von Jugendlichen sind demnach stark von den herrschenden Bedingungen abhängig. Aufgrund der ungleichen Verteilung dieser sozialen und materiellen Ressourcen sind Jugendliche aus unteren Sozialschichten in besonderem Maß von Benachteiligungen betroffen. Im Gegensatz zu diesem Befund ist der Blick des Gesetzgebers nicht auf die Lebenslagen der Jugendlichen gerichtet. Vielmehr beruht die SGB II-Gesetzgebung auf einer eigenen Logik: Diese ist geprägt von einem rein statistischen Blick auf die Bedürfnisse von Erwachsenen, die für Jugendliche prozentual herunter gerechnet werden, ohne dabei von ihren tatsächlichen Bedürfnissen zu wissen. Das heißt, sowohl der Inhalt als auch die Intensität bestimmter altersspezifischer Bedürfnisse beruhen nicht auf empirischen Erkenntnissen, sondern auf Vermutungen, die allein einer politischen Logik entsprechen.

Jenseits der Frage, ob eine Erhöhung der Regelleistungen für Jugendliche zu einem Abbau sozialer Benachteiligung beiträgt, ist vielmehr die Herausforderung virulent, sich in der Ausgestaltung der SGB II-Gesetzgebung an den tatsächlichen Lebenslagen der Jugendlichen auszurichten. Nicht unbedingt ein Mehr vom Gleichen, sondern die Etablierung von etwas Anderem scheint sowohl aus Sicht der Politik als auch aus einer lebenslagenorientierten Perspektiver heraus notwendig.

Lebenslagen von Jugendlichen sind dabei nicht als ein homogenes Gebilde zu verstehen. Jugendliche Lebenswirklichkeiten zeichnen sich stattdessen durch eine Vielzahl unterschiedlichster Bedingungen und Chancen zur Entwicklung eines gelingenden Lebens aus. Im Sinne der Herausbildung einer eigenverantwortlichen Persönlichkeit ist es naheliegend, wenn sich der Gesetzgeber im SGB II dieser Heterogenität stellt und die ALG II-Leistung künftig als ein lebenslagenorientiertes Steuerungsinstrument nutzt. Für den Gesetzgeber erwächst in dieser Perspektive auch die Möglichkeit, diese finanzielle Leistung über die soziale Absicherung hinaus als ein individuell abgestimmtes und damit zielgenaues Angebot der Kompetenzförderung einzusetzen. Die aus Sicht der Administration nachvollziehbare Logik von Pauschalen in der Berechnung der Bedarfe widerspricht gerade der jugendspezifischen Herausforderung der Entwicklung einer eigenen Individualität mit den entsprechenden Ressourcen.

Mit Blick auf den untersuchten Bereich Bildung bedeutet dies im Speziellen, dass keinerlei finanzielle Mittel im Regelsatz vorgesehen sind. Dies stellt jedoch nicht die Lebenswirklichkeit der Jugendlichen dar, da beispielsweise für Lehrmaterialien oder auch Nachhilfeunterricht hohe Kosten anfallen. Zusammenfassend kann festgestellt werden, dass eine Vielzahl an ubiquitären Kosten im schulischen und außerschulischen Bereich entstehen, die jedoch im Regelsatz unberücksichtigt bleiben.

Im Bereich Ausbildung und Arbeit besteht eine große Diskrepanz zwischen dem Anspruch des Gesetzgebers und der von den Jugendlichen empfundenen Wirklichkeit. Die Integration in Arbeit als eine zentrale Herausforderung für diese Generation weist trotz großer Bemühungen durch eine Vielzahl von unterschiedlichen Unterstützungsmaßnahmen gerade in der Förderung von benachteiligten Jugendlichen weiterhin große Lücken auf. Nur mühsam und nicht ausreichend stellen sich hierbei die gewünschten politischen Effekte einer verstärkten Integration von jungen Menschen mit erhöhtem Förderbedarf in den Ausbildungs- und Arbeitsmarkt ein. Im europäischen Vergleich kennzeichnet sich die Situation von Jugendlichen in Deutschland fortwährend durch hohe Verfestigungsstrukturen von Benachteiligung aus, die einer erhöhten Durchlässigkeit bedürfen.

Im Bereich Freizeit und Wohnen kann aus den Befunden abgeleitet werden, dass der Gesetzgeber elementare Bedürfnisse von Jugendlichen nicht nur unberücksichtigt lässt, sondern diesen sogar zuwider handelt. Jugend als Lebensphase, die von der Reifung zu einer eigenen Persönlichkeit, dem Streben nach Unabhängigkeit sowie dem eigenen Ausprobieren geprägt ist, findet sich in der Gesetzgebung nicht wieder. Die Regelungen des SGB II sind weniger von der Intention zur Stärkung von individueller Unabhängigkeit als von der Stärkung innerfamiliärer Abhängigkeiten geprägt, ohne dass die benachteiligten Jugendlichen so wie die Gleichaltrigen ohne Leistungsbezug auch selbstständig über ihren Lebensmittelpunkt zwischen Unabhängigkeit und Familie mitentscheiden können.

Die grundsätzliche Annahme des Gesetzgebers, von gleichen Anforderungen für Menschen im Alter zwischen 15 und 24 Jahren auszugehen, erweist sich aus jugendspezifischer Sicht als nicht sinnvoll. Vielmehr erscheint es notwendig, den Stellenwert von Jugend für den persönlichen Entwicklungsprozess als eigenständige Lebensphase zwischen Kindheit und Erwachsensein anzuerkennen sowie die vielfältigen Anforderungen und Lebenslagen durch einen Ausbau des individuellen Zuschnitts in der Bedarfsermittlung und Leistungsberechnung zu berücksichtigen. Dazu zählt auch eine weitere altersspezifische Differenzierung der Jugendregelsätze. Um das SGB II zu einem wirksamen Instrument des Abbaus sozialer Ungleichheiten und der Stärkung von Chancengerechtigkeit auch für benachteiligte Jugendliche zu entwickeln, sind folglich zwei Aspekte zu beachten. Zuvorderst bedarf es einer Anerkennung von Jugend als eigenständigem Lebensabschnitt. Darüber hinaus kann die gesellschaftliche Integration gerade von benachteiligten Jugendlichen nur gelingen, wenn eine jugendgerechte Be-

50 Vgl. Langness, Leven & Hurrelmann, 2006, S. 62 f.
51 Shell Deutschland Holding, 2006, S. 15.

darfsermittlung von staatlichen Leistungen erfolgt, in der die generationsspezifischen Gelingensbedingungen Ausgangspunkt jeglicher Regelungen in der Sozialgesetzgebung sind.

Dr. JÖRG FISCHER ist Vertretungsprofessor des Lehrstuhls für Sozialpädagogik und außerschulische Bildung am Institut für Erziehungswissenschaft der Friedrich-Schiller-Universität Jena
fischer.joerg@uni-jena.de

CHRISTIANE MEINER, M.A. ist wissenschaftliche Mitarbeiterin am Institut für Erziehungswissenschaft der Friedrich-Schiller-Universität Jena
christiane.meiner@uni-jena.de

LITERATURVERZEICHNIS

ADAMY, W. (2008). Armut bei Jugendlichen und jungen Erwachsenen. Verarmungsrisiko und notwendige Gegenmaßnahmen. *Soziale Sicherheit*, (12), 417-423.

ADAMY, W. (2009). *Hohes Verarmungsrisiko von Jugendlichen.* [http://www.dgb.de/themen/themen_a_z/abisz_doks/a/armutsrisiko_jugendlicher.pdf]. (Zugriff am 27.03.2010).

AKTIONSRAT BILDUNG (2007). *Bildungsgerechtigkeit. Jahresgutachten 2007.* Wiesbaden: VS Verlag für Sozialwissenschaften.

ANTONI, M. (2007). Die Schwächsten kamen seltener zum Zug. *IAB-Kurzberichte*, (2), 1-7.

BUNDESMINISTERIUM FÜR ARBEIT UND SOZIALES (BMAS) (2009). *Grundsicherung für Arbeitssuchende. Sozialgesetzbuch (SGB II) Fragen und Antworten.* Bonn.

BÖLLERT, K. (2009). Zwischen Familialisierung und Kindorientierung – Jugendhilfe unter Druck. *Der pädagogische Blick*, 17 (2), 93-106.

BUNDESTAG (2008). *Lebenslagen in Deutschland – Dritter Armuts- und Reichtumsbericht. Drucksache vom 30.06.2008 [BT-Drs. 16/9915].* Berlin.

BUNDESTAG (2008). *Nationaler Bildungsbericht 2008 – Bildung in Deutschland und Stellungnahme der Bundesregierung. Drucksache vom 04.09.2008 [BT-Drs. 16/10206].* Berlin.

BUNDESTAG (2010). *Mehr Chancengleichheit für Jugendliche – Ferienjobs nicht als regelmäßiges Einkommen anrechnen. Drucksache vom 26.01.2010 [BT-Drs. 17/524].* Berlin.

DITTON, H. (2007). Der Beitrag von Schule und Lehrern zur Reproduktion von Bildungsungleichheit. In R. BECKER & W. LAUTERBACH (Hrsg.), *Bildung als Privileg. Erklärungen und Befunde zu den Ursachen der Bildungsungleichheit* (S. 243-271). Wiesbaden: VS Verlag für Sozialwissenschaften.

EHMKE, T. & BAUMERT, J. (2008). Soziale Disparitäten des Kompetenzerwerbs und der Bildungsbeteiligung in den Ländern: Vergleiche zwischen PISA 2000 und 2006. In PISA-KONSORTIUM DEUTSCHLAND (Hrsg.), *PISA 2006 in Deutschland. Die Kompetenzen der Jugendlichen im dritten Ländervergleich* (S. 319-342). Münster: Waxmann.

GEWERKSCHAFT ERZIEHUNG UND WISSENSCHAFT (GEW) (o.J.). *Lernmittelfreiheit.* [http://www.gew.de/Binaries/Binary29229/Lernmittelfreiheit_Bundeslaenderuebersicht.pdf]. (Zugriff 05.05.2010).

HANESCH, W. ET AL. (1994). *Armut in Deutschland.* Reinbek: Rowohlt.

HOLZ, G. (2006). Armut von Mädchen und Jungen in Deutschland. *KiTa spezial*, (4), 4-8.

HOLZ, G. & HOCK, B. (1999). Armutslagen von Kindern und Jugendlichen in Deutschland am Ende des 20. Jahrhunderts. *SOS Dialog*, 5, 10-15.

HURRELMANN, K. (92007). *Lebensphase Jugend. Eine Einführung in sozialwissenschaftliche Jugendforschung.* Weinheim: Juventa.

KAUFMANN, F.-X. (2002). Sozialpolitik zwischen Gemeinwohl und Solidarität. In H. MÜNKLER & K. FISCHER (Hrsg.), *Gemeinwohl und Gemeinsinn. Rhetoriken und Perspektiven sozial-moralischer Orientierung* (Band 2; S. 19-54). Berlin: Akademie-Verlag.

KADZA, B. & VOGT, M. (42007). Sozialgesetzbuch – 2. Buch. Grundsicherung für Arbeitssuchende. In BUNDESMINISTERIUM FÜR ARBEIT UND SOZIALES (Hrsg), *Übersicht über das Sozialrecht* (S. 15-43). Nürnberg: BW Bildung und Wissenschaft.

KRÜGER, H.H. & GRUNERT, C. (2002). *Handbuch Kindheits- und Jugendforschung.* Opladen: VS Verlag für Sozialwissenschaften.

LANGNESS, A., LEVEN, I. & HURRELMANN, K. (2006). Jugendliche Lebenswelten: Familie, Schule, Freizeit. In SHELL DEUTSCHLAND HOLDING (Hrsg.), *Jugend 2006. Eine pragmatische Generation unter Druck* (S. 49-102). Frankfurt a.M.: Fischer.

LENZE, A. (2009). Kinderrechte und Sozialrecht – Die Verfassungsmäßigkeit der Regelleistung für Kinder. In E. EICHENHOFER (Hrsg.), *Kinder und Jugendliche im Sozialleistungssystem* (S. 29-49). (Bundestagung des Deutschen Sozialrechtsverbandes e.V. 9./10. Oktober 2008 in Münster). Berlin: Erich Schmidt Verlag, .

MARBACH, J.H. (2001). *Auszug aus dem Elternhaus – Jugendliche und junge Erwachsene im Übergang zu selbständigem Wohnen.* [http://www.dji.de/bibs/KarlsruheTotal.pdf]. (Zugriff am 11.05.2010).

MARTENS, R. (2008). *Was brauchen Kinder ... Für eine offene Diskussion über das Existenzminimum für Kinder nach dem Statistikmodell gemäß § 28 SGB XII (Sozialhilfe).* Berlin.

MEINER, C., MERTEN, R. & HUTH, C. (2009). *Thüringer Kindersozialbericht.* Erfurt.

MERTEN, R. (2010). Jugend und Armut – Herausforderungen angesichts einer vergessenen Generation. In J. FISCHER & R. MERTEN (Hrsg.), *Armut und soziale Ausgrenzung von Kindern und Jugendlichen. Problembestimmung und Interventionsansätze. Grundlagen der Sozialen Arbeit* (Band 26; S. 131-159). Baltmannsweiler: Schneider Verlag Hohengehren.

MITTERAUER, M. (1986). Pubertät – Adoleszenz – Jugend. In M. MITTERAUER (Hrsg.), *Sozialgeschichte der Jugend* (S. 10-43). Frankfurt a.M.: Suhrkamp.

MÜNCHMEIER, R. (2004). Gelegentliche Treffs nicht ausgeschlossen: Zum Verhältnis von Jugendforschung und Jugendpolitik. In D. KREFT ET AL. (Hrsg.), *Fortschritt durch Recht* (S. 228-239). München: SOS-Kinderdorf e.V.

NEURATH, O. (1979). Wirtschaftsbetrachtung und Wirtschaftsplan. In R. HEGSELMANN (Hrsg.), *Otto Neurath: Wissenschaftliche Weltauffassung, Sozialismus und Logischer Empirismus.* Frankfurt a.M.: Suhrkamp.

RÖLL, F.J. (2010). Social Network Sites. In K.-U. HUGGER (Hrsg.), *Digitale Jugendkulturen.* Wiesbaden: VS Verlag für Sozialwissenschaften.

SCHÜRMANN, H. (2010). Anmerkung zur Entscheidung des BVerfG. *FamRZ*, (6), 441-444.

SHELL DEUTSCHLAND HOLDING (2006). *Jugend 2006. Eine pragmatische Generation unter Druck.* Frankfurt a.M.: Fischer.

STATISTISCHES BUNDESAMT (2006). *Armut und Lebensbedingungen. Ergebnisse aus LEBEN IN EUROPA für Deutschland 2005.* Wiesbaden.

VOGES, W. ET AL. (2003). *Methoden und Grundlagen des Lebenslagenansatzes.* Bremen: Universität Bremen, Zentrum für Sozialpolitik.

WEISSER, G. (1972). Sozialpolitik. In W. BERNSDORF (Hrsg.), *Wörterbuch der Soziologie 3* (S. 769-776). Frankfurt/Main: Fischer.

ZINNECKER, J. & SILBEREISEN, R. (1996). *Kindheit in Deutschland.* Weinheim: Juventa.

Schwerpunkt JUGEND

Jugendkulturen – soziale Gegenkonzepte oder Orte der Sozialisation?

Timo Rabe

Auf dem Weg des Erwachsenwerdens bieten Jugendkulturen vielfältige gesellschaftliche und individuelle Experimentierfelder. Viele Einstellungen und Verhaltensweisen, die Jugendliche in ihrem subkulturellen Umfeld annehmen, prägen sie für ihr ganzes Leben. Doch wirken sich diese förderlich oder nachteilig aus? Der folgende Aufsatz wagt einen positiven Blick auf die Sozialisierung durch Jugendkulturen.

Einleitung

Wenn es um das Thema Jugend geht, sind wir alle Experten. Schließlich haben wir sie selbst schon durchlebt und durchlitten, haben alle mit ihr verbundenen Veränderungen und Entwicklungen hinter uns gebracht, zahllose Geschichten unserer Eltern und Großeltern über ihre jeweilige Jugend ebenso wie die dazugehörigen abwertenden Vergleiche mit der heutigen erduldet und sind (zumindest im Kreise der Leser dieser Zeitschrift) auch fachlich in *„Jugendkunde"* ausgebildet worden. Jedoch sind nicht alle von uns mit Erfahrungen in Jugendkulturen aufgewachsen. Und diejenigen, die Erfahrungen vorweisen können, schaffen es meist nicht, auf dem Laufenden zu bleiben, was in welcher Szene aktuell ist und was sich an neuen Gruppierungen bildet.

Ich möchte hier weniger auf die Beschreibung neuer Moden und Stile in Jugendkulturen eingehen, als vielmehr auf das, was hinter dem Augenfälligen und sich stetig Wandelnden gleich bleibt und alle Jugendkulturen eint. Ich möchte beschreiben, was den Reiz und den Nutzen für Jugendliche ausmacht, sich in einer Jugendkultur zu bewegen und ich möchte darlegen, warum meiner Meinung nach Jugendkulturen von Nutzen für unsere Gesamtgesellschaft sind.

Um sich dem Verständnis von Jugendkulturen zu nähern, ist es meiner Meinung nach nötig, zunächst das zu beleuchten, was alle Jugendkulturen nicht sein möchten, nämlich den *„Mainstream"*.

Mainstream

Mit *„Mainstream"* verbinden die meisten Jugendlichen gegenwärtige Trends vor allem in Mode, Musik, Werten und Normen. Mainstream sind also einerseits die Pop-Charts der Musikindustrie und die mit den gerade angesagten Stilrichtungen assoziierten Werte und Normen. Mit diesen werden Begriffe wie Angepasstheit, Künstlichkeit, Kommerzialität, Weltfremdheit und Oberflächlichkeit verbunden. Durch die perfekte Zusammenarbeit von Musik- und Modeindustrie verbunden mit starker Medienpräsenz ergibt sich das Bild einer meinungs- und stilbestimmenden Vorherrschaft eines Teils der Bevölkerung, der als größer als der Rest angenommen wird. Dieses Bild entspricht zwar nicht unbedingt der Wirklichkeit, bietet aber eine gute Angriffsfläche für Jugendliche, gegen die sie sich auflehnen oder von der sie sich abgrenzen können.

Oft werden jedoch auch traditionell vorherrschende und nicht stark von Trends beeinflusste gesamtgesellschaftliche Werte, Normen, Rituale und Einstellungen mit dem Begriff Mainstream assoziiert. Hier werden angenommene Einstellungen der älteren Generationen, oft die der Eltern, als vorherrschend und den eigenen Ideen entgegenstehend gesehen. Als Beispiel sei hier genannt, dass man in der Öffentlichkeit nicht auffallen sollte oder eine finanziell sichere Zukunft ein wünschenswerter Zustand sei. Gerne orientiert man sich dabei an den großen Grundpfeilern unserer Gesellschaft, nämlich:

- Recht und Gesetz als ultimative Instanz zur Ziehung von Grenzen, an der man sich hervorragend *„reiben"* kann
- (Christliche) Religion, wahrgenommen als übermenschliches Wertesystem, dem man sich zu fügen hat
- Politik, empfunden als machtausübendes System, das über den Einzelnen bestimmt, nicht umgekehrt
- Wirtschaftsdenken – Während der Kapitalismus selbst zumeist nicht mehr im Mittelpunkt der Kritik steht, werden vielmehr einzelne Teilaspekte als negativ betitelt, z.B. Gewinnmaximierung als Lebensinhalt, negative Globalisierungseffekte, etc.

Jugendkulturen: Abgrenzung durch „Anderssein"

Mit anderen Worten, Jugendkulturen erheben für sich den Anspruch, nicht so sein zu wollen, wie der Großteil der Gesellschaft ihrer Meinung nach ist.

Diese grundsätzliche und eher vage Abgrenzung wird auch gegenüber anderen aktuellen Jugendkulturen vollzogen, die zwar als fern vom Mainstream gesehen werden, aber dennoch als anders empfunden werden, selbst wenn man kein genaueres Wissen über diese besitzt.

Somit ergibt sich eines der wichtigsten Merkmale von Jugendkulturen: Die Abgrenzung von anderen Gruppen durch das gelebte *„Anderssein"*.

In vielen Aussagen mit jugendlichen und erwachsenen Vertretern von Jugendkulturen wird die Wahrnehmung dieses *„Andersseins"* als erster Schritt in Richtung Jugendkultur genannt. So sagt beispielsweise der Heavy Metal Musiker Rob Zombie in einem Interview[1]: *„Niemand möchte das seltsame Kind sein."* Es sei kein Zustand, den man absichtlich herbeiführe, da damit auch soziale Probleme verbunden sind, sondern der einem irgendwann bewusst würde. Mit dem Bewusstsein, dass man anders ist als die Gleichaltrigen um einen herum, sucht man dann Ausdrucksmöglichkeiten und Gleichgesinnte und findet sie in einer bestimmten Jugendkultur. Hier wird einem Neuling grob gesagt ein Katalog geboten, der ihm ganzheitlich Orientierung bietet.

Dieser Katalog umfasst dabei weit mehr als nur Modetipps, sozialkritische und provokante Slogans, Tanzschritte und Musiklisten. In jeder Jugendkultur gibt es bestimmte Verhaltensregeln, Redewendungen, ästhetische Richtlinien und szeneinterne Vorgaben über *„in"* und *„out"* zu allen relevanten Aspekten des Alltags. Dieses Sammelsurium aus *„Muss man mögen"*, *„Kann man mögen"*, *„Darf man nicht mögen"* ist über die Bestehenszeit einer Jugendkultur ge-

1 *Rob Zombie* in *„Metal – A Headbanger's Journey"* von Sam Dunn und Scot McFadyen, 2006.

wachsen und durch mehrere Szene-Generationen ergänzt, aktualisiert und redigiert worden. Dennoch bleibt es dem Einzelnen selbst überlassen, wie viele Vorgaben er für sich selbst übernimmt. Meist suchen die Szeneneulinge noch stark nach Orientierung, so dass sie sich mehr auf solche *„Richtlinien"* stützen, was sich im Laufe der Zeit durch mehr Kontakte in der Szene und mehr Selbstsicherheit abschwächt.

An diesem Punkt ist es nötig, die Hauptprotagonisten selbst etwas näher zu beschreiben. Der Eintritt ins Jugendalter wird vor allem mit dem Beginn der Pubertät gleich gesetzt. Eine biologische Veränderung, die nicht nur körperliche Wirkung zeigt und an deren Ende ein vollständig entwickelter Mensch steht, sondern auch ein Prozess, der sich auf das Gehirn auswirkt. Mit einhergehen gravierende Veränderungen im moralischen, emotionalen, sexuellen, kognitiven und sozialen Bereich. Ein Gesamtumbau, der aus Kindern andere Menschen macht und sie in dieser Phase von mehreren Jahren ebenso verunsichert wie ihre Eltern und Umwelt. Jugendliche sehen andere Menschen und die Welt um sie herum auf einmal mit anderen Augen, können oft aber gar nicht benennen, was in ihnen vorgeht. Sie verhalten sich anders, was wiederum verändertes Verhalten von anderen nach sich zieht. Sie bekommen neue Grenzen, die ihnen unbekannt sind und die sie ausprobieren möchten. Ihre Umwelt reagiert darauf ihrerseits mit neuen (oder weiterhin den alten) Erwartungen, Forderungen und Grenzen. Sie haben das Gefühl, als würde sich alles um sie herum verändern, obwohl sich eigentlich sie selbst verändern. Diese Entwicklung geht aber nicht in allen Bereichen gleich schnell vor sich, sodass erwachsene und kindliche Anteile in Denken, Fühlen und Handeln vereint sind.

In dieser Zeit ist es für Jugendliche normal, ihre Umwelt neu zu hinterfragen. Da diese Lebensphase auch der Ablösung von den Eltern dient, beginnen sie, von deren Sicht- und Lebensweise abweichende Antworten zu suchen. War bis zum Jugendalter noch die Familie der hauptsächliche normengebende Maßstab, so orientiert man sich jetzt weiter nach außen, wo sich einem eine Vielfalt an Neuem und teils dem bisher Gültigem Entgegengesetztem bietet. Wichtig sind nun vor allem Gleichaltrige und erwachsene Identifikationsfiguren, die außerhalb der Familie verortet sind. Dies ist ein Prozess, in dem Verschiedenes ausprobiert und wieder verworfen wird, bis schließlich etwas gefunden wird, das dauerhaft übernommen wird. Eine Zeit, welche die Jugendlichen ebenso fordert wie ihre Umwelt.

Jugendlichen stellt sich die Welt also als Sammelsurium unterschiedlicher Lebensentwürfe, Denkweisen, Verhaltenskodizes, Philosophien und Möglichkeiten dar, die teils friedlich, teils konfliktreich nebeneinander her existieren. Sie selbst sind nun gefordert, sich zu entscheiden, in welche Richtung ihr Leben sich entwickeln soll. Hier bieten Systeme, die einen relativ festen Rahmen vorgeben, eine Orientierungshilfe. Dies können Vereine, Parteien, Organisationen, Jugendgruppen oder einzelne, stark verfestigte Cliquen sein, aber eben auch Jugendkulturen. Jugendkulturen sind soziale Systeme, die zwar einen ganzheitlichen Rahmen besitzen, aber gleichzeitig unverbindlich genug sind, um sich im Zweifelsfall wieder von ihnen lösen zu können. Außerdem ermöglichen sie die Teilhabe auf verschiedenen Ebenen, so dass man sich nicht vollständig von Anfang an auf alle Aspekte einlassen muss. Hinzu kommt, dass Jugendkulturen immer ein bestimmtes *„Thema"* haben, einen Hauptaspekt, der ihre Existenz gegenüber der Gesamtgesellschaft, dem Mainstream und anderen Jugendkulturen rechtfertigt. Im Falle der Punks ist dies z.B. der zivile Ungehorsam, der oft mit linkspolitischer Haltung verwechselt wird, beim Heavy Metal das ungezwungene und friedliche Ausleben von Aggression über die Musik, Skinheads leben ihre Vorstellung einer verklärten *„Arbeiterklassejugend"* und Emos setzen auf eine veränderte Männerrolle und das freie Ausleben von Emotionen.

So kann sich ein Jugendlicher, der auf der Suche nach Antworten und Identität ist, je nach gerade aktueller innerer Befindlichkeit ausleben, orientieren und sozial betätigen. Auf diese Weise wird spielerisch und quasi nebenbei ein Wertekatalog angenommen, ausprobiert und bei Gefallen in Teilen oder zur Gänze langfristig übernommen. Dies beginnt an der Oberfläche über die Präferenz bestimmter Musikrichtungen und -gruppen und dem Probieren von modischen Stilen und Accessoires und setzt sich fort über die Auseinandersetzung mit Szenemitgliedern, Liedtexten, Aussagen von Szeneaktiven und dem Ausprobieren von Aussehen, Haltungen und Einstellungen gegenüber Außenstehenden. Hierüber nehmen Jugendliche diejenigen Inhalte an, die sich bewähren, also ihrem Empfinden entsprechen und / oder gewünschte Reaktionen hervorrufen. Eine gewünschte Reaktion kann auch in Ablehnung durch andere bestehen oder in Unverständnis durch die Umwelt, muss also nicht nur positive Folgen für den Betreffenden haben. Es wird Stellung bezogen, wobei Konflikte gewünscht oder in Kauf genommen werden, und darüber Identität gewonnen. Hier liegt auch der Unterschied zu der Teilhabe an Jugendszenen, die sich unter dem Begriff Mainstream subsumieren lassen. Das Bekenntnis zu einer Jugendkultur ist konfliktreich, nicht nur gegenüber der eigenen Generation, sondern auch gegenüber der Erwachsenenwelt.

Die Vielfalt an aktuellen Jugendkulturen macht den Findungsprozess für suchende Jugendliche jedoch nicht leicht, in dem man erst mal in eine bestimmte Szene hineinschnuppern muss, um entscheiden zu können, ob sie einem das Gesuchte geben kann. Gerade die *„alten"* Jugendkulturen wie Gothic, Punk, Metal oder inzwischen auch HipHop machen es einem dabei nicht immer leicht, da diese über Generationen einen Inhalte- und Regelkatalog gepaart mit Historienwissen aufgebaut haben, der es Neueinsteigern schwer macht. Die relativ neue Jugendkultur Emo hat sich mittlerweile aus diesem Grund für manche als eine *„Orientierungskultur"* etabliert, in die man schon in sehr jungen Jahren leicht Zugang findet und die durch die zusammengeballten Elemente aus verschiedenen Jugendkulturen dabei hilft, sich nach ein paar Jahren in eine der verwandten Richtungen (Gothic, Hardcore, Metal, Punk, etc.) zu bewegen. So ist es normal, wenn ein Jugendlicher mehrere Jugendkulturen im Laufe seines Erwachsenwerdens durchläuft, bis er diejenige findet, die ihm am meisten gibt. Für Erwachsene meist schwer nachvollziehbar, können das auch völlig konträre Orientierungen sein, die sich in relativ kurzer Zeit abwechseln, z.B. eine linksradikale zu einer rechtsradikalen Einstellung.

Die subjektive Bedeutung der Zugehörigkeit

Es lässt sich festhalten, dass Jugendkulturen Orientierung für eigene Lebensentwürfe bieten, Wert- und Normenkonzepte vorleben und gesellschaftliche Kritik zum Ausdruck bringen. Letzteres in den meisten Fällen allerdings weniger in Form eines geschlossenen Weltbildes, wie es beispielsweise in rechtsextremen Organisationen zu finden ist, sondern vielmehr in Form von Protest gegen einzelne Teilbereiche. So äußern z.B. Vertreter des Hip Hop häufig Sozialkritik in Bezug auf Migrationsthemen, Armut und die Perspektivlosigkeit des Lebens am unteren Rande der Gesellschaft, jedoch richtet sich die Kritik nicht gegen demokratische

Grundprinzipien, konservative Lebensentwürfe oder den Kapitalismus als Wirtschaftssystem.

Nun könnte man fragen, ob bei all der Kritik an der Gesellschaft, ihres Wertekanons und ihrer Institutionen nicht so viel Rechtfertigung für Gewalt gegenüber ihren Vertretern und rechtliche Zuwiderhandlungen gegeben ist, dass Mitglieder von Jugendkulturen wie Punks, HipHopper, Gothics oder Skinheads vermehrt polizeilich auffällig werden? Die Antwort ist nein. Die meisten leben ihre Kritik oder ihren Widerstand aus, ohne rechtlich auffälliger zu werden als Jugendliche ohne Jugendkulturhintergrund. Das hat einen Grund: Jugendkulturen bieten Orientierung für Orientierungslose, Gemeinschaft für *„Heimatlose"*, haben Ventilfunktion für Jugendliche, die unter Druck stehen und geben den Suchenden Identität. Jugendliche, die sich in der Gesellschaft und im Mainstream nicht willkommen fühlen oder nicht in allen Punkten mit diesen einverstanden sind, finden hier ein zweites Zuhause und eine Wahlfamilie. Meist artikulieren sie ihren Protest auf symbolische Weise, z.B. über ihr äußeres Erscheinungsbild, auf künstlerische Weise, z.B. durch Musik, oder über andere legale Wege.

Was passiert aber, wenn diese Jugendlichen erwachsen werden? Schließlich läuft das Leben auch an ihnen nicht vorbei, sie müssen eine Berufswahl treffen, sich Ziele setzen, eventuell Familien gründen.

Die meisten passen sich im Laufe der Zeit an, tragen die Zeichen ihrer Jugendkultur nicht mehr so auffällig, verbringen nicht mehr so viel Zeit in der jeweiligen Szene und legen radikalere Verhaltens- und Denkweisen ab. Viele verabschieden sich aber nie vollständig aus ihrer Szene. Sie bleiben interessiert an Entwicklungen, konsumieren weiterhin Medien und Musik und begeben sich auf bestimmte Events wie z.B. Konzerte. Einige bleiben der Szene weiter treu ergeben, indem sie sie aktiv gestalten, z.B. als DJ, Veranstalter oder Szenejournalist. Die Möglichkeiten sind vielfältig und es ist durchaus möglich, sich innerhalb einer Szene eine berufliche Existenz aufzubauen. Diese Personen sorgen dafür, dass eine Jugendkultur sich entwickelt, erwachsener wird, sich ausdifferenziert. Sie tragen das Szenewissen, bewahren die Inhalte und fördern deren Verbreitung. Neueinsteiger bekommen von ihnen den Wertekanon einer Jugendkultur vermittelt.

Diejenigen, die mit dem Erwachsenwerden die Szene weitgehend hinter sich lassen, lassen jedoch nicht alles zurück. Sie haben meist mehrere Jahre intensiv in einer Jugendkultur gelebt, den größten Teil ihrer Freizeit nur mit Gleichgesinnten verbracht, Ideen und Überzeugungen angenommen und damit Orientierung für ihr weiteres Leben gefunden. Viele dieser Werte und Normen behalten sie auch als Erwachsene in Form von politischen, sozialen und gesellschaftlichen Einstellungen bei. Die Kritik, die sie als Jugendliche an einzelnen Teilbereichen unserer Gesamtgesellschaft hatten, verschwindet meist nicht einfach, sondern wird ebenfalls erwachsen und führt zu einer Lebensführung, die diese berücksichtigt. Manche bringt dies zu sozialem Engagement in ihren Interessengebieten oder ihrem sozialen Nahfeld oder zu politischer Betätigung. Die Übernahme und Adaption der in Jugendkulturen erlernten Inhalte ist möglich, weil diese Inhalte meist gesellschaftliche Problembereiche thematisieren, die zwar in ihrer Aktualität und Gewichtung schwanken, aber wohl Dauerthemen darstellen. Beispiele hierfür sind sexuelle Tabuthemen, Homosexualität, Männer-/Frauenrollen, Umgang mit Gewalt/Aggression in der Gesellschaft, Zivilcourage, Legalität, rechtliche Dauerthemen wie die Legalisierung von Drogen, politische Streitthemen und Extreme, Fragen der Migration, etc.

Jugendkulturen können also als Brutstätten gesellschaftlicher Erneuerung verstanden werden, in denen Jugendliche Orientierung für ihr weiteres Leben in Form von Werten und Normen finden und diese als Erwachsene in die Gesamtgesellschaft tragen. Dieser Prozess sorgt dafür, dass ein Wandel entsteht, durch den sich unsere Gesellschaft an neue Gegebenheiten anpasst und nicht statisch bleibt. So gesehen bereiten sich Jugendliche in Jugendkulturen auf ihre vollständige gesellschaftliche Teilhabe vor, üben sich in Protest und Diskussion und entwickeln Ideen für eine Verbesserung der Gesellschaft in ihrem Sinne, bis sie sich als Erwachsene kritisch und erneuernd in diese einbringen.

Für die Arbeit mit Jugendlichen aus Jugendkulturen bedeutet dies vor allem, deren jeweilige Jugendkultur als deren Bezugssystem von Werten, Normen, Einstellungen und Idealen ernst zu nehmen. Diese Jugendlichen verfügen bereits über einen sozialen Rahmen, der sie stützt und den man nicht zwingend in Frage stellen muss. Vielmehr kann man auf ihm aufbauen, egal ob es um selbst- oder fremdschädigende Einstellungen oder Verhaltensweisen geht oder Fähigkeiten und Interessen der Jugendlichen. Die Motivation dieser Jugendlichen, sich zu beteiligen, steigt mit dem Maße der Anerkennung ihrer jeweiligen persönlichen Identität. Beispiel hierfür sind zahllose Projekte in Jugendhäusern, in denen jugendkulturelle Betätigungen gefördert werden und das Erlernen sozialer Fähigkeiten und Fertigkeiten spielerisch über die fachliche Begleitung bei jugendkulturellen Aktivitäten und Gruppenangeboten geschieht.

Für die Arbeit mit Jugendlichen, die nicht jugendkulturell verortet sind, bedeutet dies die Frage, ob es nicht von Nutzen wäre, wenn sie einen Anknüpfungspunkt zu einer derartigen Gruppe bekämen. Gerade Jugendliche, die weder im *„Mainstream"* ihrer Generation ankommen, noch in anderer Hinsicht positive Orientierung an peergroups erfahren, sind diejenigen, die am anfälligsten für Kriminalität, Drogen, Gewalt oder schlicht Anpassungsprobleme an die Gesellschaft sind. Jugendkulturen könnten diesen Jugendlichen auch für ihr späteres Leben helfen, da sie als Sozialisationsinstanzen zu einer stabilen Lebensführung beitragen können.

TIMO RABE ist Diplom-Sozialpädagoge im Bereich Alkoholprävention/erzieherischer Kinder- und Jugendschutz im Jugendamt der Stadt Nürnberg und musikbegeisterter Szeneaktivist
Timo.Rabe@Stadt.Nuernberg.de

Schwerpunkt JUGEND

Jugendliche und das Internet: Soziologische Überlegungen und empirische Befunde

Stefanie Rhein

Über ihre jeweilige Mediennutzung begegnen Jugendliche den Herausforderungen einer zunehmend individualisierten und medialisierten Gesellschaft - z.B. im Hinblick auf die eigene Sozialisation und Identitätsbildung - oft sehr kompetent, selbstständig und kreativ. Der Beitrag beleuchtet die jugendlichen Umgehensweisen mit Medien vor dem Hintergrund der Potenziale und Möglichkeitsräume, die insbesondere das web 2.0 den Usern bietet.

Hiervon ausgehend werden – unter anderem auf der Basis empirischer Befunde zur Rezeption von Gewalt und Pornografie im Internet – einige, sich zum Teil aus dieser eigenständigen und oft auch eigenwilligen Mediennutzung der digital natives ergebende Risikopotenziale vorgestellt und pädagogische Anregungen formuliert.

Einleitung

Der Blick von Eltern und Pädagogen auf die neuen Medien, insbesondere auf das Internet, sowie auf deren Nutzung durch Jugendliche ist häufig von Sorge oder zumindest einer gewissen Skepsis bestimmt: *„Mein Vater hat mir immer gesagt: 'Geh nich' in's Internet. Das ist viel zu gefährlich.' Und blablabla..."* (Verena, 17 Jahre).[1]

Auch wenn einerseits bestimmte Gefährdungspotenziale nicht von der Hand zu weisen sind (z.B. Kostenfallen, die ungewollte Konfrontation mit als *„schlimm"* empfundenen Inhalten, sexuelle Belästigungen in Chatrooms, Cyber-Mobbing, unbedachte Preisgabe persönlicher Informationen), zeigen andererseits beispielsweise die soziologische Jugend- und die Mediennutzungsforschung, dass die Möglichkeiten, die insbesondere neue Medien wie das Internet bieten, gerade von Jugendlichen in besonderer Weise im Rahmen ihrer Sozialisation, Identitätskonstruktion und (Selbst-)Bildung genutzt werden. Um dieses Spannungsfeld soll es im Folgenden gehen, wenn zunächst die medialen und die damit verknüpften gesellschaftlichen Entwicklungen vorgestellt sowie die sich daraus ergebenden erweiterten Möglichkeitsräume und Herausforderungen insbesondere für Jugendliche thematisiert werden. Deutlich gemacht werden soll, dass die Jugendlichen diesen Herausforderungen wiederum auch durch ihre Mediennutzung – in oft sehr eigenständiger, kreativer und produktiver Weise – begegnen. Vor diesem Hintergrund sollen dann unter anderem anhand von Beispielen aus der aktuellen Forschung zur jugendlichen Nutzung von Gewalt und Pornografie über digitale Medien (Internet, Mobiltelefon) nochmals einige mögliche Gefährdungspotenziale genauer in den Blick genommen werden.

Medienbezogene Entwicklungen

Betrachtet man die Medienlandschaft, dann haben sich im Laufe relativ kurzer Zeit deutliche Veränderungen ergeben.[2] Die zunehmende Digitalisierung und die immer stärkere mediale (aber auch soziale) Vernetzung durch das Internet stellen zwei besondere markante Entwicklungen dar. Weitere prägnante Veränderungen sind eine zunehmende Medienkonvergenz, das heißt das zunehmende Zusammenwachsen von Medien, das sich vor allem im Entstehen neuer Hybrid- und Multifunktionsmedien zeigt: So sind Mobiltelefone heute zugleich Kamera, Radio, Spielkonsole, Fotoalbum, Fernseher, Videorekorder usw. Außerdem werden immer mehr Medieninhalte in zahlreichen Medien zugleich angeboten (z.B. Zeitschriften, Homepages, Computerspiele, Apps, Bücher, CDs oder DVDs u.ä. zu einem bestimmten Kinofilm). Angetrieben durch die Digitalisierung kommt es außerdem zu einer Vervielfachung der Medien – das heißt es kommen immer neue Medien auf den Markt, die andere Medien zum Teil ersetzen (z.B. Mp3), zum Teil das Medienensemble auch ergänzen, indem sie neue Nutzungsmöglichkeiten eröffnen (z.B. Walkman). Zugleich kann eine Pluralisierung und Diversifizierung der Medieninhalte beobachtet werden – z.B. eine Zunahme von speziellen Fernseh- und Radiokanälen oder ein nahezu unüberschaubares Webangebot, das auch noch die Spezialinteressen kleinster Zielgruppen zu bedienen in der Lage ist.

Gleichzeitig geht der Trend hin zu mobilen Medien (z.B. Mobiltelefone, Mp3-Player, Netbooks) und damit zur ortsungebundenen Mediennutzung. Eine weitere wichtige Entwicklung ist die zunehmende Interaktivität, wobei das sogenannte web 2.0 – auch: das *„Mitmachnetz"* – als Paradebeispiel für Interaktivität gilt.[3] Hier ergeben sich umfassende Möglichkeiten der Mitgestaltung und Partizipation der Nutzer/innen. Allerdings bedeutet dies nicht, dass das web 2.0 auch notwendig in besonderem Maße interaktiv genutzt werden muss, vielmehr können die meisten der angebotenen Inhalte auch – wie bei einem traditionellen Massenmedium (z.B. Fernsehen) –*„nur"* konsumiert werden. Entsprechend stellen z.B. bei der Internetenzyklopädie Wikipedia, die einen interaktiven Kommunikationsraum der Produktion, Organisation und Vermittlung von Information und Wissen darstellt, lediglich 6% der Nutzer auch selbst Informationen ein, alle anderen rufen diese nur ab.[4] Dass nur ein relativ kleiner Anteil der Nutzer die interaktiven Möglichkeiten des web 2.0 realisiert, lässt sich auch für andere Angebote wie z.B. für Videoportale (youtube, myvideo, clipfish u.ä.) zeigen.[5] Charakteristisch für das, was als web 2.0 verstanden wird, sind also die Mitmachpotenziale, die es bietet, ohne dass diese vom einzelnen User bei der Nutzung unbedingt realisiert werden müssen. Wird das web 2.0 entsprechend seiner Möglichkeiten genutzt, dann verschwimmen in zunehmendem Maße die Rollen von Produzent und Rezipient: Der User ist sozusagen beides zugleich; der von ihm produzierte Medieninhalt wird als *„user generated content"* bezeichnet.

1 Grimm, Rhein & Müller, 2010, S. 210.
2 Z.B. Hugger, 2010, S. 8; Süss, 2007, S. 56 ff.
3 Z.B. Trump, Gerhards & Klingler, 2008.
4 Vgl. Sutter, 2010, S. 149.
5 Z.B. Grimm, Rhein & Clausen-Muradian, 2008, S. 37 f.

Die skizzierten Entwicklungen bieten für den User zahlreiche (zum Teil neue) Nutzungs-, Kommunikations-, Teilhabe- und Teilnahmemöglichkeiten. Es zeigt sich dabei, dass es bei der Wahrnehmung solcher Möglichkeiten deutliche Unterschiede z.B. zwischen Jugendlichen und Erwachsenen gibt: Junge Menschen nutzen die Neuen Medien im Vergleich zu Erwachsenen besonders intensiv, sie bearbeiten die neuen Medienentwicklungen besonders schnell und passen sie an ihre individuellen Bedürfnisse an.[6] Bereits Anfang der 1990er Jahre stellten Baacke, Sander und Vollbrecht[7] fest, dass Medien einen zentralen Stellenwert im Leben Heranwachsender einnehmen und jugendliche Lebenswelten entsprechend immer auch Medienwelten sind. Auch die digitalen Medien sind bereits fest in den jugendlichen Alltag integriert, wie es z.B. die JIM-Studie 2010 oder die SHELL-Studie 2010 belegen: Über die letzten Jahre zeigt sich ein kontinuierlicher Anstieg der Internetnutzung bei den 12- bis 19-Jährigen bzw. den 12- bis 15-Jährigen.[8] Als wichtige oder sehr wichtige Medienbeschäftigung stufen 86% der Jugendlichen die Nutzung des Internets ein, übertroffen wird dies lediglich durch das Musikhören, das von 91% der Befragten als wichtig angegeben wird.[9]

Die aktuellen Jugendlichen werden häufig als erste Generation von *„digital natives"* bezeichnet, das heißt als erste Generation, die von Anfang an in einer digitalisierten Medienwelt aufwächst.[10] Als *„digital immigrants"* gelten hingegen diejenigen, *„die die Online-Welt erst als Erwachsene kennen und nutzen lernten"*,[11] also in der Regel auch die Eltern der heutigen Jugendlichen. Die digital immigrants sind weniger vertraut mit und häufig auch deutlich skeptischer gegenüber den entsprechenden Medien und ihrer Nutzung als die *„digitalen Eingeborenen"*, die *„Online"* und *„Offline"* in ihrem Alltag in der Regel problemlos miteinander verbinden.[12] Allerdings gehen auch die digital natives auf unterschiedliche Weise und in unterschiedlichem Ausmaß mit Medien um; entsprechend differenziert z.B. die aktuelle SHELL-Studie vier Internetnutzungstypen unter den 12-25-Jährigen.[13] Der Fokus der Gamer (25%) liegt auf dem Spielen, der der digitalen Netzwerker (24%) auf den Kommunikations- und Beziehungsmöglichkeiten, wie sie vor allem die social communities bieten, die Funktions-User (34%) nutzen das Internet als Mittel zum Zweck (z.B. für Online-Shopping, Informationssuche, E-Mailkommunikation), die Multi-User (17%) zeigen hingegen eine umfassende Nutzung der vorhandenen Funktionalitäten des Netzes.

Wie sich bereits in diesen unterschiedlichen Mediennutzungsmustern andeutet, sind die heutigen Jugendlichen (trotz der medienbezogenen Gemeinsamkeit des *„digitalen Eingeborenseins"*) nicht als eine homogene Jugendgeneration zu verstehen, vielmehr ist gerade eine nahezu unüberschaubare Vielfalt an unterschiedlichen jugendkulturellen Formen kennzeichnend für das aktuelle Erscheinungsbild von Jugend im Kontext neuer Medien. Die Entstehung von Jugendkulturen ist in jüngerer Zeit ebenso durch die unterschiedlichen Verwendungsmöglichkeiten von Computer und Internet inspiriert wie bereits seit längerem durch die verschiedenen Musikstile, Kino- und Fernsehserien.[14]

Aber es sind nicht nur mediale Veränderungen, die das Aufwachsen bzw. die Bedingungen des Aufwachsens prägen, sondern auch – damit teilweise verschränkte – gesellschaftliche Entwicklungen. Diese bedeuten neue Herausforderungen, Chancen und Risiken für die Individuen und insbesondere für Jugendliche und Heranwachsende. In diesem Kontext ist dann wiederum das Umgehen von Jugendlichen mit den so genannten neuen Medien zu betrachten.

Gesellschaftliche Entwicklungen und die Rolle der Medien

Die zunehmende Medialisierung der Gesellschaft ist Teil eines umfassenden sozialen Wandlungsprozesses, der so genannten Individualisierung.[15] Durch den relativen Wohlstand, die zunehmende Mobilität, die Bildungsexpansion, die Globalisierung und nicht zuletzt die weitreichende Entfaltung des Medien- und Kommunikationssystems gewinnen Menschen an Wahl- und Gestaltungsmöglichkeiten im Hinblick auf ihr Leben, ihre Zugehörigkeiten, ihre Biographie usw. hinzu. Traditionelle Wertmaßstäbe und Gemeinschaftsformen verlieren zunehmend an Bedeutung, *„ursprünglich gesellschaftlich vorgeprägte Rollen und Lebenspläne werden individuell verfügbar"*,[16] das heißt sie können mehr denn je individuell gewählt und gestaltet werden.

Der Mensch gewinnt zum einen an Handlungs- und Gestaltungsfreiheit hinzu, jedoch wird ihm die eigenständige Lebensplanung zum anderen auch abverlangt. Dies stellt gerade auch für junge Menschen eine enorme Herausforderung dar: Man kann und muss wählen, man kann und muss zum *„Bastler"* seines Lebens und seiner Identität werden, man kann und muss seine soziale Integration und damit seine Sozialisation mehr denn je selbst in die Hand nehmen.[17] Dass Jugendliche diese Herausforderung oft sehr kreativ und produktiv angehen, zeigen die vielfältigen, von ihnen geschaffenen jugend- und medienkulturellen Stile und jugendlichen Medienwelten. Entsprechend stehen gerade auf (jugend-)kulturellen und medialen Märkten vielfältige Sinn-, Zugehörigkeits-, Lebensstil- und Identitätsoptionen zur Verfügung, die Jugendliche für sich selbst wählen, übernehmen, (mit-)gestalten bzw. gemeinsam mit anderen (weiter-)entwickeln können. Diese Angebote können eher subkultureller oder auch eher kommerzieller Art sein.

Insgesamt lässt sich feststellen, dass im Zusammenhang mit der zunehmenden Individualisierung neue Formen der Vergemeinschaftung wie z.B. Fan- und Jugendszenen an Bedeutung gewinnen, für die charakteristisch ist, dass sie auf Wahlfreiheit basieren und dass sie um ein gemeinsames Interesse oder Thema der Mitglieder kreisen.[18] Im Zentrum stehen häufig Medien bzw. Medieninhalte (z.B. bei HipHop-Fans oder Online-Gamern), manchmal stehen auch bestimmte Mediennutzungen im Vordergrund (z.B. bei der Hacker- oder der Programmierer-Szene).[19] Im Zuge der medialen Entwicklungen sind diese Teilnahme- und Zugehörigkeitsoptionen immer weniger auf lokale Nähe der Mitglieder angewiesen: Man trifft sich zum Beispiel im Online-Chat, man gehört zu denselben social communities im Netz und man fühlt sich allen anderen Star Trek-Fans weltweit verbunden.

6 Hugger, 2010, S. 8/9.
7 Baacke, Sander & Vollbrecht, 1990.
8 JIM, 2010, S. 27; SHELL, 2010, S. 101.
9 JIM, 2010, S. 13.
10 Hugger, 2010, S. 12/13.
11 Hugger, 2010, S. 12/13.
12 Hugger, 2010, S. 12/13.
13 SHELL, 2010, S. 105 ff.
14 Vogelgesang, 2010, S. 40.
15 Beck & Beck-Gernsheim, 1994.
16 Vogelgesang, 2010, S. 37.
17 Z.B. Keupp et al., 2002; Hurrelmann, 2002; Müller, 1995.
18 Hitzler, 2003.
19 Zinnecker & Barsch, 2009.

Medien nehmen im Kontext der zunehmenden Individualisierung demnach eine Doppelrolle ein:

(1) Die Medienentwicklungen stoßen Prozesse der kulturellen Pluralisierung und der Individualisierung an und beschleunigen diese, indem sie die Zahl der verfügbaren Optionen und die Handlungsspielräume ständig weiter vergrößern.
(2) Sie bieten aber zugleich auch Lösungen, indem sie neue, auf Wähl- und Gestaltbarkeit basierende Zugehörigkeits- und Identitätsoptionen *„bereitstellen"*, erweiterte Kommunikationsmöglichkeiten und -räume, Teilhabemöglichkeiten schaffen und Ähnliches.

Zugehörigkeit und Abgrenzung

Jugendliche signalisieren – nicht nur, aber auch – über ihre Medienvorlieben und ihre jeweilige Mediennutzung ihre Nähe zu bestimmten sozialen Gruppen oder soziokulturellen Kontexten (z.B. zu bestimmten Fan- oder Jugendszenen), mit denen sie sich identifizieren: also beispielsweise mit denen, die ähnlich *„ticken"* wie sie selbst, die dieselben Interessen haben und dasselbe mögen, denen die gleichen Dinge wichtig ist, die sich gerade mit denselben jugendtypischen Problemen und Entwicklungsaufgaben (z.B. Ablösung vom Elternhaus, Integration in die Gruppe der Gleichaltrigen, Entwicklung der geschlechtsbezogenen Identität) *„herumschlagen"*. Gleichzeitig machen sie über ihre Mediennutzung auch ihre Distanz zu anderen deutlich, von denen sie sich abgrenzen und abheben möchten. Man gehört z.B. zu denen, die ein iPhone besitzen und dadurch *„Style"* und *„Coolness"* signalisieren, man gehört zu den Fans der Daily Soap *„Marienhof"*, *„hasst"* aber *„Verbotene Liebe"*, weil es im Gegensatz zu *„Marienhof"* im *„abgehobenen"* Adelsmilieu spielt, man nutzt bestimmte jugendkulturelle Foren, die nur den Anhängern der jeweiligen Spezialkultur bekannt sind und macht dadurch deutlich, dass man Insider ist usw. Die jeweilige Mediennutzung fungiert hier als Signal, das unter anderem Auskunft über die soziokulturellen Selbstpositionierungen der Jugendlichen gibt.

Um die eigene kulturelle Identität zuverlässig anzeigen zu können und um sich die entsprechende soziale Anerkennung zumindest durch die Gleichgesinnten zu sichern, muss man sich in die jeweils relevante Symbolwelt einarbeiten, sich die erforderlichen – auch medienbezogenen – Wissensbestände und Kompetenzen aneignen.[20] Dafür muss in der Regel Zeit und Mühe investiert werden. Auf der Hand liegt dies bei Medienszenen, die, wie es z.B. bei den Hackern, Programmierern oder auch den Online-Gamern der Fall ist, um bestimmte Nutzungsweisen kreisen, die von den Mitgliedern beherrscht werden müssen und die eine offensichtlich hohe technische Expertise oder Fertigkeit verlangen; es gilt aber auch für die anderen Medienkulturen, z.B. auch für medienbezogene Fanszenen, in denen vielleicht erst ein bestimmtes Fanwissen über das Fanobjekt, der Besitz bestimmter, vielleicht gerade nicht massenproduzierter und daher schwer zugänglicher Fanartikel oder die Kompetenz, auf *„fanspezifische"* Weise über das Fanobjekt zu sprechen, für die Akzeptanz als Fan sorgen.

Über ihre jeweiligen Medienvorlieben oder spezifischen Nutzungsweisen positionieren sich Heranwachsende allerdings nicht nur gegenüber anderen Jugendlichen bzw. im jugendkulturellen Raum (also intragenerationell), sondern zugleich intergenerationell, das heißt gegenüber der älteren Generation: den Eltern, den Erwachsenen, der Gesellschaft und deren Normalitätsvorstellungen.[21] Hierdurch bearbeiten sie z.B. die Entwicklungsaufgabe der Ablösung vom Elternhaus und der Zuwendung zur Gleichaltrigengruppe.[22] Das Internet scheint dafür besonders geeignet, weil es den Jugendlichen, *„die traditionellerweise schon immer auf der Suche nach ihren Räumen in einer erwachsenenzentrierten Gesellschaft waren, neue Möglichkeiten zur Raumeroberung [bietet]. Das WWW ist (noch) offen für alle, kaum regulierbar, anonym und verschachtelt, hat mit dem web 2.0 an Interaktivität gewonnen und lässt es besonders gut zu, eigene Bereiche zu schaffen"*.[23] Hier lassen sich eigene Nischen finden, neue Bekanntschaften schließen, hier findet Austausch und jugendliches Leben statt – ohne Erwachsenenbeaufsichtigung, (fast) ohne Reglementierung und ohne Pädagogisierung.

Medienbezogener Kompetenzerwerb

Die Aneignung der medienbezogenen Kompetenzen, wie sie gerade in Szenen und Medienspezialkulturen für die Teilnahme und kulturelle Teilhabe wichtig sind, erfolgt in der Regel innerhalb der Gleichaltrigengruppe und verläuft autodidaktisch und/oder peer-kooperativ. Der Aufstieg in der sozialen Hierarchie einer Szene oder Medienspezialkultur ist dabei in der Regel mit einem immer gezielteren Wissens- und Kompetenzerwerb verbunden.[24] Einige der im Rahmen des Szenelebens erworbenen Kompetenzen können durchaus auch im normalen Alltag relevant sein und anerkannt werden, so dass die Szenebildung sogar zur Selbstprofessionalisierung werden kann, wenn z.B. die selbst angeeigneten Programmierkompetenzen den Zugang zu einer entsprechenden beruflichen Karriere eröffnen oder wenn die Fans einer bestimmten Serie sich durch das Schreiben oder die Verfilmung selbstverfasster Episoden Kompetenzen erwerben, die ihnen zu einem Praktikum bei einer Filmproduktionsfirma verhelfen. Jugendliche Medienkulturen können als *„Kompetenzmärkte"* betrachtet werden, die Partizipation der Jugendlichen *„am kollektiv geteilten Wissensspektrum und Bedeutungskosmos vertieft und verfestigt dabei eine genrespezifische Medienkompetenz und einen Spezialisierungsgrad, der weit über das mediale Alltagswissen hinausreicht"*.[25]

Identitätsarbeit im Netz

Das Internet bietet eine neue öffentliche Bühne für die Selbstdarstellung, z.B. auf persönlichen Homepages, in Blogs, über Podcasts, in Chats, auf Online-Portalen. Relativ frei vom Routine- und Anforderungscharakter ihrer sonstigen Rollenverpflichtungen in der Offline-Welt können hier Selbstdarstellungsstrategien eingeübt und erprobt werden.[26] Einerseits kann es dabei um das Ausprobieren und Ausleben bestimmter, im Alltag (noch) nicht gelebter Facetten des eigenen Selbst gehen wie z.B. beim Online-Rollenspiel, wo bewusst mit Identität gespielt wird (z.B. ein anderes Geschlecht angenommen wird).[27] An anderen Stellen – z.B. in den social communities wie schuelerVZ oder facebook – steht hingegen die Inszenierung von biographischer Glaubwürdigkeit im Zentrum.[28] Hinzukommen in der Regel das Bemühen um eine coole, seriöse oder lustige Präsentation der eigenen Person sowie darum, sich für die eigene Person repräsentativen Gruppen (z.B. Fangruppen zu bestimmten Bands)

20 Müller, 1995.
21 Schmidt, Neumann-Braun, 2003.
22 Hurrelmann, 2009.
23 Friedrichs & Sander, 2010, S. 34/35.
24 Vogelgesang, 2010, S. 41.
25 Vogelgesang, 2010, S. 41/42.
26 Vogelgesang, 2010, S. 42.
27 Vogelgesang, 2010, S. 44 ff.
28 Vogelgesang, 2010, S. 47.

zuzuordnen.[29] Dass in den social communities seltener mit Identitäten gespielt wird, könnte nach FRIEDRICHS und SANDER[30] daran liegen, dass das Kommunizieren mit *„echten"* Freunden und Bekannten aus dem realen Leben, die ja häufig einen nicht unerheblichen Teil der Online-Freunde ausmachen,[31] dann nicht möglich wäre. Die Selbstdarstellung kann auch über eigene Medienprodukte erfolgen, die auf entsprechenden Seiten und Portalen eingestellt werden und von den eigenen produktiven Kompetenzen zeugen.

Die entsprechenden Aktivitäten zielen zum einen auf das Ausprobieren von Identitätsentwürfen und damit auf die eigene Selbstreflexion und Identitätsentwicklung. Zum anderen geht es um die Erlangung von Aufmerksamkeit und sozialer Akzeptanz.[32] Insofern ist ein Feedback – z.B. über die Kommentarfunktion – in der Regel auch erwünscht. Entsprechende Rückmelde- und Interaktionsfunktionen sind ein integraler Bestandteil des web 2.0. Studien können bei allen Risiken, die das Einstellen persönlicher Daten ins Internet zweifelsohne aufweist, zeigen, dass *„die öffentliche und selbstbestimmte Darstellung der eigenen Identität resp. bestimmter Identitätsfacetten im Internet* [...] *– durch ihre mediale Gestaltung, durch die Vernetzung mit Gleichgesinnten und durch positive Resonanz – das Selbstvertrauen stärken und ein selbstsicheres Auftreten außerhalb des Netzes unterstützen* [kann]".[33]

Kommunikation und Beziehungspflege online

Gerade Online-Netzwerke kommen dem Wunsch der Jugendlichen entgegen, sich mit Freunden/innen zu treffen, aber auch neue Leute kennen zu lernen: Hier findet man Gleichgesinnte, die man in der Regel schon anhand ihrer Selbstpräsentation (z.B. ihrer im Profil angeführten Präferenzen) als *„sozial ähnlich"* erkennen kann. Auffällig ist, dass die Offline-Freunde in der Regel auch zum Online-Freundeskreis gehören.[34] Über die entsprechenden Suchmöglichkeiten (oder die von der Seite generierten Vorschläge) können alte Bekannte und aus dem Blick geratene Schulfreunde wieder gefunden werden, außerdem werden neue Bekanntschaften geschlossen.[35] Bemerkenswert ist, dass die Möglichkeit, sich zunächst über das Online-Profil an Personen *„heranzutasten"*, sich vorteilhaft auf soziale Beziehungen auszuwirken scheint – insbesondere schüchterne Jugendliche mit wenig Selbstvertrauen können hiervon offensichtlich profitieren, weil ihnen so der Zugang zu neuen Bekanntschaften erleichtert wird.[36]

Teilnahme und Teilhabe

Gerade im Vergleich zu den so genannten Massenmedien bieten die digitalen Medien ihren Nutzern erweiterte Teilhabe- und Teilnahmemöglichkeiten: z.B. indem sie sich selbst und ihre Interessen artikulieren, indem sie mit anderen in Austausch treten oder indem sie Web-Angebote (mit-)gestalten können.[37] Jugendliche werden aufgrund ihrer starken Internetzuwendung auch als eine über das Netz besonders gut aktivierbare Gruppe wahrgenommen – entsprechend wird vermehrt versucht, gerade diese Gruppe z.B. über Votings, Befragungen, Beteiligungsaktionen anzusprechen.[38] Die erweiterten Teilnahmechancen machen das Internet für Jugendliche besonders attraktiv, so bietet ihnen das Internet einen alternativen medialen Raum für die eigene öffentliche oder zumindest teilöffentliche Artikulation.[39]

Alles gut?

Aus der dargestellten Perspektive des sozialen Gebrauchs von Medien begegnen Jugendliche und Heranwachsende den Herausforderungen einer zunehmenden Individualisierung und Medialisierung der Gesellschaft kompetent, selbstständig und kreativ über eine entsprechende Mediennutzung. Nicht beleuchtet wurde bislang allerdings erstens die Frage danach, ob dies für alle Jugendlichen gleichermaßen gilt, sowie zweitens die Frage nach den Risikopotenzialen, die gerade die skizzierte eigenständige Nutzung des Webangebots – oft gezielt abseits des Zugriffs der Erwachsenen und der Pädagogik – durch junge Menschen mit sich bringen.

Digitale Ungleichheiten

Die kompetente, selbstbestimmte und produktive Nutzung der Potenziale des web 2.0 für die eigene Sozialisation und Identitätsentwicklung setzt bestimmte Ressourcen voraus, über die nicht unbedingt alle Jugendlichen gleichermaßen verfügen müssen.[40] Diese Ressourcen können beispielsweise finanzieller, kultureller (und damit auch medialer), bildungsbezogener, sozialer und personaler Art sein. Fehlen die entsprechenden Ressourcen, dann können die sich bietenden Möglichkeiten und Herausforderungen eine Überforderung darstellen oder die Optionen sind für denjenigen von vornherein gar nicht in vollem Umfang zugänglich. So ist offensichtlich auch die Realisierung der oben dargestellten Möglichkeiten des web 2.0, insbesondere die Realisierung der vorhandenen Teilhabe- und Beteiligungschancen, bis zu einem gewissen Grad ressourcenabhängig: Immer wieder zeigt sich beispielsweise in Studien, dass Jugendliche mit formal geringerem Bildungsgrad sich im Netz eher Unterhaltungsangeboten zuwenden und vor allem die gestalterischen und informationsbezogenen Möglichkeiten weniger nutzen als formal höher Gebildete.[41] Insgesamt scheint für den Umgang mit dem Internet ein Zusammenspiel verschiedener Ressourcenarten relevant zu sein: *„Die materiellen, kulturellen und sozialen Ressourcen, die NutzerInnen außerhalb des Internets zur Verfügung stehen (z.B. im lebensweltlichen Kontext erworbene Kompetenzen im Umgang mit verschiedenen Medien sowie Interessen- und Präferenzmuster, soziale Unterstützung in der Mediennutzung, Peer-Strukturen sowie technische Ressourcen), erweisen sich hierbei als ebenso relevant wie die Erfahrungen, die Jugendliche innerhalb des Internets als Feld machen."*[42]

Digitale Ungleichheiten zeigen sich mittlerweile nicht mehr in erster Linie im Zugang zum Internet, über den die einen z.B. kraft ihrer finanziellen Möglichkeiten verfügen und die anderen nicht. Vielmehr kann in Bezug auf das Internet mittlerweile bei den Jugendlichen fast von einer Vollausstattung ausgegangen werden. Die digitale Spaltung bezieht sich stattdessen nun sehr viel stärker auf den unterschiedlichen Umgang mit den interaktiven Möglichkeiten und den vielseitigen Funktionalitäten des Netzes.[43] Hier ergibt sich ein (medien-)pädagogischer Handlungsbedarf, um die Teilnahme- und Teilhabechancen insbesondere der Jugendlichen zu erhöhen, die nicht *„von Haus aus"* über

29 FRIEDRICHS & SANDER, 2010, S. 32.
30 FRIEDRICHS & SANDER, 2010, S. 33.
31 HUGGER, 2010, S. 13.
32 VOGELGESANG, 2010, S. 48.
33 VOGELGESANG, 2010, S. 43.
34 FRIEDRICHS & SANDER, 2010, S. 32.
35 JIM, 2010, S. 41 ff.
36 FRIEDRICHS & SANDER, 2010, S. 32.
37 TRUMP, GERHARDS & KLINGLER, 2008, S. 209.
38 KUTSCHER & OTTO, 2010, S. 79.
39 HUGGER, 2010, S. 11.
40 KEUPP ET AL., 2002, S. 53.
41 Z.B. KUTSCHER & OTTO, 2010; SHELL, 2010, S. 105 ff.
42 KUTSCHER & OTTO, 2010, S. 76.
43 SHELL, 2010, S. 105 ff.

entsprechende Ressourcen (z.B. Medienkompetenz, soziale Unterstützung im Umgang mit Medien) verfügen.

Problematische Inhalte

Mit der Vervielfachung der Medieninhalte und -angebote und der zunehmenden Unkontrollierbarkeit des Internets eröffnen sich Jugendlichen neue Möglichkeitsräume und Wahloptionen für ihre Selbst- und Lebensgestaltung bzw. -inszenierung. Dies geht aber auch damit einher, dass sie einen vergleichsweise leichten Zugang zu – zumindest aus der Sicht der Erwachsenen – problematischen Inhalten wie z.B. Pornographie oder Gewalt erhalten.[44] Dies führt zum einen dazu, dass Heranwachsende immer häufiger ungewollt – über Links, Empfehlungen, Pop-ups, Tippfehler in der Adresszeile – mit solchen Inhalten konfrontiert werden, zum anderen stehen diese Inhalte Jugendlichen z.B. für ihre intergenerationellen Abgrenzungen oder für ihre Selbstinszenierungen (beispielsweise als *„hart im Nehmen"*) ohne Weiteres zur Verfügung. So zeigt eine Studie zum Umgang Jugendlicher mit Gewalt im web 2.0, dass immerhin 25% der jugendlichen Internetnutzer/innen zwischen 12 und 19 Jahren (N=744) Gewaltinhalte aus eigener Anschauung kennen.[45] Dies betrifft vor allem fiktionale Gewalt (z.B. Horrorfilme, Gewalt in Musikvideos); aber auch Inhalte, bei denen Unglücksopfer zu sehen sind, oder Prügelvideos werden noch von über 50% dieser Befragtengruppe gekannt. Jeweils über 40% von ihnen haben schon Videos oder Fotos von Krieg, Folterungen oder Hinrichtungen und echte extreme/brutale Gewalt gesehen.

Im Zentrum der Kritik an der Rezeption von Medieninhalten wie Gewalt oder Pornografie steht die Befürchtung, dass sie negative Wirkungen insbesondere auf jugendliche Nutzer/innen haben könnte – z.B. in Bezug auf deren gewalt- oder sexualitätsbezogene Einstellungen, Emotionen, Wahrnehmungen oder Verhalten. Entsprechende Effekte könnten dadurch verstärkt werden, dass durch die scheinbar uneingeschränkte mediale Verfügbarkeit bei den Usern womöglich der Eindruck entsteht, die gezeigte Gewalt und Pornografie seien *„normal"* und gesellschaftlich akzeptiert. Die Forschung in Bezug auf Medienwirkungen ergibt allerdings insgesamt ein uneinheitliches Bild.[46] Die Befunde legen nahe, dass es so etwas wie eine vorauskalkulierbare Wirkung von Medien nicht gibt und dass jedenfalls nicht im Sinne eines Automatismus von bestimmten Inhalten auf bestimmte Wirkungen geschlossen werden kann. Wirkungen hängen vielmehr vom jeweiligen Zusammenwirken zahlreicher, z.B. inhaltlicher, situativer, rezipienten- und kontextbezogener Faktoren ab. Insofern kann lediglich von bestimmten Gefährdungspotenzialen gesprochen werden, die beim regelmäßigen Umgang mit diesen Inhalten unter spezifischen Bedingungen zum Tragen kommen können.

Emotionale Reaktionen

Die Gruppeninterviews im Rahmen der Studie *„Gewalt im web 2.0"* zeigen, dass die Jugendlichen in der Regel – auch bei vorhandener Mediengewaltaffinität – nicht prinzipiell *„abgebrüht"* gegenüber den gewalthaltigen Inhalten sind. Fragt man sie nach den Gewaltdarstellungen, die sie am meisten beeindruckt haben,[47] dann sind dies insbesondere Darstellungen extremer realer Gewalt (z.B. Hinrichtungen) oder extremer realer Verletzungen (z.B. genitale Selbstverstümmelungen, Zugunglücke mit *„Personenschäden"*) sowie Situationen, bei denen die Jugendlichen sich mit den Opfern oder der Situation stark identifizieren (z.B. rechtsextreme Übergriffe auf ausländische Jugendliche). Die Schilderungen im Verlauf der Interviews zeugen unabhängig davon, ob solche Inhalte gezielt oder ungewollt konsumiert wurden, von starken emotionalen Reaktionen. Genannt werden in erster Linie Schock und Ekel, bei starker Identifikation mit dem Opfer auch Mitleid oder konkrete Ängste, außerdem wird Empörung gegenüber den gezeigten Tätern, aber auch den Produzenten der Darstellungen formuliert. Die nicht-mediengewaltaffinen Jugendlichen, die in der Regel ungewollt mit den jeweiligen Inhalten konfrontiert wurden, berichten neben den nachhaltigen emotionalen Reaktionen teilweise auch von heftigen, zum Teil länger andauernden körperlichen Reaktionen wie Herpes, Übelkeit oder Appetitlosigkeit.[48]

Erstaunlich erscheint dabei, dass die Jugendlichen, die ungewollt mit entsprechenden Darstellungen in Berührung kamen, eher nicht mit ihren Eltern über diese, sie zum Teil erkennbar belastenden Erfahrungen sprechen. Eltern oder Pädagogen als *„digital immigrants"* (oder gar *„Offliner"*) werden von den Jugendlichen – und dies gilt auch im Falle von anderen unangenehmen Erfahrungen im Netz (z.B. Belästigungen, Bedrohungen, Cybermobbing u.ä.), von denen immerhin ein Drittel der Befragten Jugendlichen schon mindestens einmal betroffen war[49] – als Ansprechpartner/innen häufig ausgeklammert. Ein wichtiger Grund hierfür liegt in der Angst, ihre – in der Regel von den Jugendlichen ohnehin eher als internetskeptisch oder -ablehnend eingestuften – Eltern könnten durch die Berichte ihrer Kinder über die unliebsamen Begegnungen im Netz in ihrer pauschal-kritischen Haltung bestärkt werden. Die Jugendlichen nehmen an, dass eine solche Bestätigung der elterlichen Bedenken Einschränkungen oder gar Verbote in der Nutzung des für sie zentralen Mediums[50] nach sich ziehen könnte. Gleichzeitig sind die digital immigrants oft weniger medienkompetent als ihre Kinder, insofern scheinen sich die Jugendlichen von ihnen auch nicht unbedingt praxistaugliche Hilfestellungen und Tipps in Sachen Internet zu erwarten. Die im Rahmen einer Studie zum Umgang Jugendlicher mit Pornografie im Web 2.0 befragte 16-jährige Gymnasiastin Olga sagt hierzu:[51] *„Meine Mutter hat bis heute noch nich' verstanden, was MSN ist. Sie sagt* [lacht], *sie sagt: 'Pass auf und so, wer da dich alles anguckt'* [verstellt die Stimme leicht]. *Ich sag so: 'Mama, zum zehnten Mal, da muss man erst die E-Mail-Adresse haben. Da sind nur Freunde von mir. Und dann muss man sich erst adden. Und dann dies und das.' Sie sagt so: 'Hä? Was ist adden?'"*

Wenn Erwachsene von den Jugendlichen als Ansprechpartner/innen jedoch nicht in Anspruch genommen werden, sind die jungen Menschen – sowohl was die Verarbeitung des Gesehenen anbelangt wie auch im Hinblick auf etwaige zukünftige Schutzmaßnahmen – allein auf sich selbst oder auf ihre Altersgenossen verwiesen. Auch wenn eine erfolgreiche Verarbeitung so durchaus möglich ist und die Jugendlichen sich auch gegenseitig im Hinblick auf Schutzmöglichkeiten weiterhelfen können, wird doch zumindest die Chance auf eine potenziell weitergehende pädagogische und elterliche Unterstützung vergeben. Umgekehrt erfahren die Erwachsenen nur eingeschränkt etwas darüber, was die Jugendlichen gerade bewegt oder ihnen zu schaffen macht.

44 Grimm, Rhein & Clausen-Muradian, 2008; Grimm, Rhein & Müller, 2010.
45 Grimm, Rhein & Clausen-Muradian, 2008, S. 49 ff.
46 Z.B. Kunczik & Zipfel, 2006.
47 Grimm, Rhein & Clausen-Muradian, 2008, S. 177 ff.
48 Grimm, Rhein & Clausen-Muradian, 2008, S. 180 ff.
49 Grimm, Rhein & Clausen-Muradian, 2008, S. 57.
50 Z.B. JIM, 2010.
51 Grimm, Rhein & Müller, 2010, S. 210.

Register ZJJ 2010

FACHBEITRÄGE

FORUM PRAXIS

IM PORTRAIT

ZWISCHENRUF

DOKUMENTATION

TAGUNGSBERICHTE

REZENSIONEN

ENTSCHEIDUNGEN

Bundesgerichtshof

Oberlandesgerichte

Landgerichte

Amtsgerichte

Anmerkungen

SACHREGISTER

PERSONENREGISTER

Aktive Nutzung von problematischen Inhalten

Nutzen Jugendliche problematische Inhalte aktiv und gezielt, so stellt sich die Frage, welche Motive hierfür eine Rolle spielen. Die oben skizzierte Perspektive des sozialen Mediengebrauchs liefert bereits einige Hinweise: So gelingt die intergenerationelle Abgrenzung von Erwachsenen mit solchen Mediennutzungen besonders gut, die von der älteren Generation, der Gesellschaft und insbesondere den eigenen Eltern eindeutig abgelehnt werden – dies trifft in der Regel auf Gewaltdarstellungen und Pornographie zu, die ausreichend *„hart", „krass", „provokativ", „schockierend"* und häufig auch ausreichend tabuisiert sind, um mit ihnen sehr wirkungsvoll Exklusion gegenüber der Erwachsenengeneration symbolisieren und praktizieren zu können. Die zwei bereits genannten Studien zum Umgang Jugendlicher mit Gewalt und Pornografie im web 2.0 liefern insbesondere auf der Basis der durchgeführten qualitativen Gruppeninterviews wichtige Hinweise über weitere Nutzungsmotive und Bedeutungszuschreibungen, die den Gebrauch und die Attraktivität gerade solcher Inhalte nachvollziehbar machen.[52] Dies soll am Beispiel von Befunden zur Nutzung von Gewaltinhalten illustriert werden.

Es können sowohl soziale Motive identifiziert werden als auch inhaltsbezogene. Angst, Schock und Ekel kann – wie oben gezeigt – auch bei den regelmäßigeren *„Gewaltnutzern"* als Reaktion auf extreme Gewaltinhalte gefunden werden. Bei diesen Jugendlichen wird aber auch eine Art *„Angstlust"* deutlich, das heißt die Faszination des Grauens, das sie hinsehen lässt, auch wenn sie eigentlich den Impuls verspüren wegzusehen. Der emotionale *„Kick"* der Angstlust, der zugleich eine emotionale Grenzerfahrung wie auch eine Art Mutprobe darstellt, gehört als Teil des Sensation Seeking zu den inhaltsbezogenen Motiven. Zu dieser Motivkategorie können auch Eskapismus- und Informationsbestrebungen (z.B. *„Wie geht Sterben bzw. wie sieht es aus?"*) gezählt werden.[53] Soziale Motive spielen eine ebenso wichtige Rolle: Hierzu gehört z.B. der Wunsch nach Herstellung eines Gemeinschaftserlebnisses bei der häufig gemeinsam im Freundeskreis stattfindenden Rezeption – sei es als Spaßgemeinschaft bei als witzig erlebter Mediengewalt (z.B. Pannen, Parodien) oder als emotionale Schicksalsgemeinschaft bei als schlimm empfundenen Darstellungen, deren Rezeption man nun gemeinsam übersteht.

Über die Rezeptionssituation hinaus spielt der Wunsch nach sozialer Integration in die Gruppe der Peers (*„Mitreden können"*) eine Rolle, ebenso das Bedürfnis, soziale Anerkennung zu erlangen als jemand, der z.B. besonders *„krasse"* oder besonders viele Videos hat/kennt oder der besonders viel aushält. Hierbei geht es im Sinne einer Art Initiation auch um das eigene Erwachsenwerden sowie um die Konstruktion von Männlichkeit über Härte und Stärke. Die Rezeption von Gewaltvideos wird von den befragten Jugendlichen eindeutig als Männerdomäne betrachtet, das Aushaltenkönnen der Bilder wird offensichtlich als Zeichen für Männlichkeit interpretiert. Entsprechend sagt Nils im Interview zu Anna, die als einzige in der betreffenden Interviewgruppe ein zuvor zur Sprache gekommenes Enthauptungsvideo nicht gesehen hatte: *„Sei froh, sonst schläfst du ja auch nicht mehr".*[54] Auch die Auseinandersetzung mit den *„großen Themen"* des Lebens, die zum Teil gesellschaftlich tabuisiert sind, wie die eigene Endlichkeit, Tod und Sterben, das *„Böse"*, Grenzgänge, aber auch die Suche nach Sinn sind Teil der kommunikativen Beschäftigung mit dem Gesehenen. Entsprechend begründet der 21-jährige Robert seine Faszination für ein Enthauptungsvideo:[55] *„Was man, wie, was man da denken muss in dem Moment, wenn man die Leute bei lebendigem Leib den Kopf abschneidet. Was in den Leuten halt vorgeht. [...] das ist schon interessant, wie sich halt so – was der Mensch halt fühlt, oder so. Was für ein Gesichtsausdruck oder was man dann da denkt, wenn man ganz genau weiß, man ist in zwei Minuten tot. Einfach mal so einen Gesichtsausdruck zu sehen, und der prägt sich dann halt auch ein."*

Die skizzierten Befunde zeigen unter Einbezug der Perspektive des sozialen Gebrauchs von Medien, dass die Nutzung *„problematischer"* Inhalte in der Perspektive der Jugendlichen und im jeweiligen – z.B. alters-, geschlechts-, szene- oder auch milieuspezifischen – Kontext Sinn ergeben und sozial bedeutsam sein kann. Dennoch ergeben sich Gefährdungspotenziale: Nachhaltige Wirkungen entsprechender Inhalte werden oft unterschätzt, der Informationsgehalt z.B. von Pornografie für den zukünftigen Geschlechtsverkehr überschätzt,[56] rechtliche Rahmenbedingung z.B. zum Besitz und der Verbreitung entsprechender Inhalte oder im Zusammenhang mit dem so genannten Happy Slapping oder Cybermobbing werden nicht gekannt, so dass sie auch nicht als Verhaltensrichtlinie dienen (können), technische Schutz- und pädagogische Hilfemaßnahmen werden womöglich nicht gekannt oder nicht in Anspruch genommen – z.B. weil man bei den Gleichaltrigen nicht als *„Softie"*, als *„uncool"* oder (z.B. im Zusammenhang mit Cybermobbing) keinesfalls als *„Typ Opfer"*[57] gelten möchte usw.

Was tun?

In der Diskussion um die Risiken neuer, digitaler Medien – insbesondere des Internet – ist es sinnvoll und notwendig, die Perspektive der Jugendlichen und Heranwachsenden zu berücksichtigen, um zu verstehen, welche Bedeutung sie der Internetnutzung und den von ihnen genutzten bzw. favorisierten Inhalten zuschreiben und wie sie mit ihnen umgehen. Dies kann helfen, die stark emotionalisierte Diskussion zu versachlichen und z.B. besorgten Eltern, die selbst in der Regel zu den *„digital immigrants"* oder womöglich zur Gruppe der *„Offliner"* gehören, einige ihrer Ängste in Bezug auf ihre Kinder zu nehmen. Der unvoreingenommene Blick auf die Perspektive der Jugendlichen kann dazu beitragen, aktuell wichtige Identitäts- und Entwicklungsthemen der Jugendlichen zu erkennen, die sie offensichtlich in der Auseinandersetzung mit den medialen Inhalten und ihren dortigen Kontakten bearbeiten: z.B. Abgrenzung von den Erwachsenen, Ablösung vom Elternhaus, Integration in die Gruppe der Peers, Auseinandersetzung mit Geschlechterrollen und Sexualität, Arbeit am Selbstbild und der eigenen Selbstdarstellung.

Anstatt sie aufgrund der von ihnen präferierten, womöglich problematisch erscheinenden Inhalte, ihren Nutzungsweisen und der von ihnen für die Mediennutzung aufgewendeten Zeit von vornherein als sexuell verwahrlost, süchtig, gewaltaffin bzw. -tätig oder in irgendeiner Weise als gefährdet und als *„problematisch"* zu stigmatisieren oder sie und ihr Verhalten zu kriminalisieren, sollte man versuchen, mit ihnen über ihre entsprechende Internet- bzw. digitale Mediennutzung ins Gespräch zu kommen und im Gespräch zu bleiben, sich auch zeigen und erklären lassen, womit sich die

52 Grimm, Rhein & Clausen-Muradian, 2008; Grimm, Rhein & Müller, 2010.
53 Grimm, Rhein & Clausen-Muradian, 2008, S. 211 ff.
54 Grimm, Rhein & Clausen-Muradian, 2008, S. 222.
55 Grimm, Rhein & Clausen-Muradian, 2008, S. 214/215.
56 Grimm, Rhein & Müller, 2010, S. 259.
57 Z.B. Grimm & Rhein, 2006.

Jugendlichen im Internet genau beschäftigen und warum. Es ist notwendig, sich selbst (medien-)kompetent zu machen und sich bis zu einem gewissen Grad auch von seinen eigenen Ängsten gegenüber den neuen Medien zu lösen, um von den Jugendlichen als Gesprächspartner/in Ernst genommen und um als Ansprechpartner/in bei Problemen von ihnen überhaupt in Betracht gezogen zu werden. So können auch Anknüpfungspunkte für die pädagogische Arbeit mit Jugendlichen gewonnen werden, die sich dann wiederum vor dem Hintergrund der jugendlichen Umgehensweisen mit dem Medium auch bestimmter Gefährdungspotenziale und Problematiken (z.B. im Zusammenhang mit der so genannten digitalen Ungleichheit) annehmen kann.

Dr. STEFANIE RHEIN ist akademische Mitarbeiterin an der Pädadogischen Hochschule Ludwigsburg
stefanie.rhein@ph-ludwigsburg.de

LITERATURVERZEICHNIS

Baacke, D., Sander, U. & Vollbrecht, R. (1990). *Lebenswelten sind Medienwelten*. Opladen: Leske+Budrich.

Beck, U. & Beck-Gernsheim, E. (1994). *Riskante Freiheiten. Individualisierung in modernen Gesellschaften*. Frankfurt/M.: Suhrkamp.

Friedrichs, H. & Sander, U. (2010). Die Verschränkung von Jugendkulturen und Medienwelten. In K.-U. Hugger (Hrsg.), *Digitale Jugendkulturen* (S. 23-36). Wiesbaden: VS-Verlag.

Grimm, P. & Rhein, S. (2007). *Slapping, Bullying, Snuffing! Zur Problematik von gewalthaltigen und pornografischen Videoclips auf Mobiltelefonen von Jugendlichen*. Berlin: Vistas.

Grimm, P., Rhein, S. & Clausen-Muradian, E. (2008). *Gewalt im web 2.0*. Berlin: Vistas.

Grimm, P., Rhein, S. & Müller, M. (2010). *Porno im web 2.0*. Berlin: Vistas.

Hitzler, R. (2003). Jugendszenen. Annäherungen an eine jugendkulturelle Gesellungsform. In W. Düx, T. Rauschenbach & I. Züchner (Hrsg.), *Kinder und Jugendliche als Addressatinnen und Adressaten der Jugendarbeit* (S. 11-21). Weinheim & München: Juventa.

Hugger, K.-U. (2010). Digitale Jugendkulturen: Einleitung. In K.-U. Hugger (Hrsg.), *Digitale Jugendkulturen* (S. 7-20). Wiesbaden: VS-Verlag.

Hurrelmann, K. (2002). Selbstsozialisation oder Selbstorganisation? Ein sympathisierender, aber kritischer Kommentar. *Zeitschrift für Soziologie der Erziehung und Sozialisation*, 155-166.

Keupp, H. et al. (2002). *Identitätskonstruktionen: Das Patchwork der Identitäten in der Spätmoderne*. Reinbek bei Hamburg: Rowohlt.

Kunczik, M. & Zipfel, A. (2006). *Gewalt und Medien. Ein Studienhandbuch*. Köln: Böhlau.

Kutscher, N. & Otto, H.-U. (2010). Digitale Ungleichheit – Implikationen für die Betrachtung digitaler Jugendkulturen. In K.-U. Hugger (Hrsg.), *Digitale Jugendkulturen* (S. 73-87). Wiesbaden: VS-Verlag.

Medienpädagogischer Forschungsverbund Südwest (2010). *JIM. Jugend, Information, (Multi-)Media*. Stuttgart: MPFS.

Müller, R. (1995). Selbstsozialisation. Eine Theorie lebenslangen musikalischen Lernens. *Jahrbuch der Deutschen Gesellschaft für Musikpsychologie, 11*, 63-75.

Schmidt, A. & Neumann-Braun, K. (2003). Keine Musik ohne Szene? Ethnografie der Musikrezeption Jugendlicher. In K. Neumann-Braun, A. Schmidt & M. Mai (Hrsg.), *Popvisionen. Links in die Zukunft* (S. 246-272). Frankfurt a.M.: Suhrkamp.

Shell Deutschland Holding (Hrsg.) (2010). *Jugend 2010. Eine pragmatische Generation behauptet sich*. Frankfurt a.M.: Fischer.

Süss, D. (2004). *Mediensozialisation von Heranwachsenden*. Wiesbaden: VS-Verlag

Sutter, T. (2010). Der Wandel von der Massenkommunikation zur Interaktivität neuer Medien. In T. Sutter & A. Mehler (Hrsg.), *Medienwandel als Wandel von Interaktionsformen* (S. 83-105). Wiesbaden: VS-Verlag.

Trump, T., Gerhards, M. & Klingler, W. (2008). web 2.0: Begriffsdefinitionen und Nutzertypen. In U. Dittler & M. Hoyer (Hrsg.), *Aufwachsen in virtuellen Medienwelten* (S. 209-238). München: kopaed.

Vogelgesang, W. (2010). Digitale Medien – Jugendkulturen – Identität. In K.-U. Hugger (Hrsg.), *Digitale Jugendkulturen* (S. 37-53). Wiesbaden: VS-Verlag.

Zinnecker, J. & Barsch, A. (2009). Jugendgenerationen und Jugendszenen im Medienumbruch. In L. Mikos, D. Hoffmann & R. Winter (Hrsg.), *Mediennutzung, Identität und Identifikationen* (S. 279-297). Weinheim & München: Juventa.

Schwerpunkt JUGEND

Jugendliche Geschlechterinszenierungen

Lotte Rose

Folgt man dem geschlechtertheoretischen Konzept des Doing Gender, ist Geschlecht kein Merkmal, das Individuen haben, sondern das sie machen. Geschlechtlichkeit ist danach als kulturelles Zeichensystem, das unentwegt situativ und interaktiv inszeniert wird, und als Interaktionsressource zu begreifen. Es bietet Formen, sich in sozialen Räumen zu positionieren, Beziehungen herzustellen, Zugehörigkeiten und Abgrenzungen zu markieren. Vor dem Hintergrund einer ethnografischen Studie in der Jugendarbeit werden diese Vorgänge und ihre sozialen Pragmatismen in Jugendkulturen nachgezeichnet und in ihren Wirkungen auf die Erwachsenenwelt reflektiert.

Was ist Geschlecht?

Dass Jugendliche Geschlechterwesen sind, ist allgemeiner Konsens. Weniger Einmütigkeit gibt es jedoch dazu, wie dies empirisch und theoretisch zu fassen ist. Wenn auch biologistisch-naturalistische Sichtweisen zur Geschlechterdifferenz mittlerweile nur noch wenig Zustimmung erfahren, sieht man von den jüngst wieder lauter werdenden Einwürfen der Neurobiologie ab,[1] ist der Diskurs doch weiterhin stark differenztheoretisch-deterministisch orientiert. Mädchen und Jungen sind danach auf festgelegte polare Geschlechter-Pfade fixiert: *„Qua Tradition haben Mädchen und Jungen vorbestimmte 'Geschlechter-Skripts' mit Leben zu füllen. ... Das vorherrschende geschlechtsrollentypische Bild steht nicht zur Disposition und wird imitiert und auch von den Erwachsenen rigide als Verhalten gefordert."*[2]

Geschlechtsspezifische Sozialisation wird hier im Kern als ein Prozess der Unterwerfung unter die Strukturen der gesellschaftlichen Geschlechterordnung verstanden. Es ist nun nicht mehr die genetische Programmierung, die Geschlechtlichkeit hervorbringt, sondern die prägende Geschlechternormierung. Bei aller Innovation gegenüber einem naturalistischen Geschlechterkonzept bleibt dennoch auch hier ein deterministischer Charakterzug erhalten: Individuen werden als passive Objekte geschlechtsspezifischer Sozialisationseinflüsse, der Geschlechterunterschied als eindeutig binärer und geschlechtsspezifische Identität als essentialistische Größe gedacht. Geschlechtersozialisation erscheint relativ trivial behavioristisch als einseitig von außen wirkende *„Fremdsozialisation"*, bei der Momente der *„Selbstsozialisation"*[3] außen vor bleiben – nämlich jugendliche Eigensinnigkeiten, Widerstandspraxen und eigenständige Bedeutungsproduktionen in den bestehenden Verhältnissen.

Diese deterministischen Konzepte stoßen aus zwei Gründen theoretisch schnell an Grenzen. Zum ersten gibt es bis heute keinen Nachweis einer direkten kausalen Einwirkung von Umweltfaktoren auf das Individuum im Sinne einer gleichförmigen Prägung.[4] Zum zweiten sind diese Konzepte kaum in der Lage, abweichende Geschlechtererscheinungen, die es schließlich vielfach gibt, zu plausibilisieren. Da die Diagnosen auf Übergeneralisierungen und subsumtionslogischen Typenbildungen basieren, die sich aus statistischen Mittelwerten ableiten, fallen die abweichenden Fälle einfach heraus. Sie werden in dem Moment als vernachlässigbar betrachtet, wenn sie ein zahlenmäßiges Mengenkriterium unterschreiten, und sind dann theoretisch nicht mehr weiter erklärungsbedürftig.[5] Dazu kommt, dass diese differenztheoretischen Konzepte zwangsläufig einen Sog der Dramatisierung der Geschlechterunterschiede produzieren. Da die Geschlechterdifferenz als Faktum vorausgesetzt wird, ist die empirische Sezierung genau darauf gepolt. So entsteht ein selbstreferentieller Kreislauf der Bestätigung der sozialstrukturierenden Relevanz der Geschlechterdifferenz, in dem gegenläufige Erscheinungen ausgeblendet werden. Dabei weisen Jugendstudien immer wieder darauf hin, dass es sowohl Hinweise zu Geschlechterunterschieden als auch zu Geschlechterangleichungen gibt.[6]

Das Konzept des Doing Gender: Geschlecht als Inszenierungskategorie

Angesichts dieser Schwächen bieten sozialkonstruktivistische Perspektiven die Chance, die theoretisch offene selbstsozialisatorische Vermittlungsstelle zwischen Kultur und Individuum näher ins Visier nehmen zu können. In diesem Zusammenhang erfährt in der Geschlechterforschung das Konzept des *„Doing Gender"* in den letzten Jahren besondere Aufmerksamkeit.[7] Danach stellen Individuen Geschlecht performativ in ihren Interaktionen als Distinktionslinie her und verleihen ihr damit sozial strukturierende Relevanz. Dies setzt den Gedanken voraus, dass vorhandene körperliche Differenzen nicht schon als solche automatisch als soziale Ordnungskategorie bedeutungsvoll sind. Man denke nur an die zahlreichen anderweitigen körperlichen Unterschiede zwischen Menschen (z.B. Körpergröße, Schuhgröße, Augenfarbe, Rechts- oder Linkshändigkeit), die nicht zu nachhaltigen sozialen Klassifikationen veranlassen. Dass dies passiert, erfordert vielmehr einen Akt der Hervorbringung.[8] Gender wird also erst zur relevanten Unterscheidung, wenn es durch konkrete Praxen in irgendeiner Weise als Unterscheidung evoziert und mit Bedeutungen aufgeladen wird.

Die Bedeutungsproduktionen sind jedoch keine individuellen Akte, sondern Ergebnis wechselseitiger Kommunikationsprozesse mit Zeichensetzungen auf der einen und Dechiffrierungen auf der anderen Seite. So heißt es bei den frühen Ethnomethodologinnen zum Doing Gender: *„once people decide what you are, they interpret everything you do in light of that"*.[9] Ist die Attribution *„männlich"* oder *„weiblich"* erst vorgenommen, wird alles weitere Verhalten als Ausdruck des Geschlechts verdichtet wahrgenommen, erklärt und bewertet. Doing Gender ist also nicht allein eine Frage der individuellen Inszenierung von Geschlecht, sondern ebenso eine der Zuschreibung durch Interaktionspartner. Es ist Ergebnis interaktiver Aushandlungen.

1 Lautenbacher u.a., 2007.
2 Zimmermann, 2006, S. 176.
3 Zinnecker, 2000.
4 Scherr, 2008, S. 67.
5 Scherr, 2008, S. 61 f.
6 Unter anderem Deutsche Shell, 2000.
7 West & Zimmermann, 1987; Bilden, 2001.
8 Butler, 1991, 1995.
9 Kessler & McKenna, 1978, S. 6.

Die Symbolisierungen des Doing Gender sind zudem Gestaltphänomene. Dies bedeutet, dass kein Zeichen allein bereits als *„männlich"* oder *„weiblich"* zu dechiffrieren ist, sondern dass es sich immer um Merkmalsbündel handelt, die geschlechtsspezifisch konnotiert werden: *„Selbst im Bereich der Kleidungssemiotik müssen wir von Merkmalbündeln ausgehen, obwohl hier Rock, Stöckelschuh, Spitzenunterwäsche oder Seidenstrümpfe konventionell am eindeutigsten der Stilisierung von Weiblichkeit dienen und entsprechend auch als Zitationsverfahren genutzt werden."*[10] Dennoch bewegen sich die Zeichen in einem relativ offenen Raum. Je nachdem, wie sie in welchem Kontext zusammengesetzt werden, je nachdem, was in welcher Weise zitiert oder ignoriert wird, entstehen neue Aussagen.

Gleichwohl findet Doing Gender niemals voraussetzungslos als ein *„alles-ist-möglich"* statt. Vielmehr sind zahlreiche Dinge und Tätigkeiten im kulturellen Raum bereits als männlich oder weiblich codiert. Eine Vielzahl institutioneller Normalisierungsarrangements prä-justieren quasi die Geschlechterkategorie durch mehr oder weniger stark konturierte Handlungserwartungen und Vorgaben[11] und halten somit Muster vor, auf die sich das Individuum zu beziehen hat – und sei dies auch in negativer Form.

Gender ist damit immer auch eine kontextuelle Kategorie, deren Bedeutung nicht *„an-in-für-sich"*, sondern nur rahmenbezogen entschlüsselt werden kann. Ob beispielsweise der Ohrring den Piraten, den Zimmermann, den homosexuellen Mann, das Mädchen, die reiche oder die weniger reiche Frau markiert, *„sagt"* nicht der Ohrring an sich, sondern lässt sich nur durch weitere Rahmeninformationen entschlüsseln. Je nach Anlass, Sozialraum und Statusposition fallen die Genderskripte und die Spielräume zur Variation verschieden aus. Gender ist demnach keine Standardfigur, die, einmal institutionell erzeugt, nun überall gilt, sondern sie zeigt sich situativ veränderlich und hybrid mehrdeutig. Das heißt in der Folge auch, dass Gender nicht für alle Individuen, in allen Situationen, an allen Orten und zu allen Zeiten Identisches bedeutet.

Vor diesem Hintergrund relativiert sich die verbreitete Vorstellung von der dramatischen Omnirelevanz der sozialen Genderkategorie. Vielmehr wird in sozialen Räumen und Situationen immer wieder neu geklärt, welche Rolle Gender hier überhaupt spielen soll, darf oder muss. Das Ergebnis kann auch sein, dass Gender keine Rolle spielt, wenn nämlich nicht gewollt wird, dass ein latenter Unterschied zu einer demonstrativ trennenden Unterscheidung wird. Beate Krais gibt deshalb zu bedenken, dass Geschlecht *„zwar möglicherweise omnipräsent, aber keineswegs immer in gleicher Weise relevant"* ist. Unsere *„Erkenntnismittel sollten offen sein für diese Perspektive"*.[12]

Es hat einige Vorteile, in der Jugendforschung Geschlechtlichkeit als kulturelles Zeichensystem zu begreifen, das unentwegt situativ und interaktiv inszeniert wird und werden muss. Um sich selbst als Jugendliche in einem sozialen Raum zu positionieren, sich in Beziehungen zu setzen, Bindungen und Abgrenzungen zu markieren, ist es erforderlich, Zeichen der Geschlechtlichkeit zu bedienen, neu zu kreieren oder sie je nach Kontext auch zu neutralisieren. Die Thematisierungen von Gender stellen eine sozialstrukturierende Interaktionsressource mit höchst pragmatischen Effekten in den jeweiligen Situationen dar.

Mediale Skripte als Dramaturgievorlagen

Das jugendliche Doing Gender ist undenkbar ohne den Fundus der bereits vorhandenen Zeichenwelten der umgebenden Kultur mit ihren historischen, institutionellen und subkulturellen Bildproduktionen zu Frauen und Männern. Sie liefern das inspirative, aber auch begrenzende Ausgangsmaterial für die eigenen Kreationen, Kopien, Abgrenzungen und Umgestaltungen. Für Mädchen und Jungen erlangt die Konsum- und Medienindustrie als *„Materialanbieter"* hierbei eine herausgehobene Bedeutung. Dies umfasst weit mehr als die Bereitstellung von Outfit-Accessoires in Kaufhausketten, die auf den Jugendmarkt spezialisiert sind, oder ästhetische Inszenierungsvorlagen und -tipps in Jugendzeitschriften, Jugendsendungen, Soaps und Internetportalen, sondern reicht bis zu umfassenden Körperchoreografien wie sie die Videoclips der Popkultur bereithalten. Die Konjunktur der Karaoke-Spiele, des Computerprogramms SingStar oder der Castings legen beredtes Zeugnis zur enormen Faszination dieser Angebote ab. Sie veranlassen Jugendliche, sich selbst auf der Grundlage der vorhandenen Bilder bekannter Medienfiguren und Musikstücke tanzend, singend, gestisch als Geschlechterwesen aufzuführen.

Der Kindheitsforscher Heinz Hengst spricht in diesem Zusammenhang von Skripten, die der Kommerz für Heranwachsende bereithält. Der Skriptbegriff spielt auf eine Analogie zwischen Theater- und Alltagswelt an. So wie in den künstlerischen Bühnenaufführungen Regietexte die Basis dafür liefern, was inszeniert wird, gilt das im Prinzip auch im sozialen Alltag. Die Texte sind hier nur anderer Natur. Zu Vorlagen kann alles werden, was die Alltagskultur an Bildern produziert. Die Skripte dienen als Bezugspunkte nicht nur für Imitationen, sondern immer auch für Transformationen: *„Es gibt Scripts auf der Angebots- und auf der Subjektseite, die immer wieder verändert und neu in Beziehung gesetzt, ausgehandelt werden (müssen). Der Scriptbegriff steht auf der Objektseite ... für einen relativ stabilen, vorstrukturierten Rahmen (bestehend aus Handlungsvorschlägen, Material-, Bühnen-, Kulissenvorgaben etc.), der immer wieder neu inszeniert werden kann (und muß). Auf der Subjektseite sind Scripts so etwas wie Drehbücher für Aktivitäten ... Sie sind und werden u. a. geschlechts-, milieu- und gruppenspezifisch ausdifferenziert. In diese Differenzierungen spielen von den frühesten Lebensjahren an Erfahrungen mit den Angeboten und Scripts der Medien- und Konsumindustrie hinein."*[13]

Damit sind die Inszenierungen keineswegs bloß monoton-tumbe Rekapitulationen vorgestanzter, fremder Handlungsvorlagen und nichts dem vermeintlich *„wirklichen"* Selbst äußerliches und entfremdetes, sondern sie bringen genau dieses *„wirkliche"* Selbst hervor. Das benutzte Material verändert sich dabei unter der gestaltenden Hand der AkteurInnen. *„Import bedeutet nicht zwangsläufig Verlust an Ausdruckskraft. ... Auch wenn ausgeborgt, handelt es sich nicht um Gebrauchtwaren ... Ein geänderter Kontext ist so gut wie ein neuer Text. Alte Formen unter anderen Umständen sind auf ihre Weise neu"*,[14] formulierte der Kulturtheoretiker Paul Willis zu den jugendlichen Gestaltungsprozessen und verwies damit auf die immanenten Veränderungsdynamiken körperästhetischer Inszenierungen. Sie sind Bastelprodukte aus unzähligen und für Außenstehende in der Regel gar nicht mehr zu überschauenden kulturellen Versatzstücken und symbolischen Zitaten, die von jedem Individuum und jeder Gruppe eigensinnig zu einem selbstprofilierenden Habitus verarbeitet werden. Sie basieren auf unentwegten Skripttransformationen, bei denen oftmals kaum ein Ursprung

10 Kotthoff, 2002, S. 2.
11 Gildemeister, 2004; Gildemeister & Wetterer, 1992.
12 Krais, 2001, S. 334.
13 Hengst, 1999, S. 2.
14 Willis, 1981, S. 10.

mehr auszumachen ist – vor allem dann nicht, wenn man sich kaum in den entsprechenden jugendlichen Bilderwelten auskennt, wie dies in der Regel für Erwachsene und Pädagogen gilt. Symbolische Zitate zu verstehen setzt voraus, das zugrundeliegende „*Textmaterial*" zu kennen.

Distinktion und Vergemeinschaftung

Doing Gender markiert eine distinktive Trennlinie zwischen den Geschlechtern. Soziale Klassifikationen, welcher Art auch immer, installieren eine Unterscheidung zwischen „*uns*" und „*denen*", zwischen den „*eigenen Leuten*" und den „*anderen*": „*Für die Teilnehmer sortieren Zugehörigkeiten soziale Situationen. Es bedeutet etwas anderes, mit den eigenen als mit den anderen zusammen zu sein. Zugehörigkeiten eröffnen die Möglichkeit, sich im öffentlichen Raum zu separieren und Privatheit zu etablieren. Diese Möglichkeit entlastet von den Anforderungen des In-der-Öffentlichkeit-Stehens.*"[15] Es schafft einen sicheren Rückzugsraum, in dem nicht nur die sozialen Bezugspunkte klar sind, sondern auch das Verhaltensrepertoire, mit dem man sich platzieren kann. Indem also Genderinszenierungen spezifische Trennlinien in den sozialen Raum einführen, wird der diffuse öffentliche Raum strukturiert und bewältigbar gemacht.

So ist es beispielsweise kein Zufall, dass in der Schule spielerische Selbstinszenierungen vor allem dort intensiv genutzt werden, wo der institutionelle schulische Rahmen sich lockert – jenseits des Unterrichts, in der Pause, vor und nach der Schule.[16] Ähnliches stellen auch Breidenstein und Kelle fest. Ihre Beobachtungen von Schülerspielen waren gerade dort am reichhaltigsten, wo der Unterrichtsrahmen aufbrach und es für Mädchen und Jungen notwendig war, selbsttätig Zeit und Raum zu füllen.[17] In diesen offenen Situationen mit gleichzeitiger hoher sozialer Dichte und einem hohen Grad von sozialer Heterogenität sind Mädchen und Jungen darauf angewiesen, eigenständige Formen sozialer Strukturierung zu finden. Weil der Verhaltensrahmen für das Individuum dort unklar ist, entsteht Stress. Die Konstituierung einer Binnengruppe in diesem offenen Terrain schafft demgegenüber regressive Sicherheit. So besehen lassen sich Spiele als Praxen verstehen, die in strukturschwachen Situationen soziale Differenzierungen und damit Halt organisieren. Auch Genderinszenierungen erfüllen diese Funktion.

So paradox es scheinen mag: Auch wenn Geschlechterunterscheidungen vorgenommen werden, schafft dies doch gleichzeitig Voraussetzungen zur Vergemeinschaftung genau dieser differenzierten Gruppen. Hierzu eine illustrierende Szene aus einem Jugendhaus:[18]

Zwei Mädchen und zwei Jungen spielen gegeneinander am Tischkicker. Sie unterhalten sich nicht, sondern kickern sehr konzentriert und hart, nach vorne gebeugt, den Blick auf das Spielfeld gerichtet. Der Tisch wackelt immer wieder oder wird gerüttelt, sobald der Ball hängen bleibt. Die Jungen- und die Mädchengruppe machen fast abwechselnd Tore und liegen gleich auf. Innerhalb kürzester Zeit machen die Jungen dann zwei Torwarttore (7:5). Das eine Mädchen sagt beim ersten anerkennend „*Wow, Torwarttor!*" Beim nächsten Einwurf schießt das rechte Mädchen den Ball so, dass er über das Spielfeld hinausspringt. Er wird von einem Jungen aufgesammelt und neu eingeworfen. Dann schießt das Mittelfeld der Jungen nochmals ein Tor und es steht 8:5 für die Jungen. Ein Junge kichert und sagt: „*Wird eng!*", wirft den Ball ein und die Mädchen schießen sofort ein Tor. Der Junge, der die Torzahlen aufschiebt, schiebt zwei Tore auf, sodass der Spielstand danach nun 8:7 ist. Das Mädchen, das ihm direkt gegenüber steht, schaut ihn kurz an und sagt knapp: „*Das brauchst du nicht machen, nur weil wir Mädchen sind, wir gewinnen sowieso.*" Der Junge sagt nichts, schiebt ein Tor wieder zurück. Die Mädchen schießen das nächste Tor. Die Konzentration ist komplett auf das Spielfeld gelenkt. Die Jungen machen noch ein Tor, dann die Mädchen. Das letzte Tor schießen die Jungen (10:8), sie lachen sich beide an, die Mädchen ebenfalls. Sie schlagen den Jungen in die Hände, dann schlagen die Jungen ein. Das Spielende wird nicht kommentiert. Zu viert geht man sich miteinander unterhaltend zum Discoraum.

Das Spiel am Kicker ist formal geschlechterdifferenziert organisiert. Ein Mädchenteam spielt gegen ein Jungenteam, der sportliche Wettstreit wird damit zwischen die Geschlechtergruppen platziert, was sie gleichzeitig als solche hervorbringt und bestätigt. Gleichwohl neutralisieren die gemeinsamen Spielaktivitäten auch wieder diese Distinktionslinie. Mädchen und Jungen unterscheiden sich nicht sonderlich in ihrem sportiven Habitus. Körpereinsatz, Ehrgeiz, Expressivität und Aufregung sind bei Mädchen und Jungen in gleicher Weise zu beobachten. Beide Teams erweisen sich als relativ ebenbürtig und unterwerfen sich in gleicher Weise den universellen Regeln des Konkurrenzspiels. Als sportliche Akteure sind Mädchen und Jungen in gewisser Weise gleich.

Dies ändert sich erst in dem Moment, als ein Mädchen den Vorgang der zu guten Toranzeige für die Mädchenseite durch einen Jungen als „*positive Diskriminierung*" kommentiert. Ob es sich bei dem Anzeigenfehler tatsächlich um eine großmütige Überlegenheitsgeste des Jungen handelt oder ob dies ein Versehen ist, muss offen bleiben. Entscheidend ist jedoch, dass mit der Kommentierung durch das Mädchen die Interaktion am Kicker nun explizit als symbolischer Machtkampf zwischen den Geschlechtern identifiziert wird – und es damit dann zwangsläufig auch ist. Das Mädchen verwehrt sich gegen die unterstellte, gönnerhafte Bevorzugung durch die Jungen und fordert Gleichbehandlung. Diese Bemerkung erzeugt insofern Paradoxes, als die Geschlechterdifferenz für irrelevant erklärt und gleichzeitig exponiert wird. Indem die Jungen aufgefordert werden, die Mädchen nicht als Mädchen zu sehen, werden sie explizit zu männlichen Wesen gemacht – nämlich dadurch, dass ihnen unterstellt wird, dass sie als Jungen die Mädchen eben als Mädchen in dem Spiel behandeln. Zudem wird angekündigt, dass das Mädchenteam gewinnen wird – eine Erinnerung daran, dass Geschlechtergruppen gegeneinander spielen.

Als wenn nichts gewesen wäre, wird das Spiel nach diesem Zwischenfall wieder aufgenommen und die Unterhaltung eingestellt. Man spielt wieder konzentriert wie zuvor und beendet damit die Episode der Vergeschlechtlichung der Situation – offenbar im gegenseitigen Einvernehmen. Niemand versucht, das Thema fortzuführen. Nach dem letzten Tor löst sich sofort die kämpferische Anspannung auf. Das wechselseitige Handeinschlagen zwischen den Gegnern zeigt, dass das Spielende für die Beteiligten völlig in Ordnung ist. Nach der Inszenierung des sportlichen Gegeneinanders folgt jetzt die symbolische Bekräftigung der Verbundenheit. Hat man sich gerade noch bekämpft, wechselt man jetzt unkompliziert und schnell zur Gemeinsamkeit. Dies wird noch

15 Breidenstein & Kelle, 1998, S. 265 f.

16 Tervooren, 2001.

17 Breidenstein & Kelle, 1998, S. 31.

18 Diese und die nachfolgende Szene entstammt einem Forschungsprojekt zu jugendlichen Geschlechterinszenierungen in der Jugendarbeit, das ich mit Marc Schulz an der Fachhochschule Frankfurt am Main durchgeführt habe (Rose & Schulz, 2007).

dadurch unterstrichen, dass sich die Gruppe nicht auflöst, sondern alle zusammen in Richtung Discosaal gehen. Die Geschichte zeigt: Die Thematisierung der Differenz führt nicht zwingend zu einer Trennung der markierten Gruppen, sondern ganz im Gegenteil kann sie auch die Verbindung zwischen beiden bekräftigen.

Initiationsakte des sozialen Älterwerdens – oder: Doing Youth im Doing Gender

Die Praxen des jugendlichen Doing Gender sind auf das Engste verknüpft mit Praxen des Doing Youth. Angesichts dessen, dass der Kinderstatus in unserer Kultur durch Asexualität konstituiert wird, markiert die eigene Sexuierung immer auch die Überwindung des eigenen Kind-Seins. Weiblichkeit oder Männlichkeit zu inszenieren, macht im Sinne der Alterskarriere *„groß"*. Erwachsenen erscheinen solche Profilierungen manches Mal skurril, wie folgende Protokollnotiz aus einem Jugendhaus widerspiegelt:

Julia hat lange, glatte, dunkle Haare und Karin blonde, lange, glatte Haare und beide tragen moderne Hüftjeans, sind dezent geschminkt und tragen Tops. Susanne (Feldforscherin) ergänzt, dass ihr vor allem Julia aufgefallen wäre, da sie einen Tarnmuster-BH trug, der durch das Top hinten klar zu sehen war. Jedoch hatte sie keinerlei Busen, sodass der BH vorne herum unter dem Top verknittert wirkte.

Die beiden 10- und 11jährigen Mädchen, die *„offiziell"* noch Kinder sind, treten in jugendlichem Design mit erotischen Zeichen auf. Nicht nur entblößt die Hüftjeans den weiblichen Unterleib bis an die Grenzen des Zulässigen und lenkt die Aufmerksamkeit auf diese, auch trägt eine der beiden einen BH. Sie bedient sich eines Accessoires, das die Existenz einer entwickelten weiblichen Brust und damit eines zentralen erotisch aufgeladenen Geschlechtsorgans bekundet. Der Beobachterin fällt jedoch auf, dass der BH nicht *„passt"*. Die immanente Mitteilung ist, dass hier ein Mädchen einen BH trägt, obwohl es dafür noch keine *„sachliche"* Notwendigkeit gibt – nämlich den ausreichend großen Busen, der damit geformt und gehalten wird. Verstärkt wird die Irritation der Zuschauenden noch durch die modische Tarnmusterung des BH's.

Das Ereignis zieht also aus zwei Gründen die erwachsene Aufmerksamkeit auf sich: Das Mädchen greift seinem Altersstatus voraus, indem sie sich mit einem Accessoire schmückt, das auf einen Busen verweist, den das Mädchen aber noch nicht hat. Zudem trägt es – mit dem Stoffmuster – Zeichen einer demonstrativen Männerkultur, nämlich der militärischen. Der jugendliche Modemarkt macht es möglich: Ein weiblichkeitsexklusives erotisiertes Accessoire verschmilzt mit dem männlichkeitsexklusiven der soldatisch-kriegerischen Uniform. Die kultivierten Geschlechtergrenzen geraten damit in Bewegung, werden aufgehoben und wieder neu errichtet.

Die Inszenierung von Geschlechtlichkeit erweist sich nicht nur in dieser Szene als schlagkräftiger Trumpf im distinktiven Ringen um Alterspositionen, und dies einmal mehr, wenn auf diese Weise die Erwachsenenwelt strapaziert wird. Man ist nicht mehr Kind, wenn man sich selbst oder auch andere sexuiert – also den asexuellen Habitus des *„unschuldigen"* und ahnungslosen Kindes ablegt. Wer Körper und Habitus mit Zeichen der Weiblichkeit und Männlichkeit auflädt, wer sich mit sexuellen Anspielungen profiliert, wer Gender als Differenzlinie in Interaktionen anspricht und hervorhebt, der hat nicht nur unter Beweis gestellt, dass er sich sicher in seinem Geschlechtsstatus bewegt und die Zeichen und Rituale der Geschlechterwelt beherrscht, sondern auch, dass er das eigene Kind-Sein und andere Kinder biografisch hinter sich gelassen hat und zu den Jugendlichen gehört.

Häufig werden die exzessiven Genderinszenierungen in der Adoleszenz damit erklärt, dass die Unruhe stiftenden Prozesse der Körperreifung die sexuellen Thematisierungen überschießen lassen. Sie werden als Reflex auf eine körperliche Entwicklung und die damit einhergehenden krisenhaften, sozialen Statuspassagen plausibilisiert. Doch der Zusammenhang ließe sich genauso gut andersherum denken. Dann wäre es vor allem das Bestreben der jungen Menschen, in der Altershierarchie erfolgreich aufzusteigen, der die intensiven Geschlechterrituale motivieren würde. Angesichts dessen, dass andere Markierungen des eindeutigen Altersaufstiegs wie Abschluss der Lerninstitutionen, Aufnahme einer Erwerbstätigkeit, Geldverdienst, eigenständiges Wohnen oder eigene Haushaltsführung im Altersverlauf erst spät zu erreichen sind, steht der Genderstatus zur Kennzeichnung des eigenen Älterwerdens im Prinzip vergleichsweise früh zur Verfügung. Die *„frühe"* Sexuierung wäre dann vor allem dadurch angetrieben, einen Aufstieg symbolisch zu vollziehen, der anderweitig nur schwer herzustellen ist. Was bietet sich eindrucksvoller als Beweis des eigenen biografischen Aufstiegs an als die Habitualisierung als Geschlechtswesen?

Besorgnisse in der Erwachsenenwelt

Dem pädagogischen und erwachsenen Blick erscheinen die jugendlichen Geschlechterinszenierungen oftmals als Problem. Vor allem dann, wenn Mädchen und Jungen sich schon früh demonstrativ und exzessiv als geschlechtliche Wesen inszenieren, sind die Bedenken groß. Aus der Erwachsenenperspektive gibt es ein entwicklungsspezifisches Idealprogramm, das Erfahrungen und Handlungen von Heranwachsenden mit Altersnormen verknüpft und sie damit im Altersverlauf terminiert. Auch für das Spiel mit der Geschlechtlichkeit existiert die Idee eines wünschenswerten Zeitpunktes. Es soll nicht *„zu früh"* stattfinden, der geschlechtslose Kindheitsstatus soll eine ausreichende Dauer haben, um eine gute Entwicklung zu sichern. Ebenso gilt: es soll nicht zu exzessiv sein und auch nicht zu sehr traditionelle Geschlechterklischees zitieren. Gewünscht wird stattdessen die Inszenierung emanzipierter, egalitärer Geschlechterrollen. Mit der Etablierung der Gleichberechtigung zwischen den Geschlechtern als Ideal in der modernen Gesellschaft gehen unter der Hand sehr enge Normen für gute und tolerierbare Geschlechteraufführungen von Mädchen und Jungen einher. Insbesondere auch dann, wenn sexuelle Obszönitäten und Aggressionen dargestellt werden, ist deshalb die Beunruhigung groß. Erwachsene sind entsetzt, wenn Tabus verletzt werden. Die provokanten Skripte der *„bad boys"*, manchmal auch der *„bad girls"*, die mit verbalen Sexismen und den gestischen Anspielungen auf Sexualakte spielen und scheinbar alle Errungenschaften der befriedeten und gesitteten Zivilgesellschaft außer Kraft setzten, strapazieren die erwachsene und pädagogische Welt erheblich. So fällt es in der Regel schwer, damit gelassen umzugehen und die Vorgänge aus der Perspektive der jungen Akteure und Akteurinnen zu begreifen.

Doch die jugendlichen Aufführungen geschlechtlicher Unsittlichkeiten, aber auch der *„sexuellen Frühreife"* oder der *„geschlechtlichen Traditionalität"* lassen sich durchaus auch als Praxis des *„doing generation"* lesen. Es geht um die Markierung der Differenz zur Erwachsenenwelt. Erwachsene werden in den anstößigen Inszenierungen auf Abstand gebracht. Die jugendlichen Tabubrüche beweisen eindrucksvoll jugendliche Autonomie par excellence: Wenn Jugendliche stark genug sind, Empörung bei Erwachsenen auszulösen, dann brauchen sie diese auch nicht, sind sie unabhängig von ihrer Zustimmung und Zuwendung. Vor diesem Hintergrund wären also erwachsene und pädagogische Professionelle dazu aufgefordert, die jugendliche Geschlechterinszenierung weniger *„an und für sich“* zu beurteilen, sondern sie sehr viel mehr als handfestes Beziehungsthema und Schauplatz des Ringens zwischen den Generationen zu begreifen.

Prof. Dr. phil. LOTTE ROSE, Diplom-Pädagogin, ist Hochschullehrerin an der Fachhochschule Frankfurt am Main, Fachbereich Soziale Arbeit und Gesundheit und Geschäftsführerin des Gender- und Frauenforschungszentrums der Hessischen Fachhochschulen (gFFZ)
rose@fb4.fh-frankfurt.de

LITERATURVERZEICHNIS

DEUTSCHE SHELL (2000). *Jugend 2000. Band. 1.* Opladen: Leske + Budrich.

BILDEN, H. (2001). Die Grenzen von Geschlecht überschreiten. In B. FRITZSCHE U.A. (Hrsg.), *Dekonstruktive Pädagogik* (S. 137-147). Opladen: Leske & Budrich

BREIDENSTEIN, G. & KELLE, H. (1998). *Geschlechteralltag in der Schulklasse. Ethnografische Studien zur Gleichaltrigenkultur.* Weinheim & München: Juventa.

BUTLER, J. (1991). *Das Unbehagen der Geschlechter.* Frankfurt a.M.: Suhrkamp.

BUTLER, J. (1995). *Körper von Gewicht. Die diskursiven Grenzen des Geschlechts.* Berlin: Berlin Verlag.

GILDEMEISTER, R. (2004). Doing Gender: Soziale Praktiken der Geschlechterunterscheidung. In R. BECKER & B. KORTENDIEK (Hrsg.), *Handbuch Frauen- und Geschlechterforschung. Theorie, Methoden, Empirie* (S. 132-141). Wiesbaden: VS Verlag für Sozialwissenschaften.

GILDEMEISTER, R. & WETTERER, A. (1992). Wie Geschlechter gemacht werden. Die soziale Konstruktion der Zwei-Geschlechtlichkeit und ihre Reifizierung in der Frauenforschung. In G.-A. KNAPP (Hrsg.), *Traditionen Brüche: Entwicklungen feministischer Theorie* (S. 201-254). Freiburg/Breisgau: Kore.

HENGST, H. (1999). „Jungen tun das irgendwie weniger ...“ *PÄD Forum,* 480-489. [www.uni-koeln.de/ew-fak/Paeda/hp/thiemann/jungen.html]. (Stand: 18.11.2003).

KESSLER, S.J. & MCKENNA, W. (1978). *Gender. An ethnomethodological approach.* New York: Wiley.

KRAIS, B. (2001). Die feministische Debatte um die Soziologie Pierre Bourdieus: Eine Wahlverwandtschaft. In G.-A. KNAPP & A. WETTERER (Hrsg.), *Soziale Verortung der Geschlechter. Gesellschaftstheorie und feministische Kritik* (S. 317-338). Münster: Westfälisches Dampfboot.

KOTTHOFF, H. (2002). *Was heißt eigentlich „doing gender“? Zu Interaktion und Geschlecht.* (Wiener Slawistischer Almanach. Sonderband 55).

LAUTENBACHER, S., GÜNTÜRKÜN, O. & HASMANN, M. (2007). *Gehirn und Geschlecht. Neurowissenschaft des kleinen Unterschieds zwischen Mann und Frau.* Heidelberg: Springer.

ROSE, L. & SCHULZ, M. (2007). *Gender-Inszenierungen. Jugendliche im pädagogischen Alltag.* Königstein/Ts.: Helmer.

SCHERR, A. (2008). Gesellschaftliche Prägung, Habitusformierung oder Selbstsozialisation? Sozialisationstheoretische Paradigmen und ihre Implikationen für die Genderforschung. *Freiburger Geschlechterstudien, 22,* 62-74.

TERVOOREN, A. (2001). Pausenspiele als performative Kinderkultur. In C. WULF U.A. (Hrsg.), *Das Soziale als Ritual. Zur performativen Bildung von Gemeinschaften* (S. 205-248). Opladen: Leske + Budrich.

WEST, C. & ZIMMERMAN, D.H. (1987). Doing Gender. *Gender & Society, 1,* 125-151.

WILLIS, P. (1981). *„Profane Culture“. Rocker, Hippies: Subversive Stile der Jugendkultur.* Frankfurt a.M.: Syndikat.

ZIMMERMANN, P. (2006). *Grundwissen Sozialisation. Einführung zur Sozialisation im Kindes- und Jugendalter.* Wiesbaden: VS Verlag für Sozialwissenschaften.

ZINNECKER, J. (2000). Selbstsozialisation – Essay über ein aktuelles Konzept. *Zeitschrift für Soziologie der Erziehung und Sozialisation (ZSE), 20* (3), 271-290.

KRIMINOLOGIE

Psychoanalytische Aspekte der Gewalt bei Jugendlichen mit Migrationshintergrund

Evelyn Heinemann

Der Beitrag beschreibt die inneren Konflikte von gewalttätigen Jugendlichen mit Migrationshintergrund, die ihre Konflikte über psychische Mechanismen wie Externalisierung in der Realität inszenieren und im Sinne der Retraumatisierung die Konflikte nicht lösen, sondern lediglich abwehren. Eine besondere Bedeutung erhält in diesem Geschehen die peer group, die die individuellen Abwehrprozesse unterstützt und entscheidend dazu beiträgt, dass der Konflikt nicht bewältigt wird. Das Thema der Kulturzugehörigkeit scheint dabei keine wesentliche Rolle zu spielen.

Einleitung

Über einen Zeitraum von sieben Monaten führte ich wöchentlich Einzelgespräche mit Heranwachsenden (18 bis 21 Jahre) mit Migrationshintergrund in einer JVA durch. Die Teilnahme an den Gesprächen war freiwillig. Die Heranwachsenden wurden von Sozialarbeitern über das Forschungsprojekt informiert und meldeten sich bei Interesse. Das Interesse war groß und die meisten der Gesprächspartner kamen regelmäßig jede Woche zu den Gesprächen und nutzen sie, um sich selbst besser zu verstehen.

Psychoanalytische Forschung strebt keine Objektivität über Distanz zum *„Objekt der Forschung"* an, sondern der Psychoanalytiker lässt sich auf eine Beziehung ein, die Grundlage des Verstehens unbewusster Konflikte ist. In dem dynamischen Prozess der Beziehung wird Erkenntnis gewonnen. Übertragungs- und Gegenübertragungsphänomene, szenisches Verstehen, Deuten und freie Assoziationen werden analog zur Therapie zum Erkenntnisgewinn genutzt. Da die Gesprächspartner nicht als Patienten, sondern als Forschungspartner am Projekt teilnahmen, denen die Fähigkeit zum Erkenntnisgewinn zugesprochen wird, fühlten sie sich narzisstisch aufgewertet und nahmen gerne am Projekt teil. Ich denke, dass alle Teilnehmer die Forschung für sich nutzen konnten.[1] Alle Gesprächspartner waren zu Haftstrafen wegen Gewalttaten, teilweise in Verbindung mit Raub und/oder räuberischer Erpressung verurteilt, zwei der Gesprächspartner auch wegen Totschlag.

Der Weg in die Gewalt

Obwohl ich bereits ethnopsychoanalytische Forschungen in fremden Kulturen[2] durchgeführt hatte, war ich doch immer wieder überrascht, wie gut meine Gesprächspartner mit dem psychoanalytischen Setting umgehen konnten. Sie verstanden sofort, dass ihre Erfahrungen in der Kindheit, ihre Beziehungen zu den Eltern und andere Erlebnisse eine wichtige Rolle für die Entwicklung ihres delinquenten Verhaltens spielten. Das große Interesse an den Gesprächen und an Selbsterkenntnis hatte ich nicht erwartet. Noch weniger hatte ich erwartet, dass meine Gesprächspartner, die aus so unterschiedlichen Kulturen wie Afghanistan, Marokko, Kenia und anderen Ländern kamen, den Sinn und die Methode psychoanalytischer Gespräche, zumindest intuitiv, das heißt unbewusst, sofort verstanden und sich auf den Forschungsprozess mit mir einließen.

So antwortete Herr A.[3] auf meine Frage, was er als Ursache dafür sehe, dass er in Deutschland kriminell geworden sei, nicht mit vordergründigen Argumenten (Sprache, Familie, Diskriminierung etc.) sondern erzählte spontan, dass er sich noch genau erinnern kann, dass er zuerst froh gewesen sei, als er von Afghanistan nach Deutschland kam. Dann sei die Angst in ihm hochgekommen. Er erinnere sich an eine entscheidende Szene: An einem Automaten sei kein Geld herausgekommen, er habe immer wieder die Tasten gedrückt und gedrückt und nicht aufhören können. Schließlich sei die Polizei gekommen. Als diese ihn zuhause ablieferte und die Mutter ängstlich fragte, was jetzt mit ihm passiere, habe der Polizist geantwortet: *„Der ist noch zu klein, dem passiert hier nichts."*

Er erzählte mir daraufhin von den Erlebnissen in einem Erziehungscamp bei den Taliban, wo er Bestrafungsszenen miterlebte, in denen Hände abgehackt wurden. Immer, wenn die Erinnerungen und Ängste in Deutschland hochkamen, sei er klauen gegangen. Genauer kann man eigentlich die Dynamik einer Posttraumatischen Belastungsstörung nicht schildern. Herr A. setzte sich immer wieder dem traumatischen Erlebnis aus: Er stiehlt – hat Angst, die Hände abgehackt zu bekommen – ist erleichtert, dass dies in Deutschland nicht geschieht. Er steht unter dem Zwang der Reinszenierung, kann aber das Trauma so nicht bewältigen.

Oft sind es innere Konflikte, die die Jugendlichen in die Dissozialität und Kriminalität treiben. Nur vier meiner Gesprächspartner gaben an, diskriminierende Erfahrungen in Deutschland gemacht zu haben. Alle anderen sagten spontan, dass ihr Weg in die Kriminalität nichts mit solchen Erfahrungen zu tun habe. So kamen Antworten[4] wie:

„In Deutschland ist es besser als in Russland. Ich habe immer auch mit Deutschen gespielt und mich akzeptiert gefühlt."
„Ich habe mich in Deutschland wohl gefühlt, von Anfang an."
„Ich habe keinen Hass auf Deutschland, nur auf die, die mich abfackeln, Deutschland ist normal."
„Ich fühle mich als Europäer und bin mit der europäischen Kultur identifiziert. Das Afghanische ist für mich altmodisch. Meine Freunde sind Deutsche, Spanier, Italiener und andere."
„Das Problem hat nichts mit Ausländern und Deutschen zu tun."

So und ähnlich waren die Antworten meiner Gesprächspartner. Als Analytikerin fragte ich mich natürlich, ob es sich hier um Verleugnungen im Sinne der Abwehr handelt. Da aber alle Gesprächspartner spontan, sehr differenziert und sehr unterschiedlich ihre Antworten begründeten, zudem in den Monaten der gemeinsamen Gespräche die individuellen Ursachen herausarbeiteten, halte ich die Antworten für evident.

1 Vgl. Heinemann, 2008.
2 Heinemann, 1995; 1997; 1998.
3 Heinemann, 2008, S. 43.
4 Heinemann, 2008, S. 11.

Überraschend war für mich ferner, dass Arbeitslosigkeit bei den Familien der Gesprächspartner keine entscheidende Rolle zu spielen scheint. Nur in 29% der Familien waren beide Elternteile arbeitslos.[5]

Meine Gesprächspartner hatten insgesamt 82 Geschwister, von denen lediglich sechs Geschwister (7%) ebenfalls kriminelle Verhaltensweisen zeigten.[6] Die überwiegende Mehrheit der Geschwister war sozial angepasst, zeigte gute Schulleistungen und war integriert. Die individuelle Verarbeitung der psychosozialen Situation und der Erlebnisse spielt also eine gewichtigere Rolle.

Auffällig waren drei Faktoren in den Lebensgeschichten meiner Gesprächspartner: 67% der Gesprächspartner erlebten körperliche Gewalt durch die Väter oder Stiefväter. Zwei Drittel hatten keinen Schulabschluss und 58% nahmen Drogen.[7]

Eine bessere Unterstützung der Familien, der Jugendlichen in der Schule und im Bereich Drogenberatung wäre offenbar dringend von Nöten. Hierfür scheint mir eine Kooperation zwischen Kinder- und Jugendpsychiatrie, Psychoanalyse und Schulsystem angezeigt wie es etwa so genannte inklusive Schulsysteme bieten, die von der Sonderpädagogik analog zu nordischen Ländern gefordert werden. Ich werde im Schlussteil des Beitrags darauf zurückkommen.

Konflikte um die männliche Identität

Die Psychoanalyse betrachtet Aggression und Gewalt als Ausdruck einer tiefgreifenden Persönlichkeitsstörung. Es handelt sich um eine narzisstische Störung, einem Versagen der frühen Objekte, ausreichende positive Spiegelung zu gewähren. Die narzisstische Entwicklung (Narziss, der sich selbst liebte) ist das Fundament der Persönlichkeit, die sogenannte Selbst-Entwicklung. In ihr bildet sich das Selbstvertrauen, die Identität, der Stolz auf die eigene Leistung, die Liebe zu sich selbst, die eine Verinnerlichung der Liebe der frühen Objekte (meist der Eltern) über Spiegelung darstellt. Im Spiegel des Anderen lernen wir uns zu lieben oder auch zu hassen. Narzisstische Wut ist der Ausdruck mangelnder positiver Spiegelung, die meist mit narzisstischen Kränkungen einhergeht. Die narzisstische Wut dient dem Erleben von Omnipotenz, Allmacht und dem Erlangen von Gefühlen der Autonomie und Unabhängigkeit. Diese Gefühle dienen der Abwehr gestörter Selbstliebe, mangelndem Selbstvertrauen und negativen Selbstbildern von Schwäche und Hilflosigkeit. Eine die narzisstische Störung begleitende Ich-Störung ist gekennzeichnet von archaischen Abwehrmechanismen wie Spaltung und Projektive Identifizierung. Dabei werden eigene negative Gefühle von Angst und Hilflosigkeit oder Aggression auf eine andere Person projiziert und diese Person gedrängt, sich den Gefühlen entsprechend zu verhalten. Die Konsequenz ist eine Externalisierung und Reinszenierung der Konflikte in der Realität. Vor allem Konflikte von Macht und Ohnmacht, Opfer-Täter-Situationen werden reinszeniert. Im Rahmen einer zusätzlichen Über-Ich-Störung werden archaische Schuldgefühle abgewehrt, können Schuldgefühle nicht verarbeitet werden.[8] Es besteht weiterhin eine Mentalisierungsstörung. Mentalisierung bedeutet eine kognitive und sprachliche Verarbeitung von Affekten, die so der mentalen Kontrolle zugänglich werden. Gewalt ist Ausdruck fehlender Fähigkeit zur mentalen Repräsentation. Es wird gehandelt statt sich sprachlich auszudrücken. Die Voraussetzungen zur Mentalisierung sind vor allem Bindungssicherheit, Triangulierung in der ödipalen Situation (die Öffnung der dritten Perspektive bei Konflikten) und die Peer-Group.[9]

In unserer Kultur[10] entwickelt sich die männliche Identität über die Triade der ödipalen Situation (Vater-Mutter-Sohn), über die Anerkennung des väterlichen Gesetzes (des Inzesttabus und der Realität) und die Identifikation mit dem Vater. Das väterliche Gesetz fördert die Mentalisierung und damit die Fähigkeit zur Kontrolle aggressiver Impulse. Bei Störungen der Vaterbeziehung kann es zur omnipotenten Verleugnung der Gesetze der Realität kommen. In der psychoanalytischen Entwicklungstheorie kommt dem Vater die wichtige Funktion zu, die Mutter-Kind-Diade zu öffnen und als Vertreter der Realität die Gesetze der Realität einzuführen. Ohne Konkurrenz mit dem Vater läuft der Knabe Gefahr, in narzisstischer Omnipotenz zu verharren und sich als adäquater Partner der Mutter zu wähnen und sich zu überfordern. Er benötigt den Vater aber auch zur Etablierung eines positiven Selbst (so werden zu wollen wie der Vater). Von Störungen der Vater-Sohn Beziehung berichteten alle Gesprächspartner, zwei Drittel der Gesprächspartner erlebten gewalttätige Väter.

Dissozialität und Kriminalität können der narzisstischen Abwehr dienen:

„Ich habe gedacht, ich bin unbesiegbar. Es war eine Herausforderung, ob sie mich kriegen oder nicht."

„Ich habe mit dem Gericht spielen wollen. Ich habe gemerkt, dass die Richterin, wenn sie meine blauen Augen sieht und mich anschaut, mir immer noch eine Chance geben will. Ich habe es ausreizen wollen. Ich wollte sehen, wie weit ich gehen kann. Bis die Post vom Gericht kam habe ich nicht geglaubt, dass ich in den Knast muss."[11]

Die JVA hat einerseits die positive Wirkung der Übernahme väterlicher Funktionen wie Grenzziehung und Anerkennung der Gesetze der Realität, es besteht aber andererseits auch die Gefahr der Reinszenierung von Gewalt, von Macht und Ohnmacht. Es gibt Gewalt unter den Jugendlichen und Heranwachsenden sowie körperliche und/oder sexuelle Missbrauchssituationen. Die JVA soll hier nicht idealisiert werden. Trotz allem beschrieben drei Viertel meiner Gesprächspartner ihre Erfahrungen in der JVA als positiv und entwicklungsfördernd:[12]

„Irgendwie bin ich froh, hier im Gefängnis zu sein. Ich habe gelernt."

„Hier im Knast kann man nachdenken."

Die Grenzziehung durch die JVA bietet eine wichtige Voraussetzung für Prozesse der Mentalisierung, die durch psychoanalytisch orientierte Gesprächsangebote, so zeigt mein Forschungsprojekt, sicher noch weiter unterstützt und gefestigt werden könnten.

Neben der Entwicklung männlicher Identität über die Vateridentifikation, dem christlich-abendländischen Modell, besteht im islamischen Entwicklungsmodell eine Unterwerfung unter den Vater und Aufrechterhaltung der libidinösen Bindung an die Mutter. In islamischen Kulturen löst sich der Jugendliche nicht durch Identifikation mit dem Vater und Autonomie von der Familie, der islamische Jugendliche wird über die Wahrung der Familienehre (der Mutter und Schwestern) weiter in der ödipalen Bindung an die Familie

5 Heinemann, 2008, S. 11.
6 Heinemann, 2008, S. 11.
7 Heinemann, 2008, S. 12.
8 Heinemann & Hopf, 2008.
9 Fonagy & Target, 2002.
10 Heinemann, 2010.
11 Heinemann, 2008, S. 30.
12 Heinemann, 2008, S. 28.

gehalten. Die Unterwerfung unter die Männergruppe und den Vater mit der Fantasie der Kontrolle der Sexualität der Frauen stabilisiert die männliche Identität. Mütterliche und väterliche Aspekte werden in einer Haltung der Fürsorglichkeit integriert. Der andere Ausgang des Ödipuskomplexes ist nicht per se Gewalt fördernd. Nur durch das Erleben von Gewalt wird die Familienehre gewaltvoll verteidigt. Das Aufrechterhalten der Bindung an die Mutter hat auch positive Seiten: einen hohen Respekt vor Frauen und Fürsorglichkeit als männliche Eigenschaft.

Herr H.[13] schützte seine Mutter vor dem gewalttätigen Vater und wurde selbst gewalttätig. Er inszenierte die Bedrohung durch andere Männer in Kämpfen zwischen männlichen Jugendlichen. Er inszenierte in den Gruppenkämpfen die Bedrohung durch den Vater, allerdings mit der Hoffnung zu siegen, stärker zu sein als der Vater. *„Ich wollte die Familie schützen. Sie sollten Angst vor mir haben."* Er akzeptierte anfangs den neuen Partner der Mutter nicht. Er fühlte sich stärker als der neue Mann der Mutter. Erst als der neue Mann der Mutter sich liebevoll um die Mutter kümmerte während Herr H im Vollzug war, der Mutter Essen kochte und sie pflegte, als sie krank war, konnte Herr H ihm seinen Platz überlassen: *„Ich lasse ihn nicht im Stich. Ich lasse ihn nicht mehr weg. Als ich in den Knast kam, hatte die Mutter Probleme. Sie konnte nichts mehr essen und es ging ihr schlecht. Sie bekam Medikamente und ging nicht mehr arbeiten. Er sorgte für sie und jetzt geht es ihr wieder gut."* Das Aufrechterhalten der Bindung zur Mutter funktioniert auf der gemeinsamen (oralen) Fürsorge der Männer. Erst im Zusammenhang mit Gewalterfahrungen wird die Familienehre gewaltvoll verteidigt im Sinne einer Identifikation mit dem Aggressor. Der Mann kontrolliert die Sexualität der Frau. Bei Kontrollverlust werden Schamaffekte, das Gesicht zu verlieren, mobilisiert, und die Aggression kann sich auch gegen die Frau wenden. Die Art und Weise, wie auf den Kontrollverlust reagiert wird, unterliegt dabei unterschiedlichen familiären Mustern. Nicht notwendigerweise geschieht dies mit offener Gewalt.

Abwehr und Bewältigung innerer Konflikte in der Männergruppe

Jugendliche Gewalt wird meist über die Teilnahme an einer Gruppe agiert. Alle Gesprächspartner berichteten von der hohen Bedeutung der Gruppe. Die Männergruppe übernimmt in vielen Kulturen die Sicherung der männlichen Identität anstelle des Vaters.[14] Die Männergruppe bleibt in den traditionellen Kulturen allerdings ein Leben lang bestehen und die Hierarchie und Regeln sind im Hinblick auf die soziale Anpassung an die Kultur ausgerichtet und damit ein adäquates Modell entsprechend dem *„väterlichen Nein"* und der Durchsetzung der Gesetze der Realität.

Die Suche nach einer Männergruppe findet sich auch in unserer Kultur und ist für viele Jugendliche ein erfolgreicher Versuch der Bewältigung männlicher Identitätsprobleme, speziell beim Fehlen eines Vaters oder bei konfliktreichen Vater-Sohn-Beziehungen. Fußball, Sport und andere Events bieten sich hier an. Bei schwer traumatisierten Kindern und Jugendlichen besteht allerdings die Gefahr, dass die Männergruppe der Reinszenierung ihrer Traumata dient, die Männergruppe die Funktion der Abwehr übernimmt und damit die Lösung der Konflikte durch Agieren behindert.

Ich möchte hier anhand von Vignetten die Konflikte, die zu Gewalt und Kriminalität führten, im Sinne eines psychischen Abwehr- und Bewältigungsprozesses beschreiben. Alle Gesprächspartner suchten die Lösung ihrer Konflikte über die Zugehörigkeit zu einer Männergruppe, die in der Regel aus Jugendlichen verschiedenster Kulturen bestand. Die Zugehörigkeit zu einer bestimmten Kultur war nicht Thema dieser Gruppen.

Herr A.[15], den ich eingangs schon erwähnte, kam mit elf Jahren zusammen mit seiner Mutter aus Afghanistan nach Deutschland. Im Alter von fünf Jahren wurde er von den Taliban in ein Erziehungscamp entführt. Der Vater floh daraufhin mit dem Bruder von Herrn A. nach Deutschland. Die Mutter wartete auf Herrn A. und versuchte, ihn über den Onkel zu befreien. Herr A. ist traumatisiert durch seine Entführung und die Erfahrungen bei den Taliban. Er berichtete von Bestrafungsaktionen, bei denen Dieben vor seinen Augen die Hände abgehackt wurden. Herr A. ist enttäuscht über den Vater, der ihn im Stich ließ und der seiner Meinung nach den Bruder bevorzugt. Er liebt die Mutter über alles. Der Vater ist ihm fremd. Er hasst den Vater, auch weil dieser die Mutter schlägt. Der Vater fordert die Unterwerfung, will ihn verheiraten, Herr A. will sich aber sein Mädchen selbst aussuchen. Er schloss sich einer Gruppe männlicher Jugendlicher an, mit denen er Drogen nahm und kriminell wurde. Wegen der Drogen warf ihn der Vater aus dem Haus.

In Deutschland ist Herr A. seinen Ängsten schutzlos ausgeliefert. Er kann sich dem Vater nicht unterwerfen, der fordert, dass er nicht über die Erfahrungen bei den Taliban rede, damit hier niemand denke, er sei ein Taliban. Herr A. kann sich nicht wie der Bruder dem Vater unterwerfen und eine männliche Identität entwickeln. Die Liebe zur Mutter, die er schützen möchte, aber auch die Enttäuschung über den Vater verhindern die kulturell vorgegebene Entwicklung in die Männlichkeit. So wendet er sich einer Männergruppe zu.

In der Gruppe reinszeniert er sein Trauma. Er nahm mit ihnen Drogen, weil die Jugendlichen sagten, dann könne er seine Erlebnisse und Ängste vergessen. Er setzte sich der Strafangst aus, indem er mit den Jugendlichen klauen ging. Die Jugendlichen sagten ihm, er werde in Deutschland nicht für seine Straftaten bestraft. Er habe den Jungs geglaubt, auch weil sie hier geboren wurden.

Mit der Unmöglichkeit, sich dem Vater zu unterwerfen, suchte Herr A. die Bewältigung seiner traumatischen Erlebnisse in der Männergruppe. Im Unterschied zur Männergruppe, die ein kulturelles Lösungsmuster darstellt, diente die Männergruppe der Jugendlichen aber der Abwehr eines Traumas, das auch in der Aggression auf den enttäuschenden Vater bestand, der ihn in Afghanistan im Stich ließ. Die Gruppe vertrat antisoziale Normen, die letztendlich der Aggression gegen den Vater und der Abwehr der Ängste mit Hilfe von Drogen dienten. Die Gruppe unterstützte die narzisstischen Verleugnung: Ihm kann hier nichts passieren.

Herr B.[16] ist christlich erzogen. Herr B. lebte die ersten Jahre seines Lebens in enger Beziehung zur Mutter. Aufgrund einer chronischen Erkrankung wurde er vom Schulbesuch zurückgestellt und die Mutter unterrichtete ihn ein Jahr selbst. In der Grundschule sei er unauffällig gewesen. Erst in der Hauptschule habe er sich einer Gruppe Jugendlicher angeschlossen. Die Gruppe habe aus Ausländern verschiedener Nationalität bestanden. In seiner Gruppe hätten strenge Regeln geherrscht. Es habe die Regel gegeben, nicht über Sexualität zu reden. Er würde sich schämen, wenn Jungs über Sexualität reden oder damit prahlen.

13 Heinemann, 2008, S. 40.
14 Heinemann, 2010.
15 Heinemann, 2008, S.43 ff.
16 Heinemann, 2008, S. 50 ff.

Zur Beziehung zu Mutter sagt er: *„Wo Mutter war, war ich auch."* Er habe im Schlafzimmer der Eltern schlafen müssen wegen seiner Erkrankung, weil sich die Mutter Sorgen um ihn machte. Seine Mutter sei *„Vater und Mutter wie zwei in eins"* gewesen. Der Vater dagegen war immer arbeiten und nie da.

Herr B. kämpfte mit seiner Gruppe gegen andere Gruppen, *„Deutsche und Ausländer, alles gemischt."* Er habe das Risiko gesucht. Wenn ihm jemand mit Gewalt drohte, sei er ausgerastet, habe Todesangst gehabt. Er reinszenierte in den Gruppenkämpfen die Todesangst seiner Erkrankung in der Kindheit.

Die Spaltung der Männergruppen verlief entlang seines unbewussten Konfliktes: Die Mitglieder anderer Gruppen waren klein, kindisch, wurden noch von der Mutter zur Schule gebracht oder redeten über Sexualität. Er bekämpfte seine Abhängigkeits- und inzestuösen Ängste durch Externalisierung. Die Mitglieder seiner Gruppe waren keine Spießer, redeten nicht über Sexualität, und sie halfen ihm in Gefahr. Die Männergruppe diente der Sicherung männlicher Identität, der Reinszenierung und Abwehr des Traumas. Die andere Männergruppe stand für seine Abhängigkeit von der Mutter. Herr B. zeigte mir stolz seinen Bart, der im Gefängnis gewachsen sei. Mit der Trennung von der Mutter im Gefängnis und vielleicht auch mit der Möglichkeit zur Mentalisierung der Konflikte in den Gesprächen mit mir wurde er *„männlich"*.

Herr C.[17] fing bereits im Kindergarten zu klauen an und war verhaltensauffällig. Er wurde dem Kinderpsychiater wegen eines Aufmerksamkeitsdefizit-Hyperaktivitätssyndroms (ADHS) vorgestellt. Der Vater sei meist auf Schichtarbeit gewesen und habe ihn geschlagen. Angefangen habe alles mit Alkohol und Partys. Es gab ständig Schlägereien, wenn er angerempelt oder zu lange angeschaut wurde. Dann habe er gefragt *„Was guckst du?"* und der Stress ging los. Die Gruppen haben auf Partys gefeiert und getrunken. Entscheidend war, dass man provoziert wurde. Hip Hop habe ihn aggressiv gemacht, wenn vom Ficken, von Drogen und vom Blasen gesungen wurde. Sie hätten dann zusammen *„abgekackt"*.

Im Kindergartenalter wurde Herr C. von Verwandten mit in den *„Puff"* genommen und durfte mit den Prostituierten schmusen. Er idealisiert dies als männlich, kann das Missbräuchliche nicht wahrnehmen. Er reinszenierte sexuelle Opfer-Täter-Beziehungen in den Kämpfen mit den Jugendlichen. Er sei ausgeflippt, wenn jemand sagte, seine Mutter sei eine Hure. In pädagogischen Situationen, wenn er sich als Opfer fühlte, machte er die Pädagogen zu Opfern, schlug, rastete aus, wollte einer Pädagogin in der Fantasie die Brüste abschneiden. Den Knast idealisiert er: *„Ein Mann ohne Knast ist wie ein Schiff ohne Mast."* Er wird im Knast zum Mann, allerdings meint er damit zum Täter. Er war im Knast Situationen ausgesetzt, in denen er sich als Opfer fühlte. Er provozierte mich, wenn er davon sprach, sich Frischfleisch schnappen zu wollen. Er habe gelernt, sich zu wehren und will nach dem Knast einen legalen *„Puff"* aufmachen. Ich solle kommen und die Legalität überprüfen.

Sexuell traumatisiert suchte Herr C. Männergruppen, in denen er sich über Aggressivierung als Abwehr vom Opfer zum Täter entwickeln konnte. Er machte andere zu Opfern, ist aber auch ständig in der Angst, erneutem Missbrauch ausgesetzt zu sein. Der Blick anderer Jugendlicher – *„Was guckst du"* –, die Provokationen des körperlichen Berührens lösten unbändige Aggression aus. In einer Art homophobischen Reaktion fürchtet er ständig die Überwältigung durch andere Männer.[18]

Herr E.[19] kommt aus Russland. Die Eltern sind strenge Christen. Als er ein Mädchen kennenlernte, habe er zu klauen begonnen, weil er Geld brauchte. Die Eltern seien streng, der Vater habe ihn viel geschlagen. Er sollte nicht rauchen und nicht trinken. Er habe immer das Gefühl gehabt, das Geld reiche nicht. Auf Partys habe er andere eingeladen: *„Nicht wie ein Opfer zu sein, das kein Geld hat."* Mindestens 50 Euro habe er in der Tasche haben müssen, sonst habe er das Gefühl gehabt, nichts zu haben.

Herr E. schloss sich einer Gruppe russischer Jugendlicher an. In der Gruppe gab es russische Gesetze. Im Gefängnis dürfe man als Russe keine Toiletten putzen und kein Essen austeilen. Draußen gebe es noch härtere Gesetze. Man dürfe nicht arbeiten gehen, dürfe anderen nichts tragen, sonst würde man aus der Gruppe ausgeschlossen. Man müsse Geld als Strafe zahlen, bleibe aber trotzdem ausgeschlossen. Man müsse für andere Tabak kaufen. Vergewaltiger seien *„Arschlöcher unterster Schublade."* Die müssen alles machen, Putzdienste, in der Küche helfen oder Essen austeilen.

Als ich ihn ansprach, ob dies Frauenarbeiten seien, begann er über das Rauchen zu reden. Als er erstmals eine eigene Schachtel Zigaretten gekauft habe (ein Strahlen ging über sein sonst sehr kontrolliertes Gesicht), sei dies ein wunderschönes Gefühl gewesen. Vor den Eltern habe er die Packungen versteckt. Die Mutter habe ihn jeden Tag nach Zigaretten durchsucht. Er habe die Schachteln draußen versteckt. Es sei ein tolles Gefühl, frische schöne eigene Zigaretten zu besitzen. Mit 17 Jahren habe er mit dem Alkohol angefangen und seine Kumpel eingeladen. Er habe mit dem Klauen, Rauchen und Trinken angefangen, eine Freundin gehabt und keinen Bock mehr gehabt, mit den Eltern in die Kirche zu gehen. Er habe seine Kumpels zum Essen eingeladen und Geld gebraucht. Ältere Jungs hätten ihn bewundert, weil er so gut klauen konnte. Er habe immer nur ans Geld gedacht.

Jetzt will er sich ein Tattoo einritzen lassen mit dem Satz *„Liebe zur Mutter"* mit der Möglichkeit zu heiraten. Das Tattoo gebe es auch mit dem gleichen Satz, aber dem lebenslangen Verzicht auf Heirat. Manche Tattoos seien unwiderruflich. Das Tattoo *„Klauer für das Gesetz"* bedeute, dass man nicht aufhören dürfe, sonst werde man umgebracht. Tattoos haben in der Gruppe der Russen eine große Bedeutung. Der höchste Russe habe ein Tattoo mit einer Krone. Ihn müsse man um Erlaubnis fragen, wenn man ein Tattoo auftragen lassen wolle.

Er liebe seine Mutter ein Leben lang. Sie habe aber zu viel bestimmt, was er machen soll, obwohl es richtig war, was sie sagte. Herr E. hat eine innige Bindung an die Mutter, die aber mit ihrer Triebfeindlichkeit Konflikte in Herrn E. erzeugt. Der Vater bietet keine Identifikationsmöglichkeit. Er schlägt und ist triebfeindlich wie die Mutter.

Herr E. entdeckt seine Triebhaftigkeit, er will neue schöne eigene Zigaretten als phallische Potenz und er sucht die Anerkennung in der Männergruppe der Russen. Der Gruppe muss man sich aber verschreiben, so wie er meint, sich mit dem Tattoo der Mutter verschreiben zu müssen. Die Männergruppe sichert die Männlichkeit über die Einhaltung der Regeln, keine Frauenarbeiten zu machen und sich dem höchsten Russen, dem mit der Krone, zu unterwerfen.

17 Heinemann, 2008, S. 56 ff.
18 Vgl. Heinemann, 1997, S. 53ff.
19 Heinemann, 2008, S. 73 ff.

Herr F.[20] fühlt sich als Christ, wie die Mutter, der Vater kommt aus einem islamischen Land. Er ist bei der Mutter groß geworden, der Vater hatte sich früh von der Mutter getrennt. Der Vater habe die Mutter oft geschlagen, es gab viel Streit. Bis zum Alter von neun Jahren kam der Vater noch zu Besuch, dann ist er plötzlich und unangekündigt unbekannt verzogen. Bis heute hat Herr F. nichts mehr von ihm gehört. Die Kindheit von Herrn F war geprägt von Problemen in der Schule: Aggression und Hyperaktivität, Besuch der Sonderschule. Er suche körperliche Auseinandersetzungen. Er habe sich dann groß gefühlt und andere erniedrigt, andere zu *„Picos"* gemacht. Die hätten ihm Getränke holen müssen. Er habe nie auf das gehört, was die Mutter sagte, sie konnte nicht *„nein"* sagen. Er wolle dem Vater in die Fresse schlagen. Er sehe aus wie der Vater, meint er mit einem Strahlen im Gesicht. Beim Vater habe er Respekt gehabt. Der Vater sei streng gewesen, die Mutter habe alles durchgehen lassen.

Er fühlt sich gekränkt und benachteiligt. Er habe Angst, sein Gesicht zu verlieren, wenn er Schwäche zeige. Er beschimpft andere als *„Picos"*, als Mädchen-Jungs, Muttersöhnchen und als Schwuchteln. Die Jungs, die er provoziere, seien wie Mädchen, Weicheier. Er habe auch schon Polizisten als Hurensöhne beschimpft. Er verspottet mich, wenn ich ihn auf die Enttäuschung über den Vater anspreche. Als er enttäuscht wird, eine Maßnahme, die er sich sehr wünschte, abgesagt wurde, wehrt er sich mit omnipotenten Fantasien: Er sei ein Player, ein Playboy, der deutsche Playboy Nr. 1, habe früher immer Alkohol gehabt, Luxus-Designerklamotten und Rolex-Uhren. Er sei ein Gigolo und habe alles bekommen, nur mit dem Finger schnipsen müssen. Er sei der Chef. Wenn sich einer über ihn stellen würde, dann würde er mit ihm streiten. Wenn ihm einer einen Befehl geben würde, also Vater spielen würde, dann würde er ihm in die Fresse rotzen und fertig. *„Irgendwie wird dann was passieren"*. Er will sich den Namen der Mutter als Tattoo einritzen lassen. Bei unserem letzten Gespräch stellte er sich vor den Spiegel: *„Bin ich nicht schön, ich habe gute Chancen bei Frauen."* Er strich sich über die Bartstoppeln.

Die einzig verlässliche Beziehung ist für Herrn F. die Mutter. Aggressiv bekämpft er an anderen Jungen seine eigenen weiblichen Anteile: Die anderen sind Mädchen-Jungs, Weicheier. Er idealisiert den Vater, kann den Hass auf den Vater nicht integrieren. Nur über die Fantasie, größer als der Vater zu sein, selbst Chef zu sein, bei den Frauen die Nr. 1 zu sein, kann er seine Männlichkeit retten, eine Flucht in narzisstische Allmacht. Dazu benötigt er die Kriminalität, Designer-Klamotten und Rolex-Uhren. Ohne männliche Spiegelung durch den Vater sucht er sich selbst im Spiegel in seiner Männlichkeit aufzubauen.

Alle Beispiele zeigen eindrucksvoll das Ringen um männliche Identität. Die Gruppenkämpfe sind durchsetzt von unbewussten Fantasien, die sich um die Abwehr innerer Konflikte drehen. Die anderen sind bedrohlich, sind Weicheier, weiblich, *„Picos"*, Hurensöhne, die eigene Gruppe bietet Schutz und Anerkennung.

Mit Ausnahme der Russen-Gruppe, der man sich verschreiben muss, sind die Gruppen meist instabil. Die Fantasien, die in den Gruppenkämpfen ausgetragen werden, sind Externalisierungen innerer Konflikte. Das Agieren der Konflikte ohne die Möglichkeit der Mentalisierung trägt nicht zur Lösung der Konflikte bei. Sich in Therapie oder Beratung zu begeben, sich pädagogischen Angeboten zu öffnen, ist unmännlich und schwächt das Ansehen vor der Gruppe. So ist der Circulus vitiosus im Agieren geschlossen.

Schluss

Kriminalität und Dissozialität dient der Stabilisierung männlicher Identität, in der Regel mit Hilfe der Gruppe. Die Konflikte der Jugendlichen haben verschiedene psychische und soziale Ursachen. Diagnostisch gesehen haben wir es mit unterschiedlichen psychischen Störungen und Strukturniveaus zu tun: Entwicklungskrisen der Adoleszenz, narzisstische Entwicklungsstörungen, traumatische Erfahrungen von Gewalt und/oder sexuellem Missbrauch, posttraumatische Belastungsstörungen, Borderline-Störungen, Sucht bis hin zu psychosenahen Störungen.

Härtere Strafen oder exotische Erziehungscamps sind sicher nicht die angemessene Antwort auf die Probleme der Jugendlichen. Es ist bereits hinreichend bekannt, dass eine angemessene Strafe zeitnah den ersten Taten folgen sollte, damit narzisstische Omnipotenzvorstellungen nicht genährt werden.

Als Konsequenz meiner Gespräche möchte ich psychoanalytische Kompetenzen im Umgang mit den Kindern und Jugendlichen vom Kindergarten über die Schule bis hin zu Einrichtungen des Jugendstrafvollzugs anregen. Bei entsprechenden Gesprächsangeboten besteht unabhängig von der Kultur Introspektionsfähigkeit und die Fähigkeit zur Mentalisierung, die Fähigkeit korrigierende emotionale und repräsentationale Erfahrung zu machen, um vom Agieren zum Mentalisieren zu gelangen. Herr H: *„Früher konnte ich nicht reden, wenn ich mich gestritten hatte, deshalb habe ich geschlagen."*

Psychoanalytisch-pädagogische Angebote, bei Bedarf auch psychiatrische Behandlungen, müssten im Sinne der *„aufsuchenden Arbeit"* in den pädagogischen Einrichtungen angeboten werden. Man kann nicht erwarten, dass die Jugendlichen und ihre Familien die Angebote von Beratungsstellen von sich aus wahrnehmen.

Als Herr A. nach Deutschland kam, konnte er weder lesen noch schreiben, er habe nur Koranverse aufsagen gelernt. Er verstand die deutsche Sprache nicht. Seine Eltern sprechen bis heute kein deutsch, obwohl der Vater bereits über 10 Jahre in Deutschland lebt. Herr A. nahm an einem sechswöchigen Sprachkurs teil und kam ins dritte Schuljahr einer Grundschule. Die Lehrerin bemerkte zwar, dass er unaufmerksam im Unterricht war, begnügte sich aber mit seinen Ausreden, er sei müde. Sein Drogenkonsum wurde in der Schule nicht bemerkt oder ignoriert. Die Familie lebte in der Vorstellung, über die Erlebnisse in Afghanistan dürfe man in Deutschland nicht sprechen, sonst werde man als Taliban verdächtigt und ausgewiesen. Der Vater warf Herrn A. aus dem Haus und er lebte auf der Straße.

Das Besondere der psychoanalytischen Gespräche ist, dass sie Übertragungs- und Gegenübertragungsprozesse reflektieren und zur Mentalisierung bestehender Konflikte beitragen. Indem der Analytiker nicht den übertragenen Szenen entsprechend, sondern am Ziel der Selbst- und Ich-Stärkung orientiert reagiert, kommt es zur Verinnerlichung neuer Reaktionen und zur Veränderung innerer Repräsentanzen. So ermöglicht die Psychoanalyse eine Befreiung vom Zwang zu agieren.

In den Gesprächen mit mir widersetzte sich Herr A. dem Redeverbot des Vaters. In der Übertragung entwickelte ich selbst bald Ängste vor den Taliban. Solche Übertragungs-Gegenübertragungsprozesse müssen ausgehalten und im Sinne eines *„containing"* entgiftet werden. Dem Therapeuten kommt also die Funktion eines Behälters (Container) zu,

20 Heinemann, 2008, S. 83 ff.

der die Gefühle des Gegenübers in sich aufnimmt, sie quasi *„verdaut"*, verarbeitet, kontrolliert. Diese Reaktion des Gegenübers wird dann verinnerlicht und trägt zur Verarbeitung der Affekte bei. Herr A. verinnerlichte das Aushalten der Angst und konnte die Aggression gegen den Vater bearbeiten, so dass sich Herr A. schließlich dem Vater nach dessen kulturellen Muster unterwarf, nachdem dieser ihn in der JVA besuchte und versprach, sich jetzt um ihn zu kümmern.

Herr B. wurde in der Grundschule ausgeschult und von seiner Mutter unterrichtet. Bereits hier oder spätestens, als er in der Hauptschule in Gruppenkämpfen involviert war, wäre eine pädagogisch-psychoanalytisch unterstützende Maßnahme sinnvoll gewesen. Herr B. nahm die JVA wie die überfürsorgliche Mutter wahr und verstand seine Kämpfe schließlich als Suche nach dem Vater, den er nach der Entlassung zu erreichen hoffte. Er wollte so werden wie der Vater. Das Vaterbild veränderte sich während der Gespräche, in denen ich Herrn B nicht überfürsorglich, sondern reflektierend begleitete.

Herr C. provozierte Lehrer, die mit Aggression und Schulverweisen reagierten. Er machte die Lehrer zu Opfern und wehrte so seine eigene Angst vor Hilflosigkeit und Ohnmacht ab. Er sehnte sich aber nach Lehrern, die Humor haben und mit denen er reden könne. In der Übertragung zu mir provoziert er mich mit seinen Schilderungen, sich Frischfleisch zu nehmen, das heißt zum Täter zu werden. Ich reflektierte den Wunsch, ihn nicht mehr sprechen zu wollen und konnte die Gespräche fortsetzen. Am Ende seiner Haft wollte er ein legales Bordell aufmachen und fragte, ob ich ihn besuchen komme, um mich von der Legalität zu überzeugen. Ich wurde an die Stelle des Über-Ichs gesetzt und sollte das Missbräuchliche gemeinsam mit ihm verleugnen. Meine Verbalisierung und meine Reaktion, das Traumatische seiner frühen Bordellbesuche nicht zu verleugnen, ermöglichten ihm eine neue repräsentationale Erfahrung.

Herr E. wurde bereits als Jugendlicher bei den verschiedenen Polizeistationen auffällig. In der Schule war er unauffällig. Die Polizisten hätten ihm immer wieder eine Chance gegeben, er hätte sie enttäuscht. Ein professionelles Gesprächsangebot hätte hier möglicherweise schon durch Zusammenarbeit von Schule und Polizei unterbreitet werden können. Unsere Gespräche endeten damit, dass er seinen Konflikt verbalisieren konnte, weder die Bediensteten der JVA noch die Russen-Gruppe enttäuschen zu wollen. Mentalisierung ermöglichte Herrn E. zu erkennen, dass er nicht gleichzeitig kriminell und nicht-kriminell sein kann. Er entdeckte seine Ich-Autonomie, die sich bereits darin ausdrückte, dass er die Liebe zur Mutter mit der Aufrechterhaltung seiner Triebhaftigkeit vereinen wollte.

Herr F. wurde wegen Aggression und Hyperaktivität in die Sonderschule überwiesen. Eine professionelle psychoanalytische Behandlung im Rahmen der Schule hätte hier vielleicht zu mehr Erfolg geführt.

Da alle Jugendlichen bereits in der Schule oder schon im Kindergarten auffällig wurden, halte ich eine Vernetzung pädagogischer, psychoanalytischer und psychiatrischer Angebote für notwendig. In der Sonderpädagogik haben wir die Vision einer *„Schule für alle"*, in der Regelschullehrer, Sonderschullehrer, Psychologen, Kinderanalytiker und Kinder- und Jugendpsychiater in Kooperation mit dem Jugendamt und der Jugendhilfe die Kinder bei der Lösung ihrer Konflikte in der Regelschule unterstützen.[21] Das Recht auf Inklusion wurde von der EU und UN als Recht der Kinder festgelegt. In Finnland erhalten 29,2% aller Kinder zumindest zeitweise eine spezielle Erziehung.[22]

Nicht nur die Jugendlichen, auch die Gesellschaft würde davon profitieren, wenn bereits in den frühen Stadien der Entwicklung in die Dissozialität und Kriminalität durch geeignete Unterstützung in den pädagogischen Einrichtungen die Probleme bearbeitet werden könnten.

Prof. Dr. EVELYN HEINEMANN ist Hochschullehrerin an der Johannes Gutenberg-Universität Mainz, Institut für Erziehungswissenschaft
eheinema@uni-mainz.de

LITERATURVERZEICHNIS

FONAGY, P. & TARGET, M. (2002). Zum Verständnis von Gewalt: über die Verwendung des Körpers und die Rolle des Vaters. *Kinderanalyse, 10* (3), 280-307.

HEINEMANN, E. (1995). *Die Frauen von Palau. Zur Ethnoanalyse einer mutterrechtlichen Kultur.* (Reihe Geist und Psyche), Frankfurt a.M.: Fischer.

HEINEMANN, E. (1997). *Das Erbe der Sklaverei. Eine ethnopsychoanalytische Studie in Jamaika.* (Reihe Geist und Psyche). Frankfurt a.M.: Fischer.

HEINEMANN, E. (1998). Fakafefine: Männer, die wie Frauen sind. Inzesttabu und Transsexualität in Tonga (Polynesien). *Psyche, Zeitschrift für Psychoanalyse und ihre Anwendungen,* (5), 472-498.

HEINEMANN, E., RAUCHFLEISCH, U. & GRÜTTNER, T. (2003). *Gewalttätige Kinder, Psychoanalyse und Pädagogik in Schule, Heim und Therapie.* Düsseldorf: Walter Verlag.

HEINEMANN, E. & HOPF, H. (2008). *Psychische Störungen in Kindheit und Jugend. Symptome – Psychodynamik – Fallbeispiele – psychoanalytische Therapie.* (3. Auflage). Stuttgart: Kohlhammer.

HEINEMANN, E. (2008). *Männlichkeit, Migration und Gewalt. Psychoanalytische Gespräch ein einer Justizvollzugsanstalt.* Stuttgart: Kohlhammer.

HEINEMANN, E. (2010). Wie wird der Mann zum Mann? Ethnopsychoanalytische Reflexionen über Bisexualität und Ödipalität in der männlichen Entwicklung. *Analytische Kinder- und Jugendlichen-Psychotherapie, XLI. 3* (147), 367-387.

HEINEMANN, E. & HOPF H. (Hrsg.) (2010). *Psychoanalytische Pädagogik. Theorien – Methoden – Fallbeispiele.* Stuttgart: Kohlhammer.

HERZ, B. & KUORELAHTI, M. (Eds.) (2007). *Cross-Categorial Special Education Needs in Finland and Germany.* (Studien zur Jugendhilfe, Band 4). Münster.

REISER, H., WILLMANN, M. & URBAN, M. (2007). *Sonderpädagogische Unterstützungssysteme bei Verhaltensproblemen in der Schule. Innovationen im Förderschwerpunkt Emotionale und Soziale Entwicklung.* Bad Heilbrunn: Klinkhardt.

21 Vgl. REISER, WILLMANN & URBAN, 2007.
22 HERZ & KUORELAHTI, 2007.

JUGENDSTRAFRECHT

Des Kaisers neue Kleider oder das Neuköllner Modell

Helmut Frenzel

Das Neuköllner Modell macht Karriere. Es verkauft sich als ein beschleunigtes und damit als ein in den Augen der Medien, der Politik und der Bürger wirksames Verfahren zur Bekämpfung von Jugendkriminalität. Den Beweis muss es nicht antreten, denn die Spruchweisheit, die Strafe folge der Tat auf dem Fuße, ist Nachweis genug. Hinter der Beschleunigung des Neuköllner Modells verbirgt sich aber für seine Zielgruppe, den jungen Straftätern, bei genauerem Hinsehen ein weiterer Schritt auf dem abschüssigen Weg von der informellen zu einer mehr justizorientierten Verfahrens- und Sanktionspraxis.

„Aber er hat ja gar nichts an!" sagte endlich ein kleines Kind...
(Des Kaisers neue Kleider,
Märchen von Hans Christian Andersen)

Einleitung

CHRISTIAN PFEIFFER setzt sich in seinem Beitrag *„Kirsten Heisigs Irrtümer"*[1] in Heft 3/2010 der ZJJ kritisch mit einigen Thesen in ihrem Buch *„Das Ende der Geduld"* zur Gewaltkriminalität junger Migranten und zu freiheitsentziehenden Sanktionen auseinander und kommt zu dem Ergebnis, dass KIRSTEN HEISIG schlicht die *„falsche Botschaft"* vermittelt. Gleichsam um diese Kritik wohl ein wenig abzufedern, zollt er am Anfang ihren präventiven Aktivitäten im Bezirk Neukölln, ihrer Kritik an Berliner Behörden und ihren Vorschlägen zur Bekämpfung des Schulschwänzens großen Respekt.

Nun ließe sich hinter gelegentliche, medienwirksame Erziehungsveranstaltungen von Richtern für türkische und arabische Mütter und Väter und der Kritik an Stellenkürzungen bei der Jugendgerichtshilfe zugunsten der allgemeinen Jugendhilfe angesichts drastisch zurückgehender Fallzahlen durchaus ein Fragezeichen setzen. Aber das soll hier nicht das Thema sein.

CHRISTIAN PFEIFFER bewertet in seiner Einleitung ohne eine weitere inhaltliche Auseinandersetzung das Neuköllner Modell *„zur zeitlichen Verkürzung von Jugendgerichtsverfahren"* als ein gutes Konzept. Hier lohnt sich ein genaueres Hinsehen.

Will das Neuköllner Modell das vereinfachte Jugendverfahren wirklich nur beschleunigen, was zu begrüßen wäre, oder ist die Beschleunigung nicht lediglich eine geschickte Verpackung für einen Strategiewechsel, nämlich die *„Strategie des Zuwartens"* zugunsten *„frühzeitiger und einschneidender Eingriffe"* abzulösen? Dann hätte die *„falsche Botschaft"*, als die CHRISTIAN PFEIFFER die Thesen von KIRSTEN HEISIG analysiert hat, gleichsam durch die Hintertür Eingang in die jugendgerichtliche Praxis gefunden.

Das Neuköllner Modell vollzieht – so meine These – im Bereich der leichteren Jugendkriminalität ohne Not eine Abwendung vom Vorrang der informellen Verfahrenserledigung (Diversion) und dem Prinzip *„Erziehung statt Strafe"* und favorisiert eine eher straforientierte Praxis, die im Bereich der mittleren und erst recht schweren Jugendkriminalität schon immer oder inzwischen wieder Gerichtsalltag ist. Die Jugend(gerichts)hilfe muss sich im Neuköllner Modell ihren Platz suchen und im Zweifel ihre Belange denen der Justiz unterordnen. Das Kooperationsgebot zwischen Jugendstrafjustiz und Jugendhilfe (OSTENDORF), dem diese sich bereits immer mehr entzieht (§ 36a SGB VIII!), wird nun auch von der Jugendstrafjustiz in Frage gestellt.

Ein Konzept gegen sogenannte Intensivtäter will das Neuköllner Modell – entgegen dem unwidersprochenen Eindruck in der Öffentlichkeit – nicht sein und ist es nicht. Wenn es bei KIRSTEN HEISIG aber heißt: *„Die Verfahren, die wir auf diese Weise erledigen, sind allerdings nicht geeignet, auf Intensivtäter einzuwirken, da bei diesen bereits Jugendstrafen im Raum stehen. Aber ein Element zur Verhinderung von Intensivtäterkarrieren ist darin durchaus zu sehen"*,[2] so ist das Medien-, bestenfalls Richterkriminologie. Genauso berechtigt wäre die Gegenthese: Eine schnelle mündliche Verhandlung gegen Ersttäter beschleunigt die Entstehung von Intensivtäterkarrieren.

Und schließlich bindet das Neuköllner Modell bei der Polizei und der Staatsanwaltschaft unnötig viele Personalressourcen, die an anderer Stelle dringender benötigt werden.

Neuer Name für Altbekanntes

Hinter dem Neuköllner Modell verbirgt sich nichts anderes als das altbekannte und bewährte *„vereinfachte Jugendverfahren"*, eine dem Jugendstrafverfahren eigene Verfahrensart, die seit jeher, jedenfalls in Berlin, in Fällen kleinerer und mittlerer Kriminalität von Jugendlichen allein schon wegen ihrer justizentlastenden Aspekte regelmäßig und gerne angewandt wird. Insofern musste es nicht als Neuköllner Modell aus einem Dornröschenschlaf erweckt werden.

Das vereinfachte Jugendverfahren ist per se ein beschleunigtes Verfahren. Die Staatsanwaltschaft kann von der Fertigung einer Anklageschrift und von ihrer Teilnahme an der Verhandlung absehen, was deren Durchführung wesentlich beschleunigt, das Zwischenverfahren entfällt und auf Form- und Fristvorschriften kann verzichtet werden.

Das Neuköllner Modell will dieses beschleunigte Verfahren nun *„geschickter"* nutzen, das heißt noch mehr beschleunigen: *„Denkt man an seine eigenen Kinder, gelangt man zum einen auch bei mäßigem Fachwissen zu der Erkenntnis, dass ein Fernsehverbot drei Wochen nach dem verspäteten Nachhausekommen nichts mehr bringt. Das gilt im Prinzip auch für jugendliche Straftäter. Die Verfahrensdauer muss also verkürzt werden."*[3]

Die besondere Beschleunigung auf Seiten des Gerichts

Eine weitere Beschleunigung der heute gängigen Gerichtspraxis ist kaum möglich. Die Richter bestimmen bereits jetzt nach Eingang des Antrages der Staatsanwaltschaft in aller Regel zügig einen zeitnahen Termin zur mündlichen Verhandlung, wobei sie allerdings auf die Belange der Ju-

1 PFEIFFER, 2010, S. 323 ff.
2 HEISIG, 2010, S. 185.
3 HEISIG, 2010, S. 177.

gendhilfe Rücksicht nehmen. Ansonsten findet sich selbst bei längeren Terminsständen am Ende jeder Sitzung immer noch Platz für einige vereinfachte Jugendverfahren, die in viertel- oder halbstündigem Abstand terminiert und erledigt werden.

Die vereinfachten Verfahren nach dem Neuköllner Modell werden wie Haftsachen behandelt, ihre Vorlage an den Richter erfolgt besonders beschleunigt, nachdem sie in der Eingangsregistratur vorrangig eingetragen worden sind und eine besondere Kennzeichnung erhalten haben.

Die besondere Beschleunigung auf Seiten der Ermittlungsbehörde

Das Neuköllner Modell konzentriert sich im Wesentlichen auf eine Beschleunigung des Ermittlungsverfahrens. Nach Abschluss der – wie üblich geführten – Ermittlungen prüft die Polizei nicht nur wie bisher, ob der Jugendliche diversionsgeeignet ist, sondern zusätzlich, ob er für das vereinfachte Jugendverfahren nach dem Neuköllner Modell geeignet ist.

Hierbei entstehen für den Polizeibeamten vor Ort im polizeilichen Alltag Abgrenzungsschwierigkeiten. Das wird deutlich, wenn man sich die Zielgruppe des Neuköllner Modells ansieht. Es handelt sich um Ersttäter und um Täter, die schon vor dem 14. Lebensjahr in Erscheinung getreten sind, wenn sie nicht schon zu den so genannten Intensivtätern gezählt werden sowie um Täter, die schon eine Diversionsmaßnahme hinter sich gebracht haben, um Täter, wie KIRSTEN HEISIG sich ausdrückt, die *„ihre Muskeln spielen lassen wollen"*, die *„kleinen"* Mehrfachauffälligen. In der Regel geht es da um Fälle der Alltagskriminalität wie Straftaten in der Schule, etwa Prügeleien auf dem Schulhof, Vandalismus, Beleidigungen, Körperverletzungen.

Die Schnittmenge der Zielgruppe des Neuköllner Modells mit der der diversionsgeeigneten Täter und der für diese beiden Verfahren eigentlich nicht mehr geeigneten Täter, bei denen die Berliner Ermittlungsbehörde wiederum zwischen Schwellentätern, Intensivtätern und *„normalen"* Straftätern unterscheidet, ist erkennbar groß.

Als Entscheidungshilfe gibt es für die Polizeibeamten recht umfangreiche Handreichungen. Um die hierfür notwendige Sensibilisierung der Sachbearbeiter vor Ort auf Dauer aufrechtzuerhalten, müssen sie immer wieder nachgeschult werden.

Verneint der Polizeibeamte eine Diversionseignung bzw. eine Eignung für das Neuköllner Modell, werden die Ermittlungsergebnisse der Staatsanwaltschaft auf normalem Dienstweg zugeleitet. Bejaht der Polizeibeamte dagegen eine Eignung, erfolgt eine telefonische Rücksprache mit der Staatsanwaltschaft.

Teilt diese die polizeiliche Einschätzung, erfolgt entweder die Zuweisung an so genannte Diversionsmittler oder die Akten werden *„per reitendem Boten"* an besonders für das Neuköllner Modell abgestellte Staatsanwälte übersandt, die beschleunigt einen schriftlichen Antrag auf Entscheidung im vereinfachten Jugendverfahren bei Gericht stellen.

In allen Fällen erfolgt eine Information der Jugendgerichtshilfe, die nach den Vorstellungen des Modells hierfür besondere Sachbearbeiter vorsehen soll.

Das Neuköllner Modell steht und fällt mit einer Art Selbstverpflichtung der Richter, unmittelbar nach Eingang des Antrags eine mündliche Verhandlung durchzuführen, wobei insofern zwar nur eine Erwartung an die Richterschaft formuliert wird; bereits die Äußerung einer solchen Erwartung verbietet sich aber angesichts der richterlichen Unabhängigkeit.

Subsidiarität der informellen Verfahrenspraxis

Das Neuköllner Modell strebt mit diesem beschleunigten Verfahrensablauf nicht eine engere Kooperation von Jugendhilfe und Jugendstrafjustiz an, damit die gemeinsam für notwendig erachteten pädagogischen Maßnahmen zügiger angeordnet und umgesetzt werden können. Es konzentriert sich vielmehr ausschließlich auf die Beschleunigung des justiziellen Verfahrens gemäß dem Motto, die Strafe folge der Tat auf dem Fuße, und zwar am besten schon morgen, und nimmt dabei die Abkoppelung der Jugendhilfe in Kauf. Jedenfalls wäre bei der idealtypischen zeitlichen Verkürzung des justiziellen Verfahrens der Spielraum für die Jugendhilfe, informelle Verfahrenserledigungen vorzubereiten, erheblich eingeschränkt.

Das Neuköllner Modell will das formale Strafverfahren ohne Unterbrechung zügig bis zur mündlichen Verhandlung durchziehen. Es sieht gerade in der Konfrontation des Jugendlichen mit dem Jugendrichter in einer mündlichen Verhandlung einen eigenen pädagogischen Wert, der zunächst größer sein soll als ein der mündlichen Verhandlung vorgeschaltetes, angesichts der schwierigen Lebenslage der Jugendlichen meist zeitaufwändiges Tätigwerden der Jugendhilfe, welches doch nur die mündliche Verhandlung immer weiter hinausschiebe oder gar am Ende zu einer informellen Verfahrenserledigung ohne mündliche Verhandlung führe.

Die Jugendhilfe mag dann in der mündlichen Verhandlung, vorbereitet oder nicht, oder auch erst später bei der Umsetzung der angeordneten Maßnahmen zum Zuge kommen.

Die berlinweite Einführung des Neuköllner Modells

Das Neuköllner Modell war auf die eher autoritären Vorstellungen der Initiatorin des Neuköllner Modells zugeschnitten, die von Teilen der Berliner Ermittlungsbehörden und einzelnen Richtern geteilt und unterstützt wurden. HEISIG meinte, jugendlichen Straftätern, insbesondere solchen mit Migrationshintergrund, bereits bei der ersten Straftat in einer mündlichen Verhandlung Auge in Auge die rote Karte zeigen und auch die Umsetzung der angeordneten Maßnahmen federführend gegenüber der Jugendhilfe kontrollieren zu müssen.

> *„Der Schüler beleidigt seinen Lehrer ... Drei Wochen später treffen sich beide vor Gericht. Der Schüler hat noch nicht die Lehranstalt gewechselt, man begegnet einander täglich. In diesen Situationen hat bereits die Hauptverhandlung einen erzieherischen Effekt. Wenn sich in der Verhandlung abgesehen von der Straftat zeigt, dass der Jugendliche Unregelmäßigkeiten im Schulbesuch aufweist, verhänge ich oft eine Schulbesuchsweisung... Das hat eine interessante Folgewirkung: Ich rufe die Klassenlehrer an und teile mit, dass Steven ... in der Schule zu erscheinen hat. Wenn er nicht da ist, will ich sofort informiert werden. Dann kann ich einen Anhörungstermin ansetzen und einen Beugearrest bis zu vier Wochen verhängen."*[4]

Die Jugendhilfe taucht in dieser richterbezogenen Verfahrensweise weder im Rahmen der Anordnung der Maßnahme noch bei deren Vollstreckung auf.

Mit der berlinweiten Übernahme des Neuköllner Modells besteht die Gefahr, dass die informelle Verfahrenspraxis jetzt flächendeckend auch im Bereich der Bagatell- und Kleinkriminalität an Bedeutung verliert.

4 HEISIG, 2010, S. 183.

Der punitive Zeitgeist als Geburtshelfer des Neuköllner Modells

Das Neuköllner Modell ist ein justizorientiertes Modell (DÜNKEL), das den mehr Geduld erfordernden Möglichkeiten der Jugendhilfe misstraut und sich mit der Diversion nicht anfreunden mag. Es vertritt sehr dezidiert in einer Selbstüberschätzung den Vorrang der doch nur dem Anspruch nach bestehender Spezialisierung und erzieherischer Kompetenz eines Jugendrichters und die Vorstellung vom entwicklungspsychologisch höheren Wert einer mündlichen Verhandlung gegenüber der Tätigkeit der Jugendhilfe. Es kommt dem in der Gesellschaft verbreiteten Wunsch nach Bestrafung, insbesondere von Jugendlichen mit Migrationshintergrund, entgegen.

Eine mündliche Verhandlung im vereinfachten Verfahren von einer viertel bis halben Stunde mit ihrem ganzen Theaterdonner – wenn er denn überhaupt gelingt –, mag bei zeitweilig auffälligen Mittelschichtskindern einen gewissen Eindruck hinterlassen, bei Jugendlichen in schwierigen Lebenslagen, wozu häufig Jugendliche mit Migrationshintergrund zählen, ist sie erzieherisch, zumindest ohne Mitwirkung der Jugendgerichtshilfe, ohne Wert und trägt mehr zur richterlichen Zufriedenheit als zur Lösung der Probleme bei.

Die Jugendhilfe, die sich im Jugendstrafverfahren immer mehr auf dem Rückzug befindet, muss sich allerdings fragen lassen, ob sie auf manche heutige Erscheinungsformen der Jugendkriminalität, wie sie auch immer wieder im Focus der Öffentlichkeit stehen, die richtigen Antworten hat. Die Entwicklung und Unterstützung der justizorientierten Modelle wie die des Neuköllner Modells durch Politik und Teile der Justiz, die sich in Fragen der Jugendkriminalität einem immer stärkeren Druck der Öffentlichkeit und der Medien ausgesetzt sehen, ist auch bedingt durch die Lücke, die die Jugendhilfe immer häufiger hinterlässt.

Trotzdem: Vorrang der Jugendhilfe

Trotzdem: Die Eigenständigkeit des Jugendstrafrechts legitimiert sich wegen der größeren Prägbarkeit und Erziehungsbedürftigkeit Jugendlicher zumindest im Bereich unterhalb der schwereren Kriminalität gerade durch den Vorrang jugendhilferechtlicher Maßnahmen und einer informellen Verfahrens- und Sanktionspraxis. Die Jugendgerichtshilfe muss im gesamten Verfahren so früh wie möglich herangezogen werden. Sie muss die Möglichkeit haben, gegebenenfalls auch nach zeitaufwändigen Ermittlungen, eine informelle Verfahrenserledigung bei dem Jugendrichter oder aber auch bereits bei der Staatsanwaltschaft anzuregen. Die Beschleunigung des Neuköllner Modells darf den Subsidiaritätsgrundsatz nicht außer Kraft setzen.

Sanktionseskalationen liegen auf der Hand

Auch wenn es immer wieder in Abrede gestellt wird, besteht bei einem so frühzeitigen ins Spiel bringen des Richters wie beim Neuköllner Modell die Gefahr von Sanktionseskalationen. Denn gerade bei der Zielgruppe des Neuköllner Modells muss schon in Anbetracht des jungen Alters der Täter mit Rückfällen gerechnet werden mit der Folge vermehrter Urteilsarreste in späteren Verfahren, auch aufgrund der von CHRISTIAN PFEIFFER zutreffend beschriebenen persönlichen Enttäuschung auf Seiten der Jugendrichter.

Die Polizei als Herr des Ermittlungsverfahrens

Kann schon im normalen Jugendstrafverfahren von einer Verfahrensherrschaft des Jugendstaatsanwaltes im Vorverfahren keine Rede sein, so verfestigt das Neuköllner Modell, wie schon bei der *„Polizeidiversion"*, die Verfahrensherrschaft der Polizei, denn es ist zunächst der Polizeisachbearbeiter, der zu bewerten hat, für welche Verfahrensart der Jugendliche geeignet oder nicht geeignet ist. Nicht zufällig hat das Neuköllner Modell seine stärksten Anhänger bei der Polizei (und Teilen der Staatsanwaltschaft) gefunden, sah diese doch immer schon im formalen Jugendstrafverfahren eher als in der informellen Verfahrens- und Sanktionspraxis ein geeignetes Mittel zur Bekämpfung der Kriminalität von Jugendlichen mit Migrationshintergrund.

Die Polizei ist für eine solche Aufgabe aber nicht ausgebildet und es ist auch nicht ihre Aufgabe. Die Handreichungen und notwendigen Schulungen verkomplizieren den polizeilichen Alltag, und das angesichts einer allseits beklagten Personalknappheit. Aufwand und Ertrag stehen in keinem Verhältnis – insbesondere wenn man bedenkt, dass die Personalressourcen bei den Ermittlungen der schweren Jugendkriminalität unzureichend erscheinen.

Als langjähriger Vollstreckungsleiter für die Jugendstrafanstalt Berlin habe ich mir oft bei meiner Klientel, den von der Staatsanwaltschaft als Intensivtäter stigmatisierten Beschuldigten, eine Anklageerhebung nicht erst Monate nach der Straftat gewünscht. Und wie oft musste ich erstaunt und verärgert erleben, dass bei Inhaftierten, die kurz vor der vorzeitigen Entlassung standen, noch Anklagen nachgeschoben wurden, deren Tatzeiten vor der Inhaftierung lagen.

Das Neuköllner Modell als Mosaikstein im Netzwerk von Polizei, Staatsanwaltschaft, Jugendhilfe und Jugendrichter

Das Neuköllner Modell wird erst verständlich vor dem Hintergrund einer angestrebten engen Vernetzung von Strafverfolgung, Gefahrenabwehr und Prävention auf kommunaler Ebene, in die auch die Gerichte eingebunden werden sollen. Polizei, Jugendhilfe, Schule, Staatsanwaltschaft und Jugendrichter *„schreiten Hand in Hand"* im Kampf gegen die Jugendkriminalität.

Nun sind Jugendrichter nicht gehindert, sich in der Prävention, auch in ihrem Gerichtsbezirk, zu engagieren; sie haben es immer schon über ihre dienstlichen Pflichten hinaus getan und werden es weiterhin tun. Trotzdem bleibt der Jugendrichter zuallererst Strafrichter, was seiner Mitarbeit in der Prävention Grenzen setzt. Es darf aus der Sicht eines Beschuldigten nicht der Eindruck entstehen, dass der Richter durch seine präventive Arbeit befangen ist, das heißt, dass er nicht mehr unbefangen das Ermittlungsergebnis der Strafverfolgungsbehörden bewertet, die Schuld des Beschuldigten feststellt und die Strafe oder eine sonstige Maßnahme ausspricht.

Dieser Eindruck entsteht aber, wenn Jugendrichter mit ihrer präventiven Arbeit sehr dezidierte Vorstellungen von Kriminalitätsbekämpfung verbinden und nicht den Anschein vermeiden, ihre präventive Arbeit im Gerichtssaal mit justiziellen Mitteln fortsetzen oder dieser mehr Nachdruck verleihen zu wollen. Das vereinfachte Jugendverfahren nach dem Neuköllner Modell erscheint dann einem unbefangenen Beobachter gleichsam als justizielle Kehrseite richterlicher Präventionsarbeit.

Alles bleibt beim Alten

Die Datenlage über die bisherige Praxis des Neuköllner Modells seit Mitte 2008 ist dürftig. Über die Anzahl der Verfahren und ihrer Dauer im Gegensatz zu den normalen vereinfachten Verfahren gibt es keine verlässlichen Zahlen. Die Staatsanwaltschaft Berlin erhebt die Anzahl der vereinfachten Verfahren nach dem Neuköllner Modell erst seit

Mitte 2010 gesondert. Die Anzahl bleibt deutlich hinter den Erwartungen zurück, sodass die Schulung der Polizei immer wieder intensiviert wird. Die Praxis ist von einer einheitlichen, stringenten Verfahrensweise weit entfernt. Aber eines kann man bereits jetzt sagen: Die idealtypisch angestrebte Zeitverkürzung, ca. drei bis vier Wochen zwischen Tatbegehung und mündlicher Verhandlung, wird kaum erreicht.

Innerhalb dieses Zeitraumes werden aber in der Regel sowieso nur die kooperationsbereiten und damit eher unproblematischen Jugendlichen erreicht, denn die Beteiligungs- und Mitwirkungsrechte der Erziehungsberechtigten, das Einhalten von Fristen, die Möglichkeiten der Verteidigung sowie das Schweigerecht des Beschuldigten stehen einer weiteren zeitlichen Verkürzung entgegen.

Jedenfalls verbleibt den Jugendgerichtshilfen im Augenblick, auch wegen des erheblichen Rückgangs der Fallzahlen, wie in der Zeit vor dem Neuköllner Modell genügend Zeit, ihre Aufgaben bis zur mündlichen Verhandlung zu erledigen, unabhängig davon, ob die Richter nach Antragseingang zügig terminieren oder nicht. Nicht wenige Richter nutzen allerdings, wie eh und je, auch die informelle Verfahrenserledigung statt einer mündlichen Verhandlung und unterscheiden also nicht zwischen den normalen vereinfachten Verfahren und solchen nach dem Neuköllner Modell.

So ist das Neuköllner Modell als Modell in aller Munde und lässt sich über Berlin hinaus als ein Novum im Kampf gegen die Jugendkriminalität vermarkten. Die Politik demonstriert der Öffentlichkeit und den Medien damit ihre Entschlossenheit im Kampf gegen die Jugendkriminalität. Polizei und Staatsanwaltschaft können ein weiteres Modell neben dem Schwellentäter- und Intensivtätermodell vorweisen. In der Praxis bleibt aber letztlich alles beim Alten. Jugendgerichte und Jugendgerichtshilfe gehen ihrer Arbeit wie bisher, in dem einen oder anderen Fall vielleicht ein wenig schneller, in Ruhe nach – zum Wohle der Jugendlichen.

Allerdings: Die Verfahren vor den Diversionsmittlern gehen zurück.

HELMUT FRENZEL ist Richter am Amtsgericht i.R. und war Fachbereichsleiter (Jugend) im Amtsgericht Tiergarten sowie Besonderer Vollstreckungsleiter für die Jugendstrafanstalt Berlin
he.frenzel@googlemail.com

LITERATURVERZEICHNIS

Heisig, K. (2010). *Das Ende der Geduld. Konsequent gegen jugendliche Gewalttäter.* Freiburg: Herder.

Pfeiffer, C. (2010). Kirsten Heisigs Irrtümer. *Zeitschrift für Jugendkriminalrecht und Jugendhilfe, 21* (3), 323-325.

JUGENDHILFE

Haus des Jugendrechts und Sozialdatenschutz[1]

Klaus Riekenbrauk

Mit der Einrichtung von „Häusern des Jugendrechts" sollen Jugendgerichtshilfe, Polizei und Staatsanwaltschaft enger kooperieren, um schneller und in besserer Abstimmung auf jugendliche Delinquenz reagieren zu können. Dabei erwarten insbesondere die Ermittlungsbehörden vom Jugendamt als ihrem „Kooperationspartner" umfassende Informationen zu den Klienten der Jugendhilfe. Der Beitrag geht der Frage nach, inwieweit bei Beachtung des Sozialdatenschutzes solche Informationen überhaupt weitergegeben werden dürfen. Da in der Praxis der Jugendgerichtshilfe die Vorschriften des Sozialdatenschutzes nicht immer die erforderliche Beachtung finden, wird dieses eher komplizierte Rechtsgebiet umfassend erläutert.

I. Das Kölner Haus des Jugendrechts

Im Juni 2009 wurde das *„Kölner Haus des Jugendrechts"* offiziell eröffnet. Anders als die bereits in Deutschland existierenden „Häuser des Jugendrechts" mit ihren unterschiedlichen Intentionen[2] ist das Kölner Modell bundesweit das erste Haus speziell für *„Intensivtäter"*. Nach der Kooperationsvereinbarung, die als Kooperationspartner die Polizei, die Staatsanwaltschaft, die Stadt (Jugendamt), das Land- und Amtsgericht vorsieht, wird mit der Errichtung des *„Kölner Haus des Jugendrechts"* das Ziel verfolgt, *„flächendeckend für das Stadtgebiet Köln, durch Optimierung der bestehenden behördenübergreifenden Zusammenarbeit aller Kooperationspartner*

- *strafrechtliche Ermittlungsverfahren gegen jugendliche und heranwachsende Intensivtäter zu beschleunigen und damit einhergehend zeitnahe Reaktionen auf jugendkriminelle Aktivitäten zu ermöglichen,*
- *kriminelle Karrieren von Jugendlichen und heranwachsenden Intensivtätern zu beenden bzw. deren Rückfallquote zu verringern, um so die Jugendkriminalität insgesamt zu reduzieren und damit insgesamt*
- *einen wesentlichen Beitrag zur Verbesserung des Sicherheitsgefühls und der objektiven Sicherheitslage in der Stadt Köln zu schaffen."*[3]

Als Intensivtäter gelten danach Strafverdächtige, denen mindestens fünf Straftaten innerhalb eines Jahres angelastet werden und es sich dabei um schwerwiegende Straftaten wie Raub, Köperverletzung oder Einbruchsdelikte handelt.[4]

Eine wesentliche Bündelung der Informationsstränge findet in den so genannten Fallkonferenzen statt, in denen die *„Kooperationspartner"* die ihnen zur Verfügung stehenden Kenntnisse über einzelne Intensivtäter austauschen, Lösungsmöglichkeiten diskutieren und (Vor-) Entscheidungen zu den zu ergreifenden Maßnahmen treffen sollen.[5]

Als eine zentrale Aufgabe wird die *„Optimierung der Kommunikationsstrukturen"* angesehen; in den strategischen Überlegungen zur Realisierung dieser Aufgabe heißt es dazu: *„Ein zügiger Informationsfluss hat stets eine entscheidende Auswirkung auf die Dauer und die Qualität eines Arbeitsablaufes und somit auch eine zentrale Bedeutung für einen erfolgreichen Arbeitsprozess. Daher steht der Informationsfluss bei jeder Geschäftsprozessoptimierung im Fokus."*[6]

Dass der insbesondere von der Polizei und Staatsanwaltschaft gewünschte Kommunikationsfluss aus dem Jugendamt (JA) nicht ungehindert erfolgen kann, war den Kooperationspartnern bei der Erarbeitung der Konzeption des *„Kölner Haus des Jugendrechts"* wohl bekannt. Unter Hinweis auf die gesetzlichen Grundlagen des Sozialdatenschutzes und dem daraus resultierenden Umstand, dass *„hohe Maßstäbe an die Datenweitergabe durch die Jugendämter"* gesetzlich festgelegt sind, wird konstatiert, dass *„aus diesen Gründen (...) das Jugendamt den übrigen Institutionen oft nicht alle gewünschten Informationen zur Verfügung stellen (kann). So benötigen Justiz und Polizei im Einzelfall beispielsweise Informationen über durchgeführte und laufende Maßnahmen der Jugendhilfe, um bei gemeldeten delinquenten Jugendlichen die Gesamtsituation, aber auch die Gefahr möglicher weiterer Straftaten einschätzen zu können."*[7] Als Arbeitsauftrag soll danach die datenschutzrechtliche Situation geklärt werden, wobei *„der Blick auf die schutzwürdigen Interessen des Jugendlichen, auf den Informationsbedarf der einzelnen Behörden und den Schutz der Allgemeinheit vor weiteren schwerwiegenden Straftaten zu richten (ist)."*[8]

Trotz dieser wohlfeilen konzeptionellen Überlegungen und der – theoretischen – Bereitschaft der *„Kooperationspartner"*, mit datenschutzrechtlicher Sensibilität den unter einem Dach vereinigten Kommunikationsprozess zu steuern, kam es von Anfang an immer wieder zu Problemen, wenn die Mitarbeiter der Jugendgerichtshilfe (JGH)[9] die von Polizei und Staatsanwaltschaft geforderten Informationen verweigerten und sich dabei auf den Sozialdatenschutz bezogen.

1 Der Aufsatz basiert auf einem Vortrag, den der Verfasser auf einer Fortbildung des *„Kölner Hauses des Jugendrechts"* am 23.04.2010 gehalten hat.

2 Vgl. zum *„Haus des Jugendrechts"* in Stuttgart-Cannstatt als Modellprojekt Feuerhelm & Kügler, 2003; sowie die *„Häuser des Jugendrechts"* mit eher rechtspädagogischen Zielsetzungen, dazu v. Hasseln, 2009; Lüth, 2010; Merkel, 2010; v. Hasseln-Grindel, 2010.

3 Kooperationsvereinbarung für das *„Kölner Haus des Jugendrechts"*, Redaktion: Dezernat I 32/0 – Präventionsmanagement Sicherheit und Ordnung, Stand: 17.03.2009, S. 4.

4 Stadtdirektor der Stadt Köln (Hrsg.), *„Das Kölner Haus des Jugendrechts" und weitere Bausteine für ein gemeinsames Netz des Jugendrechts.*, Stand 02.03.2009, S. 10.

5 Vgl. § 5 der Geschäftsordnung der Kölner Fallkonferenzen Intensivtäter (2008); nach § 4 haben die Vertreter der Jugendgerichtsbarkeit eine bloß beobachtende Rolle.

6 Vgl. Fn. 3, S. 40.

7 Vgl. Fn. 3, S. 41 f.

8 Vgl. Fn. 3, S. 42. Dieser Arbeitsauftrag verwundert, da bereits in der zuvor erstellten *„Geschäftsordnung der Kölner Fallkonferenzen Intensivtäter"* in § 13 für die Datenübermittlung des JA auf die Geltung der einschlägigen datenschutzrechtlichen Vorschriften hingewiesen worden ist.

9 Im Folgenden soll an dem zwar überholten, aber nach wie vor üblichen Begriff der JGH festgehalten werden.

Dabei stand der Vorwurf im Raum, das neue Projekt, von dem sich besonders die Kölner Stadtpolitiker so viel versprochen haben, würde von den Sozialarbeitern und Sozialpädagoginnen des JA/JGH unter Berufung auf den Datenschutz nicht in dem erwarteten und auch notwendigen Maße unterstützt.[10]

Hier war er wieder, der alte Streit zwischen Sozialer Arbeit und Polizei/Staatsanwaltschaft. An dieser Stelle sollen nicht die recht unterschiedlichen Positionen zu diesem Dauerclinch thematisiert werden; dies ist bereits ausreichend geschehen.[11] Mein Anliegen beschränkt sich auf die Erläuterung der sozialdatenschutzrechtlichen Rahmenbedingungen, unter denen die Weitergabe von Informationen von Seiten des JA/JGH hin zu Staatsanwaltschaft und Polizei erfolgen dürfen, gleichgültig ob sie als *„Kooperationspartner"* im Haus des Jugendrechts den Auftrag des Rates der Stadt Köln[12] erfüllen, die Zusammenarbeit bei der Verfolgung von Jugendstraftaten zu verbessern und den Verfahrensablauf zu beschleunigen.

II. Sozialdatenschutz und seine Ziele

In der Tat scheint der Datenschutz häufig für lästig gehalten zu werden, weil er Informationsflüsse zwischen Justiz, Behörden und anderen Stellen der öffentlichen Verwaltung, die als praktisch und hilfreich geschätzt werden, blockiere. Außerdem hält sich hartnäckig das Ressentiment gegenüber einem Datenschutz als vermeintlichem Täterschutz, der verhindere, dass alle vorhandenen Daten der beteiligten Behörden zur wirksamen Bekämpfung von Jugendkriminalität offengelegt werden.[13]

Doch spätestens seit dem wegweisenden Urteil des Bundesverfassungsgerichts aus dem Jahre 1983[14] ist bekannt, dass es ein verfassungsrechtlich geschütztes Grundrecht auf informationelle Selbstbestimmung des Einzelnen gibt, das die Befugnis jedermanns gewährleistet, grundsätzlich selbst über die Preisgabe und Verwendung seiner persönlichen Daten zu bestimmen. Nach dieser mittlerweile unangefochtenen Rechtsprechung sind Beschränkungen dieses Grundrechts nur zulässig, wenn daran ein überwiegendes allgemeines Interesse besteht, eine verfassungsmäßige, gesetzliche Grundlage die Voraussetzungen sowie den Umfang der Beschränkungen klar und für den Bürger erkennbar regelt und dem rechtsstaatlichen Gebot der Normenklarheit in gleicher Weise wie dem Grundsatz der Verhältnismäßigkeit entspricht.[15]

Darüber hinaus dient der Datenschutz als unverzichtbare Grundlage für die Arbeit bestimmter Professionen, die ihre Arbeitsbeziehungen als Vertrauensbeziehungen begreifen und schützen müssen, und nur auf dieser Basis im allgemeinen Interesse liegende Aufgaben überhaupt erfüllen können.[16] Dazu gehören die in § 203 Abs. 1 StGB aufgeführten Berufe wie Ärzte, Psychologen, Ehe-, Familien-, Erziehungs- oder Jugendberater sowie die staatlich anerkannten Sozialarbeiter und Sozialpädagogen.

Gesetzlich realisiert werden die Datenschutzziele zum einen durch die Inpflichtnahme von Einzelnen nach § 203 StGB, wonach anvertraute und im Zusammenhang mit der Berufsausübung sonst bekannt gewordene Geheimnisse nicht ohne Befugnis offenbart werden dürfen.[17] Diese individuelle Schweigepflicht verlängert sich in ein Zeugnisverweigerungsrecht, das beispielsweise in Zivilrechtsverfahren durch § 383 Abs. 1 Nr. 6 ZPO und in Strafverfahren durch § 53 StPO begründet ist.[18] Schließlich machen es die Vorschriften des Beamten- und Arbeitsrechts den in der öffentlichen Verwaltung einzelnen Beschäftigten zur Pflicht, innerbehördliche Geheimnisse zu wahren.[19]

Neben diesen – nur kurz erwähnten – individuellen Datenschutzpflichten und -rechten soll im Weiteren der breitere Fokus auf den Sozialdatenschutz als institutionelles Postulat der Träger der Jugendhilfe gerichtet werden, die nach § 52 SGB VIII an Verfahren nach dem Jugendgerichtsgesetz (JGG) mitwirken.

III. Sozialdatenschutzrecht der Träger der öffentlichen Jugendhilfe als Mitwirkende im Jugendstrafverfahren

Das Sozialdatenschutzrecht ist im SGB I und SGB X allgemein geregelt und richtet sich ausschließlich an die Sozialleistungsträger i.S.v. § 12 SGB I, also auch an die Jugendämter als Träger für Leistungen der Jugendhilfe nach § 27 SGB I. Neben den allgemeinen Vorschriften des Sozialdatenschutzrechtes gelten für die gesamte Jugendhilfe, mithin auch für die JGH, so genannte bereichsspezifische Datenschutzregelungen in den §§ 61 ff. SGB VIII.[20] Spätestens mit der Streichung von § 61 Abs. 3 SGB VIII a.F. wurde durch den Gesetzgeber klargestellt, dass die allgemeinen und bereichsspezifischen Sozialdatenschutzregelungen uneingeschränkt auch für das JA/JGH Anwendung finden.[21]

1. Die Rechtsgrundlagen für den Sozialdatenschutz in der Jugendhilfe

Der Sozialdatenschutz für die Jugendhilfe findet seinen gesetzlichen Ausgangspunkt in § 61 Abs. 1 S. 1 SGB VIII. Danach gelten für den Schutz von Sozialdaten bei ihrer Erhebung und Verwendung § 35 SGB I, §§ 67 bis 85a SGB X sowie die bereichsspezifischen Vorschriften der §§ 61 bis 68 SGB VIII. Dabei ergänzen die bereichsspezifischen Datenschutzvorschriften nicht nur die allgemeinen Sozialdatenregelungen, sondern fassen ihre Anwendung enger, bilden folglich weitere Einschränkungen der Datenschranken in der Jugendhilfe.[22] Als Spezialvorschriften gehen die §§ 61 bis 68 SGB VIII den allgemeinen Soziadatenregelungen vor.[23]

2. Die Systematik in der Anwendung des allgemeinen und bereichsspezifischen Sozialdatenschutzes

Dreh- und Angelpunkt des Sozialdatenschutzes ist § 35 SGB I. Danach hat jeder Anspruch auf Schutz seiner Sozialdaten verbunden mit der Verpflichtung der Sozialleistungsträger – also auch des Jugendamtes – Sozialdaten nicht unbefugt zu erheben, zu verarbeiten und zu nutzen (§ 35 Abs. 1

10 So die mündlichen Berichte gegenüber dem Verfasser.

11 Vgl. die aktuelle Publikation zu dem Hochschultag der Hochschule Esslingen aus dem Jahr 2007: Kurt Möller, 2010 (Fn. 1).

12 Vgl. Fn. 3, S. 9.

13 So mit Nachdruck die – verstorbene – Berliner Jugendrichterin Kirsten Heisig, 2010, S. 95.

14 E 65, S. 1 ff.

15 BVerfGE 65, S. 44.

16 Riekenbrauk, 2009, S. 524.

17 Vgl. dazu im Einzelnen Riekenbrauk, 2009, S. 524 ff.

18 Riekenbrauk, 2009, S. 539 ff.

19 Riekenbrauk, 2009, S. 544.

20 Zur Genese dieser Rechtsmaterie vgl. Feldmann, 2008, S. 21 f.

21 So explizit die Bundesregierung in ihrer Antwort auf eine große Anfrage zu dem Thema *„Jugendstrafrecht im 21. Jahrhundert"* vom 26.05.2009 (BT-Drs. 16/13142, S. 99) , vgl. bereits Trenczek, 1991, S. 251, sowie auch Feldmann, 2008, S. 22.

22 Kunkel, 2006, § 61 Rn. 3 spricht von Schranken-Schranken des Jugendhilfe-Datenschutzes.

23 Proksch, 2009, § 61 Fn. 2; zu dem Verhältnis der genannten Sozialdatenschutzvorschriften zu dem allgemeinen Recht des Bundesdatenschutzgesetzes, vgl. Krahmer, 2008, § 35 Rn. 5.

S. 1 SGB I). Die entsprechenden Befugnisse zur Erhebung, Verarbeitung und Nutzung von Daten sind nach § 35 Abs. 2 SGB I im Zweiten Kapitel des SGB X enthalten; nur wenn die Voraussetzungen der dort enthaltenen Vorschriften über den Umgang mit Sozialdaten vorliegen, kann in das verfassungsrechtlich geschützte Recht auf Wahrung des Sozialgeheimnisses eingegriffen werden.

Die Frage, ob und inwieweit die JGH Sozialdaten erheben und weitergeben darf, kann also zunächst allein nach den Befugnisnormen im Zweiten Kapitel des SGB X beantwortet werden.

Damit ist die Zulässigkeitsprüfung noch nicht beendet. Denn wenn auch die Voraussetzungen für die Erhebung und Weitergabe der benötigten Daten nach den allgemeinen Regelungen des SGB X vorliegen, so muss schließlich weiter geprüft werden, ob nicht die zum Teil erheblich enger gefassten bereichsspezifischen Datenschutzvorschriften des SGB VIII die Datenerhebung und -weitergabe verbieten. Erst nach dieser Prüfung lässt sich abschließend feststellen, ob der Transfer von Sozialdaten des betroffenen Klienten in Fallkonferenzen oder anderen Foren des *„Haus des Jugendrechts“* zulässig ist.

3. Die Begrifflichkeiten des Sozialdatenschutzes

Bevor diese Zulässigkeitsprüfung im Einzelnen erfolgt, sollen zum leichteren Verständnis der datenschutzrechtlichen Terminologie die wichtigsten Begriffe anhand der Legaldefinitionen in § 67 SGB X erläutert werden.

3.1 Sozialdaten

Nach § 67 Abs. 1 S. 1 SGB X sind Sozialdaten Einzelangaben über persönliche oder sachliche Verhältnisse einer bestimmten oder bestimmbaren Person (Betroffener), die von einer verantwortlichen Stelle in Bezug zu ihren Aufgaben erhoben, verarbeitet oder genutzt werden. Einzelangaben als Informationen, die sich auf eine natürliche Person beziehen, umfassen neben Name, Geschlecht und Alter alle Identifikationsdaten über schulische, berufliche, wirtschaftliche, familiäre, gesundheitliche Verhältnisse sowie Informationen z.B. zu strafrechtlichen Vorbelastungen und ethnischer Herkunft. Unter persönlichen Verhältnissen sind Angaben über den Betroffenen selbst zu verstehen wie Anschrift, Familienstand, Geburtsdatum, Staatsangehörigkeit, Konfession, Beruf, äußeres Erscheinungsbild, Charaktereigenschaften, Krankheiten, politische Überzeugungen.[24] Auch die Tatsache des Kontaktes des Betroffenen zum Leistungsträger ist als Sozialdatum geschützt.

3.2 Verantwortliche Stellen

Der Sozialdatenschutz richtet sich an die *„verantwortliche Stelle“* als Adressat. Nach § 67 Abs. 9 S. 3 SGB X ist die Organisationseinheit, die eine Aufgabe nach einem der besonderen Teile des Sozialgesetzbuches funktional durchführt, die datenschutzrechtlich verantwortliche Stelle, wenn der Leistungsträger eine Gebietskörperschaft ist. Da nach § 27 Abs. 2 SGB I für die Leistungen der Kinder- und Jugendhilfe die Kreise und kreisfreien Städte, also Gebietskörperschaften, zuständig sind, ist nach dem funktionalen Stellenbegriff das JA/JGH mit ihrer Aufgabe der Mitwirkung im jugendstrafrechtlichen Verfahren die verantwortliche Stelle. Andere Abteilungen des JA wie Kindertagesstätten, Allgemeine Soziale Dienste oder Erziehungsberatungsstellen sind folglich ebenfalls eigene verantwortliche Stellen, da grundsätzlich auf die funktional kleinste Einheit abzustellen ist.[25]

3.3 Umgang mit Sozialdaten

Erhebung

Die Erhebung von Sozialdaten ist das Beschaffen von Daten über den Betroffenen, also das gezielte Sammeln von personenbezogenen Informationen wie mündliche oder schriftliche Befragungen, Beobachtungen oder Untersuchungen, sei es bei dem Betroffenen selbst, sei es bei anderen Behörden oder Dritten (§ 67 Abs. 5 SGB X).

Verwendung

Datenverwendung ist der Oberbegriff für Verarbeitung und Nutzung von Sozialdaten (§ 67 Abs. 7 SGB X). Unter Verarbeiten ist das Speichern (also das Erfassen, Aufnehmen oder Aufbewahren von Daten auf einem Datenträger zum Zwecke ihrer weiteren Verarbeitung oder Nutzung, § 67 Abs. 6 S. 2 Nr. 1 SGB X), Verändern, Übermitteln, Sperren und Löschen von Sozialdaten zu verstehen (§ 67 Abs. 6 S. 1 SGB X). Nutzung bedeutet jede Verwendung von Sozialdaten, soweit es sich nicht um Verarbeitung handelt, insbesondere auch die Weitergabe von Daten innerhalb der verantwortlichen Stelle (§ 67 Abs. 7 SGB X).

Übermittlung

Bei der Übermittlung handelt es sich um das Bekanntgeben von erhobenen und gespeicherten Sozialdaten an einen Dritten außerhalb der speichernden Stelle in der Weise, dass die Daten an den Dritten weitergegeben werden oder der Dritte zur Einsicht oder zum Abruf bereitgehaltene Daten einsieht oder abruft (§ 67 Abs. 6 S. 2 Nr. 3 SGB X). Dies umfasst die Weitergabe von Akten(-teilen) oder das Überspielen oder Überreichen von Datenbändern/-trägern; das Bekanntgeben kann auch auf dem Wege der Post, mündlich, telefonisch, über Telefax, E-Mail-Versand, aber auch durch Zeichengeben, beredtes Schweigen oder vielsagende Blicke erfolgen.[26]

4. Erhebung von Sozialdaten durch das JA/JGH

Da nur die Übermittlung von rechtmäßig erhobenen Sozialdaten zulässig ist, muss zunächst geprüft werden, ob die gesetzlichen Voraussetzungen für ihre Erhebung vorliegen. Auch hier gelten die Vorschriften des SGB X sowie die bereichsspezifischen Regelungen des SGB VIII.

4.1 Erforderlichkeits- und Zweckbindungsprinzip

Nach § 67a Abs. 1 SGB X ist die Datenerhebung nur im Hinblick auf die Sozialdaten zulässig, wenn ihre Kenntnis zur Erfüllung einer Aufgabe der verantwortlichen Stelle erforderlich ist. Aus dieser Vorschrift und auch aus der inhaltsgleichen Regelung von § 62 Abs. 1 SGB VIII ergibt sich zwingend das verfassungsrechtliche Gebot der Zweckbindung und Einzelfallorientierung.[27] In unserem Zusammenhang folgt daraus, dass das JA/JGH nur die Daten erheben darf, ohne die sie ihre Aufgaben im jeweils konkreten Einzelfall nicht, nicht vollständig oder nicht in rechtmäßiger Weise erfüllen kann.[28] Nicht rechtmäßig ist danach ein Sammeln von Daten auf *„Vorrat zu unbestimmten oder noch nicht bestimmten Zwecken“*; folglich muss regelmäßig ein aktueller Kenntnisbedarf bestehen.[29]

24 Proksch, 2009, § 61 Fn. 6 f.
25 Proksch, 2009, § 61 Rn. 15 ff., 17.
26 Krahmer & Stähler, 2003, § 67 SGB X Rn. 14
27 Proksch, 2009, § 62 Rn. 4
28 Krahmer & Stähler, 2003, § 67a Rn. 6.
29 Krahmer & Stähler, 2003, unter Verweis auf BVerfGE 65, S. 1 ff.

Für das JA/JGH bedeutet das, dass es für die Mitwirkung im jugendstrafrechtlichen Verfahren geklärt haben muss, ob sie Daten für die Berichterstattung gegenüber Gericht oder Staatsanwaltschaft (als *„andere Aufgabe"* i.S.v. § 2 Abs. 2 Nr. 8 SGB VIII) oder Daten für die Erbringung von Leistungen (i.S.v. § 2 Abs. 1 Nr. 4 SGB VIII) wie beispielsweise Soziale Trainingskurse oder Betreuungen benötigt; es handelt sich offensichtlich um unterschiedliche Aufgaben, die jeweils differenzierte und spezifischere Informationen verlangen.[30]

4.2 Datenerhebung beim Betroffenen

Wortgleich schreiben § 62 Abs. 2 SGB VIII sowie § 67a Abs. 2 S. 1 SGB X vor, dass die erforderlichen Sozialdaten direkt beim Betroffenen, also beim beschuldigten Jugendlichen oder Heranwachsenden selbst, zu erheben sind. Unzulässig ist folglich, wenn die benötigten Daten ohne die Einwilligung bzw. Mitwirkung, also *„hinter dem Rücken"* des betroffenen Klienten erhoben werden; zu Recht spricht Kunkel von *„Betroffenenerhebung"*.[31] Nur unter den restriktiv anzuwendenden Regelungen von § 62 Abs. 3 SGB VIII ist ausnahmsweise auch die Datenerhebung bei Dritten zulässig (vgl. 4.3).

4.2.1 Betroffenenaufklärung

Vor der Datenerhebung muss der betroffene Jugendliche/ Heranwachsende über die Rechtsgrundlage der Erhebung sowie über die Zweckbestimmung der Erhebung und der Verwendung aufgeklärt werden (§ 62 Abs. 2 S. 2 SGB VIII). Diese Aufklärung muss selbstverständlich von der verantwortlichen Stelle, also hier der JGH, und nicht von anderen Stellen des JA erfolgen. Dem jungen Betroffenen muss – in einer für ihn verständlichen und seinem Entwicklungsstand entsprechenden Art und Weise – erklärt werden, aus welchem Grund die verlangten Informationen erforderlich sind, was mit diesen Informationen zu welchem Zweck geschieht und an wen sie weitergegeben werden. Wenn – was in der Regel bei dem JA/JGH der Fall sein wird – die Befragung des Klienten mündlich erfolgt, reicht auch die mündliche Aufklärung.

Minderjährigen Klienten gegenüber kann die Aufklärung dann ohne Mitwirkung ihrer gesetzlichen Vertreter stattfinden, wenn sie über eine genügende Einsichtsfähigkeit verfügen.

In jedem Fall ist das JA/JGH verpflichtet, den betroffenen Jugendlichen/Heranwachsenden über sein Recht zu schweigen zu belehren. Der strafprozessuale Zusammenhang und der daraus abzuleitende Schutz des jungen Beschuldigten verleiht dem Gespräch der JGH die Qualität einer Vernehmung i.S.v. § 252 StPO mit der Konsequenz, dass der Klient vor seiner Befragung über seine Aussagefreiheit und sein Recht, einen Verteidiger zu konsultieren, belehrt werden muss.[32] Unterbleibt die Belehrung, darf die Aussage im Strafprozess keine Verwertung finden.[33]

4.3 Datenerhebung ohne Mitwirkung des Betroffenen

Grundsätzlich ist die Erhebung von Sozialdaten bei Dritten (Eltern, Geschwistern, Lehrern etc.) mit Einwilligung des Betroffenen zulässig. Ohne die Mitwirkung bzw. Einwilligung des Betroffenen ist die Datenerhebung ausnahmsweise nach § 62 Abs. 3 Nr. 2 c) SGB VIII rechtens. Voraussetzung dafür ist, dass die Datenerhebung beim betroffenen Jugendlichen/ Heranwachsenden nicht möglich ist, weil z.B. eine Mitwirkung durch den Betroffenen abgelehnt wird, die bisher erhobenen Daten unvollständig oder unrichtig sind, die fehlenden Informationen aber erforderlich sind, um die Aufgabe nach § 52 SGB VIII sachgerecht wahrnehmen zu können.[34]

Kommt den Dritten, bei denen die Daten erhoben werden sollen, die Rolle als Zeugen aufgrund einer nach §§ 52 oder 53 StPO relevanten Verwandschafts- oder Arbeitsbeziehung zum Beschuldigten zu, die ein Zeugnisverweigerungsrecht zur Folge hat, müssen diese von dem Vertreter der JGH über ihre Rechte ausdrücklich belehrt werden.[35]

5. Übermittlung von Sozialdaten an Staatsanwaltschaft und Polizei

Die Beantwortung der Frage, unter welchen Voraussetzungen die Übermittlung von Sozialdaten an die Staatsanwaltschaft und die Polizei, unabhängig von ihrem räumlichen Arbeitszusammenhang in einem *„Haus des Jugendrechts"* oder an getrennten Standorten, zulässig ist, richtet sich auf der Basis von § 35 Abs. 2 SGB I allein nach den §§ 67 ff. SGB X. Konkret heißt dies, eine rechtmäßige Datenübermittlung (als eine Form der Nutzung) ist dann gegeben, wenn die in zulässiger Weise erhobenen Sozialdaten unter Wahrung der Zweckbindung

1. mit Einwilligung des Betroffenen oder
2. aufgrund einer gesetzlichen Übermittlungsbefugnis

weitergegeben werden (§ 67b Abs. 1 SGB X).

5.1 Voraussetzungen einer wirksamen Einwilligung

Unter Einwilligung ist die vorherige Zustimmung i.S.v. § 183 BGB zu verstehen; eine nachträgliche Zustimmung, also eine Genehmigung, reicht zur Legitimation einer Datenübermittlung nicht aus.

Krahmer und Stähler weisen darauf hin, dass bei der Einholung von Einwilligungen generell Zurückhaltung geboten ist.[36] Dies sollte bei Jugendlichen und Heranwachsenden, die sich im Rahmen eines strafrechtlichen Ermittlungsverfahrens zunächst in der Konfrontation mit dem JA/ JGH als intellektuell Unterlegene vielleicht schnell zu einer Einwilligung gezwungen sehen,[37] dazu führen, dass man mit besonderer Behutsamkeit die Gründe für die Datenweitergabe (wie bei der Datenerhebung) offen legt und darüber aufklärt, dass eventuell auch ohne Einwilligung aufgrund von gesetzlichen Übermittlungsbefugnissen die Datenweitergabe rechtlich möglich ist. Damit kann vermieden werden, dass beim Betroffenen nicht hinterher der Eindruck der Manipulation entsteht, falls nach verweigerter Einwilligung die Datenweitergabe auf der Grundlage von gesetzlichen Übermittlungsbefugnissen doch erfolgt.[38]

5.1.1 Einsichtsfähigkeit in die Bedeutung der Einwilligung

Auch wenn der jugendliche Beschuldigte noch minderjährig ist, reicht für die Wirksamkeit seiner Einwilligungserklärung die Einsichtsfähigkeit aus, das heißt die Fähigkeit, die tatsächlichen Auswirkungen seiner Erklärung, insbesondere sein Verzicht auf Geheimhaltung seiner Daten zu begreifen,

30 Riekenbrauk, 2009, Rn. 47.
31 Kunkel, 2006, § 62 Rn. 6.
32 Riekenbrauk, 2009, Fn. 48 unter Verweis auf BGH *NStZ* 2005, S. 219 f.
33 Eisenberg, 2009, § 38 Rn. 43.
34 Vgl. Kunkel, 2006, § 62 Rn. 13.
35 BGH *NStZ* 2005, S. 219 f.
36 Krahmer & Stähler, 2003, § 67b Rn. 5.2.
37 Eine solche Befürchtung ist im Hinblick auf § 13 Ziff. 1 der *„Geschäftsordnung der Kölner Fallkonferenzen Intensivtäter"* nicht unberechtigt, wonach sich die Mitarbeiter des JA um die Einwilligung *„bemühen"* sollen.
38 Krahmer & Stähler, 2003.

und danach seine Entscheidung zu treffen vermag.[39] Maßstab für die Annahme der Einsichtfähigkeit ist der intellektuelle Entwicklungsstand des betroffenen Minderjährigen. In der Regel kann nach Vollendung des 15. Lebensjahres von einer solchen Einsichtsfähigkeit ausgegangen werden.[40] Liegt die erforderliche Einsichtsfähigkeit nicht vor, müssen die gesetzlichen Vertreter, zumeist die Eltern, die Einwilligung erklären.[41]

5.1.2 Freiwilligkeit der Einwilligungserklärung

Ausdrücklich wird in § 67b Abs. 2 S. 2 SGB X vorgeschrieben, dass die Einwilligung nur wirksam ist, wenn sie auf freier Entscheidung des Betroffenen beruht. Das schließt Täuschung, Drohung oder Zwang als rechtswidrige Einflussnahme auf die Entscheidungsfreiheit des Betroffenen ebenso aus wie eine Vorgehensweise, die – auch nur latent – den Eindruck aufdrängt, die Einwilligungsverweigerung sei möglicherweise mit künftigen Nachteilen verbunden.[42] Eine nicht freiwillig erklärte Einwilligung ist unwirksam. Freiwilligkeit setzt notwendigerweise voraus, dass sich der betroffene Jugendliche/Heranwachsende der Tragweite seiner Erklärung bewusst ist, um Vor- und Nachteile seiner Entscheidung richtig einzuschätzen. Folglich muss eine vorherige Aufklärung erfolgen.

5.1.3 Vorherige Aufklärung

Bevor die Einwilligungserklärung eingeholt wird, muss der Betroffene nach § 67b Abs. 2 S. 1 SGB X auf den Zweck der beabsichtigten Datenübermittlung sowie auf die Folgen der Verweigerung der Einwilligung hingewiesen werden. Der Betroffene muss also über die Weitergabeinhalte und den Adressaten in verständlicher Weise aufgeklärt werden. Es versteht sich von selbst, dass die Aufklärung durch das JA/JGH als datenschutzrechtlich verantwortliche Stelle vorgenommen wird und nicht durch andere; denn nur der fallführende Mitarbeiter weiß, an wen und zu welchem Zweck er die Daten weitergeben will (z.B. an den ASD, HzE-Abteilung, Staatsanwaltschaft, Jugendgericht). Da die vorherige Aufklärung der notwendige Vorlauf für die Einwilligungserklärung ist, kann diese auch nicht von anderen, also im *„Haus des Jugendrechts"* nicht von der Polizei oder der Staatsanwaltschaft, sozusagen im Wege der Amtshilfe oder der Einfachheit halber für das JA/JGH eingeholt werden.[43]

5.1.4 Einzelfallbezogenheit

Eine weitere Wirksamkeitsvoraussetzung ist, dass die Einwilligung nur für den konkreten Einzelfall, also den einzelnen Übermittlungsvorgang, eingeholt wird. Pauschaleinwilligungen für künftige oder eventuell eintretende Fälle sind unzulässig.[44]

5.1.5 Schriftform

§ 67b Abs. 2 S. 3 SGB X verlangt für die Einwilligungserklärung und den Hinweis über den Übermittlungszweck und die Folgen der Verweigerung der Einwilligung, also die vorherige Aufklärung, in der Regel die Schriftform. Damit soll der Betroffene vor übereilter Zustimmung geschützt werden.[45] Dieser Schutz verlangt weiterhin, dass in dem Fall, in dem die Einwilligung zusammen mit anderen Erklärungen erteilt werden soll, die Einwilligungserklärung im äußeren Erscheinungsbild der Erklärung hervorgehoben werden muss (so § 67b Abs. 2 S. 3 SGB X). Ausnahmsweise kann dann auf die Schriftform verzichtet werden, wenn besondere Umstände auch eine andere Erklärungsform als angemessen erscheinen lassen. Ein solcher besonderer Umstand kann beispielsweise angenommen werden, wenn der Betroffene selbst wegen besonderer Eilbedürftigkeit die Einwilligung fernmündlich erklärt.[46]

5.2 Gesetzliche Übermittlungsbefugnisse

Wenn die Einwilligung in die Sozialdatenübermittlung verweigert wird oder dem JA/JGH aus welchen Gründen auch immer nicht vorliegt, darf sie die rechtmäßig erhobenen Daten nur unter der Voraussetzung weitergeben, dass eine gesetzliche Vorschrift der §§ 67c bis 85a SGB X oder der §§ 64 und 65 SGB VIII die Übermittlung erlaubt oder anordnet (§ 67b Abs. 1 S. 1 SGB X). Andere Vorschriften wie die §§ 38 und 43 JGG sind datenschutzrechtlich irrelevant und beinhalten keine Übermittlungsbefugnisse; eine entsprechende Klarstellung erfolgte spätestens mit der Streichung von § 61 Abs. 3 SGB VIII a.F. durch das Kinder- und Jugendhilfeweiterentwicklungsgesetz (KICK).[47]

An dieser Stelle soll noch einmal hervorgehoben werden, dass es in unserem Zusammenhang um den Informationsfluss im *„Haus des Jugendrechts"* geht, also um die Übermittlung von Sozialdaten des JA/JGH an die *„Kooperationspartner"* Staatsanwaltschaft und Polizei, die vor Anklageerhebung an entsprechenden Mitteilungen interessiert sind. Die Datenweitergabe an das Jugendgericht bleibt hier ausgespart.

Aus diesem Grund werden die hier allein einschlägigen Vorschriften der §§ 68, 69, 71 und 73 SGB X mit ihren gesetzlichen Übermittlungsbefugnissen untersucht.[48] Dabei soll bereits an dieser Stelle darauf hingewiesen werden, dass – mögen auch die Voraussetzungen der genannten Vorschriften im Einzelnen erfüllt sein – doch mit den Regelungen von §§ 64 Abs. 2 und 65 SGB VIII gewichtige Sperren bei allen Normen mit Datenweitergabebefugnissen bestehen. So werden im Folgenden die gesetzlichen Übermittlungsbefugnisse lediglich kurz dargestellt und im Anschluss die Sperren ausführlicher behandelt.

5.2.1 Übermittlungsbefugnis nach § 68 Abs. 1 SGB X

Wenn es der Staatsanwaltschaft oder der Polizei (sowohl als Ermittlungsorgan und auch als Gefahrenabwehrbehörde) um die Übermittlung bestimmter, begrenzter Identifikations- oder Kontaktierungsdaten geht, können sie im Rahmen der Amtshilfe gem. §§ 3 und 4 SGB X beim JA/JGH um die Übermittlung dieser Daten ersuchen. Eine Verpflichtung zur Datenübermittlung ist dann gegeben, wenn zu den Voraussetzungen der genannten Vorschriften auch die von § 68 Abs. 1 SGB X vorliegen.[49]

39 KUNKEL, 2006, § 61 Rn. 64; RIEKENBRAUK, 2008, S. 304.
40 KRAHMER & STÄHLER, 2003.
41 PROKSCH, 2009, § 65 Rn. 15.
42 KRAHMER & STÄHLER, 2003.
43 Nach Berichten aus dem *„Kölner Haus des Jugendrechts"* war diese *„Arbeitsteilung"* wohl anfangs praktiziert worden.
44 KUNKEL, 2006, § 61 Rn. 65.
45 KRAHMER & STÄHLER, 2003, § 67b Rn. 8.
46 KRAHMER & STÄHLER, 2003.; vgl. auch die Fälle bei KUNKEL, 2006, § 61 Rn. 67.
47 Vgl. die insoweit unmissverständliche Gesetzesbegründung BT-Drs. 15/5616, S. 27; zu der gesamten Auseinandersetzung um die datenschutzrechtliche Bedeutung von §§ 38 und 43 JGG bereits TRENCZEK, 1991, S. 251 ff.; ausführlich FELDMANN, 2008, S. 21 f.
48 Eine Überprüfung von §§ 38 und 43 JGG ist – wie bereits festgestellt – gänzlich überflüssig, so aber FELDMANN, 2008, S. 26, die im Ergebnis entsprechende Weitergabebefugnisse dann doch zu Recht verneint.
49 KUNKEL, 2006 § 61 Rn. 93.

Nach § 68 Abs. 1 S. 1 SGB X können ausschließlich die folgenden Daten Gegenstand eines Amtshilfeersuchens von Staatsanwaltschaft und Polizei sein: Namen, Vornamen, Geburtsdatum, Geburtsort, derzeitige Anschrift des Betroffenen, derzeitiger oder zukünftiger Aufenthalt, sowie Namen und Anschrift seiner derzeitigen Arbeitgeber.

Weitere Voraussetzungen sind, dass die angeforderten Daten zur Aufgabenerfüllung von Staatsanwaltschaft und Polizei erforderlich sind (§ 68 Abs. 1 S. 1 SGB X), die Angaben nicht auf andere Weise z.B. über die Meldeämter beschafft werden können (§ 68 Abs. 1 S. 2 SGB X) und kein Grund zur Annahme besteht, dass mit der Weitergabe der Daten schutzwürdige Interessen des Betroffenen beeinträchtigt werden.[50]

Eine spezielle, auf die Amtshilfe begrenzte Schranke gegen die Datenweitergabe enthält § 4 Abs. 3 Nr. 3 SGB X, wonach das JA/JGH keine Weitergabepflicht hat, wenn – auch unter Berücksichtigung der Aufgaben von Staatsanwaltschaft und Polizei – durch die Übermittlung der angeforderten Daten die Erfüllung ihrer eigenen Aufgaben ernstlich gefährdet würde. Die Mitarbeiter des JA/JGH müssen also bei jeder Anfrage im Einzelfall prüfen, ob mit der Datenweitergabe, in die der betroffene Klient trotz umfassender Aufklärung nicht eingewilligt hat, das Vertrauen als Basis weiterer Beratungs-, Betreuungs- und Unterstützungsarbeit verletzt werden könnte mit der Folge, dass dadurch die Aufgabenerfüllung des JA/JGH gefährdet wird.[51] Bei Annahme einer Gefährdung muss eine Datenweitergabe unterbleiben.

5.2.2 Übermittlungsbefugnis nach § 69 Abs. 1 SGB X

Auf unseren Zusammenhang bezogen erlaubt § 69 Abs. 1 Nr. 1 SGB X die Übermittlung von Sozialdaten unter drei Voraussetzungen: sie ist zulässig,

- *„soweit sie erforderlich ist für die Erfüllung der Zwecke[52], für die sie erhoben worden sind“* (1. Alt.), oder
- *„für die Erfüllung einer gesetzlichen Aufgabe der übermittelnden Stelle nach diesem Gesetzbuch“* (2. Alt.) oder
- *„für die Durchführung eines mit der Erfüllung einer Aufgabe nach Nr. 1 zusammenhängenden gerichtlichen Verfahrens einschließlich eines Strafverfahrens“* (§ 69 Abs. 1 Nr. 2 SGB X) (3. Alt.).

Zu 1. Alt.: Geht es also um die Datenweitergabe an Staatsanwaltschaft und Polizei, ist diese zulässig, soweit das JA/JGH diese Daten zu diesem Zweck erhoben hat. Das wird in der Praxis z.B. der Fall sein, wenn zur Verhinderung eines Antrages auf Haftbefehl die Staatsanwaltschaft über die vom Jugendlichen erhobenen Daten zu seinen persönlichen Verhältnissen informiert wird, die eine Fluchtgefahr ausschließen. Ein weiterer Fall zulässiger Datenübermittlung liegt vor, wenn im Rahmen einer ins Auge gefassten Diversion i.S.v. § 52 Abs. 2 SGB VIII Daten über eingeleitete Hilfen zur Erziehung an die Staatsanwaltschaft zwecks Anwendung von § 45 JGG übermittelt werden. Offensichtlich sind hier Erhebungs- und Übermittlungszweck identisch.

Zu 2. Alt.: Sind Daten vom JA/JGH zu einem anderen Zweck, also nicht zur Übermittlung an Staatsanwaltschaft und Polizei, erhoben worden, ist eine Übermittlung zulässig, wenn das JA/JGH mit der Weitergabe eine andere Aufgabe nach dem SGB VIII erfüllt. Beispielsweise dürfen danach Daten, die zur Einleitung oder Durchführung von Hilfen zur Erziehung erhoben wurden, für die Ermittlungstätigkeit bzw. Persönlichkeitserforschung i.S.v. § 52 Abs. 1 SGB VIII i.V.m. § 38 Abs. 2 S. 1 und 2 JGG als eine *„andere Aufgabe“* des JA (§ 2 SGB VIII) weitergeleitet werden. Auch zählen hierzu Fälle, in denen die JGH Daten (z.B. vom ASD) zu einer Aufgabenerfüllung im Rahmen der Jugendhilfe übermittelt, die sie nicht selbst erhoben hat.[53]

Zu 3. Alt.: Schon aus dem Wortlaut wird deutlich, dass es allein um gerichtliche Verfahren geht, so dass zwar die Datenübermittlung an das Jugendgericht rechtmäßig ist, nicht jedoch an Staatsanwaltschaft und Polizei, die als Ermittlungsbehörden bis zur Anklageerhebung, also außerhalb eines gerichtlichen Verfahrens tätig sind.[54] Eine weitere Befassung mit dieser Vorschrift scheidet daher aus.

5.2.3 Übermittlungsbefugnis nach § 71 Abs. 1 Nr. 1 SGB X

Nach dieser Vorschrift ist die Datenweitergabe gerade an Polizei und Staatsanwaltschaft zulässig, soweit sie für die Erfüllung der gesetzlichen Mitteilungspflichten erforderlich ist, um geplante Straftaten nach § 138 StGB abzuwenden. Dabei ist zu beachten, dass es ausschließlich um die in § 138 Abs. 1 StGB aufgeführten Straftaten geht, die Mitarbeiter des JA/JGH wie jedermann auch anzeigen müssen, wenn sie von dem Vorhaben oder der Ausführung dieser Taten zu einem Zeitpunkt glaubhaft Kenntnis erlangen, zu dem die Straftat noch verhindert werden kann.

Dieser Vorschrift lässt sich schließlich auch entnehmen, dass bereits vollendete Straftaten aller Art der Übermittlungsbefugnis nicht unterliegen.

5.2.4 Übermittlungsbefugnis nach § 73 SGB X

Die für die Datenübermittlung an Staatsanwaltschaft und Polizei spezifischste Regelung enthält § 73 Abs. 1 SGB X. Danach ist die Übermittlung zulässig, soweit sie zur Durchführung eines Strafverfahrens wegen eines Verbrechens oder wegen einer sonstigen Straftat von erheblicher Bedeutung erforderlich sind. Das JA/JGH darf folglich die erforderlichen Daten an die Ermittlungsbehörden weitergeben, wenn wegen

- eines Verbrechens oder
- eines Vergehens von erheblicher Bedeutung

ein Ermittlungsverfahren anhängig ist.

Gemäß § 12 Abs. 1 StGB sind Verbrechen rechtswidrige Straftaten, die mit einer Freiheitsstrafe von mindestens einem Jahr bedroht sind (z.B. Raub, Vergewaltigung, Totschlag). Alle anderen Taten, die im Mindestmaß mit einer geringeren Freiheitsstrafe oder mit Geldstrafe bedroht sind, sind Vergehen (§ 12 Abs. 2 StGB). Schwierigkeiten bereitet der Begriff *„Vergehen von erheblicher Bedeutung“*;[55] man wird einschränkend nur solche Vergehen gelten lassen, die in ihrem Unrechtsgehalt einem Verbrechen nahe kommen (z.B. besonders schwere Fälle von sexuellem Missbrauch gemäß § 176 Abs. 2 StGB).[56]

50 Vgl. dazu im Einzelnen Kunkel, 2006 § 61 Rn. 93 ff.; Krahmer & Stähler, 2003, § 68 Fn. 5 ff.

51 Zu den Konsequenzen aus Vertrauensverstößen für die Arbeit von JA/JGH vgl. Feldmann, 2008, S. 24 f. mit Verweis auf VG Schleswig Holstein *ZfJ* 1987, S. 539.

52 Zu Recht weist Kunkel, 2006, § 61 Rn. 104, darauf hin, dass der Plural *„Zwecke“* fehl am Platze ist.

53 Kunkel, 2006, § 61 Rn. 104.

54 Krahmer & Stähler, 2003, § 69 Rn. 6.

55 Vgl. Proksch, 1996, S. 113 f., der zu Recht wegen der terminologischen Unbestimmtheit das Gebot der Normenklarheit verletzt sieht und deswegen die Verfassungsmäßigkeit der Norm in Zweifel zieht.

56 Krahmer & Stähler, 2003, § 73 Rn. 6.

In Ermittlungsverfahren wegen der übrigen Vergehen (ohne erhebliche Bedeutung), ist die zulässige Datenübermittlung nach § 73 Abs. 2 SGB X auf die Angaben von Vor- und Familiennamen, Geburtsdatum, Geburtsort, derzeitige und frühere Anschrift des Betroffenen, Namen und Anschrift des derzeitigen und früheren Arbeitgebers sowie erbrachten oder noch zu erbringenden Geldleistungen beschränkt.

Die Anordnung der Übermittlung erfolgt durch den Richter (§ 73 Abs. 3 SGB X). Im Ermittlungsverfahren ist das der Ermittlungsrichter des zuständigen Amtsgerichts.

5.3 Schranken der Übermittlungsbefugnisse

In allen Fällen der aufgeführten Übermittlungsbefugnisse ist zu bedenken, dass aus Gründen eines besonders intensiven Schutzes von Sozialdaten und/oder der Gewährleistung der Funktionsfähigkeit der Jugendhilfe der Datenfluss nicht unerheblich eingeschränkt bzw. gänzlich ausgeschlossen ist. Im Folgenden werden diese Schranken des Informationsflusses, die gerade auch für die Arbeit des JA/JGH von großer Bedeutung sind, vorgestellt.

5.3.1 Schranke von § 64 Abs. 2 SGB VIII

Im Hinblick auf die Übermittlungsbefugnisse nach § 69 SGB X ist nach § 64 Abs. 2 SGB VIII die Datenweitergabe nur zulässig, soweit dadurch der Erfolg einer zu gewährenden Leistung nicht in Frage gestellt wird. Mit dieser Vorschrift wird die weitreichende Befugnis zur Datenübermittlung nach § 69 SGB X für die Jugendhilfe deutlich eingeschränkt, um den Leistungserfolg zu schützen.[57]

Der Mitarbeiter des JA/JGH muss also vor der Datenweitergabe an Staatsanwaltschaft oder Polizei prüfen, ob mit dem Kontakt zu dem betroffenen Jugendlichen

a. Leistungen i.S.v. § 2 Abs. 2 SGB VIII betroffen sind und
b. ob der Erfolg der Leistung durch die Datenübermittlung gefährdet ist.

Zu a.) Als Leistungen nach § 2 Abs. 2 SGB VIII kommen im Zusammenhang mit der Mitwirkung im jugendstrafrechtlichen Verfahren zunächst Beratungen und dann auch Hilfen zur Erziehung wie Gesprächsgruppen, soziale Trainingskurse, betreute Wohnprojekte oder Täter-Opfer-Ausgleichsgespräche in Betracht; insoweit wird das JA/JGH einerseits im Rahmen von § 52 SGB VIII, also einer *„anderen Aufgabe"* i.S.v. § 2 Abs. 3 SGB VIII tätig, andererseits werden in der Regel bei Wahrnehmung dieser Aufgabe *„Leistungen"* i.S.v. § 2 Abs. 2 SGB VIII einbezogen, gerade wenn es um so genannte Intensivtäter geht. Dabei macht es keinen Unterschied, ob die Leistungen geplant sind, gerade durchgeführt werden oder bereits abgeschlossen sind.[58]

Zu b.) Steht das JA/JGH in einem Beratungskontakt zu einem Jugendlichen oder Heranwachsenden und beabsichtigt der Mitarbeiter ohne Kenntnis und Einwilligung seines Klienten eine Informationsweitergabe, muss er sicher sein, dass seine sozialpädagogische Beziehung sowie das für seine Zusammenarbeit erforderliche Vertrauensverhältnis zu dem Klienten und damit der Beratungserfolg dadurch nicht gefährdet wird. Grundsätzlich wird man davon ausgehen können, dass in den Fällen, in denen Daten, die aus einem Beratungsgespräch stammen, an Staatsanwaltschaft und Polizei ohne Einwilligung des Betroffenen übermittelt werden, die weitere Zusammenarbeit zwischen Berater und Klient erheblich beeinträchtigen wird mit der Folge, dass eine erfolgreiche Leistungserbringung nicht mehr möglich sein wird.[59] Dies gilt umso mehr, wenn nach einer Beratung Leistungen wie soziale Trainingskurse eingeleitet oder durchgeführt werden und die dabei gewonnenen persönlichen Daten des Klienten weitergegeben werden.

Die Feststellung, ob eine Datenübermittlung den Leistungserfolg gefährden kann, basiert zumeist auf einer Wertung eines komplexen Sachverhaltes verbunden mit einer Prognose, die dem einzelnen Mitarbeiter von JA/JGH einen Beurteilungsspielraum belässt, so dass nur eine eingeschränkte gerichtliche Überprüfung erfolgen kann.[60]

5.3.2 Schranke von § 65 Abs. 1 SGB VIII

Bezieht sich die Schranke von § 64 Abs. 2 SGB VIII allein auf die Übermittlungsbefugnis nach § 69 SGB X, so schränkt die Sperrvorschrift von § 65 Abs. 1 SGB VIII sämtliche Übermittlungsbefugnisse der §§ 67b ff. SGB X ein und erweitert den Schutz von besonders sensiblen Daten auch auf die Weitergabe innerhalb der verantwortlichen Stelle, also der JGH selbst. So erhält § 65 Abs. 1 SGB VIII eine überragende Funktion im System des Sozialdatenschutzes in der Jugendhilfe und muss in der Praxis regelmäßig besondere Beachtung finden.

Nach dieser Regelung dürfen Sozialdaten, die dem einzelnen Mitarbeiter des JA/JGH zum Zweck persönlicher und erzieherischer Hilfe anvertraut worden sind, nur von diesem weitergegeben werden, wenn eine Einwilligung des Betroffenen, der die Daten anvertraut hat, vorliegt oder die Voraussetzungen gegeben sind, unter denen eine der in § 203 Abs. 1 oder 3 StGB genannten Person dazu befugt wäre.[61]

Es geht also um den umfassenden Schutz von Daten, die dem Mitarbeiter des JA/JGH zum Zwecke persönlicher und erzieherischer Hilfe anvertraut worden sind.

Der erhöhte Vertrauensschutz bezweckt, *„persönliche und erzieherische Hilfen"* nicht durch Indiskretionen zu gefährden. Damit sind nicht nur Leistungen i.S.v. § 2 Abs. 2, sondern auch die Wahrnehmung von *„anderen Aufgaben"* i.S.v. § 2 Abs. 3 SGB VIII gemeint, also auch die der Mitwirkung im jugendgerichtlichen Verfahren i.S.v. § 52 SGB VIII, wenn sie die persönliche Beratung und Betreuung umfasst, wie § 52 Abs. 3 SGB VIII es fordert.[62]

Geschützt sind die Sozialdaten, die vom betroffenen Jugendlichen/Heranwachsenden dem Mitarbeiter des JA/JGH *„anvertraut"* worden sind. Der Begriff des *„Anvertrauen"* unterliegt derselben Auslegung wie der gleichlautende Begriff in § 203 Abs. 1 StGB. Danach versteht man unter *„Anvertrauen"* die Mitteilung von vertraulichen Informationen unter Umständen, aus denen sich für die Beteiligten die Pflicht zur Verschwiegenheit ergibt.[63] Wenn erkennbar ist, dass das vom Klienten vertraulich Mitgeteilte – gleichgültig ob mündlich oder schriftlich – nur für den Mitarbeiter des JA/JGH bestimmt ist, der damit ins Vertrauen gezogen wird, kann von *„anvertrauen"* die Rede sein; die Mitteilung erhält damit das Siegel der Verschwiegenheit.

57 Proksch, 2009, § 64 Rn. 8.

58 Vgl. Kunkel, 2006, § 64 Rn. 4, und Proksch, 2009, § 64 Rn. 6, die auf die missverständliche Formulierung *„... einer zu gewährenden Leistung ..."* in § 64 Abs. 2 SGB VIII hinweisen und mit einer weiten Auslegung dieses Begriffs eine dem Sinn der Vorschrift entsprechende Auslegung fordern.

59 So Proksch, 2009, § 64 Rn. 9.

60 Kunkel, 2006, § 64 Rn. 6; Proksch, 2009, § 64 Rn. 8 mit Verweis auf BVerfG *NJW* 1991, S. 2005.

61 Die in § 65 Abs. 1 Nr. 2 bis 4 SGB VIII enthaltenen Erlaubnistatbestände betreffen die Weitergabe von anvertrauten Daten, die im Zusammenhang mit einer Kindeswohlgefährdung und den Pflichten des JA nach § 8a SGB VIII stehen, und sollen hier unberücksichtigt bleiben.

62 Wiesner & Mörsberger, 2006, § 65 Rn. 11; Proksch, 2009, § 65 Rn. 6.

63 Tröndle & Fischer, 2009, § 203 Fn. 8; Proksch, 2009, § 65 Rn. 7.

Anders verhält es sich, wenn der Mitarbeiter des JA/JGH Daten ermittelt, die in Erfüllung seiner Aufgabe nach § 52 Abs. 1 SGB VIII i.V.m. § 38 Abs. 2 JGG an die Staatsanwaltschaft, die Polizei oder das Gericht weitergegeben werden sollen, und er dem betroffenen Klienten diesen Erhebungszweck unmissverständlich erklärt hat. Unter solchen Umständen, in denen der Klient weiß, dass das, was er z.B. im *„Haus des Jugendrechts"* an Informationen preisgibt, an die Ermittlungsbehörden weitergeleitet wird, wird man auch nicht von einer vertraulichen Betreuungsbeziehung reden können; hier wird nichts anvertraut, sondern allenfalls zu Protokoll für Dritte gegeben.

Da im *„Kölner Haus des Jugendrechts"* Polizei und Staatsanwaltschaft Tür an Tür mit der JGH arbeiten und angesichts offensichtlicher Kooperation sich der Verdacht von Indiskretion gerade für junge Außenstehende aufdrängt, besteht eine besondere Verpflichtung der Mitarbeiter der JGH, vor jedem – auch jedem weiteren – Kontakt mit den jugendlichen Klienten in verständlicher Weise klarzustellen, ob im Hinblick auf die Mitteilungen des Betroffenen Vertraulichkeit gewahrt bleibt oder die Informationen weitergegeben werden. Meines Erachtens werden die strukturellen Gegebenheiten dieser räumlich sichtbar gemachten Kooperation es der JGH erheblich erschweren, überhaupt das Maß an Vertraulichkeit aufzubauen, das für eine erfolgversprechende persönliche und erzieherische Hilfe unbedingt erforderlich ist.

5.3.2.1 Wegfall der Schranke von § 65 Abs. 1 SGB VIII bei Einwilligung

Die anvertrauten Sozialdaten dürfen ausnahmsweise weitergegeben werden, wenn der Betroffene darin einwilligt (§ 65 Abs. 1 Nr. 1 SGB VIII). Im Hinblick auf die Erfordernisse einer wirksamen Einwilligung sei auf das *Kapitel 5.1* verwiesen. Zu beachten ist jedoch, dass die Einwilligung in die Datenerhebung nach § 62 Abs. 2 nicht identisch ist mit der Einwilligung in die Datenweitergabe nach § 65 Abs. 1, die gesondert noch einmal erteilt werden muss.[64]

Wenn in der Literatur mehrheitlich die Auffassung vertreten wird, dass die Schriftform, wie sie in § 67b Abs. 2 S. 3 SGB X vorgesehen ist, für die Einwilligung in die Weitergabe anvertrauter Daten nach § 65 Abs. 1 SGB VIII nicht erforderlich ist,[65] so wird offensichtlich die Schutzfunktion der Schriftform verkannt, die den Betroffenen vor übereilter Zustimmung bewahren soll. Es handelt sich nicht um eine strafrechtlich relevante Einwilligung, die die Befugnis der Geheimnisoffenbarung i.S.v. § 203 StGB begründet, sondern um eine dem Sozialrecht zuzuordnende Einwilligung, für die auch § 61 Abs. 1 SGB VIII Geltung besitzt; danach gelten für den Schutz von Sozialdaten bei ihrer Verwendung in der Jugendhilfe neben § 35 SGB I die §§ 67 bis 85a SGB X, mithin auch § 67b Abs. 2 S. 3 SGB X. Wenn diese Schutzvorschrift des § 67b Abs. 2 S. 3 SGB X für alle Sozialdaten in Betracht kommt, muss dieser Schutz doch erst recht bei den besonders sensiblen, nämlich den anvertrauten Daten wirksam werden.

Folglich darf das JA/JGH nur bei einer schriftlichen Hinweis- und Einwilligungserklärung i.S.v. § 67b Abs. 2 SGB X die ihr anvertrauten Daten an Staatsanwaltschaft und Polizei weitergeben.

5.3.2.2 Wegfall der Schranke von § 65 Abs. 1 SGB VIII bei Offenbarungsbefugnissen nach § 203 StGB

Liegen die Voraussetzungen für Offenbarungsbefugnisse nach § 203 StGB vor, ist eine Weitergabe auch von anvertrauten Daten zulässig. Dies ist z.B. der Fall bei den gesetzlichen Anzeigepflichten nach § 138 StGB und § 8 Infektionsschutzgesetz.[66]

Eine entsprechende Offenbarungsbefugnis eröffnet weiterhin der rechtfertigende Notstand gemäß § 34 StGB. Auch anvertraute Daten dürfen danach weitergegeben werden, wenn dies erforderlich ist, um in einer *„gegenwärtigen, nicht anders abwendbaren Gefahr für Leben, Leib, Freiheit, Ehre, Eigentum oder ein anderes Rechtsgut"* die Gefahr von sich oder einem anderen abzuwenden, und bei einer Güterabwägung das geschützte Interesse das beeinträchtigte wesentlich überwiegt.[67]

5.3.3 Schranke von § 76 SGB X

Eine weitere Einschränkung der Übermittlungsbefugnis sieht § 76 SGB X für besonders schutzwürdige Sozialdaten vor. Danach dürfen Sozialdaten, die einer in § 35 SGB I genannten Stelle wie der JGH von einem Arzt oder einer anderen in § 203 Abs. 1 und 3 StGB genannten Person zugänglich gemacht worden sind, nur unter den Voraussetzungen übermittelt werden, unter denen diese Person selbst übermittlungsbefugt wäre. Für die JGH im *„Haus des Jugendrechts"* bedeutet dies, dass Daten, die sie beispielsweise von Mitarbeitern einer anderen Stelle wie dem Allgemeinen Sozialen Dienst, also staatlich anerkannten Sozialarbeitern oder Sozialpädagoginnen (§ 203 Abs. 1 Nr. 6 StGB) und den berufsmäßig tätigen Gehilfen (§ 203 Abs. 3 StGB), erhalten haben, nur dann an Staatsanwaltschaft und Polizei weitergegeben werden dürfen, wenn diese Mitarbeiter der anderen Stelle selbst zu einer solchen Übermittlung befugt wären. Mit anderen Worten gilt es zu prüfen, ob entsprechende Offenbarungsbefugnisse gemäß § 203 Abs. 1 StGB vorliegen. Hier können wiederum die oben genannten Offenbarungsbefugnisse wie die gesetzlichen Anzeigepflichten und der rechtfertigende Notstand (*Kapitel 5.3.2.2*) sowie die Einwilligung in Betracht kommen. Da es sich hier um die strafrechtliche Einwilligung handelt, ist insoweit die Schriftform nicht erforderlich.[68]

Erhält also die JGH Daten von Seiten des ASD, wäre die Weitergabe an Staatsanwaltschaft und Polizei nur zulässig, wenn die Mitarbeiter des ASD insoweit selbst befugt wären, die Daten weiterzugeben. In der Praxis ist dabei die Einwilligung des betroffenen Jugendlichen das bedeutsamste Instrument, das die Datenübermittlung rechtfertigt. Aber auch hier ist unbedingt erforderlich, dass zuvor eine ausführliche und verständliche Aufklärung über den Adressaten und den Zweck der Übermittlung durch den Mitarbeiter des ASD erfolgt ist, so dass der Betroffene sicher weiß, in was er einwilligt; für ihn muss der konkrete, auf den Einzelfall bezogene Datenfluss erkennbar sein.[69]

IV. Sozialdatenschutzrecht der Träger der freien Jugendhilfe als Mitwirkende im Jugendstrafverfahren

Da die Träger der freien Jugendhilfe, die – neben dem JA – auch im Jugendstrafverfahren mitwirken, keine Stellen i.S.v. § 35 SGB I sind, gelten für sie die Vorschriften des Sozialdatenschutzes nicht unmittelbar. Dennoch will der Gesetzgeber die freien Träger verpflichten, in gleicher Weise den Sozialdatenschutz streng zu beachten: § 61 Abs. 3 SGB

64 Proksch, 2009, § 65 Rn. 13.

65 So Kunkel, 2006, § 65 Rn. 14 mit weiteren Hinweisen; Proksch, 2009, § 65 Rn. 14, der jedoch aus Beweissicherungsgründen die Schriftform empfiehlt.

66 Vgl. zu Einzelheiten Kunkel, 2006, § 61 Rn. 194.

67 Vgl. Riekenbrauk, 2009, S. 528.

68 Krahmer & Stähler, 2003, § 76 Rn. 14.

69 Krahmer & Stähler, 2003.

VIII schreibt den Jugendämtern als Trägern der öffentlichen Jugendhilfe vor sicherzustellen, dass der Schutz der personenbezogenen Daten bei der Erhebung und Verwendung in entsprechender Weise gewährleistet ist, wenn Einrichtungen und Dienste der Träger der freien Jugendhilfe in Anspruch genommen werden, also auch im Hinblick auf die Tätigkeit nach § 52 SGB VIII.

Es ist also Aufgabe der Jugendämter, beispielsweise in Form von öffentlich-rechtlichen Verträgen darauf zu achten, dass die freien Träger die Arbeit der JGH unter strenger Beachtung des Sozialdatenschutzes durchführen und entsprechende Kontrollmöglichkeiten geschaffen werden.[70] Das JA erhält insofern eine Garantenpflicht, indem es sicherstellen muss, dass der freie Träger und seine Mitarbeiter die datenschutzrechtlichen Bestimmungen anwenden.[71]

Erhalten freie Träger, die soziale Trainingskurse oder andere Maßnahmen der Jugendhilfe für straffällig gewordene Jugendliche durchführen, Sozialdaten vom JA, so sind sie gem. § 78 Abs. 1 SGB X in gleicher Weise wie das JA zur Geheimhaltung der ihnen übermittelten Daten verpflichtet (so genannter verlängerter Sozialdatenschutz); sie rücken geradezu in die datenschutzrechtliche Stellung des JA ein.[72]

Zusammengefasst lässt sich also festhalten, dass die Träger der freien Jugendhilfe im Rahmen der JGH die gleichen Befugnisse und Einschränkungen bei der Erhebung und Verwendung von Sozialdaten, insbesondere deren Übermittlung an Staatsanwaltschaft und Polizei, zu beachten haben wie das JA/JGH.

V. Konsequenzen nach § 35 Abs. 3 SGB I

Bei fehlender Übermittlungsbefugnis, sei es weil eine – wirksame – Einwilligung oder die Voraussetzungen der gesetzlichen Übermittlungsbefugnisse nach den §§ 68, 69 und 73 SGB X nicht vorliegen, sei es weil die gesetzlichen Einschränkungen nach den §§ 64 Abs. 2, 65 Abs. 1 SGB VIII und 76 Abs. 1 SGB X die Übermittlung verbieten, gilt die absolute Sperrwirkung gemäß § 35 Abs. 3 SGB I. Es besteht danach keine Auskunftspflicht, keine Zeugnispflicht und keine Pflicht zur Vorlegung oder Auslieferung von Schriftstücken, nicht automatisierter Dateien oder automatisierter Sozialdaten.

Wenn auch Staatsanwaltschaft und Polizei im Rahmen ihrer Ermittlungspflicht (§ 160 Abs. 1 bis 3 StPO) nach § 161 Abs. 1 bzw. § 163 Abs. 1 StPO befugt sind, von allen Behörden Auskunft zu verlangen, so steht dieser Befugnis die Sperre von § 35 Abs. 3 SGB I entgegen. Soweit eine Datenübermittlung unzulässig ist, besteht keine Auskunftspflicht. Zu Recht weist Kunkel darauf hin, dass für das JA nicht nur ein Weigerungsrecht, sondern auch eine Weigerungspflicht besteht, da § 35 Abs. 1 S. 1 SGB I das JA verpflichtet, zur Wahrung des Sozialgeheimnisses keine Sozialdaten zu übermitteln.[73]

Die Sperrwirkung von § 35 Abs. 3 SGB I bezieht sich auch auf die für Sozialarbeiter und Sozialpädagoginnen allgemein bestehende Zeugnispflicht, die im Strafverfahren gemäß § 53 StPO zunächst kein Zeugnisverweigerungsrecht besitzen.74 Fehlt eine Übermittlungsbefugnis, ist der Mitarbeiter des JA/JGH berechtigt, das Zeugnis sowohl vor Gericht als auch vor der Staatsanwaltschaft (§ 161a Abs. 1 StPO) zu verweigern.[75] Auch hier verdichtet sich das Zeugnisverweigerungsrecht zu einer Zeugnisverweigerungspflicht.[76]

Da es vor einer Zeugenaussage eines Mitarbeiters des JA/JGH einer Aussagegenehmigung durch den Dienstherrn bedarf (vgl. § 39 BRRG und § 3 TVöD), hat dieser eigenständig zu prüfen, ob eine Datenübermittlung unzulässig ist und die Sperrwirkung von § 35 Abs. 3 SGB I greift; in diesem Fall darf er keine Aussagegenehmigung erteilen.[77]

Schließlich unterliegen auch die Beschlagnahmebefugnisse von Gericht, Staatsanwaltschaft und Polizei (§§ 94 ff. StPO) der Sperrwirkung von § 35 Abs. 3 SGB I. Soweit keine sozialdatenschutzrechtliche Übermittlungsbefugnis für das JA/JGH besteht, ist es auch nicht zur Herausgabe verpflichtet mit der Folge, dass eine Beschlagnahme von Schriftstücken oder Dateien unzulässig ist.[78]

VI. Fazit

In seiner Rede vor dem 28. Deutschen Jugendgerichtstag hat der neue NRW-Justizminister Thomas Kutschaty die Bedeutung von *„fachübergreifenden Kooperationen"* für die *„Bekämpfung der Jugendkriminalität"* herausgehoben und in diesem Zusammenhang das *„Kölner Haus des Jugendrechts"* als positives Modell für andere Städte in Nordrhein-Westfalen bezeichnet.[79] Neben einer erheblichen Verkürzung der Verfahrensdauer sei es eben auch das *„umfassende Wissen und die hohe Kompetenz"* der Kooperationspartner, die zu einer Unterstützung, aber auch Kontrolle und gegebenenfalls raschen Sanktionierung der Intensivtäter führen. Dabei würden Informationen des Jugendamtes über den jugendlichen Beschuldigten und seine Familie ebenso bereitgehalten wie die Erkenntnisse von Polizei und Staatsanwaltschaft zu seiner Strafbarkeit und über seine Sozialprognose.[80]

In dieser politischen Absichtserklärung wird spürbar der Druck auf das JA/JGH erhöht, die umfassende Kooperation mit Polizei und Staatsanwaltschaft im Haus des Jugendrechts endlich zu akzeptieren. Dass in der Architektur dieses Hauses der gegenseitige Informationstransfer als tragendes Fundament vorgesehen ist, scheint dabei selbstverständlich zu sein. Warnungen vor einem Vertrauensverlust der Jugendhilfe gegenüber ihrem Klientel, das über eine solche Kooperation – gelinde gesagt – irritiert sein muss, werden geflissentlich überhört oder nicht ernst genommen. Dem muss Widerspruch entgegengesetzt werden!

Indem das JA/JGH den Sozialdatenschutz mit seinen strikten Einschränkungen von Informationsflüssen konsequent anwendet, um das Vertrauen der jugendlichen Klientel als existentielles Fundament der Jugendhilfe vor Erosionen zu schützen, nimmt sie den verfassungsrechtlich geschützten Anspruch auf Wahrung des Sozialgeheimnisses ernst. Gleichzeitig verdeutlicht dieses Selbstverständnis gegenüber Polizei, Staatsanwaltschaft und dem Jugendgericht, dass Jugendhilfe und die Akteure der Strafjustiz im Rahmen der Sozialkontrolle wesensverschiedene Aufgaben wahrzunehmen haben und eine *„In-Dienst-Stellung"* der Jugendhilfe durch die Strafjustiz rechtsstaatlichen Erfordernissen widerspricht.[81]

70 Riekenbrauk, 2009, S. 535.
71 Kunkel, 2006, § 61 Rn. 274.
72 Kunkel, 2006, § 61 Rn. 270; Riekenbrauk, 2009.
73 Kunkel, 2006, § 61 Rn. 201.
74 Vgl. Riekenbrauk, 2009 S. 540 f.
75 Da die Zeugnispflicht ihrer Natur nach nur Einzelpersonen betrifft, ist Normadressat von § 35 Abs. 3 SGB I neben dem JA/JGH als verantwortliche Stelle auch der einzelne Mitarbeiter, so Kunkel, 2006, § 61 Rn. 204; Proksch, 2009, Vor Kap 4 Rn. 17; Riehle, 2000, S. 291; Riekenbrauk, 2009, S. 541.
76 Kunkel, 2006, § 61 Rn. 204; Proksch, 2009, Vor Kap 4 Rn. 17.
77 Proksch, 2009, Vor Kap 4 Rn. 20 f.; Krahmer & Stähler, 2003, § 35 Rn. 19; Kunkel, 2006, Rn. 205.
78 Kunkel, 2006, § 61 Rn. 208 mit weiteren Nachweisen.
79 *Lotse Info* Nr. 63 10/2010, S. 5 ff.
80 *Lotse Info* Nr. 63 10/2010, S. 6.
81 Trenczek, 2009, § 52 Rn. 5.

Es wird dabei die Aufgabe des JA/JGH sein, das – zugegebenermaßen – komplizierte Recht des Sozialdatenschutzes zur Grundlage der alltäglichen Arbeit zu machen, um damit zum einen dem Postulat der Gesetzmäßigkeit der Verwaltung (Art. 20 Abs. 3 GG) und zum anderen ihrem eigenen Anspruch auf sozialpädagogische Fachlichkeit zu genügen.

Nur wenn Polizei, Staatsanwaltschaft und Jugendgerichtsbarkeit die Mitarbeiter des JA/JGH bei der Wahrnehmung dieser Aufgabe respektieren, kann auch im Einzelfall Kooperation zugunsten eines erfolgreichen Bemühens um den straffällig gewordenen jungen Menschen gelingen.

Prof. Dr. KLAUS RIEKENBRAUK ist Hochschullehrer am Fachbereich Sozial- und Kulturwissenschaften der Fachhochschule Düsseldorf und Vorsitzender der Brücke Köln e.V.
klaus.riekenbrauk@fh-duesseldorf.de

LITERATURVERZEICHNIS

EISENBERG, U. (2009). *JGG. Kommentar.* (13. Aufl.). München: Beck.

FELDMANN, C. (2008). Sozialdatenschutz in der Jugendgerichtshilfe. *Zeitschrift für Jugendkriminalrecht und Jugendhilfe, 19* (1), 21-28.

HEISIG, K. (2010). *Das Ende der Geduld – Konsequent gegen jugendliche Gewalttäter.* Freiburg.

KUNKEL, P.-C. (2006). *Sozialgesetzbuch VIII. Lehr- und Praxiskommentar.* (3. Aufl.). Baden-Baden: Nomos.

KRAHMER, U. & STÄHLER, T. (2003). *Sozialdatenschutz nach SGB I und X.* (2. Aufl.). Köln.

KRAHMER, U. (Hrsg.) (2008). *SGB I. Lehr- und Praxiskommentar.* (2. Aufl.). Baden-Baden: Nomos.

LÜTH, J. (2010). Die Polizei im Wandel – Jugendrechtshäuser als Kooperationspartner? In K. MÖLLER (Hrsg.), *Dasselbe in grün? Aktuelle Perspektiven auf das Verhältnis von Polizei und Sozialer Arbeit* (S. 239 ff.). Weinheim.

MERKEL, E. (2010). Dialog und Kooperation – Sozialarbeit und Polizei im Arbeitsfeld Jugendrechtshaus. In K. MÖLLER (Hrsg.), *Dasselbe in grün? Aktuelle Perspektiven auf das Verhältnis von Polizei und Sozialer Arbeit* (S. 248 ff.). Weinheim.

MÖLLER, K. (Hrsg.) (2010). *Dasselbe in grün? Aktuelle Perspektiven auf das Verhältnis von Polizei und Soziale Arbeit.* Weinheim.

PROKSCH, R. (1996). *Sozialdatenschutz in der Jugendhilfe.* Münster.

PROKSCH, R. (2009). In J. MÜNDER U.A. (Hrsg.), *Frankfurter Kommentar. SGB VIII.* (6. Aufl.). Baden-Baden: Nomos.

RIEKENBRAUK, K. (2008). *Strafrecht und Soziale Arbeit.* (3. Aufl.). Köln.

RIEKENBRAUK, K. (2009). Schweigepflicht – Datenschutz – Zeugnisverweigerungsrecht. In H. CORNEL U.A. (Hrsg.). *Resozialisierung.* (3. Aufl.). Baden-Baden: Nomos.

TRENCZEK, T. (1991). Datenschutz in der Jugend(gerichts)hilfe. *DVJJ-Journal, 2* (3), 251-256.

TRENCZEK, T. (2009). In J. MÜNDER U.A. (Hrsg.), *Frankfurter Kommentar SGB VIII.* (6. Aufl.). Baden-Baden: Nomos.

TRÖNDLE, H. & FISCHER, T. (2009). *Strafgesetzbuch. Kommentar.* (56. Aufl.). München.

V. HASSELN, S. (2009). Jugendrechtshäuser und Rechtspädagogik. *NJW aktuell*, 6.

V. HASSELN-GRINDEL, S. (2010). Das Miteinander von Sozialarbeit und Polizei im Jugendrechtshaus aus Sicht der Rechtswissenschaft und der Rechtspädagogik. In K. MÖLLER (Hrsg.), *Dasselbe in grün? Aktuelle Perspektiven auf das Verhältnis von Polizei und Sozialer Arbeit* (S. 260 ff.). Weinheim.

WIESNER R. & MÖRSBERGER, T. (2006). *SGB VIII. Kinder- und Jugendhilfe.* (3. Aufl.). München: Beck.

JUGENDHILFE

Bundeskinderschutzgesetz – Entwurf der Bundesregierung – Fort- und Rückschritte

Thomas Trenczek

Die Bundesregierung hat im Dezember 2010 einen Entwurf eines Bundeskinderschutzgesetz (BKiSchG) vorgelegt, mit dessen Verabschiedung bis Ende 2011 zu rechnen sein wird. Leider finden sich im Entwurf neben einigen begrüßenswerten Regelungen auch widersprüchliche, zum Teil problematische Änderungen.

Zu den Aufgaben der Kinder- und Jugendhilfe gehört es nach § 1 Abs. 3 Nr. 3 SGB VIII auch, Kinder und Jugendliche vor Gefahren für ihr Wohl schützen. Mit dem Kinder- und Jugendhilfeweiterentwicklungsgesetz (KICK) 2005 und dem hierdurch in die allgemeinen Vorschriften eingefügten § 8a SGB VIII sind die Schutzfunktionen des Jugendamts wieder stärker ins Bewusstsein gehoben worden.[1] Aber auch nach Einführung des KICK haben einige bundesweit bekannt gewordene Fälle von Kindesmisshandlungen und Kindesvernachlässigungen mit der Folge schwerster Körperverletzungen bis hin zum Tod der Kinder zu heftigen öffentlichen Diskussionen geführt. Zwar ist kaum anzunehmen, dass die tatsächliche Zahl von Kindesmisshandlungen, Missbrauchs- und Fällen schwerer Vernachlässigung heute wesentlich höher ist als früher, vielmehr werden diese schrecklichen Geschehen aufgrund einer größeren Sensibilität wohl vom Dunkel- ins Hellfeld transportiert und durch die allgegenwärtige Medienwelt überregional schneller und dichter präsentiert. Wie dem auch sei, die Betroffenheit ist angesichts jedes einzelnen dieser erschütternden Schicksale groß. Stets wird gefragt, wie es dazu kommen konnte, schnell kommt der Vorwurf, das Jugendamt oder die Sozialarbeiter hätten versagt. In manchen Foren ist die Diskussion an Heuchelei nicht mehr zu überbieten. Da werden von selbsternannten Fachleuten, Politikern und Medien schlichte und zum Teil nachgewiesen untaugliche Rezepte des härteren Eingreifens beschworen und immer wieder Sanktionen gefordert. Die tagespolitischen Vorschläge beschränken sich entweder auf

1 Vgl. BT-Dr. 15 / 3676, 25 f., 30; MEYSEN & SCHINDLER, 2004, S. 450 f.; TRENCZEK, 2008, insbesonders zum Umgang mit Gefährdungsmeldungen S. 173 ff.; MÜNDER ET AL., 2009 § 8a Rz. 4.

eine inhaltslose Rhetorik oder auf die Forderung nach mehr Kontrolle und Eingriffen – Vorschläge, die für eine symbolische Politik geeignet sein mögen und entschlossenes Handeln suggerieren sollen, aber an den Lebensverhältnissen und Gefährdungen von Kindern und Jugendlichen in dieser Gesellschaft nichts ändern. In der Praxis stiegen in den letzten Jahren die Inobhutnahmezahlen deutlich an[2] mit der Folge, dass über die *„Willkür"* der Jugendämter sowie die mit dem Kinderschutz verbundenen Kostensteigerungen geklagt wurde.

Bereits im Jahr 2008 hatte die damalige Bundesregierung versucht, die soziale Kontrolle erheblich engmaschiger zu gestalten, musste ihren Entwurf aufgrund der harschen Kritik an den ungeeigneten Regelungen jedoch wieder zurückziehen. Zu Recht kritisierten die deutschen Kinderschutz- und Jugendhilfeverbände, dass lediglich *„mit alten Reflexen der Ausweitung von Kontrolle"*[3] reagiert und somit die Chance vertan wurde, sich den tatsächlichen Herausforderungen zu stellen.

Nun hat Ende Dezember 2010 die Bundesregierung einen neuen Entwurf für ein *„Gesetz zur Stärkung eines aktiven Schutzes von Kindern und Jugendlichen – Bundeskinderschutzgesetz"* (BKiSchG) vorgelegt, mit dessen Verabschiedung wohl noch bis Ende 2011 zu rechnen sein wird.[4] Der Gesetzentwurf beinhaltet unter anderem

- den Ausbau von Netzwerken Früher Hilfen während der Schwangerschaft und in den ersten Lebensjahren des Kindes auf der örtlichen Ebene;
- eine Konkretisierung des Schutzauftrags des Jugendamts nach § 8a SGB VIII;
- die Regelung der Zusammenarbeit der Jugendämter zum Schutz von Kindern, deren Eltern sich durch Wohnungswechsel der Kontaktaufnahme entziehen wollen (so genanntes *„Jugendamtshopping"*) sowie insbesondere eine bundeseinheitliche Regelung der Befugnis kinder- und jugendnaher so genannter Berufsgeheimnisträger zur Weitergabe von Informationen an das Jugendamt;
- die Einführung eines neuen § 8b SGB VIII-E zur Regelung der fachlichen Beratung und Begleitung zum Schutz von Kindern und Jugendlichen (Kinderschutzfachkraft);
- die Einfügung eines neuen § 16 Abs. 2 SGB VIII im Hinblick eines Leistungsanspruchs auch für schwangere Frauen und werdende Väter auf Beratung und Hilfe in Fragen der Partnerschaft und des Aufbaus elterlicher Erziehungs- und Beziehungskompetenzen;
- eine Neuregelung der Bestimmungen zur Inobhutnahme, insbesondere im Hinblick auf die Eingriffsvoraussetzungen (§ 42 Abs. 1 SGB VIII), die Elternarbeit (§ 42 Abs. 3 SGB VIII) und die Beendigung der Schutzgewährung (§ 42 Abs. 4 SGB VIII);
- die Sicherung des Kindeswohls bei Ferienaufenthalten (§ 43a SGB VIII);
- die Verpflichtung zur Vorlage erweiterter Führungszeugnisse für alle in der Jugendhilfe beschäftigten Personen sowie die Verpflichtung der Träger der öffentlichen Jugendhilfe, mit den Trägern der freien Jugendhilfe Instrumente zur Feststellung der aufgabenspezifischen Eignung ehrenamtlicher Personen zu vereinbaren (§ 72a SGB VIII);
- die Einfügung eines neuen § 79a SGB VIII zur Betonung der fachlichen Standards in der Kinder- und Jugendhilfe insbesondere im Hinblick auf die Gewährung und Erbringung von Leistungen, die Erfüllung anderer Aufgaben sowie den Prozess der Gefährdungseinschätzung nach § 8a SGB VIII;
- schließlich sollen nach dem Gesetzentwurf die Regelungen über die örtliche Zuständigkeit (§§ 86 bis 89f SGB VIII) und die Kostenerstattung (§§ 89 ff. SGB VIII) vereinfacht bzw. den Anforderungen der Praxis angepasst werden.

In seinem ersten Teil führt das BKiSchG ein neues Gesetz zur Kooperation und Information im Kinderschutz (KKG) ein, mit dem nicht nur die Information und Beratung der Eltern in Fragen der Kindesentwicklung (§ 2 KKG-E), sondern auch in den Ländern flächendeckend verbindliche Strukturen der Zusammenarbeit der zuständigen Leistungsträger im Kinderschutz sicher gestellt sowie die Voraussetzungen für die Weitergabe von Informationen an das Jugendamt zur Abwendung einer Kindeswohlgefährdung geregelt werden sollen. Allerdings erschöpft sich der Entwurf – wie schon so oft in der Kinderschutzdebatte – zum Teil in bloßer Symbolik, z.B. wenn die Begründung mit großen Worten auf das Modell der aufsuchenden Kontaktanbahnung nach dem Dormagener Modell verweist, dann nach den konkreten Regelungen (§ 2 KKG-E) das andere – schriftlicher Kontakt – anstatt grundsätzlich die persönliche Kontaktaufnahme sichergestellt werden soll. Ein niedrigschwelliger, stigmatisierungsfreier Zugang zu den Angeboten der Kinder- und Jugendhilfe ist nur dann möglich, wenn es in dieser Gesellschaft normal ist, Besuch vom Jugendamt zu bekommen. Hofft man gar aus Kostengründen darauf, dass die schriftlichen Angebote eines Hausbesuchs abgelehnt werden? Dies ist auch deshalb widersprüchlich, wenn der Hausbesuch vorrangig wieder als Kontrollinstrument bei Anhaltspunkten für eine Kindeswohlgefährdung organisiert werden soll (s.u.).

Versteht man Kinderschutz richtig in einem weiten Sinn, dann geht es in erster Linie darum, von Anfang an die Ressourcen, Potentiale und Kompetenzen von Eltern, aber auch die ihrer Kinder zu stärken. Deshalb setzt der Entwurf – so die Begründung der Bundesregierung – einen Schwerpunkt auf die Frühen Hilfen, also in der Phase der Schwangerschaft und der frühen Kindheit. So begrüßenswert das Konzept der frühen Hilfen, unter anderem die Hervorhebung der verantwortungsvollen Arbeit der Familienhebammen ist, schlicht nicht nachvollziehbar und unverantwortlich ist es, den Gesundheitsbereich, insbesondere die Krankenkassen, insoweit nicht einzubinden. Es hat den Anschein, dass die Kinder- und Jugendhilfe wieder einmal für Versäumnisse in anderen Bereichen als Ausfallbürge herhalten soll. Entsprechendes gilt übrigens für die Regelung der Zusammenarbeit mit Familien- und Jugendgerichten (§ 81 Nr. 2 SGB VIII-E). Immer nur von der Jugendhilfe Kooperation zu fordern ohne eine korrespondierende Verpflichtung der Familiengerichte und Jugendjustiz, macht deren Praxis nicht besser.

Auch ein optimales Angebot früher, familienunterstützender Hilfen und die beste Gesundheitsförderung wird nicht verhindern können, dass Kinder und Jugendliche Gefahren und Risiken ausgesetzt sind. Deshalb ist ein qua-

2 Vgl. Pressemitteilung des Nds. Landesbetriebes für Statistik und Kommunikationstechnologie vom 15.10.2010.

3 Gemeinsame Presseerklärung der Kinderschutz- und Jugendhilfeverbände, 2008, S. 16.

4 Weitere Informationen zum Referentenentwurf des BKiSchG vgl.: [http://www.bmfsfj.de/BMFSFJ/familie,did=165664.html].

lifiziertes Gefährdungsmanagement in den Jugendämtern, aber auch in den Einrichtungen und Diensten freier Träger unverzichtbar. Der durch das KICK 2005 eingeführte § 8a SGB VIII regelt bereits den Umgang mit möglichen Gefährdungssituationen durch die öffentliche Jugendhilfe. Zum einen handelt es sich bei § 8a SGB VIII um eine Verfahrensvorschrift, z.B. im Hinblick auf das Zusammenwirken mehrerer Fachkräfte, die Einbeziehung der Personensorge- oder Erziehungsberechtigten oder zur Informationsweitergabe vom Träger der freien an den Träger der öffentlichen Jugendhilfe (Abs. 2 S. 2 a. E.). Zum anderen beinhaltet die Vorschrift auch konkrete eigenständige Aufgaben, so etwa zur Abschätzung des Gefährdungsrisikos (Abs. 1 S. 1, Abs. 2 S. 1) und zur Anrufung des Familiengerichts (Abs. 3 S. 1). Neue, gegenüber den früheren Vorschriften (vgl. z.B. §§ 42, 50 Abs. 3 a. F. SGB VIII) weiter reichende Eingriffsbefugnisse des Jugendamtes in Rechte der Betroffenen statuierte die Neuregelung 2005 allerdings nicht.

Das BKiSchG legt nun einen Schwerpunkt auf einige Änderungen des § 8a SGB VIII. Neben der Umstellung der Abs. 2 bis 4 soll nun eine Verpflichtung der Träger der öffentlichen Jugendhilfe zur Entwicklung, Anwendung und Evaluation fachlicher Standards geregelt werden sowie im neuen § 8a Abs. 4 SGB VIII die Verpflichtung zum Abschluss entsprechender Vereinbarungen mit der freien Jugendhilfe als Grundlage für die Finanzierung. Durch die Neufassung der Vorschrift soll klargestellt werden, dass die Aufgabe der Gefährdungseinschätzung durch den Träger der freien Jugendhilfe nicht vom Träger der öffentlichen Jugendhilfe abgeleitet ist, sondern sich originär aus dem Betreuungsverhältnis zum Kind oder Jugendlichen ergibt.

Der Gesetzgeber verfolgt mit der Neugestaltung des § 8a SGB VIII, die Regelungen systematisch stimmiger zu präsentieren, um damit Unsicherheiten in der Praxis zu beseitigen. Ob dies gelungen ist, erscheint fraglich, denn die in § 8a SGB VIII geregelte Schutzverpflichtung ist wie kaum eine andere in der Praxis durch vielzählige Fortbildungen rezipiert worden. Eine Neufassung könnte deshalb verwirrend erscheinen, soweit sie bei inhaltlicher Kontinuität ein von den bisherigen Standards abweichendes Vorgehen suggeriert.

Bereits im Jahr 2008 hatte die Bundesregierung versucht, die soziale Kontrolle dadurch zu intensivieren, dass ein Hausbesuch von Mitarbeitern des Jugendamtes in jedem Fall bei Anhaltspunkten einer Kindeswohlgefährdung vorgeschrieben werden sollte. Leicht abgewandelt ist dieser Vorstoß wieder aktualisiert worden. In Presseveröffentlichungen und auf der Internetseite des BMFSFJ wird ausdrücklich darauf hingewiesen, dass *„der Hausbesuch zur Einschätzung der Lebenssituation eines Kindes“* zur *„Pflicht“* werde. Einschränkend heißt es freilich *„allerdings nur dann, wenn dadurch der Schutz des Kindes nicht in Frage gestellt wird und seine Durchführung nach fachlicher Einschätzung erforderlich ist.“* In der Gesetzesbegründung wird irreführend von *„Regelverpflichtung“* des Jugendamts gesprochen und dass durch die Erweiterung von § 8a Abs. 1 Satz 2 SGB VIII sichergestellt werde, dass sich das Jugendamt in den Fällen, in denen gewichtige Anhaltspunkte für eine Kindeswohlgefährdung festgestellt worden sind, mittels eines Hausbesuches einen unmittelbaren Eindruck von dem betreffenden Kind und seiner persönlichen Umgebung verschafft – freilich wieder einschränkend – wenn dies *„nach fachlicher Einschätzung im Einzelfall erforderlich“* ist. Das ist ja nun wirklich nichts Neues. Ein solches fachlich angemessenes Vorgehen entspricht bereits jetzt dem geltenden Recht. Die Kritik gegen den Gesetzesentwurf 2008 richtete sich nicht gegen den Hausbesuch als solchen, sondern gegen einen unreflektierten Automatismus bei Anzeichen einer Kindeswohlgefahr, der kontrollierend angelegt und geeignet ist, langsam aufgebautes Vertrauen in die Hilfebereitschaft des Jugendamts und die vielfältigen und vor allem niederschwelligen Zugänge zu Hilfeleistungen zu zerstören.

Im Zusammenhang mit den im KKG-E vorgesehenen Regelungen soll § 8a SGB VIII ergänzt werden durch einen neuen Absatz 5 zur Regelung der Zusammenarbeit der Jugendämter zum Schutz von Kindern, deren Eltern sich durch Wohnungswechsel der Kontaktaufnahme entziehen wollen (so genanntes *„Jugendamtshopping“*). Diese in Verbindung mit § 86c Abs. 2 SGB VIII-E vorgesehene verbindliche Strukturierung der Fallübergabe im Kontext von Kindeswohlgefährdung und Leistungsgewährung ist ausdrücklich zu begrüßen.

§§ 4 und 5 KKG-E enthalten bundeseinheitliche Regelungen zur Beratung und Weitergabe von Informationen bei Kindeswohlgefährdung durch Geheimnisträger und sieht dabei ein mehrstufiges Verfahren vor. Erhalten die in § 4 Abs. 1 KKG-E genannten Berufe Kenntnis von gewichtigen Anhaltspunkten für eine Kindeswohlgefährdung, sollen sie durch das vorliegende Gesetz Orientierung für ein angemessenes Vorgehen und Voraussetzungen für die Öffnung der Schweigepflicht erhalten. § 5 KKG-E knüpft an die Schweigepflicht von Berufsgeheimnisträgern (vgl. § 203 StGB) an. Die Weitergabe von Ergebnissen einer ärztlichen Untersuchung ohne Einwilligung des Patienten bzw. dessen gesetzlichen Vertreters an das Jugendamt ist bereits nach geltendem Recht nach § 34 StGB nicht rechtswidrig, wenn bei einer gegenwärtigen, nicht anders abwendbaren Gefahr für Leib oder Leben der Schutz des Kindes das Interesse an der Geheimhaltung der Informationen wesentlich überwiegt. So handelt etwa der Arzt nicht rechtswidrig, wenn er in einer akuten Gefährdungssituation das Jugendamt informiert. Die Rechtmäßigkeit der Weitergabe von Informationen ergibt sich allerdings erst aus einer Interessenabwägung, die eine Durchbrechung der Schweigepflicht rechtfertigt. In der konkreten Anwendung führte dies in der Praxis zu Unsicherheiten.[5] Um der Praxis größere Handlungssicherheit zu vermitteln, soll nun eine bundeseinheitliche Norm für die Weitergabe von Informationen an das Jugendamt geschaffen werden. Personen, die von dieser Norm Gebrauch machen, handeln nicht mehr unbefugt im Sinne des § 203 Abs. 1 StGB. Allerdings suggeriert der Entwurf, dass eine Abwägung nicht mehr erfolgen müsse. Selbstverständlich erfordert die Informationsweitergabe an das Jugendamt auch weiterhin eine schwierige Interessensabwägung, geht es doch hier um ein Handeln ohne Einverständnis der Patienten bzw. Klienten und damit nicht nur um widerstreitende Rechtsgüter, sondern um für die Beratungspraxis essentielle Fragen.[6] Zudem entsteht der Eindruck, die in § 4 Abs. 1 KKG-E genannten Personen könnten wählen, bei gewichtigen Anzeichen für eine Kindeswohlgefährdung entweder auf die Eltern, Kinder und Jugendlichen oder auf das Jugendamt zugehen. Das Zugehen auf die betroffene Familie, das Klären und Werben um Annahme von Hilfeangeboten sowie die mitunter erforderliche Information an das Jugendamt sind aber keine Alternativen, sondern stehen in einem unlösbaren Zusammenhang.

5 Mittlerweile wurden in einigen Landesgesetzen zum Kinderschutz unterschiedliche Befugnisnormen zur Datenweitergabe in Kraft gesetzt.

6 DIJuF, 2011, S. 8 f.

Nach einem neuen § 8b SGB VII sollen Personen, die beruflich in Kontakt mit Kindern oder Jugendlichen stehen, bei der Klärung von Anhaltspunkten für eine Kindeswohlgefährdung und bei der Einschätzung der Gefährdungssituation im Einzelfall Anspruch haben auf Beratung durch eine Kinderschutzfachkraft. In der Begründung weist die Bundesregierung darauf hin, dass es Aufgabe der Träger der öffentlichen Jugendhilfe sei, im Rahmen ihrer Gesamtverantwortung dafür zu sorgen, dass in der jeweiligen Region ein Pool kompetenter Personen zur Verfügung steht. Allerdings muss man sich fragen, ob das, was da von der neuen Kinderschutzfachkraft verlangt wird, nicht zum *„normalen"* Standard einer gut ausgebildeten Fachkraft im ASD und in den Kinderschutzstellen des Jugendamts gehört. Freilich haben manche Kommunen das Fachkräfteerfordernis des § 72 SGB VIII nicht selten ignoriert und in anderen Fachbereichen überzählige Mitarbeiter aus der Kommunalverwaltung schon gerne einmal im Jugendamt *„geparkt"*. Und in der Tat erscheint es zweifelhaft, ob in verkürzten BA-Ausbildungsgängen von in der Regel drei Jahren solche Fachkräfte ausgebildet werden können. Nicht geregelt oder geklärt sind die Fragen nach den Ausbildungsstandards oder wie diese neuen (*„richtigen"*) Fachkräfte finanziert werden sollen. Im Hinblick auf den Grundsatz der Konnexität von Aufgaben- und Finanzierungsverantwortung (vgl. Art. 28 Abs. 2, 84 Abs. 1 S. 7, 104a Abs. 1 GG) bedarf es einer Regelung, wie die neuen Aufgaben der Kommunen vom Bundesland (welches ggf. zusätzliche Mittel vom Bund heraushandeln könnte) gegenfinanziert werden.[7] Entsprechendes gilt für den neuen (Regel-)Leistungsanspruch nach § 16 SGB VIII für schwangere Frauen und werdende Väter auf Beratung und Hilfe in Fragen der Partnerschaft und des Aufbaus elterlicher Erziehungs- und Beziehungskompetenzen.

Die vorgesehene Regelung des § 42 SGB VIII zur Inobhutnahme ist nur auf den ersten Blick unproblematisch. Manche Mitarbeiter der Jugendämter werden sich vielleicht darüber freuen, dass die Voraussetzungen der Inobhutnahme einfacher geregelt werden sollen. Allerdings wird durch die verkürzte Formulierung in § 42 Abs. 1 Nr. 2 SGB VIII – von der Bundesregierung wohl so nicht beabsichtigt – die Eingriffschwelle für eine Inobhutnahme herunter gesetzt. Das mag zunächst stimmig erscheinen, knüpft doch § 42 SGB VIII bislang an die Abschätzung des Gefährdungsrisikos im Zusammenwirken mehrerer Fachkräfte und grundsätzlich unter Einbeziehung der Eltern an und erlaubt eine Inobhutnahme lediglich als Ultima ratio, wenn keine anderen Abwendungsmöglichkeiten bestehen, insbesondere eine Entscheidung des Familiengerichtes zur Abwendung der Gefahr nicht rechtzeitig getroffen werden kann (§ 8a Abs. 3 S. 2 SGB VIII). Allerdings wird durch die *„Straffung"* des § 42 Abs. 1 SGB VIII nicht nur die Eingriffsschwelle für eine Inobhutnahme gesenkt, sondern abweichend von der bisherigen Regelung[8] offenbar eine originäre eigene Eingriffsbefugnis des Jugendamts unabhängig von einer bislang vorrangig einzuholenden gerichtlichen Entscheidung konstituiert. Abgesehen davon, dass eine solche Absenkung der Eingriffsschwelle im Hinblick auf die für Schutz suchende Minderjährige bestehende Möglichkeit der Selbstmeldung (Nr. 1)[9] nicht notwendig erscheint, ignorierte diese in Nr. 2 nicht nur verfassungsrechtlich problematisch den Vorrang der elterlichen Verantwortung (Art. 6 GG) bzw. der bislang den Gerichten vorbehaltenen Eingriffsbefugnis, sondern ist auch fachlich ambivalent zu bewerten, weil auf das prozesshafte Vorgehen, trotz vorliegender Kindeswohlgefährdung bei den Eltern vor einer Inobhutnahme nochmals um deren Mitwirkung zu werben, verzichtet wird. Dies könnte mitunter ein Verständnis fördern, die Eltern in Krisen vorrangig als Gegner wahrzunehmen. Eltern sind allerdings keine Gegner des Jugendamts, es geht diesem nicht um eine parteiliche, einseitige Interessensvertretung für das Kind (das ist vielmehr die Aufgabe eines Verfahrensbeistands), sondern um eine systemische Aufgabenerfüllung zugunsten der Kinder und ihrer Familien mit dem Ziel der effektiven und nachhaltigen Sicherung des Kindeswohls.[10]

Noch problematischer ist die vorgeschlagene Regelung des Abs. 4, denn damit wird die in der Praxis teilweise vorkommende rechtswidrige vorschnelle Umwidmung der (zu teurer erscheinenden) Krisenintervention durch Inobhutnahmen durch eine (billiger erscheinende) Hilfe[11] goutiert wohl wissend, dass mangels schnell verfügbarer Alternativen die Kinder/Minderjährigen in der Zwischenzeit bis zum Beginn der *„richtigen"* Hilfe zur Erziehung (HzE) auf dem selben Platz bleiben. Das wird in der Praxis zu einem massiven Kostendruck in den Kindernotdiensten und Inobhutnahmestellen führen, sollen diese doch einerseits eine angemessene, auch personell abgesicherte Kriseninterventi-on vorhalten, deren notwendiger Einsatz *„schwupp-di-wupp"* durch eine Umwandlung der Inobhutnahme in eine sonstige, *„beliebige"* Unterbringung (von Hilfe zur Erziehung sollte man besser in diesem Zusammenhang nicht reden) nicht mehr gegenfinanziert wird. Die schon aufgrund unzureichender fachlicher Diagnose und Hilfeplanung vorschnelle Überleitung der Inobhutnahme in eine andere, ungeeignete bzw. nicht erforderliche Hilfeform stellt nur (vermeintlich) die billigere Intervention dar.[12] Der verkürzt kommunizierte Kostendruck führt letztlich zu sozialpädagogisch tragischen und ökonomisch unsinnigen Fehlplatzierungen. Durch die Neuregelung wird sich dieses Problem noch verschärfen. Zudem suggeriert § 42 Abs. 4 S. 2 ff. SGB VIII, dass eine Erziehungshilfe ohne vorausgehende Hilfeplanung geleistet werden könne. Doch nur eine Krisenintervention rechtfertigt eine schnelle, nicht geplante Hilfe. Gerade deshalb müssen die Notdienste und Schutzstellen besonders gut ausgestattet sein, um auf die Krise und den Hilfebedarf angemessen reagieren zu können. Wie aber soll im konkreten Einzelfall der vorliegende *„erzieherische Bedarf"* sowie die *„Geeignetheit"* und *„Angemessenheit"* der notwendigen Anschlusshilfen ohne fachlich angemessene Hilfeplanung festgestellt werden? Wenn es auf Fachlichkeit nicht (mehr) ankommt und *„irgendeine"* HzE ausreicht, dann kann der Gesetzgeber ja auch in anderen Zusammenhängen wieder auf die Steuerungsverantwortung des Jugendamts verzichten. In § 42 Abs. 4 SGB VIII-E ist lediglich die klarstellende Regelung der Zuständigkeit des Heimatjugendamts für die Planung der Anschlusshilfen zu begrüßen.[13]

Die Aufweichung der Voraussetzungen der freiheitsentziehenden Unterbringung kann angesichts der aktuellen rechtspolitischen Stimmung kaum noch überraschen, wobei allerdings vergessen zu werden scheint, dass mit dem Verzicht auf die inhaltlichen Vorgaben des § 42 SGB VIII mit der Begrenzung auf Leib und Lebensgefahr nach der h.M. wohl der einzige Rückgriff verloren geht, den § 1631b BGB trotz seiner verfassungsrechtlich problematischen Unbestimmtheit im Rahmen einer verfassungskonformen Ausle-

7 VerfGH NRW 12/09 vom 12.10.2010.
8 Zur öffentlich-rechtlichen Notkompetenz des Jugendamts vgl. Trenczek, 2008, S. 186 und S. 221 f. m.w.N.
9 Hierzu ausführlich Trenczek, 2008, S. 195 ff.
10 Hierzu ausführlich Trenczek, 2008, S. 32 ff. und S. 225 ff.
11 Hierzu Trenczek, 2008, S. 107 f.
12 Trenczek, 2008, S. 239.
13 Vgl. FK-Trenczek, 2009, § 42 Rz. 27.

gung zu retten. Erforderlich wäre eine eindeutige Regelung, dass der Freiheitsentzug nur dann zulässig ist, wenn eine gegenwärtige Gefahr für Leib und Leben des Minderjährigen oder eines Dritten nicht anders abwendbar ist.

Im Nachgang zu extremen Vorfällen von Missbrauch in Heim- und Internatseinrichtungen sollen auch die gesetzlichen Grundlagen für den Schutz von Kindern und Jugendlichen vor Gefahren für ihr Wohl in Einrichtungen (§§ 45 ff. SGB VIII) reformiert werden. Der Schutzbereich geht dabei über Einrichtungen der Jugendhilfe hinaus und erfasst auch Internate, soweit diese nicht den landesrechtlichen Regelungen der Schulaufsicht unterliegen (§ 45 Abs. 1 Satz 2 Nr.2 SGB VIII). Künftig werden die Träger der Einrichtungen auch verpflichtet, von allen Fachkräften die Vorlage erweiterter Führungszeugnisse zu verlangen (§ 72a SGB VIII).

Von Bedeutung ist auch die Einfügung eines neuen § 79a SGB VIII zur Betonung der fachlichen Standards in der Kinder- und Jugendhilfe insbesondere im Hinblick auf die Gewährung und Erbringung von Leistungen, die Erfüllung anderer Aufgaben sowie den Prozess der Gefährdungseinschätzung nach § 8a SGB VIII. Solche Standards sind in den letzten Jahren in einzelnen Einrichtungen zum Einsatz gekommen. Ziel es jedoch, ihren Einsatz allgemein verbindlich vorzuschreiben. Das ist ausdrücklich zu begrüßen.

Schließlich sollen nach dem Gesetzentwurf die Regelungen über die örtliche Zuständigkeit (§§ 86 bis 89f SGB VIII) und die Kostenerstattung (§§ 89 ff. SGB VIII) vereinfacht bzw. den Anforderungen der Praxis angepasst werden. Es ist beabsichtigt, die Vorschriften über die örtliche Zuständigkeit nach der Leistungsform (ambulante bzw. stationäre Leistungen) zu unterscheiden. Während nach § 86 SGB VIII für ambulante und teilstationäre Leistungen grundsätzlich der örtliche Träger zuständig sein soll, in dessen Bereich das Kind oder der Jugendliche (und nicht wie bisher seine Eltern) seinen gewöhnlichen Aufenthalt hat, soll sich die Zuständigkeit für stationäre Leistungen nach dem neuen § 86a SGB VIII grundsätzlich (weiterhin) nach dem gemeinsamen gewöhnlichen Aufenthalt der Eltern und des Jugendlichen vor Beginn der Leistung richten. Die Zuständigkeitsregelungen für Leistungen wirken sich dann wie bisher über den neuen § 87a SGB VIII auch auf die örtliche Zuständigkeit für die Mitwirkung in gerichtlichen Verfahren aus. In diesem Zusammenhang ist daran zu erinnern, dass es nach § 52 Abs. 2 SGB VIII Aufgabe der Jugendämter ist, Benachteiligungen und Gefährdungen des jungen Menschen durch das (formelle) Strafverfahren[14] durch ein frühzeitiges Anbieten von Hilfen und die Förderung der Diversion zu verhindern. Die Novellierung der Zuständigkeitsvorschriften ist für die Praxis vielleicht der wichtigste Teil der Reform, denn die geplante Regelung ist wesentlich einfacher handhabbar als die bisherige Regelung, sie wird zu einer Verwaltungsvereinfachung und zu weniger Konfliktfällen führen. Es wäre dann allerdings konsequent, die Altfälle nach § 86 Abs. 6 SGB VIII nicht noch jahrelang nach dem alten Recht zu behandeln.

Fazit: Der Entwurf enthält einige begrüßenswerte Regelungen, leider sind nicht alle Neuerungen eine Verbesserung und werden – sollten sie unverändert beschlossen werden – in der Praxis zu Verunsicherung und Widersprüchen führen. Von der Struktur krankt der Entwurf gerade im Hinblick auf die für das BKiSchG wesentlichen Frühen Hilfen an der Außerachtlassung der Verantwortung des Gesundheitsressorts. Die Regelungen zu § 8a SGB VII sind zum Teil überflüssig, die Neuregelung des § 42 SGB VIII kontraproduktiv. Wie konnte das passieren? Hatten wir nicht auf eine vernünftige Regelung hoffen dürfen, nachdem der Entwurf 2008 nach heftigem Widerstand der Praxis und der Fachverbände gescheitert war?

Prof. Dr. Thomas Trenczek ist Mediator in Hannover und Hochschullehrer an der Fachhochschule Jena
thomas@trenczek.net

LITERATURVERZEICHNIS

DEUTSCHES INSTITUT FÜR JUGENDHILFE UND FAMILIENRECHT (DIJuF) (2011). *Hinweise zum Referentenentwurf eines Gesetzes zur Stärkung eines aktiven Schutzes von Kindern und Jugendlichen (Bundeskinderschutzgesetz)*. Heidelberg. (Stand: 03.02.2011).

MEYSEN, T. & SCHINDLER, G. (2004). Schutzauftrag bei Kindeswohlgefährdung – hilfreiches Recht beim Helfen. *Jugendamt, 77* (10), 449-466.

MÜNDER, J., MEYSEN, T. & TRENCZEK, T. (Hrsg.) (2009). *Frankfurter Kommentar zum SGB VIII.* (6. Auf.). Baden-Baden: Juventa/Nomos.

TRENCZEK, T. (2008). *Inobhutnahme – Krisenintervention und Schutzgewährung.* (2. Aufl.). Stuttgart: Boorberg.

TRENCZEK, T. (2010). Risiken und Gefährdungen von jungen Menschen im Hinblick auf das Strafrecht. *Zeitschrift für Jugendkriminalrecht und Jugendhilfe, 21* (3), 308-311.

14 Zu den Risiken und Gefährdungen von jungen Menschen im Hinblick auf das Strafrecht vgl. TRENCZEK, 2010, S. 308 ff.

ZWISCHENRUF

Was müssen Jugendrichter/Innen eigentlich wissen und können?

Klaus Breymann

Ein Referentenentwurf des Bundesministeriums der Justiz[1] sieht Regelungen vor, die sinnvolle Verbesserungen in der Alltagspraxis von Strafverfahren bewirken sollen. Die geplanten Regelungen würden Jugendstraf- und Jugendschutzverfahren nicht unerheblich betreffen.[2]

Bemerkenswert sind die Regelungen, die zu §§ 36 und 37 JGG vorgeschlagen werden. Für die gesetzgeberischen Intentionen gerade in Bereichen des Jugendkriminalrechts, des Jugendhilferechts, des Vormundschafts- und Familienrechts (Erziehungsauftrag, Kindeswohl, Opferbelange pp.), sind kompetente Rechtsanwender die Voraussetzung. Eine allein juristische Ausbildung verschafft die erforderliche Kompetenz (Wissen und Können) nicht. Der Referentenentwurf präzisiert die Vorschriften über die Zuständigkeit der Jugendgerichte in Jugendschutzsachen und fasst die Qualifikationsanforderungen an Jugendrichter und Jugendstaatsanwälte verbindlicher: *„Sie sollen über belegbare Kenntnisse auf den Gebieten der Kriminologie, Pädagogik und Sozialpädagogik sowie der Jugendpsychologie verfügen. Einem Richter oder Staatsanwalt, dessen Kenntnisse auf diesen Gebieten nicht belegt sind, dürfen die Aufgaben eines Jugendrichters oder Jugendstaatsanwalts erstmals zunächst nur für ein Jahr zugewiesen werden und nur, wenn der Erwerb der Kenntnisse alsbald zu erwarten ist.“*

Es bleibt offenbar nicht ohne gesetzgeberische Resonanz, dass sich die kritischen Stimmen mehren, dass auf eine fachlich über formale Rechtskenntnisse hinaus gehende Qualifikation der Rechtsanwender nicht verzichtet werden kann, die bei der bisherigen Aus- und Fortbildung der Juristen nicht erwartet werden kann – im Gegensatz zu Sozialarbeitern der Jugendhilfe, den Bewährungshelfern, den Sachverständigen und zuweilen auch Verteidigern und Opfer- und Nebenklägeranwälten oder auch den Jugendsachbearbeitern der Polizei, die weit eher über *„belegbare Kenntnisse“* gar in der Gesprächsführung mit schwieriger Klientel verfügen als die berufenen Entscheider.

Außerjuristische Fachlichkeit erlebt in dem Gesetzentwurf den Versuch einer (Wieder-)Belebung.[3] Neuere Untersuchungen zur Qualifikation von Richtern und Staatsanwälten[4] haben die Dringlichkeit der beabsichtigten Regelungen neu ins Bewusstsein gehoben: Nach diesen Studien zur Kompetenz zu Beginn des Amtes in der Selbsteinschätzung meinen lediglich 16,5% der Richter und 32,6% der Staatsanwälte, hinreichend ausgebildet zu sein. 83,5% der Richter und 67,4% der Staatsanwälte schätzen sich hingegen als unzureichend ausgebildet ein.

Man wünscht sich kein Krankenhaus, in dem die Ärzte ihre Fachlichkeit ähnlich beurteilen. Und es gibt auch keinen anderen Beruf mit pädagogischem Anspruch, in dem man ohne pädagogische Qualifizierung auskäme.

Im Interesse der Verbrechensopfer und des Erziehungsgedankens des Jugendstrafrechts sei dem Entwurf Erfolg gewünscht; aber man ahnt die alten Ausreden der Justizverwaltungen, gegen die er sich wird behaupten müssen. In der Justizpraxis sind Organisationsfragen zu oft wichtiger als die Inhalte und die Entscheidungen liegen dazu bei *„Fachleuten“*, die schon deshalb keine sind, weil sie über die im Gesetzentwurf geforderten Qualifikationen selber nicht verfügen.

Klaus Breymann ist OStA a.D. in Magdeburg
Klaus.Breymann@t-online.de

LITERATURVERZEICHNIS

Dick, M. (2005). Erwachsenenbildung, Arbeitsforschung, Professionsentwicklung – Ein Ansatz zur Förderung jugendrichterlicher Kompetenz. *Zeitschrift für Jugendkriminalrecht und Jugendhilfe, 16* (3), 290.

Drews, N. (2005). *Die Aus- und Fortbildungssituation von Jugendrichtern und Jugendstaatsanwälten in der Bundesrepublik Deutschland – Anspruch und Wirklichkeit von § 37 JGG.* (Dissertation). Aachen.

Simon, K.G. (2003). *Der Jugendrichter im Zentrum der Jugendgerichtsbarkeit – Ein Beitrag zu Möglichkeiten und Grenzen des jugendrichterlichen Erziehungsauftrages im Hinblick auf § 37 JGG.* (DVJJ-Schriftenreihe, Bd. 35). Godesberg: Forum.

1 Gesetz zur Stärkung der Rechte von Opfern sexuellen Missbrauchs (StORMG) vom 15.12.2010.

2 Vgl. auch die Stellungnahme der DVJJ zum Referentenentwurf in diesem Heft.

3 Ein ähnlicher Fortbildungsanspruch findet sich neuerdings in einer Novelle zur Insolvenzordnung (Entwurf der Bundesregierung, Gesetz zur weiteren Erleichterung der Sanierung von Unternehmen) Änderung § 22 Absatz 6 GVG: *„Richter in Insolvenzsachen sollen über belegbare Kenntnisse auf den Gebieten des Insolvenzrechts, des Handels- und Gesellschaftsrechts sowie über Grundkenntnisse der für das Insolvenzverfahren notwendigen Teile des Arbeits-, Sozial- und Steuerrechts und des Rechnungswesens verfügen. Einem Richter, dessen Kenntnisse auf diesen Gebieten nicht belegt sind, dürfen die Aufgaben eines Insolvenzrichters nur zugewiesen werden, wenn der Erwerb der Kenntnisse alsbald zu erwarten ist.“* Die Wirtschaftslobby wird schon dafür sorgen, dass sie kompetente Richter bekommt.

4 Drews, 2005; Simon, 2003; siehe auch Dick, 2005, S. 290.

ENTSCHEIDUNGEN
ZUM JUGENDRECHT

Verbindung von Verfahren

OLG Hamm – III-5 Ws-364/10 – Beschluss vom 2. November 2010

§§ 103 Abs. 1, 112 S. 1 JGG

BESCHLUSS

Der angefochtene Beschluss wird aufgehoben, soweit das Verfahren gegen den Angeklagten zu 6) abgetrennt und vor der XVI. Großen Strafkammer des Landgerichts Essen eröffnet worden ist.

Das Verfahren gegen den Angeklagten zu 6) wird ebenfalls vor der III. Großen Strafkammer – Jugendkammer – des Landgerichts Essen eröffnet.

AUS DEN GRÜNDEN

I. Unter dem 30. August 2010 erhob die Staatsanwaltschaft Essen Anklage gegen die Angeklagten zu 1) und 2) als Jugendliche, die Angeklagten zu 3), 4) und 5) als Heranwachsende sowie den Angeklagten zu 6) als Erwachsenen vor der Jugendkammer des Landgerichts Essen. Den sechs Angeklagten wird vorgeworfen, in jeweils wechselnder Zusammensetzung und Tatbeteiligung in insgesamt 43 Fällen sich des schweren Bandendiebstahls schuldig gemacht zu haben.

Mit dem angefochtenen Beschluss hat die Jugendkammer die Anklage der Staatsanwaltschaft Essen vom 30. August 2010 gegen die Angeklagten zu 2) bis 6) – das Verfahren gegen den Angeklagten zu 1) war wegen dessen Flucht abgetrennt und nach § 205 StPO eingestellt worden –, zur Hauptverhandlung zugelassen, das Verfahren gegen den Angeklagten zu 6) abgetrennt und sodann das Verfahren gegen die Angeklagten zu 2) bis 5) vor der Jugendkammer selbst, das Verfahren gegen den Angeklagten zu 6) jedoch vor einer allgemeinen großen Strafkammer des Landgerichts Essen eröffnet.

Gegen diesen Beschluss hat die Staatsanwaltschaft Essen sofortige Beschwerde eingelegt, mit der sie sich gegen die Abtrennung des Verfahrens gegen den Angeklagten zu 6) sowie die Eröffnung des ihn betreffenden Verfahrens vor der allgemeinen großen Strafkammer wendet.

II. Die Beschwerde der Staatsanwaltschaft Essen ist nach §§ 210 Abs. 2, 311 Abs. 2 StPO statthaft und zulässig.

Mit der Teileröffnung des Hauptverfahrens gegen den erwachsenen Angeklagten zu 6) vor einer allgemeinen großen Strafkammer hat die Jugendstrafkammer die Verweisung an ein Gericht niederer Ordnung ausgesprochen (§§ 210 Abs. 2, 209a Nr. 2a StPO).

Die Beschwerde ist auch begründet.

Die Anklage der Staatsanwaltschaft Essen ist insgesamt zur Hauptverhandlung vor der Jugendkammer zuzulassen.

Soweit die Jugendkammer das Verfahren gegen den erwachsenen Angeklagten zu 6) mit der Entscheidung über die Eröffnung von dem bisher einheitlich geführten Verfahren abgetrennt hat, widerspricht dies der Bestimmung des § 103 Abs. 1 JGG, nach der Strafsachen gegen Jugendliche und Erwachsene nach den Vorschriften des allgemeinen Verfahrensrechts verbunden werden können, wenn dies zur Erforschung der Wahrheit oder aus anderen wichtigen Gründen geboten ist. Nach § 112 S. 1 JGG gilt dies entsprechend für Verfahren gegen Heranwachsende.

Die Voraussetzungen des § 103 Abs. 1 JGG sind vorliegend erfüllt. Zwar soll eine Verbindung von Strafsachen gegen Jugendliche/Heranwachsende und Erwachsende nur ausnahmsweise erfolgen (vgl. nur Eisenberg, *JGG*, 14. Aufl., § 103 Rdnr. 7, 9 m.w.N.). Sie soll nur dann in Betracht kommen, wenn im Rahmen der pflichtgemäßen Ermessensentscheidung die besseren Gründe für eine Verbindung sprechen (vgl. KG Berlin, *NStZ* 2006, 521; OLG Köln, *NStZ-RR* 2000, 313). Dies ist hier jedoch der Fall.

Es liegen gewichtige Gründe vor, nach denen die weitere gemeinsame Verhandlung und Entscheidung der Strafsachen geboten ist. Bereits nach allgemeinem Verfahrensrecht (§§ 2, 3 StPO) sind die Voraussetzungen für eine Verfahrensbindung gegeben. Bei den den Angeklagten zur Last gelegten Taten besteht ein sachlicher und auch persönlicher Zusammenhang i.S.d. § 3 StPO. Ihnen wird vorgeworfen, jeweils als Mitglied einer Bande, die sich zur fortgesetzten Begehung entsprechender Taten zusammengeschlossen hatte, in einer Vielzahl von Fällen in Wohnungen eingebrochen und dort Diebstähle begangen zu haben.

Die weitere einheitliche Verfahrensdurchführung dient auch der Erforschung der Wahrheit im Sinne des § 103 Abs. 1 JGG.

Eine einheitliche Verhandlung vor dem Jugendgericht liegt vor allem dann im Interesse einer geordneten Rechtspflege, wenn dem jugendlichen/heranwachsenden sowie dem erwachsenen Angeklagten gemeinschaftlich begangene Straftaten zur Last gelegt werden und voraussichtlich eine umfangreiche Beweisaufnahme erforderlich wird. Denn bei einer gemeinschaftlichen Begehung von Straftaten kann man den Angeklagten sowohl bei der Aufklärung ihrer Rolle im Gesamtgeschehen als auch bei der Strafzumessung regelmäßig nur in einer gemeinsamen Hauptverhandlung gerecht werden. Zudem lassen sich hierdurch divergierende Entscheidungen vermeiden (vgl. KG Berlin, a.a.O.; OLG Köln, a.a.O.; OLG Celle, *NdsRPfl.* 2008, 194; OLG Karlsruhe, *MDR* 1981, 693).

Vorliegend hat sich lediglich ein Angeklagter in ganz geringem Umfang zur Sache eingelassen und auch nur eine ihm zur Last gelegte Tat eingeräumt. Im Übrigen haben sich sämtliche fünf Angeklagte, gegen die das Hauptverfahren eröffnet worden ist, nicht zu den ihnen gegenüber erhobenen zahlreichen Tatvorwürfen geäußert. Angesichts der Vielzahl der angeklagten Einzeltaten sowie auch der Komplexität des Tatvorwurfs insgesamt ist daher voraussichtlich eine äußerst umfangreiche Beweisaufnahme erforderlich, die neben der Vernehmung von Zeugen auch die Einführung von groß angelegten Telefonüberwachungs- und sonstigen Observierungsmaßnahmen umfasst. Erst hierdurch können die Tatanteile der einzelnen Angeklagten sowie das Ausmaß der Einflussnahme des als Chef der Bande verdächtigen Angeklagten zu 6) auf die Jugendlichen/Heranwachsenden letztlich geklärt werden. Allein zur Feststellung der jeweiligen Tatbeiträge sowie der Position innerhalb der Bandenhierarchie liegt eine einheitliche Hauptverhandlung gerade im Interesse der minderjährigen/heranwachsenden Angeklagten. Entgegen der Auffassung der Jugendkammer ist bezüglich der jugendlichen/heranwachsenden sowie dem erwachsenen Angeklagten zu 6) nicht von einer jeweils anders gelagerten Beweissituation und damit einem unterschiedlichen Umfang der Beweisaufnahme auszugehen. Der Senat teilt vielmehr die Ansicht der Staatsanwaltschaft, dass angesichts des derzeitigen Aussageverhaltens sämtlicher Angeklagter eine umfängliche Ausschöpfung aller zur Verfügung stehenden Beweismittel erforderlich sein wird, um die jeweils erhobenen Tatvorwürfe sowie die Bandenstruktur zu klären. Neben prozessökonomischen Gründen kann dies schon allein zur Sicherstellung der Ermittlung eines einheitlichen Sachverhalts und letztlich der Festsetzung gerechter Rechtsfolgen, gerade auch im Verhältnis der Angeklagten untereinander, nur durch eine weitere gemeinsame Durchführung des Verfahrens gegen sämtliche Angeklagte erfolgen.

Es ist auch nicht ersichtlich, dass die weitere Verbindung der Strafsachen eine jugendgemäße Verhandlung beeinträchtigt. Insoweit fehlt es an hinreichenden Anhaltspunkten. Die Staatsanwaltschaft weist zutreffend darauf hin, dass die Hauptverhandlung nur gegen den – mittlerweile volljährig gewordenen – Angeklagten zu 2) als Jugendlichen zu führen ist, während die Angeklagten zu 3) bis 5) Heranwachsende sind, gegenüber denen eine zwingende Anwendung der Bestimmung des Jugendstrafrechts nicht geboten ist.

Zwar sollte grundsätzlich zur Sicherstellung einer möglichst unbeeinflussten Erforschung der Persönlichkeit der Jugendlichen/Heranwachsenden eine gemeinsame Verhandlung mit ihren mitangeklagten Eltern vermieden werden (vgl. Eisenberg, a.a.O., § 103 Rdnr. 10). Vorliegend ist jedoch zu beachten, dass sämtliche Angeklagten Mitglieder eines einer ethnischen Minderheit zugehörigen größeren Familienverbandes sind. In diesem sind sie, insbesondere die jüngeren Angeklagten zu 2) bis 5), streng eingebunden. Die Angeklagten zu 2), 4) und 5) sind zudem Brüder. Bereits von daher steht nicht zu erwarten, dass eine Abtrennung des Verfahrens gegen den erwachsenen Angeklagten zu 6) als Vater der Angeklagten zu 2), 4) und 5), der zudem einer leitenden Funktion innerhalb des gesamten Tatgeschehens verdächtig ist, zu einer Änderung des Aussageverhaltens bzw. einer anderen unbeeinflussteren Selbstdarstellung der Jugendlichen /Heranwachsenden führt. Vielmehr ist weiterhin von einer Prägung ihres Verhaltens sowohl durch die im Familienverband bestehenden Hierarchie als auch derjenigen unter den Brüdern selbst auszugehen.

Festzuhalten bleibt, dass vorliegend gerade zur Ermittlung der Wahrheit und – sofern die Angeklagten sich strafbar gemacht haben sollten – der Festsetzung eines jedem einzelnen Angeklagten jeweils gerecht werdenden Strafmaßes die Anklage gegen sämtliche Angeklagte einheitlich vor der Jugendkammer zu verhandeln ist. Das Verfahren ist auch gegen den Angeklagten zu 6) und damit insgesamt vor der Jugendkammer zu eröffnen.

Der Senat weist vorsorglich angesichts der Zahl der beteiligten Verteidiger sowie dem in Haftsachen zu beachtenden Beschleunigungsverbot darauf hin, dass die Bestimmung der Termine zur Hauptverhandlung Sache des Vorsitzenden des Gerichts ist, wobei es ihm freisteht, den Prozessbeteiligten insoweit rechtliches Gehör zu gewähren (vgl. Meyer-Gossner, *StPO*, 53. Aufl., § 213 Rdnr. 6 ff. m.w.N.). Aus dem Beschleunigungsverbot folgt dabei, dass bei terminlichen Verhinderungen von gewählten Verteidigern deren bereits erfolgte Beiordnung als Pflichtverteidiger aufzuheben bzw. bei Beabsichtigung einer Beiordnung diese abzulehnen ist. Dem jeweiligen Angeklagten ist dann ein anderer Verteidiger zu bestellen, der die vorgegebenen Termine wahrnehmen kann. Aus dem dem Angeklagten grundsätzlich zustehenden Recht, von einem Rechtsanwalt seines Vertrauens verteidigt zu werden, folgt nicht, dass ggf. eine Hauptverhandlung nicht zeitnah durchgeführt werden kann und möglicherweise die Untersuchungshaft zu beenden ist, weil Verteidiger an den vorgegebenen Terminen verhindert sind (vgl. insoweit OLG Hamm, Beschluss vom 4. Mai 2006 in 2 Ws 111/06, *NJW* 2006, 2788 = *StV* 2006, 482 m.w.N.).

Eingereicht von TIM ENGEL, Staatsanwalt bei der Staatsanwaltschaft Essen

Aburteilung mehrerer Straftaten in verschiedenen Verfahren

OLG Koblenz – 3 Ss 200/10 – Beschluss vom 25.11.2010

1. Der Strafausspruch begegnet rechtlichen Bedenken, wenn das Gericht gemäß § 31 Abs. 2 JGG ein rechtskräftiges Urteil in seine Entscheidung einzubeziehen versucht, dabei aber in rechtsfehlerhafter Weise weder den der früheren Verurteilung zugrunde liegenden Sachverhalt noch die Strafzumessungsgründe des Urteils mitteilt.
2. Wenn weder die Art noch die Schwere der früheren Tat erkennbar ist, so fehlt es bereits an einer Verurteilungsgrundlage für die gemäß § 31 Abs. 2 JGG erforderliche neue, selbstständige und von der früheren Beurteilung unabhängige einheitliche Rechtsfolgenbemessung.
3. Bei Ermittlung der Blutalkoholkonzentration durch Rückrechnung ist neben dem maximalen stündlichen Abbau von 0,2 Promille zugunsten des Angeklagten noch ein einmaliger Sicherheitszuschlag von 0,2 Promille zu berücksichtigen. (Nicht amtliche Leitsätze)

§ 31 Abs 3 JGG

BESCHLUSS

Auf die Revision des Angeklagten wird das Urteil des Amtsgerichts – Jugendschöffengericht – St. Goar vom 26. August 2010 im Rechtsfolgenausspruch mit den zugrunde liegenden Feststellungen aufgehoben.

Die weitergehende Revision des Angeklagten wird als offensichtlich unbegründet verworfen.

AUS DEN GRÜNDEN

Die Nachprüfung des Urteils aufgrund der Revisionsrechtfertigung hat zum Schuldspruch keinen Rechtsfehler zum Nachteil des Angeklagten ergeben (§ 349 Abs. 2 und 3 StPO).

Der Strafausspruch kann jedoch keinen Bestand haben. Das Jugendschöffengericht hat gegen den Angeklagten gemäß § 31 Abs. 2 JGG unter Einbeziehung eines auf Jugendstrafe lautenden früheren Urteils vom 16. Juli 2009 auf eine Jugendstrafe von einem Jahr und sechs Monaten erkannt. Die Urteilsgründe beschränken sich hierzu auf die Mitteilung des früheren Urteilsspruchs und den Hinweis, dass die Vorverurteilung in die jetzt zu verhängende Jugendstrafe einzubeziehen sei. Zu den der Vorverurteilung zugrunde liegenden Taten selbst wird im Urteil nichts mitgeteilt. Damit ist die Strafzumessung nicht frei von Rechtsfehlern. Die Generalstaatsanwaltschaft hat dazu folgendes ausgeführt:

„Das Amtsgericht hat zu Recht gemäß § 31 Abs. 2 JGG das rechtskräftige Urteil des Amtsgericht St. Goar vom 16.07.2009 in seine Entscheidung einzubeziehen versucht. Insofern hat es aber in rechtsfehlerhafter Weise weder den der früheren Verurteilung zugrunde liegenden Sachverhalt noch die Strafzumessungsgründe des Urteils vom 16.07.2009 mitgeteilt (zu diesem Erfordernis: BGHR JGG § 31 Abs. 2 Einbeziehung 3 und 7). Damit ist weder die Art noch die Schwere der früheren Tat erkennbar, mit der Folge, dass bereits die Beurteilungsgrundlage für die gem. § 31 Abs. 2 JGG erforderliche neue, selbstständige und von der früheren Beurteilung unabhängige einheitliche Rechtsfolgenbemessung fehlt.

Hinzu kommt, dass sich die Strafzumessungserwägungen des angefochtenen Urteils nur mit den jetzt neu abgeurteilten Taten befassen und somit die bei der Einbeziehung eines rechtskräftigen Urteils gemäß § 31 Abs. 2 JGG erforderliche Gesamtwürdigung sämtlicher Taten, die einer einheitlichen originären Sanktion zugeführt werden müssen, nicht stattgefunden hat (vgl. zum Erfordernis einer neuen originären Gesamtwürdigung BGHR JGG § 31 Abs. 2 Einbeziehung 3 und 7; OLG Koblenz, NStZ-RR 2008, 323).

Demgemäß ist das angefochtene Urteil im Rechtsfolgenausspruch aufzuheben."

Diesen zutreffenden Erwägungen schließt sich der Senat an. Unter Aufhebung des Urteils im Rechtsfolgenausspruch mit den zugrunde liegenden Feststellungen (§ 353 Abs. 1 und 2 StPO) ist die Sache zur erneuten Verhandlung und Entscheidung an eine andere Abteilung des Amtsgerichts St. Goar zurückzuweisen (§ 354 Abs. 2 Satz 1 StPO).

Der Senat greift weiter die Anregung der Generalstaatsanwaltschaft auf, für die Durchführung der Hauptverhandlung darauf hinzuweisen, dass bei Ermittlung der Blutalkoholkonzentration durch Rückrechnung neben dem maximalen stündlichen Abbauwert von 0,2 Promille zugunsten des Angeklagten noch ein einmaliger Sicherheitszuschlag von 0,2 Promille zu berücksichtigen ist (vgl. nur FISCHER *StGB* § 20 Rdn. 13 m.w.N.). Damit wird auf der Grundlage der bisherigen Feststellungen von einer Blutalkoholkonzentration des Angeklagten jenseits der 2‰ zur Tatzeit auszugehen und in eine Prüfung des § 21 StGB einzutreten sein.

Eingereicht von Dr. INGO E. FROMM, Rechtsanwalt und Fachanwalt für Strafrecht, Koblenz
fromm@caspers-mock.de

Voraussetzungen zur Aussetzung der Verhängung der Jugendstrafe

OLG Oldenburg – 1 Ss 188/10 – Urteil vom 13.12.2010

Die Anwendung des § 27 JGG setzt voraus, dass schädliche Neigungen bei dem Angeklagten festgestellt werden, dass aber zweifelhaft geblieben ist, ob wegen deren Umfang die Verhängung einer Jugendstrafe erforderlich ist. (nicht amtlicher Leitsatz)

§ 27 JGG

SACHVERHALT

Das Amtsgericht – Jugendschöffengericht – hat den Angeklagten wegen gefährlicher Körperverletzung, Körperverletzung in vier Fällen, davon in einem Fall tateinheitlich mit Beleidigung, sowie wegen Verstoßes gegen das Waffengesetz und wegen eines gemeinschaftlich begangenen Wohnungseinbruchsdiebstahls zu einer Jugendstrafe von einem Jahr und acht Monaten verurteilt, deren Vollstreckung zur Bewährung ausgesetzt wurde.

Auf die hiergegen gerichtete, auf den Rechtsfolgenausspruch beschränkte Berufung des Angeklagten hat das Landgericht – Jugendkammer – das amtsgerichtliche Urteil dahin geändert, dass festgestellt wird, dass der Angeklagte einer gefährlichen Körperverletzung sowie der Körperverletzung in vier Fällen, davon in einem Fall tateinheitlich mit Beleidigung, sowie wegen Verstoßes gegen das Waffengesetz und eines gemeinschaftlich begangenen Wohnungseinbruchsdiebstahls schuldig ist. Die Entscheidung über die Verhängung der Jugendstrafe wurde zur Bewährung ausgesetzt. In seiner Begründung folgte das Landgericht – Jugendkammer – der Auffassung, dass § 27 JGG auch dann anzuwenden sei, wenn – wie hier – nicht zweifelsfrei festgestellt werden könne, ob schädliche Neigungen vorliegen.

Auf die Revision der Staatsanwaltschaft hat das Oberlandesgericht das Urteil des Landgerichts – Jugendkammer – mit den zugehörigen Feststellungen aufgehoben und die Sache zu neuer Verhandlung und Entscheidung an eine andere Jugendkammer des LG zurückverwiesen.

AUS DEN GRÜNDEN

„Die (...) Revision der Staatsanwaltschaft (...) hat mit der Sachrüge Erfolg. Der Rechtsfolgenausspruch kann keinen Bestand haben. Die Begründung, die das Landgericht für seine Entscheidung, gemäß § 27 JGG die Schuld des Angeklagten festzustellen und die Entscheidung über die Verhängung der Jugendstrafe zur Bewährung auszusetzen, gegeben hat, trägt den Strafausspruch nicht.

§ 27 JGG setzt voraus, dass nach Erschöpfung der Ermittlungsmöglichkeiten nicht mit Sicherheit beurteilt werden kann, ob in der Straftat des Jugendlichen schädliche Neigungen von einem solchen Umfang hervorgetreten sind, dass eine Jugendstrafe erforderlich ist. Zwar führt das Landgericht zutreffend aus, dass unter schädlichen Neigungen erhebliche – sei es anlagebedingte, seien es durch unzulängliche Erziehung oder Umwelteinflüsse bedingte – Mängel zu verstehen sind, die ohne längere Gesamterziehung die Gefahr der Begehung weiterer Straftaten in sich bergen, die nicht nur gemeinlästig sind oder den Charakter von Bagatelldelikten haben (vgl. BGH *NStZ-RR* 2002, 20). *Die Revision der Staatsanwaltschaft bemängelt aber zu Recht, dass sich das Landgericht bei der Frage des Vorliegens schädlicher Neigungen zur Zeit der Taten sowie zur Zeit der Entscheidung weder mit den Vorstrafen des Angeklagten noch mit den dem Schuldspruch zugrunde liegenden in der Zeit von April bis August 2009 begangenen zahlreichen Straftaten des Angeklagten*

auseinandergesetzt hat. Diese Umstände hätten aber nicht außer Betracht bleiben dürfen. Ohne eingehende Würdigung des bisherigen strafrechtlichen Werdegangs des Angeklagten und insbesondere der einzelnen von ihm begangenen Straftaten ist eine rechtsfehlerfreie Entscheidung über das Vorliegen schädlicher Neigungen und damit über den Straffolgenausspruch nicht möglich.

Da das angefochtene Urteil keine ausreichenden Feststellungen zur Strafzumessung enthält, war es auf die Revision der Staatsanwaltschaft schon aus diesem Grunde als rechtsfehlerhaft aufzuheben und die Sache an das Landgericht zurückzuverweisen.

Für das weitere Verfahren weist der Senat darauf hin, dass mit der Rechtsprechung und der überwiegenden Meinung in der Literatur – entgegen der vom Landgericht vertretenen Ansicht – davon auszugehen ist, dass die Anwendung des § 27 JGG voraussetzt, dass schädliche Neigungen bei dem Angeklagten festgestellt werden, dass aber zweifelhaft geblieben ist, ob wegen deren Umfang die Verhängung einer Jugendstrafe erforderlich ist (vgl. BGHSt 35, 288; BayObLG *GA* 1971, 182; Eisenberg, *JGG*, 14. Aufl., § 27 Rdn. 11; Ostendorf, *JGG*, 8. Aufl., § 27 Rdn. 3; Diemer/Schoreit/Sonnen, *JGG*, 5. Aufl., § 27 Rdn. 5; a. A. Brunner & Dölling, *JGG*, 11. Aufl., § 27 Rdn. 5; OLG Düsseldorf, *MDR* 1990, 466). (...)"

Eingereicht von SABINE MUND, Staatsanwältin in Oldenburg (Oldenburg)
S_Mund@web.de
und
Dr. MICHAEL SOMMERFELD, Staatsanwalt in Oldenburg (Oldenburg)
Micha.Sommerfeld@web.de

Bestellung eines Rechtsanwalts als Beistand des mutmaßlich Verletzten

LG Oldenburg – 6 Qs 37/10 – Beschluss vom 19.07.2010

Die Bestellung eines Rechtsanwalts als Beistand des mutmaßlichen Verletzten im vorbereitenden Verfahren gegen Jugendliche setzt voraus, dass vorgetragen wird, aus welchen Umständen sich eine schwere seelische oder körperliche Schädigung oder eine entsprechende Gefahr ergeben soll. Bloße Vermutungen oder auch nur Anhaltspunkte genügen nicht.
(nicht amtlicher Leitsatz)

§ 80 Abs. 3 JGG, §§ 406g Abs. 3, 397a Abs. 1 StPO

SACHVERHALT

Die Staatsanwaltschaft führte ein Ermittlungsverfahren gegen einen 16-Jährigen, dem vorgeworfen wurde, der 14-Jährigen mutmaßlich Verletzten mit Gewalt einen Finger in die Scheide eingeführt zu haben (Vergewaltigung nach § 177 Abs. 2 Satz 2 Nr. 1 StGB).

Im Laufe des Ermittlungsverfahrens beantragte die mutmaßlich Verletzte, ihr ihre Rechtsanwältin als Beistand im vorbereitenden Verfahren zu bestellen. Da für die Staatsanwaltschaft bereits erhebliche Zweifel am Vorliegen einer – nachweisbaren – Vergewaltigung bestanden, war sie dem Antrag mit Übersendung an das Amtsgericht – Ermittlungsrichter – entgegengetreten.

Das Amtsgericht hatte dem Antrag der mutmaßlich Verletzten stattgegeben und dazu ausgeführt: *„Die Voraussetzungen der Nebenklage (...) liegen hier vor. Gegen den Beschuldigten besteht der Anfangsverdacht eines Verbrechens der Vergewaltigung (...) und damit ein Nebenklagedelikt. Dass die Staatsanwaltschaft ihre rechtliche Beurteilung nicht auf das Nebenklagedelikt stützt, ist ohne Bedeutung. Die rechtliche Möglichkeit, dass der Beschuldigte eine Vergewaltigung (...) begangen hat, genügt. (...)"*

Auf die hiergegen gerichtete Beschwerde der Staatsanwaltschaft hat das Landgericht – Jugendkammer – den Beschluss des Amtsgerichts – Ermittlungsrichter – aufgehoben und den Antrag der mutmaßlich Verletzten auf Bestellung ihrer Rechtsanwältin als Beistand im vorbereitenden Verfahren als unbegründet abgewiesen.

AUS DEN GRÜNDEN

„Die (...) Beschwerde der Staatsanwaltschaft (...) ist begründet. Selbst wenn sich der Beschuldigte in der Nacht vom (...) auf den (...) einer sexuellen Nötigung oder Vergewaltigung der mutmaßlich Verletzten schuldig gemacht und damit ein Verbrechen gemäß § 177 Abs. 1 oder Abs. 2 Nr. 1 StGB begangen haben sollte, so setzt – wie die Staatsanwaltschaft mit zutreffender Begründung ausgeführt hat –, ein Anschluss der mutmaßlich Verletzten als Nebenklägerin gemäß § 80 Abs. 3 JGG voraus, dass sie durch die Straftat seelisch oder körperlich schwer geschädigt oder einer solchen Gefahr ausgesetzt worden ist. Für die Annahme einer solchen Gefahr reicht es nicht aus, dass mit den in Rede stehenden Taten regelmäßig körperliche und/oder psychische Beeinträchtigungen verbunden sind. § 80 Abs. 3 JGG ist deshalb eng auszulegen. Eine Gefahr bedeutet damit die konkrete Möglichkeit des Eintritts einer Schädigung, die sich mit einer erheblichen Wahrscheinlichkeit aus den Umständen der vorgeworfenen Tat ergeben muss. Bloße Vermutungen oder auch nur Anhaltspunkte, die hier nicht einmal vorliegen, genügen nicht (...).

Die Voraussetzungen (...) liegen nicht vor. Die mutmaßlich Verletzte hat nicht vorgetragen, aus welchen Umständen sich eine schwere seelische oder körperliche Schädigung oder eine entsprechende Gefahr ergeben soll, sondern verweist nur auf die solchen Delikten immanente allgemeine Gefahr. Ihre gynäkologische Untersuchung (...) hat weder eine Defloration noch Spuren von Gewaltanwendung ergeben. Ihre Aussage (...) lässt keine schwere seelische Beeinträchtigung erkennen, vielmehr das Bewusstsein einer gewissen Mitverantwortung für das am Tatabend unter erheblichem Alkoholkonsum entgleisende Geschehen. Derselbe Eindruck ergibt sich aus der Aussage ihrer Freundin, der Zeugin (...), die den Verlauf des Abends, an dem beide verbotswidrig in der elterlichen Wohnung (...) mit fünfzehn, ihnen teilweise unbekannten, teilweise nur flüchtig bekannten Jungen eine Party gefeiert haben, in ihrer Vernehmung durch die Polizei am (...) geschildert hat. (...) Die Voraussetzungen für die Zulassung einer Nebenklage (...) liegen (...) keinesfalls vor."

Anmerkung zu LG Oldenburg – 6 Qs 37/10 – Beschluss vom 19.07.2010

Die Entscheidung gibt Anlass zu einer kurzen Anmerkung zu einer *„strafverschärfungsgeneigten Rechtsänderung"*[1] aus der jüngeren Gesetzgebungsgeschichte: die Nebenklage in Verfahren gegen Jugendliche in § 80 Abs. 3 JGG, die durch das Zweite Gesetz zur Modernisierung der Justiz (2. Justizmodernisierungsgesetz) vom 22.12.2006[2] zugelassen wurde.

1 So Ostendorf, HFR 2010, 68 (71), mit dem Hinweis auf eine weitere Adulteration des Jugendstrafrechts (vgl. dazu auch Sommerfeld, *NStZ* 2009, 247 (250), Fn. 24 m.w.N.). – Kritisch auch Streng, 2008, Rn. 204, m.w.N.

2 BGBl. I, 3416.

I. Gang der Gesetzbebung

Dabei griff der Gesetzentwurf der Bundesregierung[3] ursprünglich den (Referenten-) *„Entwurf eines Zweiten Gesetzes zur Änderung des Jugendgerichtsgesetzes"*[4] wieder auf und sah lediglich eine klarstellende Bestimmung vor, nach der die in den §§ 406d bis 406h StPO normierten Verletztenrechte auch im Jugendstrafverfahren gelten sollten.[5] Den Anstoß zur Zulassung der Nebenklage in Verfahren gegen Jugendliche gab der Bundesrat, indem er diesen Punkt zum Gegenstand seiner Stellungnahme zu dem Gesetzentwurf der Bundesregierung machte.[6] In ihrer Gegenäußerung erklärte die Bundesregierung, den Vorschlag des Bundesrates im weiteren Verlauf des Gesetzgebungsverfahrens zu prüfen.[7] Letztlich geht die geltende Fassung des § 80 Abs. 3 JGG auf die Beschlussempfehlung des Rechtsausschusses des Deutschen Bundestages vom 29.11.2006 zurück,[8] die der Deutsche Bundestag in seiner 70. Sitzung am 30.11.2006 angenommen hat.[9]

II. Grundsätzliche Bedenken gegen die Zulassung der Nebenklage in Verfahren gegen Jugendliche

Der Gang der Gesetzgebung löst ein gewisses Befremden aus, wenn man berücksichtigt, dass schon in dem Gesetzentwurf der Bundesregierung die grundsätzlichen Bedenken gegen die Zulassung der Nebenklage in Verfahren gegen Jugendliche mit nachdrücklicher Deutlichkeit hervorgehoben wurden: *„Die Nebenklage mit ihren offensiven Befugnissen könnte im Einzelfall die weiter gehende erzieherische Zielsetzung und die jugendadäquate Ausgestaltung des Jugendstrafverfahrens erheblich beeinträchtigen. Es bestünde die Gefahr, dass der Nebenkläger wegen seines eigenen Genugtuungsbedürfnisses oder zur Vorbereitung von Schadensersatzforderungen ohne Rücksicht auf erzieherische Erwägungen die Verhandlung nachhaltig mitgestalten würde. Dies könnte zudem zu erzieherisch unerwünschten Verfahrensverzögerungen führen und damit – insbesondere im Hinblick auf Rechtsmittel des Nebenklägers – im Widerspruch zum Beschleunigungsgebot des Jugendstrafverfahrens stehen."*[10] Bei den politisch Verantwortlichen sind diese Bedenken letztlich nicht auf Gehör gestoßen.

III. Einschränkungen des Anwendungsbereichs der Nebenklage in Verfahren gegen Jugendliche

Umso mehr gilt es, die Einschränkungen des Anwendungsbereichs der Nebenklage in Verfahren gegen Jugendliche konsequent umzusetzen.

1. Einschränkende Auslegung des § 80 Abs. 3 JGG

Dass § 80 Abs. 3 JGG *„äußerst einschränkend"*[11] auszulegen ist, zeigt bereits die Gesetzesgenese. Der Bundesrat hatte folgenden § 80 Abs. 3 Satz 1 JGG vorgeschlagen: *„Gegen einen Jugendlichen ist die Nebenklage nur zulässig, wenn Gründe der Erziehung nicht entgegenstehen."*[12] Begründet wurde dieser Vorschlag damit, dass die *„Berücksichtigung erzieherischer Belange und der Besonderheiten des Einzelfalls (...) den Anforderungen des Jugendstrafverfahrens deutlich besser gerecht"*[13] wird. Zwar hat der Rechtsausschuss des Deutschen Bundestages – bedauerlicher Weise – den Vorschlag des Bundesrates nicht aufgegriffen, so aber doch betont, dass eine Beschränkung der Nebenklage in Verfahren gegen Jugendliche wegen des Konflikts mit den besonderen Bedingungen des Jugendstrafrechts und dem leitenden Erziehungsgedanken grundsätzlich geboten ist.[14] Die notwendige Beschränkung soll durch eine strenge Begrenzung auf schwerste Verbrechen mit schwerer seelischer oder körperlicher Schädigung des Opfers erfolgen.[15] Daraus folgt, dass die besondere Opferbetroffenheit[16] eine zusätzliche Nebenklagevoraussetzung ist,[17] nicht schon automatisch mit der Verletzteneigenschaft begründet ist[18] und einer sorgfältigen Einzelfallprüfung bedarf.[19] Welche Anforderungen dabei zu stellen sind, hat das Landgericht Oldenburg mit erfreulicher Deutlichkeit klargestellt: Es muss vorgetragen werden, aus welchen Umständen sich die besondere Opferbetroffenheit ergeben soll. Bloße Vermutungen oder auch nur Anhaltspunkte genügen nicht!

2. Einschränkende Auslegung des § 406g Abs. 3 StPO

Mit der einschränkenden Auslegung des § 80 Abs. 3 JGG kommt es im vorbereitenden Verfahren zu einer doppelt einschränkenden Auslegung. Im vorbereitenden Verfahren ist für die Bestellung eines anwaltlichen Beistandes nach § 406g Abs. 3 StPO grundsätzlich maßgebend, ob der Anfangsverdacht eines Nebenklagedelikts (im Sinne des § 80 Abs. 3 JGG) gegeben ist.[20] Allerdings wird auch hinsichtlich § 406g Abs. 3 StPO eine einschränkende Auslegung für erforderlich gehalten.[21] Begründet wird dies damit, *„dass ansonsten auch eine offenkundig völlig haltlose Strafanzeige das Gericht zur sofortigen Bestellung eines anwaltlichen Beistandes zwänge. Um solche unsinnigen Ergebnisse zu vermeiden, ist für die Beistandsbestellung mindestens ein ausreichend ermittlungsfähiger Tatverdacht erforderlich, dessen Intensität sich nach dem jeweiligen Ermittlungsstand richtet (...)."*[22] Durch das Zusammenspiel des zusätzlichen Erfordernisses eines ausreichend ermittlungsfähigen Tatverdachts, der neben der besonderen Opferbetroffenheit vorliegen und dementsprechend sorgfältig geprüft werden muss, mit § 80 Abs. 3 JGG, wird auch in vorbereitenden Verfahren gegen Jugendliche die *„strenge Beschränkung"*[23] der Nebenklage sichergestellt, die der Gesetzgeber *„wegen des Konflikts mit den besonderen Bedingungen des Jugendstrafrechts und dem leitenden Erziehungsgedanken"*[24] für geboten angesehen hat.

3 Vgl. BR-Drucks. 550/06.
4 Stand: 8. April 2004.
5 Vgl. BR-Drucks. 550/06, Artikel 23 Nr. 4 und S. 142.
6 Vgl. BT-Drucks. 550/06 (Beschluss), Nr. 13 (S. 12 f.). – Dem war eine entsprechende Beschlussempfehlung des federführenden Rechtsausschusses und des Ausschusses für Innere Angelegenheiten vorausgegangen (vgl. BR-Drucks. 550/1/06, Nr. 13 (S. 12 f.)).
7 Vgl. BT-Drucks. 16/3038, S. 78.
8 BT-Drucks. 16/3640, S. 32.
9 Vgl. BR-Drucks. 890/06.
10 Siehe BR-Drucks. 550/06, S. 143. – Zwar wird darauf hingewiesen, dass es empirisch schwer nachgewiesen werden kann, ob das Strafverlangen des Nebenklägers tatsächlich zu einer Strafverschärfung führt, *„zur Strafmilderung trägt es sicherlich nicht bei"* (vgl. Ostendorf, HFR 2010, 68 (71)).
11 Vgl. Eisenberg, 2010, § 80 Rn. 17.
12 BR-Drucks. 550/06 (Beschluss), Nr. 13, S. 12.
13 BR-Drucks. 550/06 (Beschluss), Nr. 13, S. 13.
14 Vgl. BT-Drucks. 16/3640, S. 54.
15 Vgl. BT-Drucks. 16/3640, S. 54.
16 Durch die Straftat muss das Opfer entweder seelisch oder körperlich schwer geschädigt oder es muss einer solchen Gefahr ausgesetzt worden sein.
17 Vgl. Ostendorf, 2009, § 80 Rn. 1a.
18 Vgl. Ostendorf, 2009, § 80 Rn. 1a; a.A. Hinz, *JR* 2007, 140 (144).
19 Vgl. Ostendorf, 2009, § 80 Rn. 1a; Schoreit, in: Diemer/Schoreit/Sonnen, 2008, § 80 Rn. 11; a.A. Hinz, *JR* 2007, 140 (144)..
20 Vgl. Meyer-Gossner, 2010, § 406g Rn. 3.
21 Vgl. etwa OLG Oldenburg, Beschluss v. 25.02.2009 – 1 Ws 120/09 – (juris) m.w.N. in Rn. 5.
22 Ebenda.
23 Vgl. BT-Drucks. 16/3640, S. 54.
24 Vgl. BT-Drucks. 16/3640, S. 54.

IV. Fazit

Eine konsequent (doppelt) einschränkende Auslegung des § 80 Abs. 3 JGG (ggf. i.V.m. § 406g Abs. 3 StPO) reduziert die Gefahr einer strafverschärfungsgeneigten Beeinträchtigung der erzieherischen Zielsetzung und jugendadäquaten Ausgestaltung des Jugendstrafverfahrens durch Zulassung der Nebenklage in Verfahren gegen Jugendliche, ohne dabei die *„generelle Entscheidung im Hinblick auf den Konflikt zwischen Jugendstrafrecht und Opferinteressen“*[25] zu unterlaufen. Den Gerichten fällt die Aufgabe zu, darauf zu achten, dass gerade die besondere Opferbetroffenheit *„nicht zu einer Scheinhürde verkommt“*.[26] Das Landgericht Oldenburg hat dies mit seiner Entscheidung offensichtlich gemacht und verdient größtmögliche Nachahmung.

Dr. MICHAEL SOMMERFELD ist Staatsanwalt in Oldenburg (Oldenburg)
Micha.Sommerfeld@web.de

LITERATURVERZEICHNIS:

DIEMER, H., SCHOREIT, A. & SONNEN, B.-R. (2008). *Jugendgerichtsgesetz. Kommentar.* (5. Auflage). Heidelberg: Müller.

EISENBERG, U. (2010). *Jugendgerichtsgesetz. Kommentar.* (14. Auflage). München: Beck.

HINZ, W. (2009). Nebenklage im Verfahren gegen Jugendliche. *Juristische Rundschau,* (4), 140-146.

MEYER-GOSSNER, L. (2010). *Strafprozessordnung. Kommentar.* (53. Auflage). München: Beck.

NOAK, T. (2009). Nebenklage gegen Jugendliche und Heranwachsende. *Zeitschrift für Rechtspolitik, 42* (1). 15-17.

OSTENDORF, H. (2009). *Jugendgerichtsgesetz. Kommentar.* (8. Auflage). Baden-Baden: Nomos.

OSTENDORF, H. (2010). Verschärfungen im Jugendstrafrecht – wider die kriminologische Vernunft. *Humboldt Forum Recht, 15* (5), 68-83.

SOMMERFELD, M. (2009). Führungsaufsicht nach vollständiger Vollstreckung einer Einheitsjugendstrafe – Zugleich eine Besprechung von BVerfG, Beschluss vom 26.02.2008 – 2 BvR 2147/07. *Neue Zeitschrift für Strafrecht, 29* (5), 247-251.

STRENG, F. (2008). *Jugendstrafrecht.* (2. Auflage). Heidelberg: Müller.

25 Vgl. BT-Drucks. 16/3640, S. 54.
26 NOAK, *ZRP* 2009, 15 (16).

TAGUNGSBERICHTE

Bindungsforschung

Tagungsbericht zur Internationalen Konferenz „Bindungen – Paare, Sexualität und Kinder“ und zum Vorkonferenz-Workshop „Destruktive Täter-Opfer-Bindungen: Ursachen, Dynamik, Therapie“

Andrea Heberling

Vom 12. bis 14. November 2010 fand in der Ludwig-Maximilians-Universität München die jährliche Konferenz zum Thema Bindungsforschung unter der Leitung von Dr. KARL-HEINZ BRISCH, Kinder- und Jugendlichenpsychiater, Psychotherapeut, Psychiater und Psychoanalytiker für Kinder, Jugendliche und Erwachsene statt.

Die Bindungstheorie beschreibt in der Psychologie das Bedürfnis des Menschen, eine enge und von intensiven Gefühlen geprägte Beziehung zu Mitmenschen aufzubauen. Sie wurde vom britischen Kinderpsychiater JOHN BOWLBY und der kanadischen Psychologin MARY AINSWORTH entwickelt. Grundlage der Bindungstheorie ist der Aufbau und die Veränderung enger Beziehungen im Laufe des Lebens. Sie geht von dem Modell der Bindung der frühen Mutter-Kind-Beziehung aus. Heute ist die Bindungstheorie ein eigenständiger wissenschaftlicher Strang. Sie hat einen entscheidenden Beitrag zur Psychoanalyse und Familientherapie geleistet.

Die Tagung gliederte sich in einen Vorkonferenz-Workshop mit dem Titel *„Destruktive Täter-Opfer-Bindungen: Ursachen, Dynamik, Therapie“* unter der Leitung von MICHAELA HUBER und die folgende zweitägige Internationale Konferenz *„Bindungen – Paare, Sexualität und Kinder“*, zu der nationale und internationale Referenten eingeladen waren.

Der Vorkonferenz-Workshop wurde geleitet von MICHAELA HUBER, Psychotherapeutin, Supervisorin und Ausbilderin in Traumabehandlung. MICHAELA HUBER verbindet bei ihrer Behandlung dissoziativer Störungen Traumatherapie und Bindungsforschung. Sie zählt in Deutschland zu den wichtigsten Vertretern der Psychotraumatologie mit Schwerpunkt Dissoziative Persönlichkeitsstörungen. Einleitend gab MICHAELA HUBER eine Einführung in die komplexe Thematik, indem sie Zustandsbilder, Folgeschäden und Ursachen frühkindlicher Gewalterfahrungen aufzeigte. Schwere Traumata in der Kindheit führten zu einer tiefen strukturellen Dissoziation (und nicht nur zu einer oberflächlichen!) der Betroffenen, das heißt es komme nicht nur zur Amnesie, Depersonalisation und Derealisation, sondern auch zu unkontrollierbaren Affektreaktionen, bei schweren kontinuierlichen Psychotraumatisierungen in der Kindheit würden also Empfindungs- und Verhaltensmuster dauerhaft unterschiedlichen Persönlichkeitsanteilen (Ego-States) zugeordnet.[1] Je

1 Siehe auch VAN DER HART, NIJENHUIS & STEELE, 2008.

früher das Trauma stattgefunden habe, desto gravierender seien die auftretenden Störungen und ihre Folgen, wie z.B. eine ausgeprägte posttraumatische Belastungsstörung.

Die strukturelle Dissoziationstheorie besagt, dass toxischer Stress, der z.B. bei sexuellen Gewalterfahrungen auftritt, das Kind zur Solidarität mit dem *„Mächtigen"* zwingt. Aufgrund ihrer Unreife könnten sie die Geschehnisse nicht in ausreichendem Maße verarbeiten. Das Gefühl für die eigene Identität gehe verloren und/oder werde nicht genügend ausgebildet. Die Kinder blieben fragmentiert, da der schlechte Elternteil vom Kind abgespalten werden müsse. Es komme zum Kurzschluss von Bindungs- und Verteidigungssystemen, was zu einer tiefgreifenden Amnesie führe, die besonders ausgeprägt und dauerhaft sei, wenn der Täter eine primäre Bindungsperson ist. Durch die fehlende Selbstverteidigung, das heißt einem aufgrund der Bindungsunreife fehlenden verteidigendem Impuls, komme es zur Ausbildung so genannter Täterintrojekte: Das Körpergefühl, die Gedanken und Gefühle des Täters werden als eigene empfunden (ich bin der Täter). Diese Täterintrojekte übernähmen in der Folgezeit immer mehr die (Selbst-)Kontrolle und (Selbst-)Bestrafung, besonders bei früh erlebten Gewalterfahrungen. Der Einsatz von Stoffwechsel-Manipulationen (Hungern, Essen, Drogen, Alkohol, selbstverletzendes Verhalten), die zur Selbstmedikation eingesetzt würden, berge die Gefahr, zu (selbst-)regulierenden Bestandteilen der Persönlichkeit zu werden. Durch die intensive Affektabwehr werden *„innere Leute"* in die Persönlichkeit integriert und sorgten dafür, dass der Kontakt zum Täter aufgenommen bzw. aufrechterhalten werde.

Die Beziehungsmuster in vernachlässigenden und/oder gewalttätigen Familien seien Muster unter unreifen Persönlichkeiten, in denen nicht um Grenzen verhandelt werde. Die Betroffenen erführen auf gleiche Verhaltensweisen unterschiedliche *„erzieherische"* Reaktionen, die emotionale Konfusionen nach sich zögen. Diese Beziehungsmuster reichten von Despotismus, Laissez-faire-Haltungen, Bestechung, Erpressung, Nötigung, Verführung und/oder brachialer Gewalt bis zu kollusiven Verwicklungen. Der oft unvermittelte und nicht vorhersehbare Wechsel zwischen Sanftheit und Gewalt führe zu schweren inneren Kämpfen als Folge der strukturellen Dissoziation. Die Gefahr der intergenerationellen Weitergabe dieser unreifen Beziehungsmuster und ihrer Folgen sei hier besonders hoch (50%!).

Michaela Huber berichtete, dass auffällig viele traumatisierte Kinder, Jugendliche oder Erwachsene eine intensive Bindung an die Bindungspersonen aufweisen, die ihnen schweren Schaden zugefügt haben bzw. noch zufügen. Damit stellt sich die Ausgangsfrage, warum diese destruktiven Bindungen so intensiv und oft von sehr langer Dauer sind. Sie begründet dies damit, dass die Verhaltenszustände des Kleinkindes durch Bindungsunsicherheit und Bindungs-Verluste sowie Gewalterfahrungen nicht zusammen wachsen können. Dadurch komme es zu einer gravierenden Störung der Identitätsentwicklung. Als Folge entstünden Zustands- und Kontext-Abhängigkeiten sowie leichte Triggerbarkeit (Sinneseindrücke, die Erinnerungen an alte Erfahrungen in einer Art wecken, als ob diese Erfahrung jetzt noch einmal neu gemacht werden würde).[2] Darüber hinaus komme es zur Unverbundenheit unterschiedlicher Ich-Zustände, Fähigkeiten, Gedanken, Gefühle und Verhaltensmuster. Diese Entwicklungen führten zu starken inneren Kämpfen, innerer Zerrissenheit, Phobien vor dem eigenen Innenleben bei ständiger Angst, zusammen zu brechen. Durch eine ausgeprägte Ambivalenz zwischen Angst und Sehnsucht nach Nähe werde eine spätere Loslösung vom Täter verhindert, lang anhaltende, intensive Täterbindungen seien die Folge.

Wie gestaltet sich nun die Behandlung von Personen, die die Arbeit des Therapeuten durch ihre Täterloyalität und -identifikation erschweren? Wie können zerstörerische Bindungen allmählich verändert werden und wie gelingt der Ausstieg aus diesen destruktiven Bindungen? Michaela Huber hat hierzu therapeutische Arbeitsweisen entwickelt. Sie schildert anhand von Fallberichten und Videosequenzen die Schwierigkeiten des therapeutischen Prozesses bei erwachsenen Patienten mit frühen traumatischen Erlebnissen. Es müsse die Balance gehalten werden zwischen deren erwachsenen Anteilen und den abgespaltenen, Trauma ähnlichen Gefühlszuständen und *„inneren Leuten"*. Sie nähert sich ihren Patienten, bzw. deren täterloyalen und täterimitierenden Anteilen auf behutsame Weise an, indem sie sie anspricht und *„willkommen heißt"*. Sie fungiert als Mittlerin des inneren Dialogs zwischen den verschiedenen Seiten der Persönlichkeit. Die Patienten erfahren oft zum ersten Mal, dass sie mit ihren unterschiedlichen Anteilen ernst genommen werden und mit ihnen auf die Gestaltung des Therapieprozesses Einfluss nehmen können. Ziel der Therapie sei eine vorsichtige Integration der verschiedenen Anteile in die Persönlichkeit des Patienten, da eine sichere therapeutische Bindungssituation wesentlich zur Reintegration der erlebten traumatischen Situation beitrage.

„Die Gefängnisse sind voll von misshandelten Kindern, 50% dieser Inhaftierten sind Opfer von Sexualdelikten", so Michaela Huber. Oft würden schwere Traumata im Rahmen des Strafvollzugs aufgrund der im Vordergrund stehenden Straftat übersehen bzw. nicht bemerkt. Es sei aber davon auszugehen, dass straffällig gewordene Jugendliche oder Erwachsene oftmals ihre traumatischen Erfahrungen aufgrund der Amnesie nicht mehr erinnerten. Extrem ungünstige Lebensbedingungen und negative familiäre Beziehungsstrukturen gelten in der Bindungsforschung als Risikofaktoren ersten Ranges, ein vertrauensvoller Bindungs- bzw. Beziehungsaufbau gelänge Inhaftierten mit dieser Lebenserfahrung nicht. Erschwerend komme die anhaltende Identifikation mit Täteranteilen hinzu, die unter Umständen Auslöser einer Straftat sein könnten. Michaela Huber forderte deshalb eine gründlichere Anamneseerhebung und einen insgesamt sensibleren Umgang mit psychisch auffälligen Straftätern.[3]

Im Rahmen der Internationalen Konferenz wurde das Thema *„Bindungen – Paare, Sexualität und Kinder"* aus verschiedenen Blickrichtungen bearbeitet. Auf die einzelnen Vorträge soll hier nur insoweit eingegangen werden, als sie für Jugenddelinquenz von unmittelbarer Bedeutung sind.

Für Hans Jellouschek, Lehrtherapeut für Systemisch-integrative Paartherapie und Transaktionsanalyse, sind Eltern-Beziehung und Partnerliebe die beiden Seiten einer Medaille, die zwar getrennt voneinander existierten, die aber auch in einem sich gegenseitig verstärkenden Zusammenhang zu sehen seien. Er erläuterte in seinem Vortrag *„Die Bedeutung der Partnerliebe für das Eltern-Sein"* die positiven Auswirkungen einer lebendig gelebten Liebesbeziehung des Paares zueinander auf die Bindungsqualität der gemeinsamen Kinder. Schwierigkeiten in der Partnerbeziehung beeinträchtigten deren Entwicklung. Deshalb rät er bei Partner-

2 Diese Erinnerung erfolgt meist plötzlich und mit großer Wucht. Die damaligen Gefühle werden unmittelbar erlebt (so genannte Flashbacks) und die reale aktuelle Situation kann von den Betroffenen oft nicht mehr wahrgenommen werden, d.h. sie reagieren so, als würden sie sich in der alten, erinnerten Situation befinden.

3 Literatur zum Thema von Michaela Huber, 2006, 2007.

schaftskrisen zu professioneller Intervention, entweder in Form von Paarintervention oder Familientherapie, um die schädlichen Auswirkungen auf die Entwicklung der Kinder zu vermeiden.

ANTONIA BIFULCO, Psychologin und Co-Direktorin am Zentrum für Missbrauchs- und Traumastudien in Zusammenarbeit mit der Kingston Universität London, stellte in ihrem Vortrag *„Problempartnerschaften und Elternschaft"* Zusammenhänge zwischen mütterlicher unsicherer Bindung und internalisierenden Störungen ihrer jugendlichen Kinder dar. Sie stellte eine in den 1990er Jahren in London durchgeführte Studie vor, die Bindungsstile, Familienbeziehungen, Elternschaft und psychische Störungen von zwei Generationen stark gefährdeter Familien untersuchte. Daraus entwickelte sie ein Modell der intergenerationellen Übertragung, das die Relationen von unsicherer mütterlicher Bindung zu ihrer ungenügenden Elternschaft bestätigte. Dies stand in Verbindung mit einem unabhängigen Bericht Heranwachsender von mütterlicher Vernachlässigung bzw. Missbrauch.

Die Idee der Elternschaftstherapie stellte EGON GARSTICK, Hochschullehrer für psychoanalytische Sozialpädagogik an der Universität Kassel, in seinem Vortrag *„Vom Elternwerden zur Elternschaft – Über Identitätskrisen beim Elternwerden"* vor. Er entwickelte ein Behandlungskonzept für verhaltensauffällige Kinder und ihre Familien. Die Entwicklung des Säuglings und Kleinkindes sei von der Qualität der Frau-Mann-Beziehung im Elternpaar abhängig. Bei familiären Krisen wird schon während der Schwangerschaft und auch in der Zeit nach der Geburt psychoanalytisch orientierte *„Entwicklungshilfe"* angeboten, damit z.B. manifeste Gewalt verhindert werden könne. Er versucht mit diesem Konzept auch, die *„stille Gewalt"* einer depressiven Verstimmung bei einem Elternteil aufzufangen, damit dem Kind Bindungspersonen zur Verfügung stehen, die Sicherheit und Anregungen für eine gesunde Entwicklung bieten können.

JOACHIM PEICHL, Oberarzt der Klinik für Psychotherapie und Psychosomatik am Klinikum Nürnberg, berichtete über *„Destruktive Paarbeziehungen: wie entsteht die Spirale der Gewalt?"* PEICHL ging in seinem Bericht von männlicher Gewalt aus, da männliche Gewalttäter in Paarbeziehungen am häufigsten anzutreffen seien. Manche Menschen gerieten immer wieder in destruktive Paarbeziehungen, sei es als Opfer oder als Täter und hielten durch ihre gegenseitige Duldung der Situation die Spirale der Gewalt in Gang. Destruktive Paarbeziehungen lösten bei den Kindern des Paares einen Loyalitätskonflikt aus. Die Elternebene werde für sie zur Bedrohung, sie könnten sich keine Hilfe holen oder Bindungsbedürfnisse äußern. Gewalt hat Einfluss auf das soziale und emotionale Lernen, gilt als Auslöser von Depressionen, Angststörungen und somatischen Erkrankungen. Zur emotionalen Stabilisierung empfiehlt PEICHL die Eltern-Paar-Therapie, wobei aber an erster Stelle das Kindeswohl zu berücksichtigen sei, da die Gesundheit des Kindes absolute Priorität habe.[4]

CAROLYN PAPE COWAN und PHIL COWAN, Prof. emer. an der Universität Berkeley, Kalifornien, präsentierten Daten aus zwei Interventionsstudien zum Thema *„Bindungsmuster im Erwachsenenalter, Bindungen zwischen Paaren, und die Entwicklung der Kinder: Ein Modell für Beziehungen zwischen Familienmitgliedern und seine Auswirkungen auf Interventionen"*. Sie zeigten, dass die Bindungsstile von Müttern und Vätern – in Beziehung zu deren Eltern und zueinander als Paar bedeutende Rollen in der Entwicklung und im Wohlbefinden ihrer Kinder spielen. Ihre Daten zeigten, dass innere Arbeitsmodelle von Bindung der Eltern zu ihren Eltern und Partnern die Art und Weise ihres Umgangs als Paar und mit ihren Kindern formen, und dass diese Verhaltensweisen die Anpassung ihrer Kinder beeinflussen. Durch therapeutische Interventionen versuchen sie, negative Spiralen der Übertragung von Bindungsunsicherheit und psychologischen Störungen über Generationen hinaus zu unterbrechen.

Zum Ende der zweitägigen Konferenz referierte KARL-HEINZ BRISCH über *„Die Bedeutung von Gewalt in der Paarbeziehung für die Psychotherapie mit Kindern"*. Er stellte die theoretischen Grundlagen und das Konzept einer Psychotherapie von Kindern mit frühen Störungen in Folge von traumatischen Erfahrungen durch Gewalt in der Paarbeziehung dar und erläuterte anhand von Behandlungsbeispielen die Entstehung der Erkrankung und deren Behandlungsverlauf.

Dipl.-Päd. ANDREA HEBERLING ist heilpraktische Psychotherapeutin und freie Mitarbeiterin in der JVA Wuppertal
a.heberling@gmx.de

LITERATURVERZEICHNIS

HUBER, M. (2007). *Trauma und die Folgen. Trauma und Traumabehandlung. Teil 1.* (3. Auflage). Paderborn: Junfermann.

HUBER, M. (2006). *Wege der Traumabehandlung. Trauma und Traumabehandlung. Teil 2.* (3. Auflage). Paderborn: Junfermann.

PEICHL, J. (2007). *Die inneren Trauma-Landschaften. Borderline, Ego-State, Täter-Introjekt.* Stuttgart: Schattauer.

VAN DER HART, O., NIJENHUIS, E.R.S. & STEELE, K. (2008). *„Das verfolgte Selbst. Strukturelle Dissoziation und Behandlung chronischer Traumatisierung"*. Paderborn: Junfermann.

4 Siehe auch PEICHL, 2007.

REZENSIONEN

BENJAMIN KURZBERG

Jugendstrafe aufgrund schwerer Kriminalität

Schriftenreihe des Max-Planck-Instituts für ausländisches und internationales Strafrecht

Duncker & Humblot, Berlin 2009
278 Seiten, ISBN 978-3-428-13057-3, 35,00 EUR

Erklärtes Ziel der von HANS-JÖRG ALBRECHT betreuten Doktorarbeit ist es, die Strafzumessung bei jungen Gewalttätern zu analysieren, um zu aktuellen Reformvorstellungen Stellung zu nehmen und einen Beitrag zum Verständnis des Erziehungsgedankens im Bereich der Jugendstrafbemessung zu leisten. Zielführend sind zwei Fragen, nämlich wie sich der Erziehungsgedanke und die Verhängung langer Haftstrafen miteinander in Einklang bringen lassen und wie dies in der gegenwärtigen Rechtspraxis erfolgt. Zur Beantwortung wählt KURZBERG eine empirische Strafverfahrensanalyse in Form einer Aktenauswertung (also nicht auf Urteilsbegründungen beschränkt), differenziert nach drei Tätergruppen: Jugendliche, Heranwachsende und junge Erwachsene im Alter bis zu 24 Jahren. Eine solche vergleichende Analyse hat es nach Ansicht des Autors bisher noch nie gegeben.

In der Untersuchung sind nur Verurteilungen zu mindestens 24 Monaten einbezogen, weil hier – speziell bei Herwachsenden – einer der beiden Aspekte Erziehung und Schuld besondere Beachtung finden müsste. Analysiert wurden nur Akten und Urteile mit schweren Gewalttaten (Tötungs-, Sexual- und Raubdelikte). Die Untersuchung erfasst insgesamt 313 von 586 Strafverfahren im Zeitraum von 2001 bis 2003 in Baden-Württemberg, in denen 67 Jugendliche und 131 Heranwachsende nach Jugendstrafrecht und 115 Heranwachsende und Jungerwachsene nach allgemeinem Strafrecht verurteilt wurden.

Die Bedeutung einzelner Strafzumessungsfaktoren für die Höhe der Strafe wird auf zwei Wegen herausgearbeitet: Zunächst werden aus dem gesamten Akteninhalt Gesichtspunkte für die Strafzumessung zusammengestellt und dann in einem zweiten Schritt mit den Angaben und Bewertungen in den Urteilsbegründungen verglichen, um auch versteckte Strafzumessungstatsachen erkennen zu können.

Die Arbeit ist in drei Kapitel mit 18 Abschnitten gegliedert. Die Strafzwecke im allgemeinen Strafrecht und § 46 (Grundzüge der Strafzumessung) sind auf den Seiten 15 bis 38 Gegenstand der ersten und die Strafzumessung im Jugendstrafrecht des zweiten Teils (S. 39 bis 124) mit einer lesenswerten historischen Betrachtung, bevor im umfangreichsten Teil die Analyse der einbezogenen Verfahren erfolgt (S. 125 bis 278). Zur Analyse der das Strafmaß bestimmenden Faktoren wird das Verfahren der kategorialen Regression verwendet, also ein Regressionsverfahren mit der Technik der Optimalen Skalierung, so dass es möglich wird, qualitative Daten einer quantitativen Auswertung zugänglich zu machen (S. 202 Fn. 650).

Die so gewonnenen Ergebnisse lassen sich wie folgt zusammenfassen:

- Die Strafhöhen in den drei Tätergruppen sind deutlich unterschiedlich, und zwar bei Verurteilungen nach allgemeinem Strafrecht durchschnittlich 40% höher.
- Jugendstrafrechtliche Sonderregelungen zur Untersuchungshaftvermeidung (§ 72 JGG) und zur unverzüglichen Heranziehung der Jugendgerichtshilfe in Haftsachen (§ 72a JGG) werden überwiegend nicht beachtet.
- Die Anforderungen zu erforderlichen Reifebeurteilungen in den §§ 3 und 105 JGG werden durch die Staatsanwaltschaften ignoriert.
- Die Jugendgerichtshilfe wird ihren gesetzlichen Aufgaben nur zum Teil gerecht (Mängel bei der Haftvermeidung und in der Beurteilung der Täterpersönlichkeit).
- Zu § 3 JGG findet sich in 55% der Urteile keinerlei Begründung, in weiteren 22% der Fälle wird lediglich der Gesetzeswortlaut wiederholt.
- Dass auch bei einer Jugendstrafe wegen Schwere der Schuld nicht allein auf den Unrechtsgehalt der Tat abgestellt werden darf, bleibt bei einer am Verbrechenscharakter, der objektiven Tatschwere oder der Vorstrafenbelastung orientierten Sanktion weitgehend außer Betracht. Nicht die Täterpersönlichkeit, sondern die Tatschuld steht im Vordergrund.
- Auch bei der Jugendstrafe wegen schädlicher Neigungen steht nicht die Täterpersönlichkeit im Mittelpunkt, sondern der Aspekt der Tatschuld.
- Individualpräventive Überlegungen spielen nur eine untergeordnete Rolle. Zwar wird der Begriff der Erziehung in 60% der Verurteilungen nach Jugendstrafrecht erwähnt, gleichzeitig aber in 50% der Strafzumessungsbegründungen der Schuldausgleich hervorgehoben (ohne die Behauptung, dass die schuldangemessene Strafe dem Täter diene, *„zu seinem Besten"* sei).
- Eine täterindividuelle Strafmaßbestimmung lässt sich nicht nachweisen. Es erfolgt vielmehr eine Orientierung an der höchsten bisher verhängten Vorstrafe, den Verletzungen beim Opfer und der Art des Einsatzes von Waffen bzw. gefährlichen Werkzeugen. Insoweit fehlt eine Gesamtwürdigung der Täterpersönlichkeit.
- Der Unterschied zwischen dem Jugendstrafrecht und dem allgemeinen Strafrecht besteht nur in der geringeren Strafe, die sich mit der altersbedingten geringeren Tatschuld erklären lässt.

Aufgrund seiner Akten- und Urteilsanalyse ergibt sich für Kurzberg zwingend die Konsequenz, den Begriff der Erziehung im Jugendstrafrecht und mit ihm auch die Jugendstrafe wegen schädlicher Neigungen abzuschaffen. Die Praxis zeigt, dass der Erziehungsgedanke nicht geeignet ist, konkrete Leitlinien für die Sanktionsbemessung zu liefern, und orientiert sich heute schon an der Tatschuld (unter Verzicht auf eine eingehende Würdigung der Täterpersönlichkeit). Die Heranwachsenden sollten ohne Erhöhung der Höchststrafe ausnahmslos in das Jugendstrafrecht einbezogen werden. Der Einheitsstrafrahmen ist beizubehalten. Die Strafzumessung sollte auch im Jugendstrafrecht tatschuldorientiert erfolgen. Eine Erhöhung des durchschnittlichen Strafniveaus oder gar eine Eskalation der Sanktionen nach Wegfall des Erziehungsaspekts befürchtet Kurzberg nicht, weil ein altersgemäßer Schuldmilderungsgrund möglich bleibt.

Insgesamt ist die Arbeit von der Kritik an der gegenwärtigen Jugendstrafrechtsanwendung im Verfahren über die vergleichenden Strafzumessungsfaktoren bis zu den kriminalpolitischen Folgerungen mit der Abschaffung des Erziehungsgedankens konsequent entwickelt – ebenso lesenswert, anregend wie diskussionswürdig – eine gelungene Herausforderung für Praxis und Wissenschaft.

Prof. Dr. em. BERND-RÜDEGER SONNEN ist
Hochschullehrer an der Universität Hamburg,
Fakultät für Rechtswissenschaft
bernd-ruedeger.sonnen@uni-hamburg.de

JOACHIM MERCHEL

Evaluation in der Sozialen Arbeit

Ernst Reinhardt Verlag, München 2010
169 Seiten, ISBN 978-3-497-02166-6, 24,90 EUR

Evaluation ist in aller Munde – und auch für den Arbeitsbereich der Sozialen Arbeit liegt mittlerweile eine ganze Reihe an Publikationen vor. JOACHIM MERCHEL, Hochschullehrer am Fachbereich Sozialwesen der FH Münster, möchte indessen eine für das Feld bislang noch fehlende Einführung vorlegen, als *„kurz gefasste, praxisbezogene und die Rahmenbedingungen reflektierend einbeziehende methodische Anleitung“* (10). Neben Studierenden der Sozialen Arbeit (wie der Klappentext verkürzend wiedergibt) richtet sich das Buch auch insbesondere an Praktikerinnen und Praktiker, die Evaluation zum Bestandteil ihres beruflichen Handelns machen wollen.

Deutlich kritisiert MERCHEL gleich eingangs den inflationären Gebrauch des Begriffs Evaluation als Bezeichnung für jedwede Form von Berichterstattung mit der Folge, dass dieser im Jargon der Sozialen Arbeit allmählich *„zerbröselt“* (10). Eine Legitimation sowie zielgerichtete Weiterentwicklung der Sozialen Arbeit bedarf hingegen der systematischen Überprüfung und Bewertung von alltagsbezogenen Handlungsweisen: mithin, um genauer zu wissen, was man eigentlich tut. Allein gut durchgeführten evaluativen Verfahren können derart Erkenntnisse – und letztlich der Gewinn an Professionalität folgen.

In sechs in der Tat kurz gehaltenen Kapiteln führt MERCHEL durch zentrale Grundelemente, deren Reflexion für eine praktische Umsetzung evaluativer Verfahren relevant ist. Im abschließenden siebten Kapitel folgt eine Zusammenfassung in Form von Qualitätskriterien.

Was Evaluation bedeutet, die diesen Namen auch verdient, ist Gegenstand des ersten Kapitels. Zur Bedeutungsklärung werden Definitionselemente professioneller evaluativer Praxis herausgearbeitet und jeweils erläutert: (1) Im Mittelpunkt steht immer ein Bewertungsvorgang, der stets auch soziale Dynamiken hinsichtlich unterschiedlicher Interessen, Hoffnungen und Befürchtungen auslöst und insofern unbedingt transparente Bewertungskriterien und -maßstäbe erfordert. (2) Die für die Bewertung erforderlichen Informationen werden erst durch eine systematische Erfassung auf der Grundlage der Bewertungskriterien zu Daten. (3) In genau festgelegten Zielen muss das konkrete praktische Erkenntnis- und Verwertungsinteresse definiert werden. (4) Der jeweilige organisationale Zusammenhang, in dem Soziale Arbeit stattfindet, das heißt Handlungsauftrag, Handlungsziele und methodische Handlungsmuster müssen Berücksichtigung finden. (5) Erforderlich ist eine Verbindung von Evaluation mit Fragen der Qualitätsentwicklung.

Die folgenden Ausführungen des Autors zur Abgrenzung von (selbst)evaluativen Verfahren durch die Praxis zur Evaluationsforschung bleiben in ihrer Zielsetzung indessen unklar: es entsteht der Eindruck, dass die PraktikerInnen ermutigt werden sollen zu praxisnaher Evaluation, die freilich nicht den Gütekriterien sozialwissenschaftlicher Evaluationsforschung genügen können; einem indessen *„leichtfertigen Umgang“* (21) mit Evaluationsmethoden kann durch methodisch qualifiziertes, systematisches Vorgehen entgegengewirkt werden und so auch eine fundierte Grundlage für Bewertungsprozesse geschaffen werden.

Das Kapitel schließt mit einem Überblick über mögliche Gegenstandsbereiche von Evaluation; die Programmevaluation wird vom Autor als der in der Sozialen Arbeit dominierende Typus herausgehoben und veranschaulicht.

Die Frage *„Warum benötigt man in der Sozialen Arbeit Evaluation?“* überschreibt das zweite Kapitel, in dem Anlässe und Funktionen von Evaluation behandelt werden. Unterschiedliche, beispielhaft aufgeführte externe und/oder interne Anlässe werden durch weitere Hintergründe ergänzt, die die aktuelle Konjunktur von Evaluation erklären sollen: Neben Ressourcenknappheit und Rationalisierungserwartungen sieht MERCHEL im wachsenden Evaluationsinteresse im Feld der Sozialen Arbeit auch einen Ausdruck von Professionalität und *„als erwünschter Nebeneffekt“* von dem Interesse an einer verbesserten Profilierung der Profession *„nach außen“* (32). Als elementare Funktion von Evaluation wird die Bereitstellung von Informationen für praktisch folgenreiche Entscheidungen und also die Reduktion von Rationalitätslücken betont. Insofern wird Evaluation auch *„als ein weiterer Baustein in der 'inneren Professionalisierung' der Sozialen Arbeit“* verstanden (37).

Im dritten Kapitel folgt eine Darstellung von Formen und inhaltlichen Schwerpunkten von Evaluationen. Erläutert und mit Beispielen veranschaulicht werden die gebräuchlichen Fachtermini für unterschiedliche Evaluationsdesigns, die je nach Zweck, Verfahren und inhaltlichen Schwerpunkten sinnvoll sind und ausgefeilte Planungen von Verlauf und Methoden erleichtern sollen.

Konkrete Verfahrensschritte und Methoden bei Planung und Realisierung von Evaluationen stehen im Mittelpunkt des vierten Kapitels. Ausführlich beschrieben werden hier konkrete Handlungsanleitungen für insgesamt sieben Verfahrensschritte, die die Grundlage für ein Evaluationskonzept bilden:

- Festlegen der Evaluationsfragestellung,
- Erkunden von Praxiszielen und darauf ausgerichtete Indikatoren,
- Auswahl und Konstruktion der Instrumente zur Datenerhebung,
- Durchführung der Datenerhebung,
- Auswertung der Daten und Zusammenfügen zu Ergebnissen,

- Präsentation der Ergebnisse,
- Reflexion des Evaluationsverlaufs.

Insbesondere die zahlreichen Hinweise in Form von Fragestellungen, Praxisbeispielen und methodischen Vorgehensweisen machen dieses Kapitel zu einem wertvollen Leitfaden für konkrete Evaluationsplanungen.

Eigens der Problematik von Wirkungsevaluationen widmet sich das fünfte Kapitel. Mit kurzem Verweis auf die kritischen fachöffentlichen Debatten etwa um eine *„Evidenzbasierung"* der Sozialen Arbeit betont MERCHEL, dass Wirkung in der Handlungslogik der Sozialen Arbeit *„den zentralen Bezugspunkt darstellt"* und insofern für Evaluationen von exponierter Bedeutung bleiben wird (126). Da aber die Aussagekraft von Wirkungsevaluationen in der Sozialen Arbeit immer Begrenzungen unterliegt und auf der Ebene von Plausibilitäten verbleibt, mahnt er die Evaluationsakteure zu besonderer *„Sorgfalt"* hinsichtlich fundierter Planung, Begründung und größtmöglicher Transparenz (135).

Die Notwendigkeit der Berücksichtigung von organisationalen Rahmenbedingungen wird im sechsten Kapitel erläutert. Evaluation als Bewertungsvorgang ist immer mit unterschiedlichen Interessen, Erwartungen und Befürchtungen unter den Beteiligten verknüpft. Soll sie gelingen, das heißt ihre entscheidungslegitimierende Funktion erfüllen, muss dem hohen Bedarf an Kommunikation und der Herstellung von Interessensbalancen entsprochen werden. Eine wesentliche Bedeutung kommt hierbei den individuellen (förderlichen oder hinderlichen) Haltungen der Organisationsakteure sowie der jeweiligen Organisationskultur zu: ausführlich gibt MERCHEL dann auch Hinweise dazu, auf welche Weisen sich Organisationsrahmen als evaluationsförderliche gestalten lassen.

Was eine *„gute"* Evaluation ausmacht, wird im siebten Kapitel schließlich in Form von Qualitätskriterien zusammengefasst. Im Wesentlichen werden hier die im vierten Kapitel erläuterten Verfahrensschritte wiederholt und pointiert mit konkreten Qualitätsmerkmalen umrissen. Der Vorbereitung bis letztlich der Reflexion von Evaluationen sollen diese *„eine förderliche Richtung geben"* (163).

Gelungen ist mit diesem Buch eine kurze und in relevante Begriffe und Methoden einführende Grundlage für die Akteure im Feld der Sozialen Arbeit, die evaluative Verfahren zum Zwecke systematischer Selbstvergewisserungen einsetzen möchten. Der Text gewinnt insbesondere durch die durchgängig zahlreichen Beispiele, die von fundierter Praxiskenntnis des Autors zeugen. Als hilfreiche Handreichung für konkrete Praxisanwendungen ist dem Buch weite Verbreitung zu wünschen, ganz im Sinne des Autors: *„Wenn das gelänge, wäre für die Arbeit an der Daueraufgabe der Professionalisierung der Sozialen Arbeit ein kleiner Baustein hinzugefügt."* (163)

Dr. REGINE DREWNIAK ist Kriminologin und Evaluatorin in Göttingen
drewniak@gmx.de

JOHANNA ENGELBRECHT

Rechtsextremismus bei ostdeutschen Jugendlichen vor und nach der Wende

Peter Lang Verlag, Frankfurt a.M. 2008
187 Seiten, ISBN 978-3-631-56976-4, 41,10 EUR

Rechtsextremismus bei ostdeutschen Jugendlichen ist seit den frühen 1990er Jahren ein häufig und vielfältig bearbeitetes Thema – in der Regel beschränkt man sich dabei allerdings auf die Zeit nach der Deutschen Wiedervereinigung. Die von JOHANNA ENGELBRECHT vorgelegte Arbeit bezieht sich dagegen auch auf die Zeit der DDR und betritt durch diesen systemübergreifenden Fokus wissenschaftliches und zeitgeschichtliches Neuland. Die Arbeit basiert auf der Auswertung wissenschaftlicher Untersuchungen und Konzepte sowie historischer Quellen und ist damit interdisziplinär sowohl historisch wie auch sozial- und erziehungswissenschaftlich ausgerichtet.

Zu Beginn der Arbeit (1) werden Erläuterungen und Abgrenzungen im Hinblick auf begriffliche Aspekte von Rechtsextremismus vorgenommen und es wird kurz auf solche Ausprägungen eingegangen, die für ostdeutsche Jugendliche häufig als besonders relevant gelten: gewaltbereite, subkulturelle Ausprägungen jugendlichen Rechtsextremismus. Dabei vermittelt die Autorin einen Einblick in aktuelle Definitionsversuche und -kontroversen. Vereinzelt verfängt sich die Darstellung dabei allerdings in irritierenden Definitions- und Abgrenzungsversuchen, so z.B. in der Feststellung, nicht jeder Rechtsextremist sei ausländer- oder fremdenfeindlich, doch jeder Ausländerfeind sei dem rechtsextremen Spektrum zuzuordnen (S. 21).

In einem weiteren Kapitel (2) werden zwei theoretische Erklärungsansätze für Rechtsextremismus erläutert: der individualisierungstheoretische Ansatz und die Theorie der Autoritären Persönlichkeit. Damit konzentriert ENGELBRECHT sich auf zwei breit rezipierte Ansätze, andere Erklärungsmöglichkeiten werden nur kurz skizziert. Die theoretischen Ansätze werden vor allem in den Versionen prominenter Protagonisten vorgestellt: WILHELM HEITMEYER, THEODOR W. ADORNO, DETLEF OESTERREICH. Die Ansätze anderer Vertreter dieser Theorierichtungen werden nicht aufgearbeitet – so etwa die nicht ins Deutsche übersetzten Teile der Studien zur autoritären Persönlichkeit oder die Arbeiten von CHRISTEL HOPF. Später werden die Positionen von HANS JOACHIM MAAZ und CHRISTEL HOPF dann doch noch kurz angesprochen, allerdings nur indirekt im Kontext von CHRISTIAN PFEIFFERS Thesen zur Erziehung in der DDR (S. 94).

Im dritten Kapitel (3) wird auf die Geschichte der DDR eingegangen, wobei der Aspekt der (fehlenden) Aufarbeitung des Nationalsozialismus von besonderer Bedeutung für die vorliegende Untersuchung ist: *„Dabei wird deutlich, dass der Faschismus entgegen den Verlautbarungen der Machthabenden nicht mit 'Stumpf und Stil ausgerottet' worden war und auch nicht – wie oft behauptet wurde – alle ehemaligen Nationalsozialisten gen Westen geflüchtet waren, sondern dass nach wie vor (ehemalige) Nazis in der DDR lebten und teilweise sogar in hohen Ämtern tätig waren"* (S. 36). Dieser nicht ausgerottete Faschismus, so die Autorin weiter, habe sich dann gegen Ende der DDR in Form von rechtsextremistischen Erscheinungen wieder gezeigt (S. 37) – wobei sich die Frage stellt, ob es nicht allzu kurzschlüssig ist, beide Phänomene in dieser Weise miteinander zu identifizieren.

Die anschließenden Ausführungen zu Erziehung und Jugend in der DDR (4) konzentrieren sich auf die Richtlinien und Kontexte der staatlichen Erziehung sowie die Geschichte der FDJ. Dabei werden nicht nur interessante historische Entwicklungen nachgezeichnet, sondern auch der Kontrast dieser DDR-Erziehungskontexte zu dem, was Kinder und Jugendliche nach der Wiedervereinigung erwarten sollte, wird prägnant herausgearbeitet – was vor allem im Hinblick auf die individualisierungstheoretischen Erklärungsansätze wichtig ist. Vor dem Hintergrund der Theorie zur autoritären Persönlichkeit, auf die in der Arbeit regelmäßig Bezug genommen wird, bleibt allerdings unverständlich, dass die Autorin überhaupt nicht auf die Erziehung in der Familie eingeht. In diesem Zusammenhang hätte die Berücksichtigung der familialen Erziehung nicht nur weitergehende Erkenntnisse ermöglicht, sondern sie wäre aus theoretischer Sicht notwendig gewesen.

Ausführlich wird sodann auf Vorfälle und Ausprägungen jugendlichen Rechtsextremismus in der DDR eingegangen (5). Die skizzierten Befunde machen deutlich, dass es bereits seit den 1950er Jahren immer wieder rechtsextreme Manifestationen gab: Schändungen jüdischer Friedhöfe, *„neofaschistische Hetze"* (S. 60), rechtsextreme Jugendgruppen, rechtsextreme Vorfälle in der Nationalen Volksarmee (NVA). In den 1980er Jahren verschärfte sich die Situation und kulminiert in dem Überfall auf ein Punkkonzert in der Ostberliner Zionskirche 1987. Die Entwicklung von Rechtsextremismus bei Jugendlichen in der DDR kann maßgeblich mit der damals auch in der DDR aufkommenden Skinheadbewegung in Zusammenhang gebracht werden. Die hier geleistete Zusammenstellung verdeutlicht eindringlich, dass Rechtsextremismus ostdeutscher Jugendlicher, der sich nach der Wende zeigt, auf einschlägige Traditionen und Kontinuitätslinien zurückgreifen konnte.

In einem eigenen Kapitel (6) widmet sich die Autorin den staatlichen Reaktionen auf rechtsextreme Jugendliche in der DDR. Berücksichtigt werden Maßnahmen des Staatssicherheitsdienstes, der sich zahlreicher Informanten in rechten Skinhead-Kreisen bediente, der Volkspolizei, die sich darum bemühte, Skinheads aus dem öffentlichen Raum zu entfernen sowie der Gerichte, die gegen Ende der 1980er Jahre in Schauprozessen mit zunehmender Härte gegen rechtsextreme Jugendliche urteilten. Die staatlichen Maßnahmen waren einseitig repressiv ausgerichtet, pädagogische oder präventiv ausgerichtete Konzepte existierten in der DDR nicht (S. 82). Auch weil es sich beim Rechtsextremismus um ein vermeintlich aus dem Westen importiertes Problem handelte, erfolgte keine Auseinandersetzung mit möglichen DDR-internen Ursachen und Bedingungen.

Im Hinblick auf die Bedingungen für Rechtsextremismus bei Jugendlichen (7) nimmt die vorliegende Publikation ein breites Spektrum an Ursachen in den Blick – von der ideologischen Ausrichtung und dem Geschichtsbild der DDR über familiale Einflüsse und die Wehrerziehung bis hin zu dem (fehlenden) Zusammenleben mit Ausländern und sozialen Bedingungen nach dem Fall der Mauer. Zudem werden die Bedingungen des Lebens in der DDR vor dem Hintergrund der Theorie der autoritären Persönlichkeit und der Individualisierungstheorie thematisiert. Es wird dann geschlussfolgert, dass die Individualisierungstheorie jugendlichen Rechtsextremismus in der DDR nicht angemessen erklären könne, da die damaligen Verhältnisse nicht durch Modernisierungsschübe gekennzeichnet gewesen seien. Die Autorin trägt in diesem Kapitel einzelne, verstreute Befunde zu ganz unterschiedlichen Aspekten zusammen, was der unbefriedigenden Datenlage geschuldet ist – in diesem Zusammenhang merkt die Autorin an, dass es sich dabei mangels geeigneter Studien lediglich um nachträgliche Deutungen und Interpretationen handeln kann.

Im achten Kapitel werden die bekannten Befunde zu jugendlichem Rechtsextremismus nach der politischen Wende präsentiert. Die Darstellung bezieht sich auf Untersuchungen zu rechtsextremen Einstellungen, auf die Entwicklung der rechten Skinheads sowie auf rechtsextrem motivierte Gewalttaten. Die Autorin beschränkt sich dabei auf einschlägige Studien aus den 1990er Jahren – was den Eindruck nahe legt, dass sich die Darstellung auf die Jahre direkt nach der Wende beschränkt und neuere Entwicklungen unberücksichtigt lässt (eine Einschränkung, die aber nicht explizit gemacht wird).

Anschließend zieht die Autorin ihre Bilanz im Hinblick auf die von ihr berücksichtigten Erklärungsansätze. Sie kommt zunächst zu dem Schluss: *„Die Theorie der autoritären Persönlichkeit, die durch die spezifische Erziehung in der DDR hervorgerufen werde, lässt sich schließlich – zumindest als allein stehende Theorie – nicht halten"* (S. 133). Angesichts der Tatsache, dass keine Informationen zur Sozialisation in der DDR verwendet werden konnten – Mängel, die die Autorin selbstkritisch einräumt – und vor dem Hintergrund, dass sich diese Bewertung auf einzelne, eher wenig einschlägige Referenzen bezieht, wäre eine vorsichtigere Bewertung angebracht gewesen. Dem Individualisierungstheorem wird für Ostdeutschland zunächst durchaus Erklärungswert attestiert (S. 139), anschließend wird dann allerdings einschränkend angemerkt, dass *„sowohl das Individualisierungstheorem als auch konflikttheoretische Erklärungsversuche zur Erklärung fremdenfeindlicher Gewalt nur begrenzt tauglich"* seien (S. 140). ENGELBRECHT schlussfolgert daraus, dass es zur Erklärung von Rechtsextremismus wohl eines Theoriegebildes bestehend aus mikro-, makro- und mesostrukturellen Ansätzen bedürfe – ein immer richtiges und daher leider wenig befriedigendes Fazit.

Das abschließende Kapitel zu Möglichkeiten des pädagogischen Umgangs mit jugendlichem Rechtsextremismus (10) referiert im Wesentlichen das Konzept der *„akzeptierenden Jugendarbeit"* und seine Weiterentwicklung zur *„gerechtigkeitsorientierten Jugendarbeit"*. Auf andere Ansätze wird nur äußerst knapp eingegangen und die Bedingungen, unter denen die Praxis der pädagogischen Auseinandersetzung mit jugendlichem Rechtsextremismus in Ostdeutschland stattfand und stattfindet, werden nicht thematisiert – obwohl diese im Hinblick auf die Grenzen der akzeptierenden Jugendarbeit, aber auch der politischen Bildung, von besonderer Bedeutung sind. Letztlich bleibt die Diskussion der pädagogischen Ansätze auf dem Stand der 1990er Jahre, was diesem extrem dynamischen Arbeitsfeld in keiner Weise gerecht wird.

Abschließend bleibt festzuhalten: Das Buch von JOHANNA ENGELBRECHT ist in weiten Teilen ausgesprochen informativ, vor allem dadurch, dass es den Blick auf Rechtsextremismus in Ostdeutschland nicht auf die Zeit nach der politischen Wende verengt. Auf diese Weise wird es möglich, Erkenntnislücken zu schließen und Zusammenhänge zwischen Entwicklungen in den Blick zu nehmen, die häufig unzulässig getrennt werden. Dies ermöglicht der enorm breite Zuschnitt der Darstellung – diese thematische Breite hat allerdings auch ihren Preis. Verschiedentlich bleibt die Darstellung an der Oberfläche, Begriffe werden mitunter etwas eigenwillig verwendet oder vorliegende Befunde werden nur selektiv rezipiert. Im Hinblick auf die Diskussion theoretischer Erklärungsansätze muss die Arbeit aufgrund ihres zu ambitionierten Zuschnitts unbefriedigend bleiben und die Diskussion der pädagogischen Arbeit gegen Rechtsextremismus entspricht nicht dem aktuellen Stand der Fachdiskussion. Im Hinblick auf den breiten Zuschnitt der Arbeit bleibt festzuhalten: Weniger wäre wohl mehr gewesen.

Prof. Dr. PETER RIEKER ist Hochschullehrer an der Universität Zürich, Institut für Erziehungswissenschaft
prieker@ife.uzh.ch

DOKUMENTATION

Gesetz zur Stärkung der Rechte von Opfern sexuellen Missbrauchs (StORMG) vom 15.12.2010

Referentenentwurf des Bundesministeriums der Justiz

Das Bundesministerium der Justiz hat am 15.12.2010 einen Referentenentwurf eines Gesetzes zur Stärkung der Rechte von Opfern sexuellen Missbrauchs (StORMG) vorgelegt. Darin finden sich unter anderem bemerkenswerte Änderungen des Jugendgerichtsgesetzes, die sich auf die Qualifikation von Jugendrichtern und Jugendstaatsanwälten beziehen. Nachfolgend dokumentieren wir den Wortlaut der vorgeschlagenen Änderungen sowie eine Stellungnahme der DVJJ zum Referentenentwurf, die dem Bundesministerium der Justiz übersandt wurde.[1]

Änderung des Jugendgerichtsgesetzes

Das Jugendgerichtsgesetz in der Fassung der Bekanntmachung vom 11. Dezember 1974 (BGBl. I S. 3427), das zuletzt durch Artikel 7 des Gesetzes vom 29. Juli 2009 (BGBl. I S. 2280) geändert worden ist, wird wie folgt geändert:

1. § 36 wird wie folgt geändert:

a) Der Wortlaut wird Absatz 1 und folgender Satz wird angefügt:

„Richter auf Probe und Beamte auf Probe dürfen im ersten Jahr nach ihrer Ernennung nicht zum Jugendstaatsanwalt bestellt werden; sie dürfen in dieser Zeit die Sitzungsvertretung in Verfahren vor den Jugendgerichten nur unter Aufsicht und im Beisein eines Jugendstaatsanwalts wahrnehmen."

b) Folgender Absatz 2 wird angefügt:

„(2) Jugendstaatsanwaltliche Aufgaben dürfen Amtsanwälten nicht übertragen werden. Die Sitzungsvertretung in Verfahren vor den Jugendgerichten dürfen Referendare nur unter Aufsicht und im Beisein eines Jugendstaatsanwalts wahrnehmen."

2. § 37 wird wie folgt geändert:

a) Der Wortlaut wird Absatz 1 und die folgenden Sätze werden angefügt:

„Sie sollen über belegbare Kenntnisse auf den Gebieten der Kriminologie, Pädagogik und Sozialpädagogik sowie der Jugendpsychologie verfügen. Einem Richter oder Staatsanwalt, dessen Kenntnisse auf diesen Gebieten nicht belegt sind, dürfen die Aufgaben eines Jugendrichters oder Jugendstaatsanwalts erstmals zunächst nur für ein Jahr zugewiesen werden und nur, wenn der Erwerb der Kenntnisse alsbald zu erwarten ist. Im Fall des Satzes 3 darf die Zuweisung nur verlängert werden, wenn innerhalb des ersten Jahres die Wahrnehmung von einschlägigen Fortbildungsangeboten nachgewiesen oder eine anderweitige einschlägige Weiterqualifizierung glaubhaft gemacht werden kann."

b) Die folgenden Absätze 2 und 3 werden angefügt:

„(2) Von den Anforderungen des Absatzes 1 kann bei Richtern und Staatsanwälten, die nur im Bereitschaftsdienst zur Wahrnehmung jugendgerichtlicher oder jugendstaatsanwaltlicher Aufgaben eingesetzt werden, abgewichen werden, wenn andernfalls ein ordnungsgemäßer und den betroffenen Richtern und Staatsanwälten zumutbarer Betrieb des Bereitschaftsdiensts nicht gewährleistet wäre.

(3) Als Jugendrichter beim Amtsgericht oder als Vorsitzender einer Jugendkammer sollen Personen eingesetzt werden, die mindestens ein Jahr lang zum überwiegenden Teil ihrer dienstlichen Tätigkeit jugendgerichtliche oder jugendstaatsanwaltliche Aufgaben wahrgenommen haben. Davon kann bei Richtern, die nur im Bereitschaftsdienst Geschäfte des Jugendrichters wahrnehmen, abgewichen werden. Ein Richter auf Probe darf im ersten Jahr nach seiner Ernennung Geschäfte des Jugendrichters nicht wahrnehmen."

1 Die Stellungnahme findet sich auf der Homepage der DVJJ zum Download: [www.dvjj.de > Stellungnahmen].

Stellungnahme der Deutschen Vereinigung für Jugendgerichte und Jugendgerichtshilfen e.V.

Gesetz zur Stärkung der Rechte von Opfern sexuellen Missbrauchs (StORMG) vom 15.12.2010

Die Stellungnahme der DVJJ konzentriert sich auf die Regelungen zur Zuständigkeit der Jugendgerichte (§§ 24, 26 GVG-E) und zur Qualifikation von Jugendrichtern und Jugendstaatsanwälten (§§ 36, 37 JGG-E). Der Entwurf sieht hier vor, die Regelungen zur Befassung von Jugendgerichten mit Jugendschutzsachen zu konkretisieren und klare Qualifikationsanforderungen an dort eingesetzte Jugendrichter und Jugendstaatsanwälte zu formulieren.

Die Regelungen zur Anklageerhebung zu den Jugendgerichten (§ 26 II GVG-E) bzw. zu den Jugendkammern der Landgerichte (§ 24 I 2 GVG-E) sind, soweit dies ohnehin der Praxis entspricht, ein bestätigendes Signal, ansonsten eine wichtige Verdeutlichung der notwendigen Berücksichtigung von Opferbelangen im Strafverfahren. Die Belange jugendlicher Opfer und solcher Opfer, deren Viktimisierung im Kindes- oder Jugendalter stattgefunden hat, können von für diese Fragen besonders qualifizierten Gerichten besser berücksichtigt werden.

Damit liegt der Schlüssel für die mit dem Entwurf intendierten Wirkungen auf den vorgeschlagenen Regelungen zur Qualifikation von Jugendrichtern und Jugendstaatsanwälten. Die mangelnde Qualifikation von Jugendrichtern und Jugendstaatsanwälten, gesetzlich vorgeschrieben durch § 37 JGG und präzisiert durch die Richtlinien zum JGG, wird in der Literatur regelmäßig beklagt, ist empirisch belegt[1] und zeigt sich im Alltag eines großen Teils der jugendstrafrechtlichen Verfahren.

Dieser keineswegs neue Befund müsste verwundern angesichts des insoweit schon bisher eigentlich klaren § 37 JGG und der Geschichte der Jugendgerichtsbarkeit. Das Jugendgerichtsgesetz war schon immer stärker als andere Gebiete auf die handelnden Personen ausgerichtet. Die Fähigkeit zum angemessenen Umgang mit jungen Tätern und Opfern kann – so die richtige Einsicht – nicht generell vorausgesetzt, sondern muss von hierzu geeigneten Personen erlernt werden. Bereits der 11. Jugendgerichtstag 1959 stellte ins Zentrum seiner Überlegungen *„Die Jugendkriminalrechtspflege als Personenfrage und als Aufgabe der Zusammenarbeit“*. Neuerdings ist in der Debatte um die Rolle von Opfern im Strafverfahren abermals deutlich geworden, dass es gerade im Umgang mit Kindern und Jugendlichen von hoher Bedeutung ist, auf deren spezifische Bedürfnisse einzugehen. Untersuchungen zur Belastung kindlicher Zeugen im Strafverfahren haben gezeigt, dass es sehr viel mehr auf die handelnden Personen ankommt als auf die formellen Rechte der Opferzeugen.

Der vom Entwurf vorgeschlagene Ausschluss von Amtsanwälten in Jugendverfahren ist in diesem Zusammenhang konsequent. Amtsanwälte sind in aller Regel mit Verfahren betraut, die eher schematisch ohne besondere Berücksichtigung der betroffenen Personen abgewickelt werden können, insbesondere mit Verkehrssachen. Dass dies in Einzelfällen, in denen sich besonders engagierte Personen besonders qualifiziert haben, anders ist, wird nicht bestritten. Strukturell und in der üblichen Praxis ist die genannte Aufteilung allerdings üblich und angemessen. Da das Jugendstrafrecht sich weniger an der Deliktsschwere als vor allem am Erziehungsgedanken orientieren soll, ist auch und gerade im Bereich der Alltagskriminalität eine speziell für die Besonderheiten des Jugendalters qualifizierte Bearbeitung erforderlich, um bereits dort die erzieherisch richtigen Weichen zu stellen, die dazu beitragen können, spätere kriminelle Karrieren zu vermeiden.

Entgegen landläufig propagierter Vorstellungen verlaufen kriminelle Karrieren nach gesicherten kriminalwissenschaftlichen Erkenntnissen keineswegs gradlinig. Diese *„Knackpunkte“* zu erkennen, ist die wichtige Aufgabe des Jugendgerichts, um künftige Opfer zu vermeiden. Dies lässt sich nicht mit allgemeinen Strafrechtskenntnissen meistern. Will man daher Jugendkriminalität eindämmen, so bedarf es – neben entsprechenden Fachleuten im Bereich der Polizei und der Jugendämter – auch speziell aus- oder wenigstens entsprechend fortgebildeter Protagonisten bei der Staatsanwaltschaft und den Gerichten. Nur durch – die im Entwurf geforderten – Fachleute lässt sich der notwendige Rechtsgüterschutz der Gesellschaft auf Dauer sicherstellen.

Auch im Bereich der Polizei wird daher aktuell der Frage der Qualifikation der mit Jugendsachen befassten Personen eine hohe Bedeutung zugemessen. So hat die Innenministerkonferenz im Herbst 2010 in ihrem Beschluss zu einer Studie über Jugendkriminalität, insbesondere Jugendgewaltkriminalität (TOP 8) als erstes von zehn insbesondere von ihr benannten Handlungsfeldern *„eine durch Aus- und Fortbildung gestützte spezialisierte Jugendsachbearbeitung“* genannt.

Es ist – diese Erkenntnis scheint sich durchzusetzen – in diesem Bereich besonders wichtig, mit welchem *„Gesicht“* der Rechtsstaat ausgestattet ist. Auch und gerade die aktuelle Diskussion um schwerste Straftaten massiv vorauffälliger junger Menschen unterstreicht die Notwendigkeit gut qualifizierter und ausgestatteter Akteure in allen beteiligten Berufsgruppen. Schließlich sind Effektivitätsgewinne zu erwarten, wenn entsprechend qualifizierte und vernetzte Akteure die richtigen Prioritäten setzen und keine Verzögerungen durch Unsicherheiten auftreten.

Der Entwurf profiliert insgesamt die Jugendgerichte stärker als bisher als Spezialisten für strafrechtliche Belange, bei denen Kinder und Jugendliche als Opfer und als Beschuldigte betroffen sind. Die vorgeschlagenen Regelungen leisten damit einen Beitrag zu einer effizienten, effektiven und sachgerechten justiziellen Bearbeitung von Straftaten mit Bezug zu Kindern und Jugendlichen, auch im Sinne der Artikel 3, 19 und 40 des Übereinkommens für die Rechte des Kindes (*„Kinderrechtskonvention“*).

Es wird nicht verkannt, dass die Umsetzung insbesondere der §§ 36, 37 JGG-E des Entwurfs nicht unerheblichen Aufwand bei Gerichten und Staatsanwaltschaften verursachen würde, der angemessene Übergangsregelungen erfordert. Das Bild des universell einsetzbaren Richters oder Staatsanwaltes hat aus Sicht der Landesjustizverwaltungen und der für die Geschäftsverteilung verantwortlichen Präsidien offensichtliche Vorteile, die allerdings gegenüber den Interessen der jungen Opfer und Beschuldigten nachrangig

1 In jüngerer Zeit: Drews, N. (2005), *Die Aus- und Fortbildungssituation von Jugendrichtern und Jugendstaatsanwälten in der Bundesrepublik Deutschland – Anspruch und Wirklichkeit von § 37 JGG.* Simon, K. (2003), *Der Jugendrichter im Zentrum der Jugendgerichtsbarkeit, Möglichkeiten und Grenzen des Erziehungsauftrages im Hinblick auf § 37 JGG)*.

sind. Hinzu kommt, dass die von § 37 JGG-E genannten Qualifikationen auch in anderen Zuständigkeitsbereichen durchaus hilfreich sein dürften. Ein Widerspruch zur richterlichen Unabhängigkeit wird in den vorgeschlagenen Regelungen nicht gesehen – die richterliche Unabhängigkeit verbietet nicht, an die Zuweisung bestimmter Tätigkeiten auch an gesetzliche Qualifikationserfordernisse zu knüpfen.

Prof. Dr. Theresia Höynck ist Vorsitzende der DVJJ
hoeynck@uni-kassel.de

NACHRICHTEN UND MITTEILUNGEN

Bewährungshilfe-Statistik

Im ehemaligen Bundesgebiet (Westdeutschland einschließlich Berlin) wurden im Jahr 2007 insgesamt 177.353 Unterstellungen unter die Bewährungshilfe registriert, darunter 142.032 nach Allgemeinem und 35.321 nach Jugendstrafrecht. Bei den Jugendlichen und Heranwachsenden, die nach JGG verurteilt wurden, sind im Jahr 2007 12.479 Bewährungen beendet worden, ganz überwiegend durch Erlass der Jugendstrafe (9.697), selten durch Widerruf (2.782).

Quelle: Statistisches Bundesamt, Fachserie 10, Reihe 5

Handbuch Kriminalprävention der Vereinten Nationen

Die Vereinten Nationen haben ein Handbuch zu den Richtlinien der Kriminalprävention veröffentlicht. Die Publikation richtet sich an Praktiker aus dem Bereich der Kriminalprävention in allen Ländern. Das Handbuch behandelt sowohl übergeordnete Themen wie Präventionsstrategien, als auch die konkreten Schritte zur Planung einzelner Projekte. Das *„Handbook on the Crime Prevention Guidelines. Making them Work"* kann im Internet kostenlos heruntergeladen werden:

[http://www.unodc.org/documents/justice-and-prison-reform/crimeprevention/1052410_Guidelines_eBook.pdf].

Quelle: Polizei-Newsletter 137

Neues Informationsportal des DFK im Internet

Das Deutsche Forum Kriminalprävention (DFK) hat sein Informationsportal im Internet vollständig überarbeitet. Das Portal *„Prävention im Überblick"* stellt Informationen zu Präventionsprojekten aus der Praxis sowie Hinweise auf die Ergebnisse aus der wissenschaftlichen Forschung bereit.

[http://www.kriminalpraevention.de/praevention-datenbank.html].

Experten erwarten Rückgang der Jugendkriminalität

Der Ergebnisbericht der Untersuchung *„Mögliche Entwicklungen der Jugend(gewalt)kriminalität in Deutschland"* (JuKrim 2020) liegt nun vor. Ziel der Studie war es, unter Einsatz verschiedener Methoden, mögliche Prognosen für die Entwicklung der (Gewalt-)Jugendkriminalität im Zeitraum 2010 bis 2020 zu erstellen. Die Ergebnisse der Experteninterviews lassen vermuten, dass sich die tatsächliche Anzahl von Jugenddelikten reduzieren wird. Da die Akzeptanz von Gewalt in der Gesellschaft weiter abnehmen wird, kann es jedoch zu einem Anstieg der Fallzahlen in der Polizeilichen Kriminalstatistik kommen (Hellfeld). Die Ergebnisse der Untersuchung deuten darauf hin, dass es sich bei Jugendkriminalität auch in der Zukunft überwiegend um Delinquenz geringer Schwere handeln wird. Die Befunde stehen damit teilweise im Widerspruch zu der Berichterstattung in den Medien über das Thema Jugendkriminalität.

Quelle: [http://www.bundesrat.de/cln_161/DE/gremien-konf/fachministerkonf/imk/Sitzungen/10-11-19/anlage1zu6,templateId=raw,property=publicationFile.pdf/anlage1zu6.pdf].

Materialien zum Thema jugendliche Mehrfach- und Intensivtäter

Das Bundeskriminalamt (BKA) hat im November 2010 eine Tagung zu jugendlichen Mehrfach- und Intensivtätern ausgerichtet. Die Veranstaltung sollte dem Wissenstransfer zwischen kriminologischer Forschung und polizeilicher Praxis dienen. Auf der Homepage des BKA sind nun die Materialien zu den Referaten bereitgestellt worden.

[http://www.bka.de/kriminalwissenschaften/veroeff/inh/sonstiges_pdf/12_24_tagung_mehrfach_intensivtaeter_vortraege.pdf].

„Das Jugendamt. Unterstützung, die ankommt."

Bundesweite Kampagne steht in den Startlöchern

Die Bundesarbeitsgemeinschaft Landesjugendämter plant gemeinsam mit Jugendämtern eine bundesweite Imagekampagne, die die Leistungen der Jugendämter für eine breite Öffentlichkeit sichtbar macht. Unter dem Motto *„Das Jugendamt. Unterstützung, die ankommt"* wird im Frühjahr die Öffentlichkeit mit vielfältigen Aktivitäten über die Kompetenzen und das Leistungsspektrum der Jugendämter informiert. Im Zentrum stehen die vielen positiven Geschichten, die mit Hilfe des Jugendamtes Realität werden. Denn ob frühkindliche Förderung, Schutz von Kindern vor Missbrauch und Vernachlässigung oder Elternberatung: Jugendämter übernehmen wichtige Aufgaben und leisten so einen herausragenden gesellschaftlichen Beitrag. Die vom Bundesministerium für Familie, Senioren, Frauen und Jugend und von den Kommunalen Spitzenverbänden unterstützte Kampagne wird bundesweit stattfinden. In Aktionswochen im Mai und im Juni 2011 sind alle Jugendämter eingeladen, sich regional mit öffentlichkeitswirksamen Veranstaltungen an der Kampagne zu beteiligen. Dabei hängt der Erfolg dieser Kampagne davon ab, wie viele Jugendämter sich beteiligen, wie viele von ihnen sich und ihre Leistungen sichtbar machen und gemeinsam bundesweit auftreten. Die Jugendämter erhalten für die Umsetzung vor Ort tatkräftige Unterstützung von der Bundesarbeitsgemeinschaft Landesjugendämter in Form von Kampagnenmaterialien wie Plakate und Werbemittel, Seminaren sowie Beratungs- und Serviceleistungen. Kampagnenelemente sind u.a.: Auftakt mit Bundesfamilienministerin SCHRÖDER am 3. Mai 2011 in Berlin, Aktionswochen mit allen sich beteiligenden Jugendämtern (Mai bis Anfang Juni), Abschluss im Rahmen des DJHT am 08.06.2010, Seminare zur Kampagnenplanung und zur Medienarbeit (auch im Krisenfall).

Kontakt: [www.unterstuetzung-die-ankommt.de],
Hotline: 0221 1608213 (09:00 – 18:00 Uhr)

Zertifizierte Weiterbildung Konfliktbewältigung und Gewaltprävention

Konflikte verstehen – Haltungen entwickeln – Gewalt verhindern

Die Hochschule Darmstadt (HdA) bietet zum dritten Mal in Kooperation mit der Bildungsstätte Alte Schule Anspach (basa e.V.) und dem hessischen Sozialministerium eine einjährige Weiterbildung für Fachkräfte der Jugendhilfe, Lehrerinnen und Lehrer an. Die berufsbegleitende Fortbildung wurde auf der Basis der Forschungsergebnisse im Projekt Pädagogische Konflikt- und Gewaltforschung der HdA konzipiert. In fünf Modulen, begleitet von Studiengruppen, lernen die Teilnehmenden, wie man Konflikten professionell begegnet, die eigene Haltung entwickelt und adäquate Lösungsstrategien für Konfliktsituationen erarbeitet. Das konzeptionelle Fundament bildet ein körperorientierter, tiefenpsychologischer, fallbezogener und kritischer Zugang. Dabei liegt der Schwerpunkt nicht nur auf der Methodenkompetenz, sondern auf der Weiterentwicklung und Stärkung der professionellen Persönlichkeit. Neben dem Verfahren des Szenischen Spiels werden aktuelle Ansätze der mediativen und partizipativen sowie der konfrontativen Methoden vermittelt. Die gesellschaftlichen und lebensbiografischen Bedingungen von Gewalt und der Umgang mit *„Störern"* werden ebenso reflektiert. Die Weiterbildung ist akkreditiert und zertifiziert, sie findet von September 2011 bis Juni 2012 statt. Die Fortbildung kostet 1900,- €.

Nähere Informationen:
[http://www.h-da.de/weiterbildung/konflikt_und_gewalt]
E-Mail: angela.merkle@basa.de.

Masterstudiengang Internationale Kriminologie (M.A.)

am Institut für Kriminologische Sozialforschung der Universität Hamburg

Im Wintersemester 2011/12 beginnt der siebte Durchgang des 4-semestrigen Masterstudiengangs Internationale Kriminologie (Abschluss: Master of Arts). Zulassungsvoraussetzungen: abgeschlossenes Hochschulstudium der Soziologie, Psychologie, Pädagogik, Humanmedizin, Rechtswissenschaft oder verwandten Fächern. Auswahlkriterien: Note des ersten Studienabschlusses, vorherige wissenschaftliche Beschäftigung mit kriminologisch einschlägigen Themen, internationale Erfahrung (Auslandssemester, Auslandspraktika). Bewerbungsfrist: 01.06. – 15.07.2011 (Ausschlussfrist).

Informationen und Bewerbungsunterlagen:
[https://www.wiso.uni-hamburg.de/ma-internationale-kriminologie]
Institut für Kriminologische Sozialforschung,
Allende-Platz 1, 20146 Hamburg, Tel. 040/42838-3329,
Mail: astksek@uni-hamburg.de

Weiterbildender Masterstudiengang Kriminologie (M.A.)

am Institut für Kriminologische Sozialforschung der Universität Hamburg

Zum Wintersemester 2011/12 beginnt der fünfte Durchgang des Weiterbildenden Masterstudiengangs Kriminologie. Berufstätige aus kriminologisch einschlägigen Arbeitsfeldern können in einem sozialwissenschaftlich ausgerichteten Studium berufsbegleitend den Titel *„Master of Arts"* (M.A.) erlangen. Durch die kompakte Studienorganisation und Lehre im so genannten Blended-Learning-Verfahren (Kombination aus Präsenzlehre und E-Learning) lassen sich Berufstätigkeit und Studium gut vereinen. Das Studium beginnt mit einer Einführungswoche und wird in aufeinanderfolgenden Modulen durchgeführt. Die Module bestehen aus jeweils einem Wochenende Präsenzlehre in Hamburg und einer sich daran anschließenden 4-5-wöchigen Onlinephase. Zulassungsvoraussetzungen/Auswahlkriterien: Berufstätige mit einem Hochschulabschluss (Diplom, Magister, Staatsexamen o.ä.) sowie anschließender mindestens einjähriger Berufserfahrung in einem kriminologisch einschlägigen Berufsfeld (Polizei, Justiz, Sozialarbeit etc.). Dauer: 3 Semester, inkl. einem für die Erstellung der Masterarbeit. Gebühren: Teilnahmegebühr € 2.860,00 (einmalig) – zzgl. Semestergebühren. Bewerbungsfrist: sofort - 01.07.2011 (Ausschlussfrist).

Informationen und Bewerbungsunterlagen:
[https://www.wiso.uni-hamburg.de/institute/kriminologie/lehre/]
Institut für Kriminologische Sozialforschung,
Allende-Platz 1, 20146 Hamburg, Tel. 040/42838-3329,
Mail: astksek@uni-hamburg.de.

GESETZGEBUNGSÜBERSICHT

Stand: März 2011

Die hier aufgeführten Gesetzentwürfe finden Sie auf der Homepage der DVJJ (www.dvjj.de -> Themenschwerpunkte -> Gesetzgebung). Im Übrigen finden Sie alle Bundestags- und Bundesratsdrucksachen (einschließlich Gesetzentwürfen) auf der Bundestag-Homepage (www.bundestag.de -> Dokumente -> Datenbank (DIP) -> Suche).
[GE = Gesetzentwurf (BReg, BRat, BT-Fraktion); GA = Gesetzesantrag (eines Bundeslandes im BR)]

Gesetz zu einer menschenrechtskonformen Reform der Sicherungsverwahrung
GE der Fraktion Bündnis 90/Die Grünen vom 26.01.2011 (BT-Drs. 17/4593)

Inhalt: Anpassung der reformierten Sicherungsverwahrung an die jüngsten Entscheidungen des EGMR: vollständige Einbeziehung von Altfällen in die Abschaffung der nachträglichen Sicherungsverwahrung, Abschaffung der rückwirkenden Streichung der 10-Jahresfrist bei der Sicherungsverwahrung sowie der nachträglichen Sicherungsverwahrung im Jugendstrafrecht; Änderung Art. 316e Einführungsgesetz zum Strafgesetzbuch, Änderung §§ 7 und 106 sowie Aufhebung § 81a Jugendgerichtsgesetz.

Stand des Verfahrens: Noch nicht beraten.

Gesetz zur Verlängerung der straf- und zivilrechtlichen Verjährungsvorschriften bei sexuellem Missbrauch von Kindern und minderjährigen Schutzbefohlenen
GE der Fraktion der SPD vom 09.11.2010 (BT-Drs. 17/3646)

Inhalt: Bei Straftaten betr. sexuellen Missbrauch von Kindern und minderjährigen Schutzbefohlenen Heraufsetzung der strafrechtlichen Verjährungsfrist auf 20 Jahre unabhängig vom Höchstmaß der Strafandrohung sowie der zivilrechtlichen Verjährungsfrist auf 30 Jahre; Änderung § 78 Strafgesetzbuch und § 197 Bürgerliches Gesetzbuch sowie Einfügung Artikel 316e Einführungsgesetz zum Strafgesetzbuch und Einfügung § 25 in Art. 229 Einführungsgesetz zum Bürgerlichen Gesetzbuch.

Stand des Verfahrens: An Ausschüsse überwiesen.

... Gesetz zur Änderung des Vormundschafts- und Betreuungsrechts
GE der Bundesregierung vom 03.09.2010 (BT-Drs. 537/10)

Inhalt: Stärkung der Personensorge für den Mündel: bei Amtsvormündern Festschreibung ausreichenden persönlichen Kontaktes, Ausweitung der Pflichten. Bezug: Arbeitsgruppe „Familiengerichtliche Maßnahmen bei Gefährdung des Kindeswohls – § 1666 BGB" des BMJ.

Stand des Verfahrens: An die Ausschüsse überwiesen.

Abschiebehaft auf dem Prüfstand – Europäische Rückführungsrichtlinie umsetzen
GE Fraktion Bündnis90/Die Grünen vom 16.06.2010 (BT-Drs. 17/2139)

Inhalt: Einbringung eines Gesetzentwurfs zur Umsetzung der EU-Rückführungsrichtlinie, Abschiebungsverbot für besonders Schutzbedürftige, Schaffung spezieller Abschiebehaft-Einrichtungen, Entwicklung verbindlicher Standards für den Vollzug der Abschiebungshaft im Benehmen mit den Ländern.

Stand des Verfahrens: An die Ausschüsse überwiesen.

Gesetz zur Ermittlung von Regelbedarfen und zur Änderung des Zweiten und Zwölften Buches Sozialgesetzbuch
GE der Bundesregierung vom 21.10.2010 (BR-Drs. 661/10), BT-Drs. 17/3958

Inhalt: Förderung von Kindern und Jugendlichen, verfassungskonforme Ermittlung der Regelbedarfe, transparente Regelung der Kosten für Unterkunft und Heizung, Neugestaltung der Erwerbstätigenfreibeträge, Vereinfachung der Sanktionstatbestände.

Stand des Verfahrens: Im Vermittlungsverfahren.

Gesetz zur Effektivierung des Haftgrundes der Wiederholungsgefahr
GA Hamburg vom 18.01.2011 (BR-Drs. 24/11)

Inhalt: Verbesserung des Ausgleichs der Schutzinteressen von Beschuldigten und Bevölkerung insbesondere bei schwerwiegenden Gewalttaten Jugendlicher und junger Erwachsener; Zweiteilung des vorhandenen Kataloges betr. Anlasstaten für einen Haftgrund der Wiederholungsgefahr, Verzicht auf Vortatenerfordernis bei ausgewählten Anlasstaten und Ergänzung der übrigen um vorsätzliche Körperverletzung, redaktionelle Änderungen, Eintragung zur Bewährung ausgesetzter Jugendstrafen in das Erziehungsregister; Änderung § 112a Strafprozessordnung sowie § 60 Bundeszentralregistergesetz.

Stand des Verfahrens: Den Ausschüssen zugewiesen.

Gesetz zur besseren Bekämpfung des Einbringens von Rauschgift in Vollzugsanstalten
GA Nordrhein-Westfalens vom 24.09.2009 (BR-Drs. 734/09), BT-Drs. 17/429

Inhalt: Zur Aufrechterhaltung von Sicherheit und Ordnung in Vollzugsanstalten und zur Sicherung des Vollzugszieles der Resozialisierung Erhöhung der Strafandrohung für die Einbringung von Rauschgift in eine Vollzugsanstalt oder die Weitergabe in einer solchen durch ein neues Regelbeispiel; Änderung § 29 Betäubungsmittelgesetz.

Stand des Verfahrens: Dem Bundestag zugeleitet, noch nicht beraten.

Gesetz zur Änderung des § 1666 BGB und weiterer Vorschriften
GA Bayern vom 03.05.2005, BR-Drs. 296/06

Inhalt: Verbesserte Instrumente für Familiengerichte zur Unterstützung von Eltern bei der Erziehung, insbesondere bei der Integration junger Ausländer, Weisung zur Nutzung der Jugendhilfe, erzieherische Weisungen u.a.m

Stand des Verfahrens: noch nicht beraten.

Gesetz zur Neuordnung des Rechts der Sicherungsverwahrung und zu begleitenden Regelungen
GE der Fraktion der CDU/CSU und der FDP vom 26.10.2010 (BT-Drs. 17/3403)

Inhalt: Grundlegende Überarbeitung der Maßregel Sicherungsverwahrung, Ausbau der vorbehaltenen und Beschränkung der nachträglichen Sicherungsverwahrung, Einführung der elektronischen Aufenthaltsüberwachung, Schaffung einer Rechtsgrundlage für die sichere Unterbringung psychisch gestörter Straftäter nach oder anstelle einer durch den EGMR erzwungenen Freilassung aus der Sicherungsverwahrung.

Stand des Verfahrens: verkündet.

... Gesetz zur Änderung der Strafprozessordnung
GA Hamburg vom 25.10.2010 (BR-Drs. 670/10)

Inhalt: Anerkennung höherer Gewalt betr. zulässige Unterbrechungsfrist für Hauptverhandlungen (Hemmungsregelung) zur Unterbindung belastender und kostenträchtiger Wiederholungen der Hauptverhandlung in Strafprozessen; Änderung § 229 Strafprozessordnung.

Stand des Verfahrens: Dem Bundestag zugeleitet, noch nicht beraten.

... Gesetz zur Änderung des Strafgesetzbuchs – Widerstand gegen Vollstreckungsbeamte
GE der Bundesregierung vom 15.10.2010 (BR-Drs. 646/10)

Inhalt: Erhöhung des Strafrahmens bei Widerstand gegen Vollstreckungsbeamte zur Sicherstellung des strafrechtlichen Schutzes staatlicher Vollstreckungsorgane.

Stand des Verfahrens: An die Ausschüsse überwiesen.

... Vorschlag für eine Richtlinie des Europäischen Parlaments und des Rates zur Verhütung und Bekämpfung von Menschenhandel und Opferschutz ... – Menschenhandel bekämpfen – Opferschutz stärken
GE SPD-Fraktion vom 30.06.2010 (BT-Drs. 17/2344)

Inhalt: Hinwirken auf einen ganzheitlichen Ansatz betr. Bekämpfung des Menschenhandels sowie auf Einzelmaßnahmen in den Bereichen Opferschutz und Prävention, Koordinationstelle der EU, umfassender Rechtsrahmen, innerstaatliche Umsetzung in den Mitgliedsstaaten; zügige Ratifikation betr. Übereinkommen des Europarates zur Bekämpfung des Menschenhandels.

Stand des Verfahrens: Für erledigt erklärt.

Gesetz zur Intensivierung des Einsatzes von Videokonferenztechnik in gerichtlichen und staatsanwaltschaftlichen Verfahren
GA Hessen vom 23.12.2009 (BR-Drs. 902/09), BT-Drs. 17/1224

Inhalt: Verfahrensbeschleunigung und Erhöhung der Wirtschaftlichkeit durch Nutzungsmöglichkeiten von Videokonferenztechnik in sämtlichen gerichtlichen Verfahren bei Einvernahmen, Anhörungen, Verhandlungen und Vernehmungen mit Ausnahme besonders sicherheitsrelevanter Entscheidungen im Rahmen der Reststrafenaussetzung; Änderung § 185 Gerichtsverfassungsgesetz, §§ 128a, 608 und 640 Zivilprozessordnung sowie Änderung § 115 Strafvollzugsgesetz und Änderung versch. kostenrechtlicher Vorschriften; Verordnungsermächtigung für Bund und Landesregierungen.

Stand des Verfahrens: Dem Bundestag zugeleitet, noch nicht beraten.

Gesetz zur Erweiterung des Anwendungsbereichs der Sicherungsverwahrung bei gefährlichen jungen Gewalttätern
GA Bayern, Thüringen vom 07.03.2006, BR-Drs. 181/06

Inhalt: Möglichkeit zur Anordnung nachträglicher Sicherungsverwahrung gegen Jugendliche und Heranwachsende, die zu einer Jugendstrafe von mindestens 5 Jahren verurteilt waren und mit hoher Wahrscheinlichkeit Rückfalltäter werden.

Stand des Verfahrens: Überweisung an die Ausschüsse.

Gesetz zur Verbesserung des Schutzes der Bevölkerung vor Wiederholungstaten von Sexual- und Gewalttätern
GA Bayern vom 13.12.2006, BR-Drs. 911/06

Inhalt: Begutachtung bei Sexual- und Gewaltdelikten, Einschränkung des Aussetzung zur Bewährung.

Stand des Verfahrens: noch nicht beraten.

Entwurf eines Gesetzes zur Reform des strafrechtlichen Wiederaufnahmerechts
GA Nordrhein-Westfalen vom 21.04.2010 (BR-Drs. 222/10)

Inhalt: Erweiterung der restriktiven Wiederaufnahmemöglichkeiten zu Ungunsten des freigesprochenen Angeklagten auf Erkenntnisse durch neue technische Ermittlungsmethoden die zum Zeitpunkt des Freispruchs wegen fehlenden wissenschaftlichen Erkenntnisstandes nicht berücksichtigt werden konnten, darunter insbesondere DNA-Analysen, Beschränkung auf Anklagevorwürfe des Mordes, der mit lebenslanger Freiheitsstrafe bedrohten Tötungsverbrechen des Völkerstrafgesetzbuches oder einer mit lebenslanger Freiheitsstrafe bedrohten Anstiftung zu diesen Straftaten; Änderung §§ 362 und 370 Strafprozessordnung.

Stand des Verfahrens: Den Ausschüssen zugewiesen.

... Vorschlag für eine Richtlinie des Europäischen Parlaments und des Rates zur Verhütung und Bekämpfung von Menschenhandel und Opferschutz ... – Menschenhandel bekämpfen – Opferschutz stärken
GE SPD-Fraktion vom 30.06.2010 (BT-Drs. 17/2344)

Inhalt: Hinwirken auf einen ganzheitlichen Ansatz betr. Bekämpfung des Menschenhandels sowie auf Einzelmaßnahmen in den Bereichen Opferschutz und Prävention, Koordinationstelle der EU, umfassender Rechtsrahmen, innerstaatliche Umsetzung in den Mitgliedsstaaten; zügige Ratifikation betr. Übereinkommen des Europarates zur Bekämpfung des Menschenhandels.

Stand des Verfahrens: An die Ausschüsse überwiesen.

Kinderschutz wirksam verbessern: Prävention im Kinderschutz optimieren – Förderung und Frühe Hilfen für Eltern und Kinder stärken
GA SPD-Fraktion vom 22.01.2010 (BT-Drs. 17/498)

Inhalt: Gesetzgebung zur Verankerung von Kinderrechten im Grundgesetz und zur Verbesserung des Kinderschutzes, Prävention von Kindesvernachlässigung und -misshandlung, Stärkung der frühen Förderung und Frühen Hilfen, Unterrichtung des Deutschen Bundestages, Überarbeitung des SGB VIII, Statistik zur Kindeswohlgefährdung, Kinderbetreuung für unter Dreijährige, Tagespflege und Pflegekinderwesen, Einsatz von Familienhebammen, Familienbildung in der Jugendhilfe, Förderung der Erziehung in der Familie.

Stand des Verfahrens: An die Ausschüsse überwiesen.

TERMINE

Stand: März 2011

11.-14.04.2011 Kloster Bernried	**18. Tagung der Mitarbeiterinnen und Mitarbeiter im Jugendarrest. Tagung der Arbeitsgemeinschaft der Arrestleiter und Arrestbediensteten in der DVJJ (V 11/05).** Anmeldung und Information: Sigrid Floderer, AG Königs Wusterhausen, Schloßplatz 4, 15711 Königs Wusterhausen, Tel.: 03375 271-235, E-Mail: sigrid.floderer@agkw.brandenburg.de.
04.-06.05.2011 Hofgeismar	**Polizei und Sozialarbeit XVI: Fallkonferenzen im jugendstrafrechtlichen Ermittlungsverfahren (V 11/05).** Anmeldung und Information: DVJJ-Geschäftsstelle, Lützerodestr. 9, 30161 Hannover, Tel.: 0511 34836-40, Fax: 0511 31806-60, E-Mail: tschertner@dvjj.de.
04.05.2011 München	**Podiumsdiskussion „Jungenarbeit präventiv!" Vorbeugung von sexueller Gewalt an Jungen und von Jungen.** Anmeldung und Information: Anna Herb, Ernst Reinhardt Verlag, Kemnatenstr. 46, 80639 München, Tel.: 089 178016-12, E-Mail: presse@reinhardt-verlag.de.
11.-13.05.2011 Trier	**Jugend heute: Bedroht oder bedrohlich? 1. gemeinsamer Jugendgerichtstag Rheinland/Pfalz und Saarland.** Anmeldung und Information: Katholische Akademie Trier, Postfach 23 20, 54213 Trier, Tel.: 0651 8105-232, Fax: 0651 8105 434, E-mail: anmeldung.kat@bistum.trier.de
Mai 2011 Berlin	**43. Tagung der Arbeitgemeinschaft der Leiter der Jugendstrafanstalten und der Besonderen Vollstreckungsleiter in der DVJJ (V 11/07).** Anmeldung und Information: Marius Fiedler, Jugendstrafanstalt Berlin, Friedrich-Olbricht-Damm 40, 13627 Berlin, E-Mail: marius.fiedler@berlin.de.
26.05.2011 Frankfurt a.M.	**„AMOK?! Zum professionellen polizeilichen Umgang mit unspezifischen Bedrohungslagen an Schulen.". Fachtagung der BAG Polizei in der DVJJ (V 11/13).** Anmeldung und Information: DVJJ-Geschäftsstelle, Lützerodestr. 9, 30161 Hannover, Tel.: 0511 34836-40, Fax: 0511 31806-60, E-Mail: tschertner@dvjj.de.
21.-23.09.2011 Hofgeismar	**Gewaltfreiheit spielend lernen. Theatertraining als gewaltpräventive Methode im Sozialen Trainingskurs nach § 10 JGG (V 11/08).** Anmeldung und Information: DVJJ-Geschäftsstelle, Lützerodestr. 9, 30161 Hannover, Tel.: 0511 34836-40, Fax: 0511 3180660, E-Mail: tschertner@dvjj.de.
10.-12.10.2011 Hannover	**Vierteiliger Qualifizierungskurs für MitarbeiterInnen in der Jugendhilfe im Strafverfahren / Jugendgerichtshilfe (V 11/09 Teil 1).** Anmeldung und Information: DVJJ-Geschäftsstelle, Lützerodestr. 9, 30161 Hannover, Tel.: 0511 34836-40, Fax: 0511 3180660, E-Mail: tschertner@dvjj.de.
14.-16.11.2011 Springe	**Gefährderansprachen. Seminar der Bundesarbeitsgemeinschaft Polizei in der DVJJ (V 11/10).** Anmeldung und Information: DVJJ-Geschäftsstelle, Lützerodestr. 9, 30161 Hannover, Tel.: 0511 34836-40, Fax: 0511 3180660, E-Mail: tschertner@dvjj.de.
21.-23.11.2011 Hannover	**5. Praktikertagung Jugendstrafvollzug (V 11/11).** Anmeldung und Information: DVJJ-Geschäftsstelle, Lützerodestr. 9, 30161 Hannover, Tel.: 0511 34836-40, Fax: 0511 3180660, E-Mail: tschertner@dvjj.de.
28.-30.11.2011 Reinhausen	**Hoffnungslose Fälle? Kompetenzen für den Umgang mit besonders herausfordernden Klienten (V 11/12).** Anmeldung und Information: DVJJ-Geschäftsstelle, Lützerodestr. 9, 30161 Hannover, Tel.: 0511 34836-40, Fax: 0511 3180660, E-Mail: tschertner@dvjj.de.
01.-02.12.2011 Frankfurt a.M.	**Stellungnahmen der Jugendhilfe im Strafverfahren (V 11/14).** Anmeldung und Information: DVJJ-Geschäftsstelle, Lützerodestr. 9, 30161 Hannover, Tel.: 0511 34836-40, Fax: 0511 3180660, E-Mail: tschertner@dvjj.de.

DVJJ INTERN

Liebe Mitglieder,

die Frage nach dem Sinn und Unsinn von Strafe ist eines der Grundthemen des Jugendkriminalrechts und der DVJJ. In den letzten Wochen haben wir zwei Presseerklärungen veröffentlicht, die sich mit dem Ruf nach Strafe und nach dem Ende der so genannten *„Kuschelpädagogik"* befasst haben. Schlimme Einzelfälle sind immer wieder Anlass für Forderungen nach einer Verschärfung des Jugendstrafrechts, nach mehr Härte in der Anwendung des geltenden Rechts. Es ist schwierig, dem Entsetzen über schwere Verletzungen von Opfern, manchmal berechtigter Entrüstung über gescheiterte Interventionsversuche und dem natürlichen Bedürfnis nach Vergeltung etwas entgegenzusetzen. Der Appell an Besonnenheit, an Differenzierung, an das Wissen darum, wie wenig realistisch die Hoffnung auf eine durchschlagende Wirkung von Härte als Prinzip ist, steht vielfach gegen einen tiefen Glauben an die Wirksamkeit von Strafe. Niemand ist frei von Strafbedürfnissen – gegenüber den eigenen Kindern, dem faulen Kollegen, dem unehrlichen Politiker, dem zum zwanzigsten Mal auftauchenden Ladendieb, dem Täter eines üblen Gewaltdelikts. Professionalität besteht darin, dies nicht zu verdrängen oder zu leugnen, sondern zu reflektieren und die fachlich richtigen Schlüsse daraus zu ziehen.

Am 15.12.2010 wurde ein Referentenentwurf des Bundesministeriums der Justiz vorgelegt: Gesetz zur Stärkung der Rechte von Opfern sexuellen Missbrauch (StORMG). Es enthält unter anderem Vorschläge zum JGG. Die DVJJ hat sich sehr positiv zu den vorgeschlagenen Änderungen geäußert, die Stellungnahme ist in diesem Heft abgedruckt.

Nicht in allen Punkten betrifft der Regierungsentwurf eines Bundeskinderschutzgesetzes vom Dezember 2010 die Belange der DVJJ unmittelbar. Ein Gesprächstermin mit Vertretern zahlreicher einschlägiger Verbände beim BMFSFJ hat gezeigt, dass an dem bisher vorliegenden Entwurf sicher noch zahlreiche Änderungen vorgenommen werden. Im Vordergrund stehen ganz eindeutig Kinderschutzbelange in Bezug auf Säuglinge und Kleinkinder. Aus Sicht aller nicht für (jüngere und jüngste) Kinder Zuständigen in der Jugendhilfe stimmt dies auch bedenklich. Die Fokussierung auf (frühe) Prävention steht strukturell in der Gefahr, diejenigen, bei denen solche Prävention nicht stattgefunden oder nicht gewirkt hat, als hoffnungslose Fälle wahrzunehmen.

Viel Aufmerksamkeit hat in den letzten Monaten auch das Thema Sicherungsverwahrung erfahren. Nachdem der Europäische Gerichtshof für Menschenrechte am 17.12.2009 entschieden hatte, dass auch die Sicherungsverwahrung – obwohl es sich nach deutschem Recht nicht um eine *„Strafe"*, sondern um eine *„Maßregel"* handelt – eine Strafe im Sinne der Europäischen Menschenrechtskonvention darstellt, war der Gesetzgeber insbesondere in Bezug auf die nachträgliche Sicherungsverwahrung in Zugzwang geraten. Zum 01.01.2011 ist das Gesetz zur Neuregelung der Sicherungsverwahrung in Kraft getreten, mit dem die nachträgliche Sicherungsverwahrung weitgehend abgeschafft wurde. Nicht abgeschafft wurde die erst seit 2004 schrittweise im JGG eingeführte Sicherungsverwahrung. Seit 08.07.2008 besteht nach §§ 7 Abs. 2-4 bzw. 105 Abs. 1 JGG die Möglichkeit der nachträglichen Anordnung der Sicherungsverwahrung bei zur Tatzeit Jugendlichen und bei nach Jugendstrafrecht verurteilten Heranwachsenden. Die Grünen haben nunmehr einen Gesetzentwurf eingebracht (BT-Drs. 17/4593), der unter anderem die Abschaffung der nachträglichen Sicherungsverwahrung für Jugendliche und Heranwachsende fordert. Die DVJJ wird diesen Vorschlag nachdrücklich unterstützen.

Zum Schluss noch einige Verbandsangelegenheiten: Der Geschäftsführende Ausschuss der DVJJ, zusammengesetzt aus Landesgruppenvertretern, Sprechern der Bundesarbeitsgemeinschaften und im Rahmen der Mitgliederversammlung gewählten Spartenvertretern wird sich im April zu seiner ersten Sitzung in dieser Wahlperiode zusammenfinden und über aktuelle Entwicklungen in den Regionen und Berufsgruppen sowie die Schwerpunkte der zukünftigen Arbeit der DVJJ beraten. Wenn Sie Punkte haben, die der Geschäftsführende Ausschuss bei zukünftigen Sitzungen beraten sollte, lassen Sie es uns wissen.

Wir verabschieden mit diesem Heft Heribert Ostendorf aus der Redaktion der *ZJJ*. Er hat der Redaktion des *DVJJ-Journals* bzw. der *ZJJ* seit 2002 angehört und die Entwicklung der Zeitschrift wesentlich mitgeprägt. Er verlässt die Redaktion im Zuge eines allmählichen Aufgabenabbaus aus Altersgründen. Für seine für die Redaktion immens wichtige Mitarbeit sei auch hier noch einmal ganz herzlich gedankt. Anfang des Jahres hat der Vorstand der DVJJ Henry Stöss (Amt für Jugend und Familie, Chemnitz) und Bernd-Dieter Meier (Universität Hannover) als Nachfolger von Olaf Emig, der bereits vor einiger Zeit aus gesundheitlichen Gründen aus der Redaktion ausgeschieden ist, und von Heribert Ostendorf in die Redaktion berufen. Wir freuen uns sehr über ihre Bereitschaft, in der Redaktion mitzuwirken.

Ich wünsche Ihnen im Namen von Vorstand und Geschäftsstelle ein gutes *„Frühlingsquartal"*.

Ihre

Theresia Höynck
Vorsitzende

Kontaktadressen

Landesgruppe Baden-Württemberg
Prof. Dr. Dieter Dölling
Universität Heidelberg
Institut für Kriminologie
Friedrich-Ebert-Anlage 6-10
69117 Heidelberg
Tel. 06221 / 54-7491
doelling@krimi.uni-heidelberg.de

Landesgruppe Berlin
RiAG Hans-Jürgen Miller
Tannenbergallee 14, 14055 Berlin
Tel. 030 / 30819797
hans-juergen.miller@ag-tg.berlin.de

Landesgruppe Brandenburg
Ulf Lange
Landeskriminalamt Brandenburg
Tramper Weg 1, 16225 Eberswalde
Tel. 03334 / 388-2003
Dieter Kreichelt
Landesjugendamt Brandenburg
Hans-Wittwer-Str. 6, 16321 Bernau
Tel. 03338 / 701-853
dieter.kreichelt@lja.brandenburg.de

Landesgruppe Bremen
Helmut Schwiers
Soziale Dienste der Justiz beim LG Bremen
Domsheide 16, 28195 Bremen
Tel. 0421 / 3614828
Helmut.Schwiers@landgericht.bremen.de

Landesgruppe Hessen
Sozialarbeiterin Susanne Zinke
Stadt Kassel Rathaus – Jugendamt
Kurt-Schumacher-Str. 27, 34112 Kassel
Tel. 0561 / 787-5120
susanne.zinke@stadt-kassel.de

Landesgruppe Mecklenburg-Vorpommern
Prof. Dr. Frieder Dünkel
Ernst-Moritz-Arndt-Universität Greifswald
Rechts- und Staatswissenschaftliche Fakultät
Domstr. 20, 17489 Greifswald
Tel. 03834 / 862-137
Fax 03834 / 862-155
duenkel@uni-greifswald.de

Landesgruppe Niedersachsen
Oberlehrer JVD Siegfried Löprick
Jugendanstalt Göttingen-Leineberg
Rosdorfer Weg 76, 37081 Göttingen
Tel. 0551 / 5072-767
loeprick@jugendhilfe-goettingen.de

Regionalgruppe Nord
Jugendrichter Joachim Katz
Amtsgericht Hamburg-Altona
Max-Brauer-Allee 91, 22765 Hamburg
Tel. 040 / 42811-1422
achim.Katz@der-jugendrichter.de

Regionalgruppe Nordbayern
Prof. Dr. Franz Streng
Institut für Strafrecht der Universität Erlangen-Nürnberg
Schillerstr. 1, 91054 Erlangen
Tel. 09131 / 852-4755
Kriminologie@jura.uni-erlangen.de

Regionalgruppe Nordrhein
Prof. Dr. Frank Neubacher
Universität Köln, Institut für Kriminologie
Albertus-Magnus-Platz, 50931 Köln
Tel. 0221 / 470-4281, Fax 0221 / 470-5147
Institut-Kriminologie@uni-koeln.de

Landesgruppe Rheinland-Pfalz
Kriminalhauptkommissar Ulrich Roeder
Landeskriminalamt Rheinland-Pfalz
Valenciaplatz 1-7, 55118 Mainz
Tel. 06131 / 65-2845
LKA.DEZ45@polizei.rlp.de

Landesgruppe Saarland
Jugendgerichtshelfer Thomas Eggs
Regionalverband Saarbrücken – Jugendamt
Heuduckstr. 1, 66117 Saarbrücken
Tel. 0681 / 506-5237
Thomas.Eggs@rvsbr.de

Landesgruppe Sachsen
Axel Markgraf
Postfach 0329, 09003 Chemnitz
Tel. 0371 / 2803804
mail@dvjj-sachsen.de

Landesgruppe Sachsen-Anhalt
Prof. Dr. Kai Bussmann
Martin-Luther-Universität Halle
Juristische Fakultät
Universitätsplatz 6, 06099 Halle/Saale
Tel. 0345 / 552-3116
bussmann@jura.uni-halle.de
Kontakt: Klaus Breymann
Seestr. 23 A, 39114 Magdeburg
Tel. 0391 / 8118223
klaus.breymann@t-online.de

Regionalgruppe Südbayern
RiAG Ludwig Kretzschmar
Amtsgericht München
Nymphenburger Str. 16, 80097 München
Tel. 089 / 5597-4368
Ludwig.Kretschmar@ag-m.bayern.de

Landesgruppe Thüringen
Prof. Dr. Heike Ludwig
Fachhochschule Jena – Fachbereich Sozialwesen
Carl-Zeiß-Promenade 2, 07745 Jena
Tel. 03641 / 205-832
heike.ludwig@fh-jema.de

Regionalgruppe Westfalen-Lippe
Prof. Dr. Klaus Boers
Universität Münster – Abt. Kriminologie
Bispinghof 24/25, 48143 Münster
Tel. 0251 / 8322749
boers@uni-muenster.de

Arbeitsgemeinschaft der Arrestleiter und -bediensteten
Sigrid Floderer
AG Königs Wusterhausen
Jugendsachen/Vollstreckungsleiterin
Schloßplatz 4, 15711 Königs Wusterhausen
Tel. 03375 / 271-235
sigrid.floderer@agkw.brandenburg.de

Arbeitsgemeinschaft der Leiter der Jugendstrafanstalten und der Besonderen Vollstreckungsleiter
Marius Fiedler
Leiter der Jugendstrafanstalt Berlin
Friedrich-Olbricht-Damm 40,
13627 Berlin
Tel. 030 / 90144-2500
Marius.Fiedler@Berlin.de

Bundesarbeitsgemeinschaft Jugendhilfe im Strafverfahren
Beatrice Paschke
Landeshauptstadt Magdeburg – Sozialzentrum V
Bertold-Brecht-Str. 16, 31120 Magdeburg
Tel. 0391 / 6245-119
beatrice.paschke@jga.magdeburg.de

Bundesarbeitsgemeinschaft Justiz und Anwaltschaft
Christian Scholz
Richter am Amtsgericht a.D.
Döhler Kirchweg 21, 21272 Egestorf
Tel. 04175 / 1407
Fax 04175 / 1447
Heide-Christ.Scholz@t-online.de
BAG.Justiz.Anwaltschaft@dvjj.de

Bundesarbeitsgemeinschaft Polizei
Werner Gloss
Polizeiinspektion Zirndorf – JUST
Rothenburger Str. 27, 90513 Zirndorf
Tel. 0911 / 96927-14
werner.gloss@polizei.bayern.de

Bundesarbeitsgemeinschaft Ambulante Maßnahmen nach dem Jugendrecht in der DVJJ
Frido Ebeling
Albert-Schweitzer-Familienwerk – Betreuungs-Projekt
Bei der St. Johanniskirche 10,
21335 Lüneburg
Tel. 04131 / 203787
asf.ebeling@t-online.de

IMPRESSUM

Zeitschrift für Jugendkriminalrecht und Jugendhilfe (zit.: ZJJ) – vorm. DVJJ-Journal – 22. Jg. – Heft 1/2011 – März 2011
ISSN 1612-1864.

Herausgegeben von der Deutschen Vereinigung für Jugendgerichte und Jugendgerichtshilfen e.V., Lützerodestr. 9, 30161 Hannover.

Vorstand:
Prof. Dr. Theresia Höynck, Jürgen Kusserow, Thomas Meissner, Ulrich Roeder, Andreas Guido Spahn

Redaktion:
Dr. Nadine Bals (verantwortliche Schriftleiterin), Klaus Breymann, Prof. Dr. Theresia Höynck, Prof. Dr. Bernd-Dieter Meier, Prof. Dr. Heribert Ostendorf, Prof. Dr. Hans-Joachim Plewig, Prof. Dr. Bernd-Rüdeger Sonnen, Henry Stöss, Prof. Dr. Thomas Trenczek

Anschrift:
DVJJ – Schriftleitung ZJJ, Lützerodestr. 9, 30161 Hannover
Tel.: 0511/348 36 40, Fax: 0511/318 06 60, E-Mail: info@dvjj.de.
Homepage: **www.dvjj.de**

Bankverbindung:
Sparkasse Hannover,
Kto.-Nr. 479 039 (BLZ 250 501 80);
Postbank Hamburg,
Kto.-Nr. 115776-201 (BLZ 200 100 20)

Die veröffentlichten Beiträge geben nicht unbedingt die Meinung des Herausgebers wieder. Für Aufsätze und Berichte, die mit dem Namen des Verfassers gezeichnet sind, trägt dieser die Verantwortung.

Die ZJJ wird zurzeit u.a. von folgenden Datenbanken und Recherchediensten ausgewertet: SoLit, Solis, LexisNexis, JURIS, KrimZ-Literaturdatenbank, Karlsruher Juristische Bibliographie.

Hinweise für Autoren: Die Schriftleitung freut sich über die Zusendung unveröffentlichter Originalbeiträge sowie von Nachrichten und Mitteilungen (z.B. von gerichtlichen Entscheidungen, Veranstaltungsterminen, rechtspolitischen Initiativen etc.). Zusendungen bitte an die Schriftleitung, vorzugsweise per Email (bals@dvjj.de). Für unverlangt eingesandte Manuskripte wird keine Haftung übernommen; eine Rücksendung erfolgt nicht. Jeder Beitrag unterliegt einer inhaltlichen Bewertung und Auswahl der Schriftleitung bzw. Redaktion. Sie behält sich das Recht vor, eingegangene Manuskripte in nicht sinnentstellender Weise redaktionell zu bearbeiten. Mit der Annahme zur Veröffentlichung erwirbt der Herausgeber das ausschließliche Verlagsrecht. Dies beinhaltet auch das Recht zu weiteren drucktechnischen oder digitalen Verwertungen, u.a. auch im Online-Verfahren.

Um die Beachtung formaler Standards wird gebeten.
Ein Informationsblatt für Autoren ist auf der Homepage der DVJJ eingestellt: www.dvjj.de -> ZJJ.

Auflage: 2800 Stück
Erscheinungsweise: ¼-jährlich
Bezugspreise: € 65 jährlich, € 35 bei Ausbildungsermäßigung mit entsprechendem Nachweis; Einzelheft: € 18. Für Mitglieder der DVJJ ist der Bezug der ZJJ durch den Mitgliedsbeitrag abgedeckt.
Anzeigenpreisliste: Preisliste 1/2011.

Anzeigenleitung: Erika Gehrke, Dr. Nadine Bals
Layout: Max Eichner (Fa. 08 design, Hannover)
Satz/Korrektur: Wolfgang Raczek (Fa. Script Design, Hannover), Erika Gehrke, Dr. Nadine Bals
Druck: popp druck, Langenhagen/Hannover
Die Zeitschrift wird auf 100% Recyclingpapier gedruckt.

Redaktionsschluss dieser Ausgabe ist der *19. Januar 2011, für die nächste Ausgabe der 27. April 2011.*

Die Arbeit der DVJJ wird gefördert mit Mitteln des Bundesministeriums für Familie, Senioren, Frauen und Jugend.

Kopiervorlage

An die DVJJ
Fax 0511 - 318 06 60

Ich werde DVJJ-Mitglied!

Zu den Leistungen der DVJJ-Mitgliedschaft zählen u.a.

- vergünstigte Teilnahmegebühren für den Deutschen Jugendgerichtstag (www.dvjj.de -> Jugendgerichtstag)
- kostenloser Bezug der ZJJ – Zeitschrift für Jugendkriminalrecht und Jugendhilfe (www.dvjj.de -> ZJJ)
- reduzierte Preise für DVJJ-Publikationen, u.a. in der Schriftenreihe der DVJJ (www.dvjj.de -> Materialservice)
- vergünstigte Teilnahmegebühren für die Fachtagungen und Fortbildungen (www.dvjj.de -> Veranstaltungen)

Titel, Vorname, Name

Beruf Geburtsdatum

Die folgende Adresse ist meine
☐ Dienstadresse ☐ Privatadresse

Arbeitgeber/ Institution

Straße/ Hausnummer

PLZ/ Ort

Telefon/Fax

Email

Ich zahle einen jährlichen Mitgliedsbeitrag i.H.v.

☐ € 70 Normalbeitrag
☐ € 90 Beitrag für Mitglieder, deren Netto-Einkommen € 2.500 übersteigt
☐ € 50 Beitrag für Mitglieder, deren Netto-Einkommen € 1.000 nicht übersteigt
☐ € 35 Studierende (Immatrikulationsbescheinigung)

Wegen weiterer Angaben wird sich die Geschäftsstelle mit Ihnen in Verbindung setzen. Ihre Angaben werden in die EDV aufgenommen und ausschließlich zu vereinsinternen Zwecken verwendet. Änderungen persönlicher Daten sind unverzüglich anzuzeigen. Ermäßigte Beiträge erhöhen sich, wenn der Nachweis fehlt.

Ort/Datum/Unterschrift

MATERIALIEN

Online-Bestellung unter: www.dvjj.de

*) Preise für DVJJ Mitglieder
Alle Bestellungen zzgl. Portokosten

Absender

Dienststelle/Name

Straße

PLZ, Ort

An die Geschäftsstelle der DVJJ, Lützerodestr. 9, 30161 Hannover
Hiermit bestelle ich auf Rechnung (zzgl. Porto):

Expl. | 18,80 / 14,80* | JOCHEN GOERDELER & BAG-JUGENDHILFE IM STRAFVERFAHREN IN DER DVJJ (Hrsg.)
Jugendhilfe im Strafverfahren.
(Arbeitshilfen für die Praxis). Hannover 2009.

Expl. | 8,00 | OLAF EMIG, JOCHEN GOERDELER, HASSO LIEBER, BERND-RÜDEGER SONNEN, ANDREAS GUIDO SPAHN, THOMAS TRENCZEK
Leitfaden für Jugendschöffen. 5. komplett überarbeitete Auflage.
(Arbeitshilfen für die Praxis). Hannover 2008.

Expl. | 44,00 / 28,00* | DVJJ e.V. (Hrsg.)
Fördern Fordern Fallenlassen. Aktuelle Entwicklungen im Umgang mit Jugenddelinquenz.
Dokumentation des 27. Dt. Jugendgerichtstages 2007. DVJJ-Schriftenreihe, Bd. 41.
Godesberg 2008: Forum Vlg.

Expl. | 42,00 / 25,00* | JOCHEN GOERDELER, PHILIPP WALKENHORST (Hrsg.)
Jugendstrafvollzug – Neue Gesetze, neue Strukturen, neue Praxis?
DVJJ-Schriftenreihe, Bd. 40. Godesberg 2007: Forum Vlg.

Expl. | 17,00 / 12,00* | BERND-RÜDEGER SONNEN, PETRA GUDER, WERNER REINERS-KRÖNCKE
Kriminologie für Soziale Arbeit & Jugendkriminalrechtspflege.
(Arbeitshilfen für die Praxis). Hannover 2007.

Expl. | 28,00 / 21,00* | SYLVIA SOMMERFELD
„Vorbewährung" nach § 57 JGG in Dogmatik und Praxis.
DVJJ-Schriftenreihe, Bd. 39. Godesberg 2007: Forum Vlg.

Expl. | 30,00 / 22,50* | JESCO BAUMHÖFENER
Jugendstrafverteidiger – Eine Untersuchung im Hinblick auf § 74 JGG.
DVJJ-Schriftenreihe, Bd. 38. Godesberg 2007: Forum Vlg.

Expl. | 5,00 | DVJJ-Journal EXTRA 7
Erfolgreiches Arbeiten mit Intensivtätern.
Dokumentaion des 3. Brandenburgischen Jugendgerichtstages 2007
(Hrsg. DVJJ-LANDESGRUPPE BRANDENBURG). Hannover 2007.

Expl. | 36,00 / 20,00* | DVJJ e.V. (Hrsg.)
Verantwortung für Jugend. Dokumentation des 26. Dt. Jugendgerichtstages 2004.
DVJJ-Schriftenreihe, Bd. 37. Godesberg 2006: Forum Vlg.

Expl. | 19,00 / 14,25* | HELMUT POLLÄHNE, KAI BAMMANN, JOHANNES FEEST (Hrsg.)
Wege aus der Gesetzlosigkeit – Rechtslage und Regelungsbedürftigkeit des Jugendstrafvollzugs.
DVJJ-Schriftenreihe, Bd. 36. Godesberg 2004: Forum Vlg.

Expl. | 5,00 | DVJJ-Journal EXTRA 6
Mitwirkung der Jugendhilfe in Verfahren nach dem Jugendgerichtsgesetz – vom Wort zur Tat.
(Hrsg. BUNDESARBEITSGEMEINSCHAFT JUGENDGERICHTSHILFE). Hannover 2004.

Expl. | 30,00 / 22,50* | KIRSTEN G. SIMON
Der Jugendrichter im Zentrum der Jugendgerichtsbarkeit – Ein Beitrag zu Möglichkeiten und Grenzen des jugendrichterlichen Erziehungsauftrages in Hinblick auf § 37 JGG.
DVJJ-Schriftenreihe, Bd. 35. Godesberg 2003: Forum Vlg.

Expl. 29,90 THOMAS TRENCZEK
Die Mitwirkung der Jugendhilfe im Strafverfahren! Konzeption und Praxis der Jugendgerichtshilfe. DVJJ-Schriftenreihe, Bd. 34. Weinheim 2003: Beltz-Votum Vlg.

Expl. 35,00 / 21,00* DVJJ e.V. (Hrsg.)
Jugend, Gesellschaft und Recht im neuen Jahrtausend – Blick zurück nach vorn. Dokumentation des 25. Dt. Jugendgerichtstages 2001. DVJJ-Schriftenreihe, Bd. 32. Godesberg 2003: Forum Vlg.

Expl. 29,90 / 19,90* MECHTHILD BERESWILL & THERESIA HÖYNCK (Hrsg.)
Jugendstrafvollzug in Deutschland. Grundlagen, Konzepte, Handlungsfelder. Beiträge aus Forschung und Praxis. DVJJ-Schriftenreihe, Bd. 33. Godesberg 2002: Forum Vlg.

Expl. 5,00 DVJJ-Journal EXTRA 4
Fällt die soziale Verantwortung in der Jugendkriminalrechtspflege der Ökonomie zum Opfer? (Hrsg. B. REIN). Dokumentation des 2. Bremer Jugendgerichtstages 2001. Bremen 2002.

Expl. 3,60 DVJJ-Journal EXTRA 3
Zero Tolerance – von Amerika lernen? Neue Ordnungspolitik oder Kriminalprävention? (Hrsg. T. TRENCZEK). Dokumentation des 9. Nieders. Jugendgerichtstages 1999. Hannover 2000.

Expl. 35,50 / 21,50* DVJJ e.V. (Hrsg.)
Kinder und Jugendliche als Opfer und Täter – Prävention und Reaktion. Dokumentation des 24. Dt. Jugendgerichtstages 1998. DVJJ-Schriftenreihe, Bd. 30. Bonn 1999: Forum Vlg.

Expl. 24,50 / 18,00* DVJJ e.V. / IAJFCM (Hrsg.)
Young Offenders and their Families The Human Rights Issue.
Dokumentation des 14. Internationalen Jugendgerichtstages 1994 in Bremen.
DVJJ-Schriftenreihe, Bd. 29. Bonn 1998: Forum Vlg.

Expl. 3,60 DVJJ-Journal EXTRA 1
Sparen als Chance? Rechtsstaatlichkeit und Fachlichkeit unter veränderten ökonomischen Bedingungen. (Hrsg. T. TRENCZEK). Dokumentation des 7. Nieders. Jugendgerichtstages 1997. Hannover 1998.

Expl. 20,00 / 15,00* MANUELA NEUGEBAUER
Der Weg in das Jugendschutzlager Moringen. Eine entwicklungsgeschichtliche Analyse nationalsozialistischer Jugendpolitik. DVJJ-Schriftenreihe, Bd. 28. Bonn 1997: Forum Vlg.

Expl. 35,00 / 20,00* DVJJ e.V. (Hrsg.)
Sozialer Wandel und Jugendkriminalität. Neue Herausforderungen für Jugendkriminalrechtspflege, Politik und Gesellschaft. Dokumentation des 23. Dt. Jugendgerichtstages 1995. DVJJ-Schriftenreihe, Bd. 27. Bonn 1997: Forum Vlg.

Expl. 30,00 / 15,00* DVJJ e.V. (Hrsg.)
Jugend im sozialen Rechtsstaat. Für ein neues Jugendgerichtsgesetz. Dokumentation des 22. Dt. Jugendgerichtstages 1992. DVJJ-Schriftenreihe, Bd. 23. Bonn 1996: Forum Vlg.

Expl. 24,50 / 16,87* ARTHUR KREUZER U.A.
Jugenddelinquenz in Ost und West. Vergleichende Untersuchungen bei ost- und westdeutschen Studienanfängern in der Tradition Gießener Delinquenzbefragungen.
DVJJ-Schriftenreihe, Bd. 22. Bonn 1993: Forum Vlg.

Expl. 16,50 / 12,38* Jörg WOLFF & ANDZEJ MAREK (Hrsg.)
Erziehung und Strafe. Jugendstrafrecht in der Bundesrepublik Deutschland und Polen.
DVJJ-Schriftenreihe, Bd. 19. Bonn 1990: Forum Vlg.

Weitere Materialien finden Sie mit der Möglichkeit der Online-Bestellung oder als Download im Bereich „Materialservice" auf unserer Homepage: **www.dvjj.de.**

Ort/Datum Unterschrift